五禮通考

〔清〕秦蕙田　撰
方向東　王鍔　點校

六

吉禮〔六〕

中華書局

目録

五禮通考卷七十一

吉禮七十一

宗廟制度

周廟享之舞

周禮春官大司樂：以樂舞教國子，舞雲門、大卷、大咸、大磬、大夏、大濩、大武。

鄭氏鍔曰：國子者，將使之奉祭祀以行禮，故以樂而教之舞。黄帝之樂名雲門、大卷，堯之樂名咸池。大磬，舜樂。大夏，禹樂。大濩，湯樂。大武，武王樂。以樂而教之舞，形容六聖之德，則舞應樂而可觀矣。

大祭祀，率國子而舞。注：當用舞者帥以往。

大胥：凡祭祀之用樂者，以鼓徵學士。注：擊鼓以召之。文王世子曰：「大昕鼓徵，所以警衆。」疏：宗廟之祀，用樂舞之處，以鼓召學士，選之，當舞者往舞焉。

樂師：凡樂成，則告備。詔來瞽皋舞。

王氏昭禹曰：瞽無目，非可顧視，故詔其來舞；有節非可速，故詔其緩。皋，緩也。

李氏光地曰：此節先鄭以瞽爲鼓，謂呼擊鼓者與舞偕來也。後鄭仍字，謂詔眂瞭扶瞽者來入也。愚謂瞽工升歌，樂之初事，此言于告備之後，則疑先鄭之説爲長。皋，號告也。使鼓來而告當舞者，此鼓蓋所以節舞也。案尚書「簫韶九成」，舜樂之終。記言「升歌清廟，下而管象」，然後舞作。則知凡舞皆在合樂之時，故於告備之後言之。

蕙田案：李氏之説得之。來鼓皋鼓，與大胥之以鼓徵學士同，但彼言教舞，此主作樂時也。

陳氏禮書：舞之始也，發於所樂之極；其用也，常在諸樂之後。是以周官樂師樂成告備，然後詔來瞽皋舞。春秋之時，季札歷觀樂歌，然後及於象、武、韶、夏之舞。在詩序則舞蹈後於嗟歎永歌，在樂記則動容後於言志詠聲，在孟子則舞蹈後於樂之實，以舞者所樂之極故也。夫舞有文有武，有大有小。司樂以樂舞教國子，舞雲門、大卷、大咸、大磬、大夏、大濩、大武，皆舞之大者也。樂師教國子小舞，有帗舞、羽舞、皇舞、旄舞、旄舞，氂牛尾也。傳曰：「葛天氏之樂，三人操牛尾而歌八闋。」其流風與？干舞、人舞，此舞之小者也。大舞有其章而無其儀，小舞有其儀而無其章。大夏而上，文舞也，其執以羽。大濩而下，武舞也，其執以干。則大舞必用小舞之儀，小舞不用大舞之章也。大胥以六樂之會正舞位，小胥巡舞列。蓋位者，酇也，正之所以辨其序。列者，佾也，巡之所以肅其慢。春秋之時，鄭伯享王，徧及六舞；王子頹享五大夫，樂及徧舞。則合舞之禮，東西蓋有辨，先後蓋有序矣。考之於經，舞干羽于兩階，則文舞于東階，武舞于西階。武舞常在先，文舞常在後，何則？書言舞干羽，則先干而後羽。樂記言及干戚羽旄謂之樂，則先干戚而後羽旄。郊特牲、明堂位、祭統皆言「朱干玉戚，冕而舞大武；皮弁素積，裼而舞大夏」，則先大武而後大夏。詩簡兮「碩人俁俁，公庭萬舞」，乃言左手執籥，右手秉翟，則先萬舞而後籥翟。漢之樂亦先武德之舞，而後文始之舞。唐之樂，亦先七德之舞，而後九功之舞。然則古人之舞者，皆先武而後文。蓋曰「武以威衆而平難，文以附衆而守成」。平難常在先，守成常在後。觀此，則古人舞序先後之意可見矣。

又曰：「朱干玉戚，冕而舞大武；皮弁素積，裼而舞大夏」，蓋周之興也，功莫大於武功，樂莫重於武舞，故舞大武以祭服之冕舞，大夏則朝服之皮弁而已。干所以自蔽，戚所以待敵。朱干，白金以飾其背，記曰「朱干設鍚」是也。玉戚，剥玉以飾其柄。楚工尹路曰「剥圭以爲鏚柲」是也。舞武而執干戚，則舞夏執籥翟矣。舞夏而裼，則舞武襲。蓋朱所以象事，玉所以象德。武以自蔽者爲主，而待敵者非德也，故其宣布著見以爲事者，欲自蔽而已。至於持以待敵者，温純之德爾，此武舞之道也。籥所以爲聲，翟所以爲文。聲由陽來，故執籥於左；文由陰作，故秉翟於右，此文舞之道也〔一〕。

蕙田案：以上詔舞之事。

周禮夏官司兵：祭祀，授舞者兵。注：授以朱干玉戚之屬。

李氏嘉會曰：不令樂官舞師等掌之，而掌于司兵者，兵器不可妄委之他人也。

司戈盾：掌戈盾之物而頒之。注：分與受用。疏：「分與受用」者，下文祭祀是也。

鄭氏鍔曰：五兵之便于用者，戈而已。戈柲六尺有六寸，其便用者，柲短而易持，其胡其援廣而

〔一〕「舞」，諸本作「武」，據禮書卷一二九改。

易入，可以揗，可以刺，可以擊，可以鉤。觀左傳所載富父終甥以戈揗僑如之喉，狼瞫以戈斬秦囚，子南以戈擊子晳，長魚矯以戈殺駒伯，則戈之便于用可知。凡戰、伐、戡、戮之字皆從戈，謂此也。盾，干也，用以自衛也。如書曰「敿乃干」，詩云「龍盾之合」，「蒙伐有苑」。伐，中干也。又云「干戈戚揚」。五兵之用，長以衛短，則人持其一矣。盾則夫人有之。書云「比爾干」，干欲其比，則夫人有之可知矣。司兵掌五盾，又有司干盾之官者，蓋司兵掌辨之，司戈盾正掌其物而頒之。

祭祀，授旅賁殳、故士戈盾，授舞者兵亦如之。注：亦頒之也。故士，王族故士也，與旅賁當事則衛王也。殳如杖，長尋有四尺。

陳氏禮書：周禮司兵掌五兵、五盾，以待軍事。禮記曰「朱干設錫」，詩曰「龍盾之合」，又曰「蒙伐有苑」，春秋傳曰「狄虒彌建大車之輪以爲櫓」，國語曰「官師奉文犀之渠以爲盾」。先儒以櫓爲大盾，以伐爲中干，則盾見於經傳者曰櫓，曰干，曰伐，曰渠而已，其他不可考也。今曰旁牌。盾之爲物，以革爲之，其背曰瓦。左傳曰「中其楯瓦」。其瓦設錫，白金。朱盾而繪以龍，龍之外又繪以雜羽。蒙雜羽也。其繫之也以繡韋，其屬繡韋也以紛，書「敿乃干」，則敿者繫以紛也。國語曰「輕罪贖以鞼盾」，則鞼者，繡韋也。鞼，丘位反。古之舞者，或以干配戚。禮言「朱干玉戚舞大武」是也。或以干配戈，司戈盾「祭祀授舞者兵」，文王世子「春夏學干戈」是也。漢迎秋樂亦用之。隋初，武舞三十二人，執戈三十二人，執戚皆配以盾，而半執龍盾，半執龜盾。龜盾，蓋惑於鄭氏「錫，傅其背如龜」之説然也。是不知所謂如龜者，其背耳，非其飾也。

又曰：詩曰「取彼斧斨」，又曰「既破我斧，又缺我斨」，又曰「干戈戚揚」。書曰「左杖黄鉞」，又曰「一人執劉」。廣雅曰：「鉞，戚斧也。」六韜曰：「大柯，斧重八斤，一名天鉞。」毛氏謂：「斧，隋銎。斨，方銎。戚，斧也。揚，鉞也。」孔安國謂：「劉，斧屬。」孔穎達曰：「劉，鑱斧也。」蓋鉞也，揚也，戚也，斨也，劉也，皆斧也。斧莫重於鉞，而揚戚斨劉〔一〕，皆其次者也。書言「黄鉞」，以金飾其柄也；禮言「玉戚」，以玉飾其柄也。楚工尹曰「君王命剥圭以爲戚柲」，則黄與玉爲柄之飾可知也。考工記車人「柯長三尺，博三寸，厚一寸有半，五分其長，以其一爲之首」，則六寸矣。蓋斧之爲物，黑所以體道，白所以象義，而有剛斷之材焉，故軍禮與其葬皆用之。觀先王繡於冕服之裳、中衣之領，畫於所負之扆、所履之席、所冪之巾，則君之所以剛斷

〔一〕「斨」，原作「戕」，據光緒本、禮書卷一〇三改。

者，未嘗或忽也。司兵「祭祀授舞者兵」，鄭氏曰：「授以朱干玉戚之屬。」

詩周頌維清序：維清，奏象舞也。箋：象舞，象用兵時刺伐之舞，武王制焉。文王造此征伐之法，至今用之而有成功，謂伐紂克勝也。征伐之法，乃周家得天下之吉祥。疏：維清詩者，奏象舞之樂歌也。謂文王時有擊刺之法，武王作樂，象而爲舞，號其樂曰象舞。至周公、成王之時，用而奏之於廟。詩人以今太平由彼五伐，睹其奏而思其本，故述之而爲此歌焉。象舞之樂，象文王之事。其大武之樂，象武王之事。二者俱是爲象，但序者於此云「奏象舞」，於武之篇不可復言奏象，故指其樂名，言「奏大武」耳。其實大武之樂亦爲象也。文王之樂，象箾與南籥，各是一舞。南籥既是文舞，象箾當是武舞也。詩云奏象舞，則此象箾之舞，故鄭注云「象用兵時刺伐之舞」，是武舞可知。

劉氏敞曰：文王之舞謂之象，武王之舞謂之武。將舞象則先歌維清，是以其序曰奏象舞，其辭曰文王也。將舞武則先歌武，是以武之序曰奏大武，其辭曰於皇武王也。

曹氏粹中曰：季札觀樂，見舞象箾南籥者，杜預云：「文王樂也。」又見舞韶箾者，杜預云：「舜樂也。」是象有箾，韶亦有箾。説者謂以竿擊人曰箾，然則執箾以舞，猶干舞也。執籥而舞，即籥舞也。文王雖大業未究，而本其功德之所起，可得而形容也，故作樂以象之謂之象舞。祭統、明堂位、文王世子所謂下管象者，象即象舞也。

維清緝熙，文王之典。肇禋，迄用有成，維周之禎。

何氏楷曰：象箾而歌維清，賈氏謂詩爲樂章，與舞人爲節，殆近之。若舞籥，則歌二南，鼓鐘之，詩所謂「以籥以南」是也。武舞，左執朱干，右秉玉戚；文舞，則左執籥，右秉翟。故知象箾之舞原係武舞，康成之解非無據而云然也。

陳氏樂書：吉事有祥，象事知器。維周之禎，則福之先見，事之有祥者也。象舞則王事兆見，事之知器者也。以吉事之祥寓於象事之器，則文王之舞所以象成者，孰非有天下之象耶？樂記曰：「樂者，非謂弦歌干揚也，樂之末節也，故童子舞之。」内則曰「成童舞象」，蓋文王之時，雖王事兆見，而大統猶未集也。以未既集之統，舞之以未成人之童，此所以謂之象舞歟？文王世子、明堂位、祭統、仲尼燕居皆言「下而管象」，春秋傳亦曰「象箾南籥」，蓋文王之樂，歌維清於堂上，奏鐘鼓，舞象於堂下，其所形容者，熙邦國之典而已，未及於法則；肇上帝之禋而已，未及於群祀也。熙邦國之典，則人受之矣；肇上帝之禋，則天受之矣。然則維周之禎，豈過是哉？先儒以象爲武王樂，誤矣。

蕙田案：此以象舞爲文王之舞，先儒之説當有所受與？朱子祭文王之傳異。

宗元案：周頌清廟之三，皆祭文王詩，乃一時之事而有先後耳。舊説以維清爲象舞者，亦屬牽附。案之經文，語氣蓋全不類，但此詩既當祭畢而送神之時，則合樂而即舞入，亦應在此時也。若以此爲象舞之樂章，則未可據耳。或謂樂舞有行列綴兆，每以一節爲一成，如有瞽之「永觀厥成」，亦指舞言，則「迄用有成」句正可爲象舞之徵矣。今姑並存以俟考。

武序：武，奏大武也。箋：大武，周公作樂所爲舞也。疏：直言其奏，不言其所奏之廟。作者雖因奏作歌，其意不在於廟，故不言廟。

李氏樗曰：案禮記：「總干而山立，武王之事也。發揚蹈厲，太公之志也。武亂皆坐，以象周、召之治。」言大武之舞，始則持盾正立以待諸侯，既而戰鬭，既而又使行列皆坐，以見其爲止戈之舞也。大武之舞在於止戈，大武之詩在於止殺，其類一也。

於皇武王，無競維烈。允文文王，克開厥後。嗣武受之，勝殷遏劉，耆定爾功。

朱子集傳：周公象武王之功，爲大武之樂。春秋傳以此爲大武之首章也。大武，周公象武王武功之舞，歌此詩以奏之。禮曰：「朱干玉戚，冕而舞大武。」然傳以此詩爲武王所作，則篇内已有武王之謚，而其説誤矣。

陳氏樂書：春秋傳曰：「於文，止戈爲武。」戈則器也，所以示事。止則象也，所以示志。序曰「桓，講武類禡也。桓，武志也。」言武志，則講武其事也。大武之所以爲武，不過如此。周官大司樂：「奏無射，歌夾鍾，舞大武，以享先祖。」由是觀之，武奏大武，則歌武詩而舞之可知矣。樂師「凡樂出入，令奏鐘鼓」，鐘師「凡樂事，以鼓鐘奏九夏」，至於執競祀武王，首之以「鐘鼓喤喤」，則武奏大武，豈不以鐘鼓耶？

禮記樂記：賓牟賈侍坐於孔子，孔子與之言，及樂，曰：「夫武之備戒之已久，何也？」對曰：「病不得其衆也。」

李氏光地曰：孔子問大武之樂擊鼓備戒已久而後興舞，何也？賈對武王憂人心之未得，故欲集衆而後動也。

「詠歎之，淫液之，何也？」對曰：「恐不逮事也。」

李氏光地曰：詠歎、淫液，謂歌者咨嗟流連之聲也。對言武王順天應人，恐不及於事，故其形於聲者如此。又曰：此非舞者之自歌也，蓋堂下自舞而上歌以應之。歌言其志，舞動其容，故合之。而當日之事可見。

「發揚蹈厲之已早，何也？」對曰：「及時事也。」

李氏光地曰：謂初舞時手足即發揚蹈地而猛厲也。對言及時成功，故其見於容者如此。

「武坐，致右憲左，何也？」對曰：「非武坐也。」

李氏光地曰：憲，舊讀爲軒，言舞者之跪右足至地，而左足軒仰也。愚謂以下文分左右觀之，疑是招右列之人如左法而皆坐耳。賈以武王初得天下，未敢寧居，故疑其非武坐也。

「聲淫及商，何也？」對曰：「非武音也。」子曰：「若非武音，則何音也？」對曰：「有司失其傳也。若非有司失其傳，則武王之志荒矣。」子曰：「唯。丘之聞諸萇弘，亦若吾子之言是也。」

李氏光地曰：聲淫及商，謂歌奏之聲雜以商調也。案國語引武王牧野之事，音皆尚宮。周官大祭祀之樂無商，故大武之樂於時有濫入商聲者，而賈以非武音對，云若果是武音，則是殺伐之心動，而武王之志荒矣。賈之對，惟此爲得，故夫子亟是之。

賓牟賈起，免席而請曰：「夫武之備戒之已久，則既聞命矣，敢問遲之遲而又久，何也？」子曰：「居，吾語汝。夫樂者，象成者也。總干而山立，武王之事也。發揚蹈厲，大公之志也。武亂皆坐，周、召之治也。注：成，謂已成之事也。總干，持盾也。山立，猶正立也，象武王持盾正立待諸侯也。發揚蹈厲，所以象威武時也。武舞，象戰鬭也。亂，謂失行列也。失行列則皆坐，象周公、召公以文止武也。疏：言作樂所以倣象其成功，武人總持干盾以正立，似山而不動摇也。舞人發揚蹈厲，象太公威武鷹揚之志。

張子曰：總干而山立，是舞中有一人而象武王之治者，然以就舞位，而樂尸養老必天子，有時而親爲也。發揚蹈厲之已蚤，此則是太公之志，及時事而動也。武亂皆坐，周、召之治，此象武功成，周、召以文治也。坐者，無事於武也。

李氏光地曰：上「遲」字，待也。當舞之初，備戒已久，賈言之而夫子不以爲非，故曰「既聞命矣」。又問其終舞者，若有所待而立於綴，遲而且久，是何意也？然賈前數對者，能知其意而未能指其實，又疑左右並坐之非，故夫子復從初告之曰：當其備戒之時，舞人持干山立不動者，敬天之命，乃武王之事也。及其發揚蹈厲之蚤，救民伐暴，乃太公之志也。至於武樂將終，左右皆坐，偃武修文，乃周、召之治也。若詠歎淫液與聲淫及商，則聲歌之事，非關舞節，且賈對亦已得之，故不復告也。

且夫武，始而北出，再成而滅商，三成而南，四成而南國是疆，五成而分周公左、召公右，六成復綴以崇。天子夾振之而駟伐，盛威於中國也。分夾而進，事蚤濟也。久立於綴，以待諸侯之至也。注：成，猶奏也。每奏武曲一終爲一成。始奏，象觀兵孟津時也。再奏〔一〕，象克殷時也。三奏，象克殷有餘力而反也。四奏，象南方荆蠻之國侵畔者服也。五奏，象周公、召公分職而治也。六奏，象兵還振旅也。復綴，反位止也。崇，充也。凡六奏以充武樂也。夾振之者，王與大將夾舞者，振鐸以爲節也。駟當爲四，聲之誤也。武舞，戰象也。每奏四伐，一擊一刺爲一伐。牧誓曰：「今日之事，不過四伐五伐。」分夾而進者，分，猶部曲也。事，猶爲也。濟，成也。舞者各有部曲之列，又夾振之者，象用兵務於蚤成也。久立於綴，象武王伐紂待諸侯也。疏：此説武樂六成之意。成，謂曲之終成。每一曲終成而更奏，故云「成，猶奏也」。「武，始而北出」者，謂初舞位最在於南頭，從第一位而北出，次及第二位稍北出者，象武王北出觀兵也。「復綴以崇」者，謂最在南第一位，初舞之時，從此位入北，至六成還反復此位。六奏其曲，武樂充備，是功成太平，周德充滿於天下也。經云「天子夾振」，明是尊者，故鄭知王與大將也。武樂在庭，天子尊極，所以得親夾舞人爲振鐸者。作武樂時，每一奏中而四度擊刺，象武王之伐紂四伐也。「盛威於中國」者，象武王之德，盛大威武於中國也。「振鐸夾舞」者，而

〔一〕「奏」，諸本作「成」，據禮記正義卷三九改。

前進象爲事之蚤成也。未舞前，舞者久立於酇綴，象武王待諸侯之至也。熊氏曰：「前云三步以見方，此是一成也。作樂一成而舞，象武王北出而觀兵也。作樂再成舞者，從第二位至第三位，象武王滅商，則與前文再始以著往爲一也。三成，謂舞者從第三位至第四位極北而南反，象武王克紂而南還也。四成，謂武曲四成，舞者從北頭第一位卻至第二位，象武王伐紂之得南方之國於是疆理也。五成，謂從第二位至第三位，分爲左右，象周公居左、召公居右也。」「六成復綴以崇」者，綴謂南頭初位，舞者從第三位南至本位。謂六奏充其武樂，象武王之德充滿天下。此執鐸爲祭天時也。案祭統云：「君執干戚就舞位，冕而總干，率其群臣以樂皇尸。」又下云：「食三老、五更於大學。」冕而總干尚得親舞，何以不得親執鐸乎？皇氏曰：「武王伐紂之時，王與大將親自執鐸以夾軍衆。今作武樂之時〔一〕，令二人振鐸夾舞者，象武王與大將伐紂之時矣。」王氏曰：「天子」上屬，謂「作樂六成，尊崇天子之德矣。」此家語文也。

張子曰：綴兆，綴以表行列，兆者，場域之限也。舞以八佾，佾以八人爲列，則六十四人也。六成者，六奏曲終也。大凡舞者，必於其中以見其象。周始有雍州之地，及滅商所得者，又有冀、青，猶有六州之地。既得天下，必須鎮撫其諸侯，故三成而南，鎮撫南方諸侯也；四成則見南方之國，皆疆理而治也。五成而分舞列，

〔一〕「武」，諸本作「舞」，據禮記正義卷三九改。

皆分兩行，以象周、召分而治也。六成復綴以崇，此時必改易衣冠服飾，使之充盛，象治定致文也。天子夾振而駟伐，以舞列分爲左右，則總干者在中央，振鐸而舞列夾而進也。駟伐者，必是舞列四出，象兵四出也。南國是疆之後，亦有不服者，如淮夷是也。其時須當用兵，故言盛威於中國，大中國之威也。分夾而進，夾總干者也。久立於綴，亦是總干者立於綴也，以待諸侯之至。舞中亦必有此象，是舞人四出後，改易衣服，以待其至也。如言將帥之士使爲諸侯，必有變服，爲諸侯而出。

陳氏禮書：先儒謂立四表於郊丘廟庭，舞人自南表向二表爲一成，自二表至三表爲二成，自三表至北表爲三成，乃轉而南向，自一表至二爲四成，自二表至三爲五成，自三表至南表爲六成，則天神皆降。若八變，則又自南而北爲七成，自二表至三爲八成，則地祇皆出。若九變，又自三表至北表爲九成，人鬼可得而禮焉。蓋周都商之西南，商都周之東北，故武始而北出則至二表矣，此三步以見方者也。再成而滅商，則至三表矣，此再始以著往者也。三成而南則至四表矣。家語曰：「三成而南反。」四成而南國是疆，則又自北而南至二表矣。五成而分周公左、召公右，則至三表矣，此復亂以飭歸者也。六成復綴以崇天子，家語曰：「以崇其天子。」則復初表矣，此樂終而德尊也。蓋武始而北出，則出表之東北，以商居東北故也。故三成而南，則入表之西南，以周居西南故也。疆南國然後可得而分治，分治然後可得而復綴，分治繫於臣，故散而爲二，復綴統於君，故合而爲一。樂記言「復綴以崇天子」，繼以「夾振之而駟伐」者，又本其始也，何則？武舞四表，所以象司馬之四表也。夾振之而四伐，所以象司馬振鐸、司徒皆作也。夾振之而駟伐，詩所謂「駟騵彭彭」是也。司馬之四表、三復亂以飭歸，國語所謂「布憲施舍謂之羸亂〔一〕，以優柔容民」是也。司馬之四表、三表，百步一表，五十步始則行而不驟趨，中則趨而不馳走，及四表則馳走之時也，故五十步而已。舞之四表，蓋不必然。

樂書：孔子語魯太師之樂，以翕如爲作，以繹如爲成，是樂以始作以變成，武王之樂六成，則六變而已。始而北出爲治兵，所以尚威武也。終夾振之而駟伐，盛威於中國，則入爲振旅，所以反尊卑也。蓋大武之舞，以鼓進，以金止。以鼓進，則分左右夾而進之，所以欲事功之蚤濟也。以金止，則久立於綴兆之位而遲之，所以待

〔一〕「羸」，諸本作「贏」，據國語周語下改。

諸侯之至也。其所以如此者，匪棘其欲也，致天討，除人害，以對於天下而已。

李氏光地曰：欲答賈遲久之問，故又總武樂六成而通説其意。其始也，舞者自南而北，以象武之北出，則備戒而總干山立時也。再成而象武之滅商，則發揚蹈厲時也。三成舞者象武返南，四成則象其威服南國而疆理之之事，五成舞者分爲左右，以象周、召，則武亂皆坐時也。六成復歸綴位，以象天子尊居，則所謂遲之又久者即此時矣。南回之後，二人振鐸以夾舞者，而以干戈四外擊刺，乃武既克殷而威服中國也。既伐則分夾而進，不復遲留，乃武功早成，不黷其威也。至復於綴位，久立不動，則武王垂拱以治天下，而待諸侯之自歸也。此句已答賈遲久問意，下文復推言之。

且女獨未聞牧野之語乎？武王克殷反商，未及下車而封黄帝之後於薊，封帝堯之後於祝，封帝舜之後於陳；下車而封夏后氏之後於杞，投殷之後於宋，封王子比干之墓，釋箕子之囚，使之行商容而復其位。庶民弛政，庶士倍禄。濟河而西，馬散之華山之陽而弗復乘，牛散之桃林之野而弗復服，車甲衅而藏之府庫而弗復用，倒載干戈，包之以虎皮，將帥之士使爲諸侯，名之曰『建櫜』，然後天下知武王之不復用兵也。

散軍而郊射，左射貍首，右射騶虞，而貫革之射息也。裨冕搢笏，而虎賁之士説劍也。祀乎明堂，而民知孝。朝覲，然後諸侯知所以臣。耕藉，然後諸侯知所以敬。五者，天下之大教也。食三老、五更於太學，天子袒而割牲，執醬而饋，執爵而酳，冕而總干，所以教諸侯之弟也。若此，則周道四達，禮樂交通，則夫武之遲久，不亦宜乎！」

李氏光地曰：此復推久立於綴之意，以答賈之問也。言武王偃武功之速而修文德之深，漸仁摩義，以致太平，則非遲而又久不足以形像之也。合此章而觀之，則其始也備戒之久，以見聖人無尚武之心；其終也立綴之久，以見聖人惟德化之務。其間所謂發揚蹈厲盛威中國者，亦皆不俄頃而功成。此所以商聲之淫，必知其非武聲，而左右皆坐，正所以爲武坐也。

又曰：此章專言樂舞之理。

又曰：六代之舞不可詳，惟武舞見于賓牟賈之問者，猶可追想古人遺意。所謂周有六成之舞，往返進退坐立步伐，當日之武功文德可以觀容，而知此樂舞之本意也。又如大明之詩，所謂「上帝臨汝，無貳爾心」者，則與總干山立而相應；「維師尚父，時維鷹揚」者，則與發揚蹈厲而相宣。是故聽其歌，觀其舞，不啻睹其事，遊其世焉。故虞氏之亡久矣，至孔子在齊聞韶，三月忘味者，此物此志也。降及後代，古法寖微。然高帝大風之詩，起舞而歌之；太宗破陣之樂，有舞以傳之，則象成之意，猶有存者。近世舞乃有譜，則案五聲之音，製爲五行之象，其俯仰周旋，左右進退，不象其事之實，而逐其音之變，恐非所謂盛德之形容者矣。後有作者，采此意而折中之，用以發祖宗之功德，閔臣下之勤勞，道述孝友貞順之休聲，移易里巷黎庶之風俗，所謂君子于是語，于是道古者，必有取于兹焉。

祭統：及入舞，君執干戚就舞位。君爲東上，冕而總干，率其群臣，以樂皇尸。是故天子之祭也，與天下樂之。諸侯之祭也，與竟内樂之。冕而總干，率其群臣，以樂皇尸，此與竟内樂之之義也。注：君爲東上，近主位也。皇，君也。言君尸者，尊之。疏：此明祭時，天子諸侯親在舞位，以樂皇尸也。

陳氏樂書：天子諸侯之於尸，非特備禮物以薦之，抑又就舞位以樂之。蓋廟中在天子，則天下之象也；在諸侯，則竟内之象也。故天子冕而總干以樂皇尸，非徒樂之，所以與天下樂之也。諸侯冕而總干，亦與竟内樂之。古者人君之於廟饗藉則親耕，牲則親殺，酒則親獻，尸則親迎，然則樂則親舞，不爲過矣。

方氏慤曰：舞位則綴兆也。君於東上，則以君爲祭主故也。干戚，武舞所執也。羽籥，文舞所執也。止言干，主武宿夜言之。明堂位曰「朱干玉戚，冕而舞大武」，正謂此矣。

應氏鏞曰：比干仗鉞，乃武王臨陣之容。朱干玉戚，爲大舞象成之樂。祭而用之於宗廟，既以顯先王之功，舞而象其形容，又欲使子孫知締創之艱難，而毋忘於持守。故舞佾非不廣，綴兆非不備，而君必親執干戚就舞位，所謂總干山立，武王之事也。因其事而原其初，豈敢憚其勞而付之有司乎？先曰親執干戈，而後獨云總干者，以干長於戚，而成列可觀也。以君之尊，躬執其事，非樂皇尸也，所以悦祖考也。然食三老、五更於大學，亦必冕而總干者，祭先聖先師而用之，猶祭之因以樂皇尸也。魯之有是舞，以周公佐武王伐紂，周旋軍旅之間，因以歆其神靈也。皇，大也。皇尸，猶皇考也。

蕙田案：以上武舞。

周禮春官籥師：祭祀則鼓羽籥之舞。注：鼓之者，恒爲之節。疏：祭祀先作樂下神，及合樂之時，則使國子舞，鼓動以羽籥之舞，與樂節相應，使不相奪倫，故鄭云「鼓之者，恒爲之節」。

鄭氏鍔曰：于祭祀之時，鼓而作其羽籥之舞，故曰鼓。

陳氏樂書：古之舞者，未嘗不節之以鼓。詩曰「籥舞笙鼓」，又曰「鼓咽咽，醉言舞」。鼓其羽籥之舞，則執其羽籥，習其俯仰屈伸，容貌得莊焉；行其綴兆，要其節奏，進退得齊焉。夫然，以事鬼神而祭祀。然籥師鼓羽籥之舞，則文舞而已，干戚之武舞不與焉者，以掌籥爲主故也。仲尼燕居曰「夏籥序興」，則夏籥者，用夏翟以爲籥舞也。周之時，皆以籥羽舞文樂，而文王世子使籥師學戈，豈夏商之制歟？

司干：掌舞器。注：舞器，羽籥之屬。　疏：鄭知司干所掌舞器是羽籥，以其文武之舞所執有異，則二者之器皆司干掌之。言「司干」者，周尚武，故以干爲職首。其籥師教而不掌。若然，干與戈相配，而不言戈者，下文云「祭祀，授舞器」，則所授者，授干與羽籥也。案司戈盾亦云：「祭祀授旅賁殳、故士戈盾，授舞者兵。」云舞者兵，唯謂戈，其干亦于此官授之。司兵云「祭祀授舞者兵」，鄭注云：「授以朱干玉戚。」謂授大武之舞，與此授小舞干戈別也。

鄭氏鍔曰：所掌之武器，即謂干楯耳。干之爲器，有用兵之時所用者，有當舞時所用者。當舞時所用之干，則與用兵所用者異。先儒以爲羽籥之屬，非矣。安有籥師鼓舞羽吹籥，而所執之物乃掌於武舞之司干乎？

蕙田案：司干掌文舞之器，故隸春官。司兵掌武舞之器，故隸夏官。鄭注以爲羽籥之屬，非無所見。鄭氏以爲非誤矣。

祭祀，舞者既陳，則授舞器，既舞則受之。注：既，已也。受，取藏之。

鄭氏鍔曰：祭祀之時，俟舞人綴兆行列已定，則授之以干，至于舞畢，則受而藏之。

詩大雅賓之初筵：籥舞笙鼓，樂既和奏。烝衎烈祖，以洽百禮。傳：秉籥而舞，與笙鼓相應。箋：籥，管也。殷人先求諸陽，故祭祀先奏樂，滌蕩其聲也。烝，進。衎，樂。烈，美。洽，合也。奏樂和，必進樂其先祖，於是又合見天下諸侯所獻之禮。疏：簡兮云：「左手執籥，右手秉翟。」是執籥以舞也。舞在笙鼓之上，明其與之相應。樂器多矣，燕之所用，不止於此，作者舉鼓舞而言耳，此皆燕時樂也。或以此爲節射之樂。案射禮主於射，略於樂。大射云：「司射命師曰：『請奏貍首，間若一。』」言調其疏數，以節射也。然則射之樂者，擊鼓作歌，與射者爲節而已，不必大作諸樂。此云鼓舞相應，非射樂矣。且傳意以此樂和奏，可以進樂先祖，安得捨燕初之盛作，而指節射之略者乎？以此知不然矣。

朱子集傳：籥舞，文舞也。

何氏楷曰：笙歌鐘篇，大射儀所謂「笙鐘笙磬」，皆應笙之鐘磬。而周禮笙師「凡祭祀、饗射共其鐘笙之樂」，亦謂與鐘聲相應之笙也。又笙有與琴瑟相應者，鹿鳴所謂「鼓瑟吹笙」是也。有與磬相應者，鼓鐘所謂「笙磬同音」是也。有與歌相應者，儀禮所謂「歌魚麗，笙由庚」是也。有與鼓相應者，此言「笙鼓」是也。以其爲用，無所不備，故特舉之。鼓不獨樂，以鼓爲節，射亦以鼓爲節，所謂「不鼓不釋」者也。

蕙田案：賓筵「籥舞笙鼓」章，毛傳主射言，鄭箋主祭言，朱子從鄭箋，何玄子從毛傳。案如從傳，則祖妣子孫之語，皆無著落。合依朱子從箋説爲是。大射儀「笙鏞笙磬」，皆應笙之鐘磬，何解最的。鄭氏訓笙猶生，指在東方者，而言鑿矣。

魯頌閟宫：萬舞洋洋，孝孫有慶。傳：洋洋，衆多也。箋：萬舞，干舞也。

春秋隱公五年左氏傳：九月，考仲子之宫將萬焉。注：萬舞也。疏：案公羊傳曰：「萬者何？干舞也。籥者何？羽舞也。」則萬與羽不同。今傳云「將萬焉」，「問羽數於衆仲」，是萬與羽爲一者。萬、羽之異，自是公羊之説。今杜直云「萬舞也」，則萬是舞之大名也。何休云：「所以仲子之廟唯有羽舞，無干舞者，婦人無武事，獨奏文樂也。」劉炫云：「公羊傳曰萬者云云，籥者云云，羽者爲文，萬者爲武。武則左執朱干，右秉玉戚；文則左執籥，右秉翟。此傳將萬問羽，即似萬、羽同者，以當此時萬、羽俱作，但將萬而問羽數，非謂羽即萬也。經直書羽者，與傳互見之。」公問羽數於衆仲。注：問執羽人數。對曰：「天子用八，注：八八六十四人。諸侯用六，注：六六三十六人。疏：何休説如此。服虔以「用六」爲六八四十八，大夫「四」爲四八三十二，士「二」爲二八十六。杜以舞勢宜方，行列既減，即每行人數亦宜減，故同何説也。或以襄十一年鄭人賂晉侯以「女樂二八」爲二佾之舞，知自上及下，行皆八人，斯不然矣。彼傳見晉侯減樂之半以賜魏絳，因「歌鐘二肆」，遂言「女樂二八」，爲下半樂張本耳，非以二八爲二佾。若二八即是二佾，鄭人豈以二佾之樂賂晉侯，晉侯豈以二佾之樂賜魏絳？大夫四，注：四四十六人。士二，注：二二四人。士有功，賜用樂。夫舞，所以節八音而行八風，注：八音，金、石、絲、竹、匏、土、革、木也。八風，八方之風也。以八音之器，播八方之風，手之舞之，足之蹈之，節其制而序其情。故自八以下。注：惟天子得盡物數，故以八爲列。諸侯則不敢用八。公從之。於是初獻六羽，始用六佾也。注：魯唯文王、周公廟得用八，而他公遂因仍僭而用之。今隱公特立此婦人之廟，詳問衆仲，因明大典，故傳亦因言始用六佾。其後季氏舞八佾於庭，知唯在仲子廟用六。」

胡氏銓曰：羽翟，羽舞者所執，人持一羽。凡舞有干舞，有羽舞，不曰六佾，而曰六羽。羽以象文德，干以象武功。婦人無武事，故獨奏文樂也。

公羊傳：初者何？始也。六羽者何？舞也。初獻六羽，何以書？譏。何譏爾？譏始僭諸公也。六羽之爲僭奈何？天子八佾，諸公六，諸侯四。

穀梁傳：初，始也。注：遂以爲常。穀梁子曰：「舞夏，天子八佾，諸公六佾，諸侯四佾。初獻六羽，始僭樂矣。」

尸子：「舞夏，自天子至諸侯皆用八佾。初獻六羽，始厲樂矣。」注：言時諸侯僭侈，皆用八佾，魯於是能自減厲而始用六。穀梁子言其始僭，尸子言其始降。

張氏元德曰：案周禮，凡天子、諸公、諸侯之禮節度數各有等，舞必有之。論周室正禮，當從公羊之說。衆仲始欲止用八之僭，故略諸公言之，非周禮也。曰獻者，不宜獻也。春秋於此書獻，以見六羽不當用於仲子之廟；書初，以見八佾用於群公之室。一言而盡魯僭禮之本末，非聖人莫能修，謂此類也。

汪氏克寬曰：春官樂師有羽舞，有干舞，籥師「祭祀則鼓羽籥之舞」，司干「祭祀，舞者既陳，則授舞器」。然則祭祀或文舞、武舞並用，或止用文舞而不用武舞也。

蕙田案：以上文舞。

周禮春官旄人：掌教舞夷樂。注：四夷之樂，亦皆有聲歌及舞。

韎師：掌教韎樂。祭祀則帥其屬而舞之。注：舞之以東夷之舞。疏：知舞之以東夷之舞者，以其耑主夷樂，則「東夷之樂曰韎」是也。凡舞夷樂，皆門外爲之。

劉氏彝曰：舞韎之位在門外，祭祀、大享皆用之，示四夷來王也。

鞮鞻氏：掌四夷之樂與其聲歌。注：王者必作四夷之樂，一天下也。言與其聲歌，則云樂者主于舞。疏：凡樂止有聲歌及舞，既下別云聲歌，明上云樂主于舞可知也。

薛氏季宣曰：四夷樂，或以其服色名之，或以其聲音名之。服色「韎」是也，聲音「侏離」是也，餘不可考。韎人之樂施于祭祀、大享，旄人、鞮鞻氏之樂施於祭祀與燕者，蓋東夷與四夷爲長，享於燕爲重。韎師曰「師」而序於前，旄人、鞮鞻氏曰「人」曰「氏」而序於後，然則東夷之樂，蓋聖人所重與？

祭祀，則歙而歌之。注：吹之以管籥爲之聲。疏：知「吹之以管籥爲之聲」者，以其歌者在上，管籥在下，既言吹之用氣，明據管籥爲之聲可知，是以笙師教吹管籥之等。

禮記明堂位：昧，東夷之樂也。任，南蠻之樂也。納蠻夷之樂於太廟，言廣魯於鄭引周禮韎師，以證經之昧樂。又引小雅鼓鐘之詩，以證南蠻之樂。「任」即南也。周公德廣，非唯用四代之樂，亦爲蠻夷所歸，或賜奏蠻夷之樂於庭也。唯言夷蠻，則戎狄可知。或云正樂既不得六代，故蠻夷唯與二方也。

天下也。注：周禮韎師：「掌教韎樂。」詩曰：「以雅以南，以籥不僭。」廣，大也。疏：

陳氏禮書：正義曰：「四夷樂，名出於孝經緯鉤命決。」故彼云「東夷之樂曰韎，持矛助時生。南夷之樂曰任，持弓助時養。西夷之樂曰株離，持鉞助時殺。北夷之樂曰禁，持楯助時藏。皆於四門之外右辟」是也。案明堂位亦有東夷之樂曰韎，南夷之樂曰任。又案虞傳云陽伯之樂舞株離，則東夷之樂亦名株離者，東夷樂有二名，亦名株離。鄭注云：「株離，舞曲名。言象萬物生株離，若詩云『彼黍離離』，是物生亦曰離，云王者必作四夷之樂一天下也。」案白虎通云：「王者制夷狄樂，不制夷狄禮。」禮者，所以均中國。不制禮，恐夷人不能隨中國禮也。孔穎達詩正義云：「昧者，物生根也。南者，物懷任也。秋物成而離其根株，冬物藏而禁閉於下，故以爲名焉。言南而得總四夷者，以周之德先致南方，故秋官立象胥之職，以通譯四夷，是言南可以兼四夷也。然則舞不立南師而立昧師者，以象胥曲以示法，昧四夷之始，故從其常而先立之也。」史記魯定公會齊景公於夾谷，孔子攝相事，齊有司趨進曰：「請奏四夷樂。」於是旍旄羽仗矛戟劍撥鼓譟而至。孔子趨進，歷階而登，舉袂大言曰：「吾兩君爲好會，夷狄之樂何爲？請有司却之。」齊侯乃麾而去。晉樂志後漢天子受朝賀，舍利從西來，戲於殿前，擊水化成魚，漱水作霧，又化成龍，出水遊戲，以兩大繩兩頭相去數丈，兩倡女對行於繩上也。

又曰：王者舞先王之樂，明有法也；舞當代之樂，明有制也；舞四夷之樂，明有懷也。四夷之樂東曰韎，南曰任，西曰侏離，北曰禁。或以其服色名之，或以其聲音名之，服色則「韎」是也，聲音則「侏離」是也。漢書曰「語言侏離」。其他不可以考。鞮鞻氏掌四夷之樂，旄人掌教四夷之樂，韎師則掌教東夷之樂而已。然韎師之樂施於祭祀、大饗，而旄人、鞮鞻之樂施於祭祀與燕者，蓋東於四夷爲長，饗於燕爲重。觀韎師曰「師」，旄人、鞮鞻曰「人」與「氏」，「師」序於前而「人」與「氏」序於後，則夷樂之别可知矣。然詩曰「以雅以南」，記曰「胥鼓南」，而掌四夷者亦以象胥名官，則周人於南夷之樂，又其所樂者也。先儒推四時之理，以釋四樂之名，以「韎」爲晦昧，「任」爲懷任，「侏離」爲離根，「禁」爲禁閉。且曰韎樂持矛助時生，任樂持弓助時養，侏離持鉞助時殺，禁樂持盾助時藏。白虎通又以侏離爲東樂，昧爲南樂，南樂持羽，西樂持戟。班固又以「侏」爲兜，以「禁」爲佅，以「韎」爲佅，賦曰「佅佅兜離」。蓋各述其所傳者然也。然周禮掌教夷樂者，皆以所服、所執、所履名之。鄭氏亦以韎爲韎韐之韎，則韎爲服色明矣。學者可以捨經而任傳乎？先王之於夷樂，雖或用之，然亦後之而弗先，外之而弗内也。觀夾谷之會，侏儒之樂奏於前，而孔子誅之。東漢元日撣徒丹國之樂作於庭，而陳禪非之。則魯納夷蠻之樂於太廟，蓋陳之於門而已。唐之時，皆奏於四門之外，豈古之遺制歟？

蕙田案：以上夷舞。

右周廟享之舞

周祭畢繹祭之樂

詩小雅楚茨：禮儀既備，鐘鼓既戒。鼓鐘送尸，神保聿歸。箋：鐘鼓既戒，戒諸在廟中者，以祭禮畢。疏：祭祀之禮儀既畢備矣，鐘鼓之音聲既告戒矣。謂擊鐘鼓以告戒廟中之人，言祭畢也。祭義云：「樂以迎來，哀以送往。」此鼓鐘送尸者，以哀其享否不可知，自孝子之心耳，其送尸猶自作樂也。

周禮春官樂師：及徹，帥學士而歌徹，令相。注：學士，國子也。鄭司農云：「謂將徹之時自有樂，故帥學士而歌徹者。」歌雍，雍在周頌臣工之什。令眂瞭扶工。鄭司農云：「告當相瞽師者，言當罷也，瞽師、盲者皆有相道之者，故師冕見，及階曰階也，及席曰席也，皆坐曰某在斯，某在斯。曰相師之道與？」

小師：徹，歌。注：於有司徹而歌雍。

詩周頌雝：有來雝雝，至止肅肅。相維辟公，天子穆穆。於薦廣牡，相予肆祀。假哉皇考！綏予孝子。宣哲維人，文武維后。燕及皇天，克昌厥後。綏我眉壽，介以繁祉。既右烈考，亦右文母。

朱子集傳：周禮樂師：「及徹，帥學士而歌徹。」説者以爲即此詩。論語亦曰「以雍徹」。然則此蓋徹祭所歌，而亦名爲徹也。

蕙田案：以上徹歌。

小雅楚茨：樂具入奏。箋：燕而祭時之樂復皆入奏。疏：承前文而言入奏〔一〕，故知祭之樂

〔一〕「承」，原作「乘」，據光緒本改。

復皆入也。燕、祭不得同樂，而云皆入者，歌詠雖異，樂器則同，故皆入也。

周禮春官鍾師：凡祭祀，奏燕樂。注：以鐘鼓奏之。疏：知「以鐘鼓奏之」者，以其鐘師奏九夏用鐘鼓，故知此燕樂亦用鐘鼓奏之可知也。

蕙田案：此燕樂是祭畢燕于寢時所作之樂，楚茨「樂具入奏」是也。

旄人：凡祭祀，舞其燕樂。疏：「舞其燕樂」，謂作燕樂時，使四方舞士舞之以夷樂。

黄氏度曰：韎樂，祭祀賓享必舞之。散樂、夷樂祭祀賓客則舞，其燕樂不用燕舞，則不舞，是則韎猶近雅歟？

禮記禮器：其出也，肆夏而送之，蓋重禮也。注：其出也，謂諸侯之賓，禮畢而出，作樂以節之。肆夏當爲陔夏。疏：知「肆夏爲陔夏」者，以大司樂大饗諸侯，則諸侯出入奏肆夏。此經是助祭後，無筭爵，禮畢，客醉而出，以貴重於禮，猶奏陔夏而戒之，故燕禮、大射賓出奏陔夏，明不失禮也。

陳氏樂書：賓入奏納夏，賓出奏肆夏。自外入而納者，物有所受之也。自内出而肆者，情有所放者也。方其始也，以入爲主，故納夏，言其有所受。此鐘師掌九夏，而鄭氏以爲四方賓來則奏納夏是已。方其終也，以出爲主，故肆夏，言其有所放，此禮器言大饗而繼之，以其出也，肆夏送之以重禮是也。又曰：明王行大饗之禮，四海諸侯各以其職來祭，其祭而入也，各貢國之所有以修職；其畢而出也，王奏肆夏之樂而送之。國語曰：「金奏肆夏，天子所以享元侯也。」大饗之禮，天子所以享元侯之樂，送所以來祭之諸侯，非重禮而何？今夫歌皇華以送之，天子所以待使臣也。歌采薇以送之，天子所以待帥臣也。奏肆夏以送之，天子所以待諸侯也。於大饗言肆夏以送之，則有送而無迎、臣之而弗賓故也。於饗、燕言賓入門而奏肆夏，則有迎而無送、賓之而弗臣故也。若夫兩君相見之禮，入門而縣興，客出以雍，而肆夏不與，此諸侯之樂所以不敢抗天子歟？晉侯之享穆叔，春秋罪之；趙文子奏之於家，禮經非之，爲僭天子故也。

新安王氏曰：諸侯爲賓，禮畢而出，作樂以節之，蓋以下之事上，其致貢有物，所以將事上之誠待之。終之以樂，言始終不可失節。鄭謂「肆夏」當作「陔夏」，案大司樂王出入奏王夏，尸出入奏肆夏，而大饗諸侯，則諸侯出入奏肆夏。考其意，饗則賓出奏肆夏，重賓也；燕則有無算爵，恐其醉而失禮，故奏陔夏，戒之也。然則助祭之後出廟門，疑奏肆夏，不奏陔夏，禮爲助祭之後無算爵，禮畢客醉而出，宜奏陔夏，故燕禮、大射賓出皆奏陔夏，明不失禮，其説不然。享於廟，燕於寢，故曰「饗以訓恭儉」，其禮意主於嚴；「燕以示慈惠」，其禮意主於歡，爲有無算爵故也。廟中之饗，必不至醉。饗於廟，燕不於廟，安得陔夏以警其失禮乎！

蕙田案：祭畢之燕，止及同姓，不及異姓。異姓歸燔脤，所以尊之。同姓則留與燕，所以親之。楚茨言「諸父兄弟，備言燕私」，不及賓客，則無異姓可知也。至無算爵，即旅酬後面事，皆行於廟中之禮，非燕於寢之時之禮。王氏謂賓「皆燕於寢」，又云「燕有無算爵」，稽之祭禮，皆不合。

又案：以上祭畢之樂。

詩周頌絲衣序：絲衣，繹賓尸也。箋：繹，又祭也。天子諸侯曰繹〔一〕，以祭之明日；卿大夫曰賓尸，與祭同日。周曰繹，商謂之肜。音義：絲衣，繹祭之服。疏：絲衣詩者，繹賓尸之樂歌也。祭宗廟之明日，又設祭祀，以尋繹昨日之祭，謂之爲繹，以賓事所祭之尸。經之所陳，皆繹祭始末之事也。

絲衣其紑，載弁俅俅。自堂徂基，自羊徂牛。鼐鼎及鼒，兕觥其觩。旨酒思柔。不吳不敖，胡考之休。

蕙田案：此詩已載入「星辰」條下，今仍序説，並存俟考。

春秋宣公八年：壬午，猶繹。萬入，去籥。注：萬，舞名。籥，管也。猶者，可止之詞。魯

〔一〕「曰」，諸本作「也」，據毛詩正義卷一九改。

人知卿佐之喪不宜作樂，而不知廢繹，故内舞去籥，惡其聲聞。疏：公羊傳曰：「萬者何？干舞也。籥者何？籥舞也。其言萬入去籥何？去其有聲者，不廢其無聲者，知其不可而爲之也。猶者何？通可以已也。」是萬爲舞名。禮明堂位曰：「朱干玉戚，冕而舞大武。」干，楯也。戚，斧也。此舞者左手執楯，右手執斧，故謂之武舞。言王者以萬人服天下，故以萬爲名。詩言碩人之舞云：「左手執籥，右手秉翟。」鄭玄云：「籥如管，六孔。」何休云：「吹之以節舞也。」故吹籥而舞謂之文舞。魯人知卿佐之喪不宜作樂，故去其有聲，而不知廢繹，納舞去籥，惡其聲聞也。尋杜注意，直云萬舞名，以注隱五年亦直云萬舞也。下問羽數，則萬是舞之大名，不取公羊萬是干舞之義，則執羽吹籥是爲萬舞，故杜云「納舞去籥，惡其聲聞」，是無干舞、籥舞之别名也。

呂氏祖謙曰：萬舞，文武二舞之總名。籥舞，文舞之别名。文舞又謂之羽舞，蓋文舞吹籥秉翟羽也。萬入去籥者，文武二舞俱入，於二舞中去羽舞吹籥者。

何氏楷曰：萬，初學記云「大舞」也。所以名「萬」者，何休以爲象武王以萬人定天下，民樂之，故名之。然商頌曰「萬舞有奕」，夏小正曰「丁亥，萬用入學」，竹書「帝舜十七年春二月入學，初用萬」，則萬之稱，其來已久，或但取萬物得所之義耳。舞者，用兩足左右相背，故其字從舛。山海經云：「帝俊八子始爲舞。」又呂氏春秋云：「陰康氏之始，陰多滯伏〔一〕，民氣鬱閼，故作舞以宣導之。」毛傳云：「以干羽爲萬舞。」案：武舞名干舞，言干則有戚矣；文舞名羽舞，言羽則有籥矣。或又以文舞爲籥舞。吕祖謙云：「鄭康成據公羊傳以萬舞爲干舞。」蓋公羊釋經之誤也。春秋書「萬入去籥」，言文武二舞俱入，以仲遂之喪，於二舞之中去其有聲者，故去籥焉。公羊乃以萬舞爲武舞，與籥舞對言之，失經意矣。若萬舞止爲武舞，則此詩與商頌，何爲獨言萬舞，而不及文舞耶？左氏載考仲子之宮將萬焉，婦人之廟，亦不應獨用武舞也。然則萬舞爲二舞之總名，明矣。又左莊二十八年，楚令尹子元欲蠱文夫人爲館於其宮側而振萬焉。夫人聞之泣曰：「先君以是舞也，習戎備也〔二〕。」蓋謂萬舞之中有武舞焉，非專以萬舞爲武舞也。

公羊傳：萬者何？干舞也。注：干，謂楯也。能爲人扞難而不使害人，故聖王貴之，以爲武樂。萬者，其篇名。武王以萬人服天下，民樂之，故名之云耳。籥者何？籥舞也。注：籥，所吹以節

〔一〕「多」，諸本作「夕」，據吕氏春秋集釋卷五改。
〔二〕「戎」，原作「戒」，據光緒本、春秋左傳正義卷一〇改。

舞也。吹籥而舞，文樂之長。其言萬入去籥何？去其有聲者，注：不欲令人聞之也。廢其無聲者，注：廢，置也。置者，不去也。齊人語。存其心焉爾。

傳說會纂：杜氏預以萬爲舞名，無干舞、籥舞之別。公羊以萬爲干舞，籥爲籥舞，則文武分焉，二說不同。孔氏穎達詩疏從鄭箋，以萬舞爲干舞，而此條則依違其間，未有定解。今觀隱五年考仲子之宫將萬焉，公問羽數，則萬兼文舞明矣。婦人之廟，豈得耑用武舞乎？毛氏詩傳以干羽爲萬舞，吕氏祖謙以萬爲文武二舞之總名，朱子亦用其説，則公羊非也。

蕙田案：以上繹祭之樂。

右周祭畢繹祭之樂

蕙田案：宗廟祭祀之樂，自伊耆氏爲土鼓、蕢桴、葦籥，女媧爲笙簧，而樂肇焉。黄帝樂曰咸池，亦曰大咸；堯曰大章，亦曰大卷，亦曰雲門；舜曰韶，亦曰九磬；夏曰大夏，殷曰大濩，周曰大武，謂之六代之樂。虞時后夔典樂，垂作和鐘，書云「戛擊鳴球，搏拊琴瑟以詠」，則堂上之樂也；「下管鼗鼓，合止柷敔，笙鏞以間」，則堂下之樂也。夏后氏之鼓足，龍筍虡以懸鐘磬。商有楹鼓，有崇牙，祭祀尚聲樂，三闋然後出迎牲。商頌那之詩鞉鼓、奏鼓、管聲、庸鼓，皆堂下之樂，惟「湯孫奏假」，鄭氏以爲奏升堂之樂，弦歌依之。「依我磬聲」，即堂上之玉磬。陳暘曰「堂上言『依我磬聲』，則『戛擊鳴球』、『搏拊琴瑟』之類舉矣；堂下言鞉鼓、管庸，則柷敔笙簫之類舉矣」是也。周之樂，有堂上，有堂下；有登歌，有下管；有間歌，有合樂；有大合樂，有分樂；有文舞，有武舞，有夷舞。在堂上者，明堂位玉磬、大琴、大瑟、中琴、小瑟，禮器「列其琴瑟」，樂記「清廟之瑟」是也。在堂下者，莫詳於周頌有瞽篇曰「有瞽有瞽，在周之庭」，下所陳皆在庭之樂也。「設業設虡，崇牙樹羽」，言設橫者之業，又設植者之虡，其上刻爲崇牙，因樹置五采之羽以爲之飾，亦謂之璧翣。業又謂之筍，春官典庸器、冬官梓人、明堂位、檀弓皆言筍虡，而不言業；此及靈臺言虡業，而不言筍，互相備也。「應田縣鼓」，應，小鼓，即大射禮「應鞞」，小師「擊應鼓」是也。田，毛以爲大鼓，鄭以爲小鼓，即𩊠鼓。大師「令奏鼓𩊠」，小師「鼓𩊠」是也。縣鼓，即商所植之楹鼓，周則縣而擊之。孔疏以爲應、田皆縣之虡業爲縣鼓，非也。禮器「縣鼓在西，應鼓在東」，則縣與應不得爲一矣。禮器疏陳暘以縣鼓爲大鼓是也。而陳祥道以爲晉鼓，何楷以爲路鼓，一據鎛師「祭祀擊晉鼓」之文，一據鼓人「以路鼓鼓鬼享」、大司樂「路鼓路鼗」之文，則何説似長也。「鞉磬柷圉，既備乃奏，簫管備舉」，鞉，亦作鼗，又作鞀。月令「修鞀鞞」，何楷以爲即大司樂之路鼗是也。鼗與鼓同聲相應，故大司樂俱以鼓鼗相配，小師亦以鼗鼓并而鼓之，那言「置我鞉鼓」，亦謂并植鞉與鼓也。磬，朱子以爲石磬，磬師「掌教擊磬」，鄭以編磬釋之是也。柷，一名椌，所以合樂。圉，亦作敔，一名楬。樂記「聖人作爲椌楬」，虞書「合止柷敔」是也。奏，何楷以爲金奏，當據鐘而言，則鐘師所掌之事也。簫，編竹爲之。舜樂以簫爲主，故名韶箾。管，如篪，六孔。周樂以管爲主，故凡言堂下樂者，皆云「下管」。大司樂所云「孫竹之管」、「孤竹之管」、「陰竹之管」是也。鼗、柷、敔、簫、管，太師掌其教，瞽矇掌其器，眡瞭掌其縣，此詩於八音缺匏土，偶未及耳。其陳設之位，則禮器云：「廟堂之下，縣鼓在西，應鼓在東。」大射儀：「樂人宿縣於阼階東，笙磬西面，其南笙鐘，其南鑮；一建鼓在阼階西，南鼓，應鼙在其東，南鼓。頌磬東面，其南鐘，其南鑮，皆南陳。一建鼓在其南，東鼓，朔鼙在其北。一建鼓在西階舞」，司干「掌舞器」，鄭以爲羽籥之屬。樂記羽旄羽籥旄狄，皆文舞之器也。司兵「授舞者兵」，鄭以爲朱干玉戚之屬。司戈盾「授舞者兵」，即戈盾。樂記干戚干揚，皆武舞之器也。虞書舞干羽於兩階，干武舞在西階，羽文舞在東階。左傳「象箾、南籥」，象箾，文王武舞；南籥，文王文舞。明堂位：「朱干玉戚，冕而舞大武；皮弁素積，裼而舞大夏。」祭統：「朱干玉戚以舞大武，八佾以舞大夏。」大武則武舞之樂，大夏則文舞之樂也。總名曰萬舞。簡兮詩「執籥秉翟」，文舞也，而曰「公庭萬舞」；左傳考仲子之宫將萬焉，而所獻者六羽，是文舞名萬也。左傳令尹子元欲蠱文夫人爲館於其宫側，而振萬焉。夫人曰：「先君以是舞也，習戎備也。」夏小正：「萬者，干戚舞也。」是武舞名萬也。公羊、鄭康成並以萬爲武舞、籥爲文舞，非也。四代之舞，皆有萬稱。竹書：「帝舜十七年春二月入學，初用萬。」夏小正曰：「丁亥，萬用入學。」商頌曰：「萬舞有奕。」則萬之名，自古有之。萬爲盈數，取衆多意。何休以爲武王以萬人得天下，故名，非也。其文舞之容，簡兮詩曰：「左手執籥，右手秉翟。」樂記曰：「屈伸俯仰，綴兆舒疾，樂之文也。」又曰：「終始象四時，周旋象風雨，五色成文而不亂，八風從律而不姦。」是也。武舞之容，則樂記「總干山立，發揚蹈厲，武亂皆坐，始而北出，再成而滅商，三成而南，四成而南國是疆，五成而分周公左、召公右，六成復綴以崇，天子夾振之而駟伐，分夾而進，久立於綴」；又曰「先鼓以警戒，三步以見方，再始以著往，復亂以飭歸」。今案記云：「其治民勞者，其舞行綴遠；其治民逸者，其舞行綴短。」則六代之舞，其行列自有遠近，不必盡同也。武舞重於文舞，故祭統曰：「舞莫重於武宿夜。」又曰：「及入舞，君執干戚就舞位，君爲東上，冕而總干，率其群臣以樂皇尸。」則是君親爲舞。樂記「總干而山立」，即謂此也。武舞又先於文舞。陳祥道曰：「書言『舞干羽』，則先干而後羽；樂記言『干戚羽旄謂之樂』，則先干戚而後羽旄。郊特牲、明堂位、祭統皆言『朱干玉戚，冕而舞大武』；皮弁素積，裼而舞大夏』，則先大武而後大夏。蓋曰武以威衆而平難，文以附衆而守成。平難常在於先，守成常在於後。」是也。四夷之舞，在四門之外。周禮旄人「掌教舞夷舞」，韎師「掌教韎樂」，鞮鞻氏「掌四夷之樂與其聲歌」。陳氏禮書曰：「王者舞先王之樂，明有德也；舞當代之樂，明有制也；舞四夷之樂，明有懷也。」是也。其次序之可知者，先一日，大胥鼓徵，典庸器設筍虡，大司樂宿縣，樂師、大師、小師、瞽矇、眡瞭、磬師、笙師、鐘師、鎛師各展其器與聲。祭之日，王入廟門，金奏王夏；迎尸，金奏肆夏；作樂降神，裸獻迎牲，金奏昭夏。登歌，大師帥瞽人登堂於西階之東，北面。相者授清廟之瑟，小師擊拊下管，大師播樂器，奏鼓，先轅後應，先西後東。乃間歌，乃合樂。大司樂帥國子舞，樂師臯舞，大胥正舞位，小胥巡舞列，司干授羽籥，司兵授朱干玉戚，司戈盾授戈盾。大武之樂凡六成，九磬之舞凡九變。每樂一成，樂師告備。九獻酬酢之禮畢，乃擊鐘鼓，告利成。送尸，金奏肆夏。徹俎，樂師帥學士歌徹。賓出，奏陔夏而送之。祭畢，燕於寢則樂具入奏，蓋即鍾師所掌、旄人所舞之燕樂也。明日繹祭，亦有樂舞。春秋宣八年「壬午，猶繹，萬入去籥」，是繹有萬舞可知也。

五禮通考卷七十二

吉禮七十二

宗廟制度

律吕本原

易象上傳：雷出地奮，豫。先王以作樂崇德。殷薦之上帝，以配祖考。疏：雷是陽氣之聲，奮是震動之狀。先王法此鼓動而作樂，崇盛德業，樂以發揚盛德故也。

蕙田案：此作樂之原本。樂之用，莫重於祭祀，而祭祀莫大於薦之上帝，以配祖考。故聖人觀象，舉其祀天神者言之，而祭地祇、享人鬼皆統之矣。

雷在地中，復。先王以至日閉關，商旅不行，后不省方。

蕙田案：二卦象乃樂律之微妙，根乎天地自然之理也。樂記曰：「凡聲，陽也。」陽，天之道也。陽之動者，發於聲而爲雷，是宇宙間凡聲之動，皆雷之象也。於卦爲震，震，乾初爻也。在地中爲復。是雷爲衆聲之始，而復之初，又雷之兆所由萌也。一陽之氣初動於五陰之下，此黄鍾所以爲律之本也。由是而爲臨，爲泰，以至於坤，仍反爲復。其六陰六陽之消長，猶六律六吕之相次、相生、相合也。六十四卦納六十甲子，猶律吕之有六十調也。調變而爲八十四，猶卦氣之有閏也。八十四調統於七音，即「七日來復」之義也。黄鍾數九，即陽爻之數也。紀之以三，即三畫之象，參天之數也。平之以六，六畫卦之義，兩地之法也。成于十二，乾坤之全也。此易所以爲樂之原，而黄鍾爲律本，正應日至此，亦可以見天地之心也。

觀承案：雷在地中，復。見静爲動君，寂爲感始，太音希聲，正所以爲萬籟之本，故先王以静體之如此。

書舜典：帝曰：「夔，命汝典樂。詩言志，歌永言，聲依永，律和聲。八音克諧，無相奪倫，神人以和。」

陳氏樂書：陽六爲律，陰六爲吕。律與吕異，合而言之，吕亦謂之律。此禮運所以有五聲十二律之説也。

李氏光地曰：聲者，宫、商、角、徵、羽也。之五聲者之於樂也，有調焉，有音焉。調則統一曲而名之以宫、商、角、徵、羽者是已。音則每字而别其爲宫、商、角、徵、羽者是已。如唐開元樂譜鹿鳴三篇、魚麗三篇爲黄鍾宫調，關雎三篇、鵲巢三篇爲無射商調，此統一曲而名之者也。然黄鍾之宫黄鍾也，無射之商亦黄鍾也，皆用黄鍾之律以起調畢曲，其間雜用七律，則皆黄鍾所生之商、角、徵、羽與夫變宫、變徵也。此則隨其音之所宜，每字而别，然每字之音，雖亦蒙以五聲之號，大要因其字音之抑揚，叶律高下而已。調之五聲則其氣象音節迥然不侔，若知聲而不知調，則非知五聲者。

禮記樂記：凡音之起，由人心生也。人心之動，物使之然也。感於物而動，故形於聲。聲相應，故生變，變成方，謂之音。比音而樂之，謂之樂。

李氏光地曰：心感物而動，則形於言而有聲矣，所謂詩言志者也。有言則自相以陰陽左右爲相合。若相生，則六律六同皆左旋，以律爲夫，以同爲婦，婦從夫之義，故皆左旋。鄭知有陰陽六體法者，見律曆志云：「黄鍾初九，律之首，陽之變也。因而六之，以九爲法，得林鍾。林鍾初六，吕之首，陰之變也。皆三天兩地之法也。」是其陰陽六體。其黄鍾在子，一陽爻生，爲初九；林鍾在未，二陰爻生，得爲初六者，以陰故退位在未，故曰乾貞於十一月子，坤貞於六月未也。云「同位者象夫妻，異位者象子母」者，同位，謂若黄鍾之初九，下生林鍾之初六，俱是初之第一，夫婦一體，是象夫婦也。異位，象子母，謂若林鍾上生太蔟之九二，二於第一爲異位，象母子。但律所生者爲夫婦，吕所生者爲母子。十二律吕，律所生者常同位，吕所生者常異位，故云「律取妻而吕生子」也。故曰：「黄鍾爲天統，律長九寸；林鍾爲地統，律長六寸；太蔟爲人統，律長八寸。」林鍾位在未，得爲地統者，以未衝丑故也。志又云：「十二管相生，皆八八，上生下生，盡于仲吕。陰陽相生，自黄鍾始而左旋，八八爲伍。」又云：「皆參天兩地之法也。」注云：「三三而九，二三而六。」上生下生皆以九爲法，九六，陰陽夫婦子母之道，律取妻而吕生子，天地之情也。六律六吕，而十二辰立矣。五聲清濁，而十日行矣。鄭注皆取義於此也。云「黄鍾長九寸，其實一龠」者，亦律曆志文。案彼云「子穀秬黍中」者，千有二百，其實一龠。彼又云「黄鍾者，律之實也」。云「下生者三分去一，上生者三分益一」者，子午已東爲上生，子午已西爲下生。東爲陽，陽主其益；西爲陰，陰主其減；故上生益，下生減。必以三爲法者，以其生，故取法於天之生數三也。云「大吕長八寸二百四十三分寸之一百四」者，以黄鍾之律爲本，以八相生，下生林鍾，林鍾上生太蔟，太蔟下生南吕，已後皆然，以此爲次。今鄭以黄鍾、大吕、太蔟等相比爲次第，不依相生爲次第者，鄭意既以上生下生得寸數長短，仍依十二辰次第而言耳。此之寸數所生，以黄鍾長九寸，下生林鍾，三分減一，去三寸，故林鍾長六寸。林鍾上生太蔟，三分益一，六寸益二寸，故太蔟長八寸。此三者以爲三統，故無餘分。太蔟下生南吕，三分減一，八寸取六寸，減二寸，得四寸在，餘二寸，寸爲三分，合爲六分，去二分，四分在，取三分爲一寸，添前四寸爲五寸，餘一分在，是南吕之管長五寸三分寸之一也。南吕上生姑洗，三分益一，五寸取三寸，益一寸爲四寸，又餘二寸者爲十八分，又以餘一分者爲三分，添前十八分爲二十一分，益七分爲二十八分，取二十七分爲三寸，添前四寸爲七寸，餘一分在，是爲姑洗之管長七寸九分寸之一。姑洗下生應鍾，三分去一，取六寸去二寸，得四寸，又以餘一寸者爲二十七分，餘一分者爲三分，添二十七分爲三十分，減十分，餘二十分在，是應鍾之管長四寸二十七分寸之二十。自此以下相生，皆以三分爲數，而爲減益之法，其義可知，故不具詳也。

高氏愈曰：凡天地之間，有氣則有聲，有聲則有節。六律六同，本于卦爻之六奇六耦，而準于天地十二月之氣。卦之六奇，即六律陽聲所自出。六耦，即六同陰聲所自出。而十二月陰陽之氣，互有虧盈，則發于聲者，凡長短高下清濁之節，亦皆有自然而然、莫知其然之次第，蓋不必聽鳳凰之鳴，而始能合管爲之矣。

典同：掌六律六同之和〔一〕，以辨天地四方陰陽之聲，以爲樂器。

丘氏璿曰：太師主於和聲，典同主於制器，蓋樂非聲不成，而所以寓其聲者器也。故典同之制器爲要，器正而聲無不正矣。

劉氏彝曰：律同之和，謂其長短厚薄所容中度，得陰陽之和氣，故律同中度，則中氣之至而灰飛。氣至則聲和，所以日月會于十二次而不差，則天之陰陽順于上；陰陽合于十二辰而不謬，則地之陰陽順于下。故黄鍾之長，用之以起五度，則樂器修廣之所資。黄鍾之容，用之以起五量，則樂器深閎之所賴。黄鍾之重，用之以起五權，則樂器輕重之所出。黄鍾之積，用之以起五數，則樂器多少之所差。黄鍾之氣，用之以起五聲，則樂器宫、商之所祖。是以爲樂器者，必以律同爲之本，故曰凡樂器以十二律爲之度數，以十二聲爲之齊量。

高氏愈曰：陽聲屬天，陰聲屬地。東方少陽，陽聲之次。南方太陽，陽聲之盛。西方少陰，陰聲之次。北方太陰，陰聲之盛也。凡聲不過乎陰陽，而陰陽復有四方之異，猶兩儀之分而爲四象也。六律六同，天地四方陰陽之聲皆出焉。典同辨之，取其中聲以爲樂器，則無不盡者矣。

禮記月令：孟春之月，律中太蔟。注：孟春氣至，則太蔟之律應。應謂吹灰也。凡律空圍

〔一〕「六同」，諸本脱，據周禮注疏卷二三補。

九分。

仲春之月，律中夾鍾。注：仲春氣至，則夾鍾之律應。

季春之月，律中姑洗。注：季春氣至，則姑洗之律應。

孟夏之月，律中仲吕。注：孟夏氣至，則仲吕之律應。

仲夏之月，律中蕤賓。注：仲夏氣至，則蕤賓之律應。

季夏之月，律中林鍾。注：季夏氣至，則林鍾之律應。

中央土，律中黄鍾之宫。注：黄鍾之宫最長也。十二律轉相生，五聲具終於六十焉。季夏之氣至，則黄鍾之宫應。禮運曰「五聲六律十二管，還相爲宫」也。疏：鄭不云黄鍾律最長，而云「黄鍾之宫最長」者，唯黄鍾宫聲，于諸宫爲最長也。黄鍾候氣之管，本位在子。此是黄鍾宫聲與中央土聲相應。

方氏慤曰：十二律各有五聲。凡六十律，以宫爲本，以角爲末；起于黄鍾，而終于仲吕；起于黄鍾之宫，而終于仲吕之角。故十二律之外，又有黄鍾之宫焉。大宫，固土之本音也，然必中于黄鍾者，以爲建子之律故也。蓋子者，陽之所生。土者，物之所成。土以成爲終，成以生爲始。由其終始之相須，故其所中如此。且以名取義，黄言陰之美，則土之色也；鍾言氣之聚，則土之事也。

孟秋之月，律中夷則。注：孟秋氣至，則夷則之律應。

仲秋之月，律中南吕。注：仲秋氣至，則南吕之律應。

季秋之月，律中無射。注：季秋氣至，則無射之律應。

孟冬之月，律中應鍾。注：孟冬氣至，則應鍾之律應。

仲冬之月，律中黄鍾。注：黄鍾者，律之始也。仲冬氣至，則黄鍾之律應。

季冬之月，律中大吕。注：季冬氣至，則大吕之律應。

李氏光地曰：太蔟至大吕者，十二律配十二月也。中者，合也，應也。以理言之則相合，以氣言之則相應也。然氣之相應必案時，候管逐月用調又非也。聲音之道，與天地陰陽自然流通者，如此耳。

國語周語：夫六，中之色也，故名之曰黄鍾，注：六者，天地之中。天有六氣，降生五味。天有六甲，地有五子，十一而天地畢矣。而六爲中，故六律、六吕而成天道。黄鍾初九，六律之首，故以六律正色爲黄鍾之名，重元正始之義也。黄鍾，陽之變也，管長九寸，徑三分，圍九分，律長九寸，因而九之，九九八十一，故黄鍾之數立焉，爲宫。法云：九寸之一得林鍾初六，六吕之首，陰之變，管長六寸。六月之律，坤之始也，故九六，陰陽、夫婦、子母之道。是以初九爲黄鍾，黄，中之色也。鍾之言陽氣鍾聚于下也。朱子曰：「六」字之義，注雖粗通，然似亦太牽合矣。下章漢志正作「黄」字，而其他説亦多出此。疑此「六」字本是「黄」字，劉歆時尚未誤，至韋昭作注時，乃減其上之半而爲「六」耳。又「法云：九寸之一」，亦疑有誤。當是「去其三分之一」。所以宣養六氣、九德也。注：十一月伏陽於下，物始萌，於五聲爲宫，含元處中，所以徧養六氣、九德之本也。**由是第之，**注：由，從也。第，次也，次其月也。**二曰太蔟，**注：正月，太蔟，乾九二也。管長八寸。法云：九分之八。太蔟，言陽氣大蔟達于上。**所以金奏贊陽出滯也。**注：太蔟正聲爲商，故爲金奏，所以佐陽發、出滯伏也。**三曰姑洗，所以修潔百物，考神納賓也。**注：三月，姑洗，乾九三也。管長七寸一分，律長七寸九分寸之一。姑，潔也。洗，濯也。考，合也。言陽氣養生，洗濯枯穢，改柯易葉也。于正聲爲角，是月，百物脩潔，故用之宗廟，合致神人，用之享宴，可以納賓也。**四曰蕤賓，所以安靖神人，獻酬交酢也。**注：五月，蕤賓，乾九四也。管長六寸三分，律長六寸八十一分寸之二十六。蕤，委蕤，柔貌也。言陰氣爲主，委蕤于下，陽氣盛長于上，有似于賓主，故可用之宗廟、賓客，以安靖神人，行酬酢也。**五曰夷則，所以詠歌九則，平民無貳也。**注：七月，夷則，乾九五也。管長五寸六分，律長五寸七百二十九分寸之四百五十一。夷，平也。則，法也。言萬物既成，可法則也，故可以詠歌九功之則，成民之志，使無疑貳也。**六曰無射，所以宣布哲人之令德，示民軌儀也。**注：九月，無射，乾上九也。管長四寸九分，律長四寸六千五百六十一分寸之六千五百二十四。九月陽氣上升，陰氣收藏，萬物無射見者，故可以徧布前哲之令德，示民道法也。**爲之六間，以揚沈伏，而黜散越也。**注：六間，六吕在陽律之間。吕，陰律，所以侶間陽律，成其功，發揚滯伏之氣，而去散越者也。**元間大吕，助宣物也。**注：十二月，大吕，坤六四也。管長八寸八分。法云：三分之二，四寸二百四十三分寸之五十二，倍之爲八寸分寸之一百四。下生律。元，一也。陰繫于陽，以黄鍾爲主，故曰元間。以陽爲首，不名其初，臣歸功于上之義也。大吕助陽宣散物也。天氣始於黄鍾，萌而赤，地受之於大吕，牙而白，成黄鍾之功也。**二間夾鍾，出四隙之細也。**注：二月，夾鍾，坤六五也。管長七寸四分，律長三寸二千一百八十七分寸之一千六百三十二，倍之爲七寸分寸之一千七十五。隙，間也。夾鍾助陽。鍾，聚。曲，細也。四隙，四時之間氣微細者。春爲陽中，萬物始生，四時之氣皆始於春。春發而出之，三時奉而成之，故夾鍾出四時之微氣也。**三間中吕，宣中氣也。**注：四月，中吕，坤上六也。管長六寸六分，律長三寸萬九千六百八十三分寸之六千四百八十七，倍之爲六寸分寸之萬二千九百七十四。陽氣起于中，至四月宣散于外，純乾用事，陰閉藏于內，所以助陽成功也，故曰正月，正陽之月也。**四間林鍾，和展百事，俾莫不任肅純恪也。**注：六月，林鍾，坤初六也。管長六寸，律長六寸。林，衆盛也。鍾，聚也。于正聲爲徵。展，審也。俾，使也。肅，速也。純，大也。恪，敬也。言時務和審，百事無有僞詐，使莫不任其職事，速其功，大敬其職事也。**五間南吕，贊陽秀也。**注：八月，南吕，坤六二也。管長五寸三分，律長五寸三分寸之一。榮而不實曰秀〔一〕。南，任也。陰任陽事，助成萬物。贊，佐也。**六間應鍾，均利器用，俾應復也。**注：十

〔一〕「榮而不實」，原作「不榮而實」，據光緒本、國語周語下乙正。

月，應鍾，坤六三也。管長四寸七分，律長四寸二十七分寸之二十。言陰應陽用事，萬物鍾聚，百嘉具備，時務均利，百官器用，程度，庶品使皆應其禮，復其常也。律呂不易，無姦物也。

蕙田案：國語此篇言律最詳。首言黄鍾，律呂之本也。次言由是第之，黄鍾生十一律也。又曰：以呂爲間，上生下生之義也。

漢書律曆志：律十有二，陽六爲律，陰六爲呂。律以統氣類物，呂以旅陽宣氣。黄鍾：黄者，中之色，君之服也；鍾者，種也。天之中數五，韋昭曰：一三在上，七九在下。五爲聲，聲上宫，五聲莫大焉。地之中數六，韋昭曰：二四在上，八十在下。六爲律，律有形有色，色上黄，五色莫盛焉。故陽氣施種於黄泉，孳萌萬物，師古曰：孳讀與滋同。滋，益也。萌，始生。爲六氣元也。以黄色名元氣律者，著宫聲也。宫以九唱六，孟康曰：黄鍾陽九，林鍾陰六，言陽唱陰和。變動不居，周流六虚。始於子，在十一月。大呂：呂，旅也，言陰大，旅助黄鍾宣氣而牙物也。位於丑，在十二月。太蔟：蔟，奏也，言陽氣大，奏地而達物也。師古曰：奏，進也。位於寅，在正月。夾鍾，言陰夾助太蔟宣四方之氣而出種物也。位於卯，在二月。姑洗：洗，絜也，言陽氣洗物辜絜之也。孟康曰：辜，必也，必使之絜也。位於辰，在三月。中呂，言微陰始起未成，著於其中旅助姑洗宣氣齊物也。位於巳，在四月。蕤賓：蕤，繼也，賓，導也，言陽始導陰氣使繼養物也。位於午，在五月。林鍾：林，君也，言陰氣受任，助蕤賓君主種物使長大楙盛也。師古曰：種物，種生之物。楙，古「茂」字也。種音之勇反。位於未，在六月。夷則：則，法也，言陽氣主法度而使陰氣夷當傷之物也。師古曰：夷亦傷。位於申，在七月。南吕：南，任也，言陰氣旅助夷則任成萬物也。位於酉，在八月。亡射：射，厭也，言陽氣究物而使陰氣畢剥落之，終而復始，亡厭已也。位於戌，在九月。應鍾，言陰氣應亡射，該臧萬物而雜陽閡種也。孟康曰：閡，臧塞也。陰雜陽氣，臧塞爲萬物作種也。晉灼曰：外閉曰閡。師古曰：閡音胡待反。下言「該閡于亥」，音訓並同也。位於亥，在十月。

陳氏祥道曰：律起於黄鍾，終於中吕。其長短有度，其多寡有數，其輕重有權，而萬法之原畢會。於是黄鍾者，建子之律也。黄之爲色，則陰之盛。鍾之爲器，則陰之聚。陰盛而極，則陽生之矣。陰盛而止，則陽散之矣。由陰終於亥，而陽乃始於子也，故曰黄鍾。太蔟者，建寅之律也。入乎坎者，必出乎震。否乎否者，必泰乎泰。寅之氣方接乎震，泰而泰出滯焉，故曰太蔟。姑洗者，建辰之律也。物至辰則潔齊，其潔齊也，非實體也，且然而已，故謂之姑洗。蕤賓者，建午之律也。陽午則向衰也，草木蕤矣。陰用事而陽爲賓焉，故謂之蕤賓。夷則者，建申之律也。人至申而夷，物至申而有成則，故謂之夷則。無射者，建戌之律也。陰至戌而盛，陽至戌而不厭，故謂之無射。此陽之律也。陽道體變以始物，故每律異名；陰道體常以效法，故止於三鍾、三吕而已。大吕者，建丑之律也。是謂陰律之始，則陰之所以配陽而行者，於是爲大，故曰大吕。夾鍾者，建卯之律也。陽生於子，終於午，則卯爲陽之中矣，以其位於中而止焉，故曰夾鍾。中吕者，建巳之律也。四時之序猶伯仲焉，春爲伯，夏爲仲。方是時，夏之氣始行焉，故曰中吕。林鍾者，建未之律也。萬物之繁茂止於此矣，故曰林鍾。南吕者，建酉之律也。酉，正西也，氣至南而化行於西，而成西所以成南而行爾，故曰南吕。應鍾者，建亥之律也。始事者陽，效法者陰。陽始而唱之，陰盛而應之，陰陽之道如是而止矣，故曰應鍾。周官大師掌六律六同，以合陰陽之聲。陽聲始之以黄鍾，則順而序之，以生之序進之也。陰聲始之以大吕，則逆而序之，以成之序退之也。夾鍾亦謂之圜鍾者，以春主規言之也。林鍾亦謂之函鍾者，以坤含弘言之也。中吕亦謂之小吕者，對大吕爲小故也。南吕亦謂之南事者，以成南爲事故也。别而言之，則律言其用，吕言其體，故陽六爲律，陰六爲吕。合而言之，皆所以述氣而已，故通謂之十二律焉。

李氏光地曰：十二律之數，以管而得；十二律之名，以鍾而定。蓋鑄鍾以寫律之聲，而爲八音之綱紀，故即其器以名律也。然惟四律以鍾名者，案周禮，祀天則分祭合祭，皆長黄鍾；祭地則分祭長應鍾，祭地，主陰律也。合祭長林鍾；享廟則長夾鍾，是四律者最尊，故特列之也。黄者，以中色喻中聲也。林者，萬物至末而茂盛如林也。夾者，在中間之謂，時惟中春，四仲之首也。應者，窮上反下，聲與氣無不終始相應也。稱吕者三。吕者，侣也，助也。大吕，助陽生物者也。仲吕，助陽長物者也。南吕，助陽成物者也。鍾懸之列，自北而南，三吕之中，位獨在南，故曰南吕也。不稱鍾吕者五。太蔟者，蔟，奏也。古人金奏所用。蓋於時則雷出地奮，威德並行；於律則木行商聲，仁義並用，故大奏尚之也。姑洗者，萬物始生孤穉而洗潔也。蕤賓者，正陽之時，萬物相見如賓主酬酢禮容葳蕤也。夷則者，生物既盛，平之以法也。無射者，陽律之終。終則厭怠，故欲其無射也。然惟黄鍾爲宫，則陽氣在内，屬信，居中，德之盛者。故太蔟則餘陰尚固，陽氣奮擊而出，屬商，屬義。

姑洗則生理畢達，屬角，屬仁。林鍾則萬物嘉美，屬徵，屬禮。南吕則萬物成就，分别屬羽，屬智。應鍾，陽窮復生，與黄鍾同德，爲變宫。蕤賓，陰生致役於陽，與林鍾同德，爲變徵。莫不各有其象數焉，此黄鍾一律之尊也。

蕙田案：律吕名義，黄鍾一律，漢志得之，其餘則意義淺近。朱子生鍾律篇謂其支離附合，信不免也。陳氏之説，頗合陰陽消息之道，似爲近之。然其於太蔟以泰釋太，以出滯釋蔟字，尚未切也。于姑洗曰且然而已，于夷則曰物至申而有成，則敷衍字義，亦無深意。而無射則仍班氏之説。今爲繹之。太蔟，太，大也。蔟，輳也，猶輻輳之輳。大即泰卦「小往大來」之「大」，言三陽盛大而來輳也。姑洗，辰位也。辰位巽，爲潔齊，故曰洗。姑者，故也，言至此而萬物皆洗其故也，陽之極盛也。夷則，夷，傷也。春主發生，秋主肅殺。肅殺之事必循法，則易所謂「利物足以和義」也。無射，射，斁也，散也。陽氣至剥將盡，而云無斁，程子所謂陽無可盡之理，猶十月謂之陽月也。李氏釋南吕，得之。

右律吕名義

黄鍾之實

書舜典：同律度量衡。疏：「律」者，候氣之管，而度量衡三者法制皆出于律。漢書律曆志云：度量衡出于黄鍾之律也。

李氏光地曰：律者，自然之聲。自然之氣，其高下清濁皆有天機，其長短大小皆有天則，故可以律萬事而爲之本也。自然之道，既合乎天，故其立法以天爲準。一管之長九寸，而三分之以上下生，是皆天之數也。天包乎地，一而涵三，三三之衍，不可勝窮，此天之數而律準之。故日月星辰皆紀于天，度量權衡皆紀于律。日有度之義，晷刻永短，與時進退是也。律之外分屬陽而度生焉，故其法以十爲率，十榦之節也，終於九十而一氣備矣。月有量之義，受日爲光，有滿有虧是也。律之内積屬陰而量生焉，故其法一分之冪十三黍有奇，月每日退，天之分也，終于千二百黍而一龠成矣。斗有權衡之義，隨時低昂，斟酌餘分是也。長短多寡，一以輕重爲斷而權生焉，故其法合龠爲二十四銖成兩，十六兩成斤，三十斤成鈞，四鈞成石。三十二日而閏一日，三十二月而閏一月，四閏而交食，一終之數也。記：「大人作則，必以天地爲本，以日星爲紀，月以爲量，四時以爲柄。」本者，律爲萬事根本也。紀者，度也。量者，量也。柄者，權衡也。故協時月正日與同律度量衡，其道相爲經緯也。蕙田案：律曰同，則當時律管已有長短，樂聲有高下清濁之異矣，故後世考律，必以黄鍾真度爲根本者，其義已見於此。

周禮春官典同：凡爲樂器，以十有二律爲之度數〔一〕，以十有二聲爲之齊量。注：度數，廣長也。疏：「以十有二律爲之度數」者，依律曆志云，古之神瞽，度律均鍾，以律計倍半，以爲鍾口之徑及上下之數。自外十二辰頭，皆以管長短計之可知，故云「度數，廣長也」。廣則口徑，長則上下也。

鄭氏鍔曰：爲樂器者，用十二律以爲度數，則長短多寡由此而生。用十二聲以爲齊量，則小大輕重由此而凖。

王氏某曰：數本起于黄鍾，始於一而三之，歷十二辰而五數備。其長則度之所起，其餘律皆自是而生，故凡爲樂器，以十二律爲之度數。

方氏苞曰：齊與食醫所和之齊同義，謂其分之所際也。蓋以十有二律之數爲衆器之度，以十有二聲之齊爲衆器之量。度必以律之數者，記所謂百度得數而有常也。

〔一〕「十有二律」，諸本作「六律」，據周禮注疏卷二三改。

蔡氏德晉曰：度數，謂長短廣狹準于管之尺寸也。齊量，謂清濁高下準于管之聲音也。和樂，謂調其衆器之聲，使之諧和也。凡一、十、百、千、萬等謂之數，尺、寸、分、釐、毫、絲、忽、微、纖等謂之度。於本律之聲均齊謂之齊，于上下律之聲分差等謂之量，故典同者，主以律吕和同樂器之音聲者也。

蕙田案：經云「凡爲樂器」，言凡，則八音之器皆統之，諸儒之説是也。注疏改「同」爲「銅」，遂專以均鍾度數釋之，則謬矣。此典同所言，乃後世造律制樂之綱領也。

國語周語：伶州鳩曰：「律所以立均出度也。」注：律，謂六律、六吕也。均者，均鍾木，長七尺，有絃繫之以均鍾者。度謂鍾之大小清濁也。漢大予樂官有之。**古之神瞽考中聲而量之以制，度律均鍾，百官軌儀，紀之以三，**注：三者，天、地、人。古者紀聲合樂以舞天神、地祇、人鬼，故能神人以和。朱子曰：此疑謂三分損益之法。**平之以六，**注：平之以六律也。上章曰「律以平聲」。**成於十二，天之道也。**

李氏光地曰：律者，法也，萬事取法焉。均者，平也，衆聲取平焉。自黄鍾以至應鍾，皆中聲也。神瞽得中聲于心，而量度之于制度之間，故寄其聲於律，又寫其聲于鍾。而凡百官之職，如所謂度量權衡者，皆于是法則焉。此律所由興也。度律均鍾，即所謂立均也。百官軌儀，即所謂出度也。紀之以三者，置一而三之，窮于十七萬七千一百四十七也。六者，六律也。十二者，律與吕也。以三紀之，以十二成之，皆神瞽所爲量之，以制而生者也。愚案：此條論律最精。蓋必考中聲而後量之以制，不可泥于制而求中聲也。後有作者折衷於此，可矣。

蕙田案：律吕之數見於此，乃諸數之權輿也。太極元氣，函三爲一，參天倚數，徑一圍三，故紀之以三者，即黄鍾之數，所以行其變也。太極生兩儀，兩儀生四象，坤卦用六，兩地之數，故平之以六者，即黄鍾之數，所以成其化也。天有十二次，地有十二辰，歲有十二月，故成於十二者，律吕之全數也。明乎三之紀，而天、地、人三統，上生、下生，三分損益之法皆舉之矣。明乎六之平，而陽有六律，陰有六吕，歌奏六均，以及倍其實四，其實之法皆舉之矣。明乎成於十二，而十二月之律，應十二辟卦氣，及宫均十二皆舉之矣。至於調成而爲六十，即五其十二也，加二變爲八十四，即七其十二也。六十調者，五聲之正。八十四聲者，七音之變。合五與七，則亦十二也。律吕之所以大成也。此三言者，後世算數均律之軌範也。

漢書律志：黄帝使泠綸自大夏之西，昆侖之陰，取竹於解谷生，其竅厚均者，斷兩節間而吹之，以爲黄鍾之宫。制十二筩以聽鳳之鳴，其雄鳴爲六，雌鳴亦六，比黄鍾之宫，而皆可以生之，是爲律本。師古曰：黄鍾之宫，律之最長者。比，合也。可以生之，謂上下相生也，故謂之律本。

律吕正義黄鍾理數篇：司馬遷律書曰：「神生於無形，成於有形，然後數形而成聲。」神者，天地之元氣，發爲元聲者也。無形者，理也；有形者，數也。此言非理則數無由生也。又曰：「核其華道者明矣。」華者，數也。道者，理也。言必核其數之真理，始可得而見也。夫有黄鍾之聲，必有黄鍾之數；有黄鍾之數，必有黄鍾之理。若無以明其理，即無以精其數；無以精其數，即無以得其聲。蓋理者，數之體；數者，理之用。惟理與數相生，故人聲與樂器相協，而大樂以成焉。案律吕新書黄鍾九寸，空圍九分，積八百一十分。注曰：「天地之數，始於一，終於十。其一、三、五、七、九爲陽，九者，陽之成也。其二、四、六、八、十爲陰，十者，陰之成也。黄鍾，陽聲之始，陽氣之動也，故其數九。分寸之數，具於聲氣之元，不可得而見，及斷竹爲管，吹之而聲和，候之而氣應，而後數始形焉。均其長，得九寸；審其圍，得九分；積其實，得八百一十分。長九寸，圍九分，積八百一十分，是爲律本。度量權衡於是而受法，十一律由是而損益焉。」朱子以謂本原第一章圍徑之數是最大節目，蓋上古聖人心通造化，默會中聲，製爲黄鍾，適符天地自然之數。漢、晉而後，凡究心於律吕者，因未詳考黄鍾之真度，是以中聲無由而得。今欲定黄鍾之管，必先定黄鍾之度。既得黄鍾之度，乃考其周徑面冪積實之相生，而較以容黍之多寡，然後製以器，審以音，一一脗合。則理之出於自然者，無不歸於大同矣。

蕙田案：此言黄鍾爲律吕之本也。

淮南子曰：規始於一，一不生，故分而爲陰陽，陰陽合和而萬物生，故曰：「一生二，二生三，三生萬物。」三參物，三三如九，故黄鍾之律九寸而宫音調。因而九之，九九八十一，故黄鍾之數立焉。律之數六，分爲雌雄，故曰十二鍾，以副十二月。十二各以三成，故置一而十一，三之，爲積分十七萬七千一百四十七，黄鍾大數立焉。

李氏光地曰：律者，紀陽者也。故以黄鍾之長爲九寸，又因之八十一，爲黄鍾之數；又積之十七萬七千一百四十七，爲黄鍾之大數。其數皆以三因之而得，蓋八十一者，所以爲五聲相生之法也；十七萬七千一百四十七者，所以爲十二律相生之法也。聲窮於角，其數六十四。律窮於仲吕，其數一十三萬一千七十二。皆三分損益之所不行，故聲律於是乎窮。所以然者，自一而至八十一，五位，此相生所以窮於五；自一而至十七萬七千一百四十七，十二位，此相生所以窮於十二也。

史記律書：置一而九三之以爲法。注：索隱曰：漢書律曆志曰：「太極元氣，函三爲一。行之於十二辰，始動於子。參之於丑，得三。又參之於寅，得九。」是謂置一而九三之也。韋昭曰「置一而九，以三乘之」是也。實如法，得長衍一寸衍。注：索隱曰：實謂以子一乘丑三，至亥得十七萬七千一百四十七爲實數。如法謂以一萬九千六百八十三之法除實得九，爲黄鍾之長。言「得一」者，算術設法辭也。「得」下有「長」，「一」下有「寸」者，皆衍字也。韋昭曰得九寸之一也。姚氏謂得一即黄鍾之子數。

凡得九寸，命曰「黄鍾之宫」。

蕙田案：黄鍾之法，莫詳於史記生鍾術、生鍾分二章，而此條言黄鍾得數之始，實爲律吕算數之本。算數之本者，置一而九，三之也。置一謂一分，非一寸也。實如法得一亦得一分，非一寸也。凡得九寸，寸者，假借尺度之名，非分寸之寸也。索隱謂得一者，算術設法辭。「長」字「寸」字皆衍字。古法相傳，必有所本。此語實得黄鍾算數之妙義。能會此義，自知黄鍾之得一者爲一分，九寸爲九分，乃造律度十分之九，而非尺度分寸之九，則後世之言九寸言十寸者，總無所用其紛糾，而黄鍾之真度可得矣。我朝御製律吕正義論黄鍾律曰：黄鍾之長九寸，非夏尺之九寸、商尺之九寸，亦非歷代諸尺之九寸，乃本造律度十分之九也，以八寸一分立法。古聖人定黄鍾，蓋合九九天數之全以立度，闡發精詳，所謂心通造化，默會神明，正與此注脗合，可謂先後聖之同揆矣。

又案：得一萬九千六百八十三爲九寸，非積十分爲寸之寸也，又何必泥以九分爲寸也，更何可加一寸爲一尺也。是置一而九三之之寸法也。

漢書律曆志：太極元氣，函三爲一。極，中也。元，始也。行於十二辰，始動於子。參之於丑，得三。又參之於寅，得九。又參之於卯，得二十七。又參之於辰，得八十一。又參之於巳，得二百四十三。又參之於午，得七百二十九。又參之於未，得二千一百八十七。又參之於申，得六千五百六十一。又參之於酉，得萬九千六百八十三。又參之於戌，得五萬九千四十九。又參之於亥，得十七萬七千一百四十七。此陰陽合德，氣鍾於子，化生萬物者也。

律呂新書黄鍾寸分數法：子一，黄鍾之律。丑三，爲絲法。寅九，爲寸數。卯二十七，爲毫法。辰八十一，爲分數。巳二百四十三，爲釐法。午七百二十九，爲釐數。未二千一百八十七，爲分法。申六千五百六十一，爲毫數。酉一萬九千六百八十三，爲寸法。戌五萬九千四十九，爲絲數。亥一十七萬七千一百四十七。黄鍾之實。

蔡氏元定曰：案黄鍾九寸，以三分爲損益，故以三歷十二辰，得一十七萬七千一百四十七爲黄鍾之實。其十二辰所得之數，在子、寅、辰、午、申、戌六陽辰爲黄鍾寸、分、釐、毫、絲之數，在亥、酉、未、巳、卯、丑六陰辰爲黄鍾寸、分、釐、毫、絲之法。其寸、分、釐、毫、絲之法用皆九數，故九絲爲毫，九毫爲釐，九釐爲分，九分爲寸，九寸爲黄鍾。蓋黄鍾之實，一十七萬七千一百四十七之數。以三約之，爲絲者五萬九千四十九。以二十七約之，爲毫者六千五百六十一。以二百四十三約之，爲釐者七百二十九。以二千一百八十七約之，爲分者八十一。以一萬九千六百八十三約之，爲寸者九。由是三分損益以生十一律焉。或曰：徑圍之分，以十爲法，而相生之分、釐、毫、絲以九爲法，何也？曰：以十爲法者，天地之全數也。以九爲法者，因三分損益而立也。全數者即十，而取九相生者，約十而爲九。即十而取九者，體之所以立；約十而爲九者，用之所以行。體者所以定中聲，用者所以生十一律也。

又曰：淮南子謂置一而十一，三之以爲黄鍾之大數，即此置一而九，三之以爲寸法者，其術一也。夫置一而九三之既爲寸法，則七三之爲分法，五三之爲釐法，三三之爲毫法，一三之爲絲法，從可知矣。律書獨舉寸法者，蓋已於生鍾分内，默具律寸分、釐、毫、絲之法，而又於此律數之下，指其大者以明凡例也。一三之而得三，二三之而得二十七，五三之而得二百四十三，七三之而得二千一百八十七，九三之而得一萬九千六百八十三。故一萬九千六百八十三以九分之，則爲二千一百八十七，又以九分之則爲二百四十三，又以九分之則爲二十七，又以九分之則爲三。三者，絲法也。九其三得二十七，則毫法也。九其二十七得二百四十三，則釐法也。九其二百四十三得二千一百八十七，則分法也。九其二千一百八十七得一萬九千六百八十三，則寸法也。一寸九分，一分九釐，一釐九毫，一毫九絲，以之生十一律，以之生五聲二變，上下乘除，參同契合，無所不通，蓋數之自然也。顧自淮南、太史公之後，即無識其意者。如京房之六十律，雖亦同此十七萬七千一百四十七之數，然乃謂不盈寸者，十之所得爲分，又不盈分者，十之所得爲小，分其餘爲强弱，不知黄鍾九寸，以三損益，數不出九。苟不盈分者十之，則其奇零無時而能盡。雖泛以强弱該之，而卒無以見强弱之爲幾何，則其數之精微，固有不可得而紀者矣。至於杜佑、胡瑗、范蜀公等，則又不復知有此數，而以意强爲之法。故通典則自南吕而下，各自爲法，固不可以見分、釐、毫、絲之實，胡、范則止用八百一十分，乃是以積實生量之數爲律之長，而其因乘之法亦用十數，故其餘算亦皆棄而不録。蓋非有意於棄之實，其重分累析，至於無數之可紀，故有所不得而録耳。夫自絲而下，雖非目力之所能分，然既有其數，而或一算之差，則法於此而遂變，不以約十爲九之法分之，則有終不可得而齊者。故淮南、太史公之書其論此也已詳，特房等有不察耳。

朱子曰：十二律分、寸、釐、毫、絲之數，鄭氏與太史公説不同，太史二説又自爲異。鄭氏之言，分、寸審度之正法也。太史之言，欲其便於損益而爲假設之權制也。蓋律管之長，以九爲本。上下相生，以三爲法。而鄭氏所用正法，破一寸以爲十分，而其下破分爲釐，破釐爲毫，破毫爲絲，破絲爲忽，皆必以十爲數，則其數中損益之際皆有餘分，雖有巧歷，終不能盡。是以自分而下，遂不可析，而直以九相乘，歷十二管至破一寸，以爲一萬九千餘分，而後略可得而記焉。然亦苦於難記而易差，終不若太史公之法爲得其要而易考也。蓋其以子爲一而十一，三之以至於亥，則得十七萬七千一百四十七算，而子爲全律之數，亥爲全律之實，可知矣。以寅爲子之寸數，而酉爲寸法，則其律有九寸可知矣。以辰爲子之分數，而未爲分法，則其寸有九分可知矣。以午爲子之釐數，而巳爲釐法，則其分有九釐可知矣。以申爲子之毫數，而卯爲毫法，則其釐有九毫可知矣。以戌爲絲數，而丑爲絲法，則毫有九絲可知矣。下而爲忽，亦因絲而九之，雖出權宜，而不害其得乎！自然之數，以之損益，則三分之數整齊簡直，易記而不差也。其曰黄鍾八寸十分一者，亦放此意，但以正法之數合其權法之分，故不同耳，其實則不異也。

蕙田案：蔡氏以九起算，非止得太史公之法，實黄鍾律度爲萬事根本之妙藴也。黄鍾以九爲本，以三爲用，神明自然，乃造化之奥機。其所謂九寸者，不過假尺度之名，以紀損益乘除之數，而與尺度之積十爲分、積分爲寸之寸截然不同。朱子謂爲假設之權制，可謂得其意，而與史記注合。但止稱其數整齊簡直，過於鄭法之難記而易差，不知黄鍾自然之數，妙合天成，是以生律生聲，極其所至，而無不通。若鄭以分寸審度之法拘泥推測，不但與律度之本旨霄壤懸殊，即其算數已難記而不可行矣。嗚呼！黄鍾之藴，朱子且未能盡窺，何怪算數家紛爭執礙，揣摩擬議，而成萬世不決之疑也。非大聖人，孰能心悟神會而與於此哉？

右黄鍾之實

黄鍾生十一律

史記律書：生鍾分：子一分。丑三分二。寅九分八。卯二十七分十六。辰八十一分六十四。巳二百四十三分一百二十八。午七百二十九分五百一十二。未二千一百八十七分一千二十四。申六千五百六十一分四千九十六。酉一萬九千六百八十三分八千一百九十二。戌五萬九千四十九分三萬二千七百六十八。亥一十七萬七千一百四十七分六萬五千五百三十六。

律吕新書：此即三分損益上下相生之數，其「分」字以上者，皆黄鍾之全數；其「分」字以下者，諸律所取於黄鍾長短之數也。其上下相生之序，則晉志所謂「在六律爲陽，則當位自得，而下生於陰；六吕爲陰，則得其所衝，而上生於陽」者是也。大吕、夾鍾、仲吕止得半聲，必用倍數，乃與天地之氣相應，其寸、分、釐、毫、絲皆積九以爲法。

史記生鍾術曰：以下生者，倍其實，三其法。索隱曰：以下生者，謂黃鍾下生林鍾，黃鍾長九寸。倍其實者，二九十八。三其法者，以三爲法，約之得六，爲林鍾之長也。以上生者，四其實，三其法。索隱曰：四其實者，謂林鍾上生太簇。林鍾長六寸，以四乘六得二十四，以三約之得八，即爲太簇之長也。

律呂新書：黃鍾生十一律數，子一分，一爲九寸。丑三分二，一爲三寸。寅九分八，一爲一寸。卯二十七分十六，三爲一寸，一爲三分。辰八十一分六十四，九爲一寸，一爲一分。巳二百四十三分一百二十八，二十七爲一寸，三爲一分，一爲三釐。午七百二十九分五百一十二，八十一爲一寸，九爲一分，一爲一釐。未二千一百八十七分一千二十四，二百四十三爲一寸，二十七爲一分，三爲一釐，一爲三毫。申六千五百六十一分四千九十六，七百二十九爲一寸，八十一爲一分，九爲一釐，一爲一毫。酉一萬九千六百八十三分八千一百九十二，二千一百八十七爲一寸，二百四十三爲一分，二十七爲一釐，三爲一毫，一爲三絲。戌五萬九千四十九分三萬二千七百六十八，六千五百六十一爲一寸，七百二十九爲一分，八十一爲一釐，九爲一毫，一爲一絲。亥一十七萬七千一百四十七分六萬五千五百三十六。一萬九千六百八十三爲一寸，二千一百八十七爲一分，二百四十三爲一釐，二十七爲一毫，三爲一絲，一爲三忽。

蔡氏元定曰：黄鍾生十一律。子、寅、辰、午、申、戌六陽辰，皆下生。丑、卯、巳、未、酉、亥六陰辰，皆上生。其上以三歷十二辰者，皆黄鍾之全數。其下陰數以倍者，即算法倍其實。三分本律而損其一也。陽數以四者，即算法四其實。三分本律而增其一也。六陽辰當位，自得六陰辰，則居其衝。其林鍾、南吕、應鍾三吕在陰，無所增損。其大吕、夾鍾、仲吕三吕在陽，則用倍數，方與十二月之氣相應。蓋陰之從陽，自然之理也。

十二律之實，子黄鍾十七萬七千一百四十七全九寸，半無。丑林鍾十一萬八千九十八全六寸，半三寸不用。寅太簇十五萬七千四百六十四全八寸，半四寸。卯南吕十萬四千九百七十六全五寸三分，半二寸六分不用。辰姑洗十三萬九千九百六十八全七寸一分，半三寸五分。巳應鍾九萬三千三百一十二全四寸六分六釐，半二寸三分三釐不用。午蕤賓十二萬四千四百一十六全六寸二分八釐，半三寸一分四釐。未大吕十六萬五千八百八十八全八寸三分六釐六毫，半一寸一分八釐三毫。申夷則十一萬五百九十二全五寸五分五釐一毫，半二寸七分二釐五毫。　酉夾鍾十四萬七千四百五十六全七寸四分三釐七毫三絲，半三寸六分六釐三毫六絲。　戌無射九萬八千三百四全四寸八分八釐四毫八絲，半二寸四分四釐三毫四絲。　亥仲吕十三萬一千七十二全六寸五分三毫四絲六忽，餘二算。半三寸二分八釐六毫二絲二忽。

蔡氏元定曰：十二律之實：約以寸法，則黄鍾、林鍾、太蔟得全寸。約以分法，則南吕、姑洗得全分。約以釐法，則應鍾、蕤賓得全釐。約以毫法，則大吕、夷則得全毫。約以絲法，則夾鍾、無射得全絲。至仲吕之實，十三萬一千七十二，以三分之，不盡二算，其數不行，此律之所以止於十二也。

蕙田案：生鍾分十二辰，「分」字以上，黄鍾幾分之數也；「分」字以下，諸律於黄鍾之數取其幾分也。二與八與十六與六十四諸數，陽生陰者，倍其實；陰生陽者，四其實也。子，黄鍾也，一分者九寸也。丑，林鍾也，分黄鍾九寸爲三分，每分三寸，取二分得六寸也。寅，太簇也，分黄鍾九寸爲九分，每分一寸，取八分得八寸也。卯，南吕也，分黄鍾九寸爲二十七分，每三分爲一寸，取十六分得五寸三分三釐三毫三絲三忽也。辰，姑洗也，分黄鍾九寸爲八十一分，每九分爲一寸，取六十四分得七寸一分一毫一絲一忽也。巳，應鍾也，分黄鍾九寸爲二百四十三分，每二十七分爲一寸，取一百二十八分得四寸七分四釐零四絲七忽也〔一〕。午，蕤賓也，分黄鍾九寸爲七百二十九分，每八十一分爲一寸，取五百一十二分得六寸三分二釐九絲八忽也。未，大吕也，分黄鍾九寸爲二千一百八十七分，每二百四十五分爲一寸〔二〕，取一千二十四分得四寸二分一釐三毫，爲半大吕，倍之得八寸四分二釐七毫也。申，夷則也，分黄鍾九寸爲六千五百六十一分，每七百二十九分爲一寸，取四千九十六分得五寸六分一釐八毫六絲五忽也。酉，夾鍾也，分黄鍾九寸爲一萬九千六百八十三分，每二千一百八十七分爲一寸，取八千一百九十二分得三寸七分四釐五毫七絲，爲半夾鍾，倍之得七寸四分九釐一毫五絲也。戌，無射也，分黄鍾九寸爲五萬九千四十九分，每六千五百六十一爲一寸，取三萬二千七百六十八分得四寸九分九釐四毫也。亥，仲吕也，分黄鍾九寸

〔一〕「零四絲七忽」，依例推之，當爲「零七絲四忽」。
〔二〕「二百四十五分」，依例推之，當爲「二百四十三分」。

爲十七萬七千一百四十七分，每一萬九千六百八十三分爲一寸，取六萬五千五百三十六分得三寸三分二釐九毫，爲半仲吕，倍之得六寸六分五釐九毫也。

考律緒言：吴氏鼎曰：生鍾分之分，即算家分母、分子之分。法爲分母十二，「分」字以上皆分母也，即三其法之法也；實爲分子，「分」字以下皆分子也，即倍其實、四其實之實也。總括之，不過「三分損益」四字。試置黄鍾爲實，三分而損其一爲林鍾；置林鍾爲實，三分而益其一爲太蔟。置太蔟爲實，三分而損其一爲南吕；置南吕爲實，三分而益其一爲姑洗。此其爲數，與夫置黄鍾爲實，三分而取其二爲林鍾；置黄鍾爲實，九分而取其八爲太蔟；置黄鍾爲實，二十七分而取其十六爲南吕；置黄鍾爲實，八十一分而取其六十四爲姑洗，未始有異也。由前之法，十二律遞爲其母，而不以黄鍾爲共母。由後之法，未嘗不遞爲其母，而實以黄鍾爲共母，自有生鍾之數，而十二律之長短自見。原不必立寸分釐毫之名以相泥，至若究其所用之實，則生鍾分乃言律之祖、定律之根，施之樂器，悉範圍而不過，豈無所用而空有其説哉？

吴氏鼐曰：史記生鍾術：「以下生者，倍其實，三其法。以上生者，四其實，三其法。」案陽數起于一，陰數起于二。一一者，倍其實之根。二二者，四其實之根。置一而十一三之，三其法之根也。黄一則林二，太八則南十六，姑六十四則應一百二十八，蕤五百十二則大一千二十四，夷四千九十六則夾八千一百九十二，無三萬二千七百六十八則仲六萬五千五百三十六也。此下生者，倍其實也。林二則太八，南十六則姑六十四，應一百二十八則蕤五百十二，大一千二十四則夷四千九十六，夾八千一百九十二則無三萬二千七百六十八也。此上生者，四其實也。生鍾分，自子一至十七萬零，皆黄鍾之實也。乃十一律生于黄鍾，而以黄鍾爲母也。若以陰陽各六分之，則一者，六律之母也；二者，六吕之母也。又五律以黄鍾爲母，五律以林鍾爲母也。若以律取妻而吕生子，遞而衍之，則遞爲母也。故置一而十一三之者，黄鍾也。置二而十三之者，林鍾也。置八而九三之者，太蔟也。置十六而八三之者，南吕也。置六十四而七三之者，姑洗也。置一百二十八而六三之者，應鍾也。置五百十二而五三之者，蕤賓也。置一千二十四而四三之者，大吕也。置四千九十六而三三之者，夷則也。置八千一百九十二而兩三之者，夾鍾也。置三萬二千七百六十八而一三之者，無射也。至亥，則極靜不容再分矣。故仲吕六萬五千五百三十六，則黄鍾三分損益之極數也。凡此，皆參天之數也。倍其實、四其實，兩地之數也。夫是之謂「參天兩地而倚數」。

李氏光地曰：天地之間，理也，氣也，聲也，形也，數也，顯微無間者也。蓋氣者，理之用；形聲者，氣之化；而數者，形聲之紀也。樂律之道，其數相生，故其氣相生；其氣相生，故其聲亦相生，而無不應也。其必紀以九者何？數之所以衍而不窮，氣之所以運而不息也。其必成以六者何？數之衍所以節，而氣之運所以裁也。易卦尊陽而用九，樂律亦尊陽而用九，故窮則變，變則通者，用九之妙也。易卦居陰而用六，樂律亦居陰而用六，故先後有序，剛柔有偶者，用六之功也。黄鍾之律長九寸，冪九分，積其長八十一分，積其冪八百一十分，莫非九九之用，故其道循環，而與元氣終始。成於六律，究於十二管，衍於六十調，行於三百六十聲，莫非六六之用，故其道有常，而與天地相似。然則數有阻格，則於氣有滯礙；數有差繆，則於氣有乖逆者，亦自然之理矣。

蕙田案：黄鍾爲律吕之本，何也？律者，法也。黄鍾，法之本也。法者何？陰陽之理也。陽變而聲音之道出焉，是爲律。陰合而聲音之用備焉，是爲吕。陽包乎陰，吕亦律也，故曰六律。黄鍾者，六律之始，聲音之法也。黄鍾何以爲聲音之法？黄鍾九寸，九九八十一分，是其法也。九寸何以爲法？寸者，假度之名，九其法也。九何以爲法？九，乾，老陽之策，參天之數也。參天者，徑一而圍三。數起於一，行於三。一三而三，三三而九，九則復爲一，至於九，則數備矣。九者，三三之數也，故黄鍾之數用九也。其用九何也？用九者，用三也。用三者，仍用九也。以三用九，故黄鍾之實，子一、丑三、寅九、卯二十七、辰八十一、巳二百四十三、午七百二十九、未二千一百八十四〔一〕、申六千五百八十一〔二〕、酉

〔一〕「二千一百八十四」，依例推之，當爲「二千一百八十七」。

〔二〕「六千五百八十一」，依例推之，當爲「六千五百六十一」。

一萬九千六百八十三、戌五萬五千四十九〔一〕、亥十七萬七千一百四十七，其遞加之數皆三也，其全數皆九也。其必以三遞加而自子至亥者，何也？自子至亥，而寸、分、釐、毫、絲之數與法備也。其必備寸、分、釐、毫、絲之法與數者，何也？所以生十一律而正五音也。十一律何以生？陰陽之理，自然而生也。陰陽何以生？陰陽互根也。陰陽互根，陽饒而陰乏，故陽三分而損一以生陰則爲吕，吕三分而益一以生陽復爲律。或上或下，不得不生也。不得不生者，黄鍾以三用九之數必至於十二也。必至於十二者，天之辰十二次，歲之紀十二月，地之方十二位，陰陽自然之數也。然則何以止於十二也？其數不行也。數何以不行？亥，仲吕也，仲吕之實，十三萬一千七十二，以三分之，不盡二算，故不行也。此黄鍾所以止生十一律而成十二也，猶卦之自八而六十四，大衍之數萬有一千五百二十，而其用四十有九也。其正五音，何也？黄鍾之數，九九八十一以爲宫，三分去一而生徵五十四，徵三分益一而生商七十二，商三分去一而生羽四十八，羽三

〔一〕「五萬五千四十九」，依例推之，當爲「五萬九千四十九」。

分益一而生角六十四，則五音備也。五音何以備也？其旋相爲宫。自十二均至六十調加二變爲七音八十四聲，其相生之數，皆黄鍾之數也。何以爲黄鍾之數也？皆九也，皆三分損益也。三分損益，何也？倍其實、四其實也。倍其實、四其實者，一生二，二生四，兩地之數也。黄鍾數九，何以有兩地之數也？陽得兼陰，陰不得兼陽，故黄鍾之數止用九也。用九而天下之數備，奚止律吕也。然則以黄鍾爲十寸，何也？曰：非也。黄鍾九寸者，法也，非度也。十寸者，度也，非法也。度生於法，法不生於度也。以黄鍾爲九寸，寸十分者，何也？曰：亦非也。十分者，度之分也，非法之分也。以黄鍾爲九寸，寸九分者，何也？曰：似矣，而實非也。分者，法之分，乃假借寸、分、釐、毫、絲之名，以紀黄鍾損益乘除之數，而行其九九之法，實非尋、丈、尺、寸之度也。故或以爲是九而非十，或以爲是十而非九，或以爲可以九可以十者，皆泥於尺度不知律爲法者也，不知黄鍾爲法之本者也，不知黄鍾爲律吕之本者也。

右黄鍾生十一律

三分損益

淮南子：黄鍾，下生林鍾。林鍾，上生太蔟。太蔟，下生南吕。南吕，上生姑洗。姑洗，下生應鍾。應鍾，上生蕤賓。蕤賓，上生大吕。大吕，下生夷則。夷則，上生夾鍾。夾鍾，下生無射。無射，上生仲吕。仲吕，極不生。

蕙田案：蕤賓、夷則、無射三律皆下生者，律吕之本數也。於陰陽修短之氣未合，故大吕、夾鍾、仲吕俱用倍律。此淮南子蕤賓重上生，乃算律之捷法，歷代多宗之。二者律法不同，得寸數則一。

前漢書律曆志：黄鍾之長，三分損一，下生林鍾。三分林鍾益一，上生太蔟。三分太蔟損一，下生南吕。三分南吕益一，上生姑洗。三分姑洗損一，下生應鍾。三分應鍾益一，上生蕤賓。三分蕤賓損一，下生大吕。三分大吕益一，上生夷則。三分夷則損一，下生夾鍾。三分夾鍾益一，上生無射。三分無射損一，下生仲吕。陰陽相生，自黄鍾始，八八爲伍。

吴氏鼐曰：漢志：蕤賓下生大吕，用倍數仍與上生同。夷、無二律亦然，説本史記，蓋相生之正法也。此與淮南子生法異，而得數同。

呂氏春秋：黄鍾生林鍾，林鍾生太蔟，太蔟生南吕，南吕生姑洗，姑洗生應鍾，應鍾生蕤賓，蕤賓生大吕，大吕生夷則，夷則生夾鍾，夾鍾生無射，無射生仲吕。三分所生，益之一分以上生；三分所生，去其一分以下生。黄鍾、大吕、太蔟、夾鍾、姑洗、仲吕、蕤賓爲上，林鍾、夷則、南吕、無射、應鍾爲下。

吴氏鼐曰：晉書云：「吕不韋春秋言：黄鍾之宫，律之本也，下生林鍾，林鍾上生太蔟，太蔟下生南吕，南吕上生姑洗，姑洗下生應鍾，應鍾上生蕤賓，蕤賓下生大吕，大吕下生夷則，夷則上生夾鍾，夾鍾下生無射，無射上生仲吕。三分所生益一分以上生，三分所生損一分以下生。後代言律者多宗此説。」據晉書所載，與吕覽原文不同。今細繹之，吕覽原文有誤字，當作黄鍾、大吕、太蔟、夾鍾、姑洗、仲吕、蕤賓爲下，林鍾、夷則、南吕、無射、應鍾爲上，晉志是也。據晉志所引，蕤賓用倍數仍同淮南。陳氏樂書本吕覽，淮南王安建蕤賓重上生之議，鄭康成之説也。此説殊誤。彼蓋據黄鍾、大吕、太蔟、夾鍾、姑洗、仲吕、蕤賓爲上一語，而以蕤賓爲上生耳。蕤既上生，則黄、大、太、夾、姑、仲豈盡皆上生耶？

蕙田案：觀吴氏説，足訂吕覽之文有誤。

鄭康成曰：陽管爲律，陰管爲吕。布十二辰，子爲黄鍾，管圓九分，而長九寸，同位取妻，隔八生子。下生者，三分去一。上生者，三分益一。黄鍾，乾之初九也，隔八而下生林鍾，坤之初六。林鍾又隔八而上生太蔟之九二，太蔟又下生南吕之六二，南呂又上生姑洗之九三，姑洗又下生應鍾之六三，應鍾又上生蕤賓之九四，蕤賓又上生大呂之六四，大呂又下生夷則之九五，夷則又上生夾鍾之六五，夾鍾又下生無射之上九，無射又上生中呂之上六。五下六上，乃一終矣。

後漢書律曆志：術曰：陽以圓爲形，其性動。陰以方爲節，其性靜。動者數三，靜者數二。以陽生陰，倍之；以陰生陽，四之：皆三而一。陽生陰曰下生，陰生陽曰上生。上生不得過黄鍾之清濁，下生不得及黄鍾之數實。皆參天兩地，圓蓋方覆，耦承奇之道也。黄鍾，律呂之首，而生十一律者也。

通典：十二律相生之法，自黄鍾始。黄鍾之管九寸。三分損益，下生林鍾，林鍾上生太蔟，太蔟下生南呂，南呂上生姑洗，姑洗下生應鍾，應鍾上生蕤賓，蕤賓上生大呂，大呂下生夷則，夷則上生夾鍾，夾鍾下生無射，無射上生仲呂。仲呂之管長六寸一萬九千六百八十三分寸之萬二千九百七十四。此謂十二律長短相生一終於仲呂之法。

朱子曰：自黄鍾至仲呂皆屬陽，自蕤賓至應鍾皆屬陰，此是一箇大陰陽。黄鍾爲陽，大呂爲陰。每一陽間一陰，又是一箇小陰陽。

陳氏禮書：先王因天地陰陽之氣而辨十有二辰，因十有二辰而生十有二律，統之以三，故黄鍾統天，林鍾統地，太蔟統人，所以象三才。生之以八，故黄鍾生林鍾，林鍾生太蔟，太蔟生南吕之類，所以象八風。律生吕爲同位，所以象夫婦。吕生律爲異位，所以象子母。六上所以象天地之六氣，五下所以象天地之五行，其長短有度，其多寡有數，其損益有宜，始於黄鍾，終於仲吕。黄鍾、太蔟、姑洗，損陽以生陰。林鍾、南吕、應鍾，益陰以生陽。蕤賓、夷則、無射，又益陽以生陰。大吕、夾鍾、中吕，又損陰以生陽。何則？黄鍾、太蔟、姑洗，陽之陽也。林鍾、南吕、應鍾，陰之陰也。陽之陽，陰之陰，則陽息陰消之時，故陽常下生而有餘，陰常上生而不足。蕤賓、夷則、無射，陰之陽也。大吕、夾鍾、仲吕，陽之陰也。陰之陽，陽之陰，則陽消陰息之時，故陽常上生而不足，陰常下生而有餘。然則子午以左皆上生，子午以右皆下生矣。鄭康成以黄鍾三律爲下生，蕤賓三律爲上生，其説是也。班固則類以律爲下生，吕爲上生，誤矣。

吴氏鼎曰：上生下生之説，先儒不同。以律爲下生、吕爲上生者，史記生鍾分及前漢志、晉志、劉歆、京房、蔡邕也。以黄鍾三律爲下生、蕤賓三律爲上生者，史記律寸及鄭康成、孔穎達、淮南、通典、禮書也。依律下生、吕上生，則大吕、夷則、仲吕止得半律。依黄鍾三律下生，蕤賓三律上生，則皆得正律。朱子鍾律篇各存其説，而相生圖則用鄭、孔。蔡氏、律吕新書以鄭、孔之説爲陰陽錯亂無倫，而又謂大、夾、仲三吕在陽，則用倍數，是欲避律上生吕之名，而仍用律上生吕之實矣。陳氏以陽消陰息之理，破錯亂無倫之疑，最爲得之。

律吕正義：律吕始黄鍾，終應鍾，止於十二者，聖人審音制律，其生聲之理，不得不止於十二，故國語曰：「紀之以三，平之以六，成於十二，天之道也。」至蕤賓之生大吕，漢志下生，通典主上生。主下生者，宗司馬遷律書；主上生者，宗淮南之説也。而朱子儀禮經傳通解亦取上生。蓋蕤賓下生，則三分損益，僅得大吕之半，必倍之始得其全。上生則三分益一，適得大吕之全。其數則黄鍾、太蔟之中，而聲界黄鍾、太蔟之交，與其下生而得其半，孰若即用上生之直捷簡當耶？此以聲音度數言之，而宜用上生者也。黄鍾，一陽復始，爲十一月之律，三分損益下生林鍾，爲六月之吕，此陽生陰，宜下生也。林鍾，三分益一上生太蔟，爲正月之律，此陰生陽，宜上生也。太蔟，三分損一下生南吕，爲八月之吕，此陽生陰，宜下生也。南吕，三分益一上生姑洗，爲三月之律，此陰生陽，宜上生也。姑洗，三分損一下生應鍾，爲十月之吕，此陽生陰，宜下生也。應鍾，三分益一上生蕤賓，爲五月之律，此陰生陽，宜上生也。至蕤賓之生大吕，復用上生者，蓋自黄鍾十一月之律，一陽始生，而大吕十二月之吕，二陽相繼，位雖居陰，而氣實應乎陽；蕤賓，五月之律，一陰始生，位雖居陽，而氣則屬乎陰，故蕤賓之生大吕，實以陰生陽，而宜上生者也。自蕤賓一陰生，而夷則七月之律，無射九月之律，氣皆爲陰；自黄鍾一陽生，而夾鍾二月之吕，仲吕四月之吕，氣皆爲陽。故大吕生夷則爲下生，夷則生夾鍾爲上生，夾鍾生無射爲下生，無射生仲吕爲上生，是皆緣蕤賓上生而然，此以陰陽理氣言之，而宜用上生者也。古之聖王制爲十二律吕以配十有二月，節四時之變，明消息之機，一皆本乎陰陽。陰陽之辨精，則理明而數備，故律吕三分損益上下相生之法，誠千古不易之至理也。

吴氏鼐曰：正義取陳用之之説而廣其義，與蔡邕陽生陰爲下生、陰生陽爲上生之説，及朱子律吕相生爲小陰陽、子午交界是大陰陽之説俱合，其義精矣。但陳氏以漢志爲誤，殆不知漢志蕤、夷、無三律下生而又用倍者，皆子一分丑三分二之本數也。

後漢書律曆志：京房法：黄鍾，十七萬七千一百四十七。林鍾，十一萬八千九十八。太蔟，十五萬七千四百六十四。南呂，十萬四千九百七十六。姑洗，十三萬九千九百六十八。應鍾，九萬三千三百十二。蕤賓，十二萬四千四百十六。大呂，十六萬五千八百八十八。夷則，十一萬五百九十二。夾鍾，十四萬七千四百五十六。無射，九萬八千三百零四。仲呂，十三萬一千七十二〔一〕。

律呂新書：桑氏悦曰：蕤賓之實，十二萬四千四百一十六，由是而下生大呂，當損四萬一千四百七十二而爲大呂八萬二千九百四十四可也，何反益蕤賓之一而得十六萬五千八百八十八之數乎？先儒云，黄鍾生十一律，子、寅、辰、午、申、戌六陽辰，皆下生；丑、卯、巳、未、酉、亥六陰辰，皆上生。陰數倍其實，陽數四其實。大呂當未，未，陰辰也，而四其實可乎？損之而益，益之而損，此律之所由成也。蕤賓既益應鍾之一，大呂又益蕤賓之一，可乎？曰：朱子云：十二管隔八相生，自黄鍾之管，陽皆下生，陰皆上生；自蕤賓之管，陰反下生，陽反上生，以象天地之氣也。若拘古法，而以陽必下生，陰必上生，則以之候氣而氣不應，以之作樂而樂不和，此鄭氏重上生法，所以爲不易之論也。惜乎！西山當時失載其説，不能不使初學之疑也。范氏從子至巳，陽生陰退，故律生吕言下生，吕生律言上生；從午至亥，陽升陰退，故律生吕言上生，吕生律言下生。

〔一〕「十三萬」，原作「十二萬」，據光緒本、後漢書律曆志上改。

梁氏寅曰：班志隔八相生，一下一上，則終于中吕，其長止三寸三分有奇。京房之法則至蕤賓重上生，凡五下六上，終于中吕，其長六寸六分有奇〔一〕。若仲吕止三寸三分有奇，則雖三分益一，不能復生黄鍾之律，故用六寸六分，則三分益一而可以復生黄鍾者也。

陳氏埴曰：律吕隔八生子。上生者，三分益一，如林鍾生太簇，自六寸上生爲八寸也。下生者，三分去一，如黄鍾生林鍾，自九寸下生爲六寸也。古史謂陽必下生，陰必上生，若拘此法，則十二月之律，無此降殺之序，以之候氣，則氣不應矣；以之制樂，則樂不和矣。故鄭康成有重上生法，自黄鍾生至蕤賓則陽反生上，陰反生下，六五而終矣。其比次降殺之序，可用以候氣，可用以制樂，乃天然之法，非巧算所能爲者。

吴氏鼐曰：京房以子、丑、寅、卯、辰五陽辰爲下生，巳、午、未、申、酉、戌六陰辰爲上生。蓋十二律中，除仲吕不返生外，惟蕤賓重上生，餘則一上一下，此算律之捷法也。若其本法，則大吕當八萬二千九百四十四，夾鍾當七萬三千七百二十八，仲吕當六萬五千五百三十六，但本法大吕、夾鍾、仲吕俱得子聲倍之，而正聲乃合。故本數者，天地氣化相生之缺陷也；倍之而合正聲者，人事輔相裁成之妙用也。即重上生之捷法，亦所以補氣化之缺陷也。

〔一〕「六寸六分」，諸本作「八寸六分」，據策要卷四改。

蕙田案：以上律吕三分損益之數、蕤賓重上生法。

律吕正義定律吕之長損益相生篇：自古論律吕者，必先考黄鍾之長。黄鍾之長定，而十一律吕皆由此定。律吕新書言黄鍾九寸，寸作十分，爲九十分。又言黄鍾九寸，寸作九分，爲八十一分。夫九十分，乃黄鍾之正數。而八十一分，原於管子絃音五聲度分，史記、淮南子遂以爲管音度分，新書雖兼取之，而九寸之説，實不可易。但尺度不明，則執九寸之説，亦不能無失，故定律吕之長，必以古尺，通之今尺，比例推求，然後真數可得。以古尺言之，黄鍾九寸，三分損益得六寸，爲林鍾；林鍾三分益一得八寸，爲太蔟；太蔟三分損一得五寸三分三釐三毫三絲三忽三微三纖有奇，爲南吕；南吕三分益一得七寸一分一釐一毫一絲一忽一微一纖有奇，爲姑洗；姑洗三分損一得四寸七分四釐零七絲四忽零七纖有奇，爲應鍾；應鍾三分益一得六寸三分二釐零九絲八忽七微六纖有奇，爲蕤賓；蕤賓三分益一得八寸四分二釐七毫九絲八忽三微五纖有奇，爲大吕；大吕三分損一得五寸六分一釐八毫六絲五忽五微六纖有奇，爲夷則；夷則三分益一得七寸四分九釐一毫五絲四忽零九纖有奇，爲夾鍾；夾鍾三分損一得四寸九分九釐四毫三絲六忽零六纖有奇，爲無射；無射三分益一得六寸六分五釐九毫一絲四忽七微四纖有奇，爲仲吕；仲吕三分益一得八寸八分七釐八毫八絲六忽三微三纖有奇，比之黄鍾九寸，不足一分二釐一毫一絲三忽六微六纖有奇。以今尺言之，黄鍾之七寸二分九釐，損益相生則林鍾得四寸八分六釐，太蔟得六寸四分八釐，南吕得四寸三分二釐，姑洗得五寸七分六釐，應鍾得三寸八分四釐，蕤賓得五寸一分二釐，大吕得六寸八分二釐六毫六絲六忽六微六纖有奇，夷則得四寸五分五釐一毫一絲一忽一微一纖有奇，夾鍾得六寸零六釐八毫一絲四忽八微一纖有奇，無射得四寸零四釐五毫四絲三忽二微有奇，仲吕得五寸三分九釐三毫九絲零九微四纖有奇。至仲吕上生，比黄鍾原數不足九釐八豪一絲二忽零六纖有奇。夫黄鍾，古尺之度，所生律吕，其分寸如彼；今尺之度，所生律吕，其分寸如此。古尺之度爲數多，今尺之度爲數少。數多者，横黍之所生。數少者，縱黍之所累。數之多少雖異，而管之長短則同。今尺之七寸二分九釐，正古尺之九寸也。至於仲吕，不能還生黄鍾，乃數之使然。蓋十二律吕，上下相生，損之漸少而益之不足，故仲吕上生之變黄鍾，雖不及黄鍾一分上下，而其數仍與黄鍾相近，不得自成一律；其聲亦與黄鍾相近，不能自成一音。細繹其理，下生而損，上生而益，損益之間，數有消長，亦如氣盈朔虚之有閏分，此古人所以以律吕配之十二月也。

定律吕之積損益相生篇：制律吕之法，以積實容黍爲要者，蓋因管之長短廣狹，依此以正；而聲之洪纖高下，賴此以生。是以必得黄鍾之真積，然後中聲可定。由是三分損益以爲十一律吕，而積無不合，聲無不諧。但古今尺度不同，則縱長周徑因之，而積實之數亦異。必考核古今積數之異，而驗以容受之同，然後律吕之真分可辨也。黄鍾積實古尺之八百一十分，與今尺之四百三十分四百六十七釐二百一十毫爲數不同，而體之積分龠之容黍千二百粒實未嘗異，故十二律吕之積，損益相生，皆本於此。黄鍾古尺之積八百一十分，三分損一得五百四十分爲林鍾〔一〕，林鍾三分益一得七百二十分爲太蔟，太蔟三分損一得四百八十分爲南吕，南吕三分益一得六百四十分爲姑洗，姑洗三分損一得四百二十六分六百六十六釐六百六十六毫有奇爲應鍾，應鍾三分益一得五百六十八分八百八十八釐八百八十八毫有奇爲

〔一〕「三分損一」，原作「三分損益」，據光緒本改。

蕤賓，蕤賓三分益一得七百五十八分五百一十八釐五百一十八毫有奇爲大呂，大呂三分損一得五百零五分六百七十九釐零一十二毫有奇爲夷則，夷則三分益一得六百七十四分二百三十八釐六百八十三毫有奇爲夾鍾，夾鍾三分損一得四百四十九分四百九十二釐四百五十五毫有奇爲無射，無射三分益一得五百九十九分三百二十三釐二百七十三毫有奇爲仲呂。若夫今尺之積，黄鍾之四百三十分四百六十七釐二百一十毫，三分損益則林鍾得二百八十六分九百七十八釐一百四十毫，太蔟得三百八十二分六百三十七釐五百二十毫，南呂得二百五十五分零九十一釐六百八十毫，姑洗得三百四十分一百二十二釐二百四十毫，應鍾得二百二十六分七百四十八釐一百六十毫，蕤賓得三百零二分三百三十釐八百八十毫，大呂得四百零三分一百零七釐八百四十毫，夷則得二百六十八分七百三十八釐五百六十毫，夾鍾得三百五十八分三百一十八釐零八十毫，無射得二百三十八分八百七十八釐七百二十毫，仲呂得三百一十八分五百零四釐九百六十毫。夫製管取聲，皆由於積實，則十一律吕之積，宜與黄鍾並詳，而言律者多未及焉，蓋因其所定律吕之長與面冪相乘積數有未合耳。十二律吕之度，太蔟以上得全寸而無奇零，故未顯同異。南吕以下積差漸多，南吕古尺之長五寸三分三釐三毫三絲三忽有奇，與面冪九方分相乘得積四百八十分，如以南吕爲五寸三分與面冪九方分相乘，止得積四百七十七分，則少三分。至無射四寸九分九釐四毫三絲六忽，與面冪相乘得四百四十九分四百九十二釐有奇。如以無射爲四寸八分八釐四毫八絲，與面冪相乘，止得積四百三十九分六百三十二釐，則少九分八百六十釐。凡制樂之法，皆以積數倍之。或加四倍，或加八倍，或加至十數倍。及其用也，若積少一分，四倍則差四分，八倍則差八分；積少九分，四倍則差三十六分，八倍則差七十二分。夫聲音之發，所辨正在中容實積多寡毫釐之際，而可因其奇零遂略之耶？至於黄鍾之龠積八百一十分、容千二百黍，蓋所積之分，方分也；所容之黍，圓粒也。以方分度圓粒，則必有空隙，故合八百一十分之方，適容千二百黍之圓，乃爲虚實相應之準則焉。然十二律吕之管皆生於黄鍾，而論者亦止及黄鍾之容，其他俱未載。夫積分，猶恐虚數之難憑，而容粒則有實黍之可證，故容黍之分亦當用三分損益以核之。黄鍾容千二百黍，三分損一得八百黍爲林鍾，林鍾三分益一得一千零六十七黍爲太簇，太簇三分損一得七百一十一黍爲南呂〔一〕，南呂三分益一得九百四十八黍爲姑洗，姑洗三分損一得六百三十二黍爲應鍾，應鍾三分益一得八百四十三黍爲蕤賓，蕤賓三分益一得一千一百二十四黍爲大呂，大呂三分損一得七百四十九黍爲夷則，夷則三分益一得九百九十九黍爲夾鍾，夾鍾三分損一得六百六十六黍爲無射，無射三分益一得八百八十八黍爲仲呂，仲呂三分益一得一千一百八十四黍。凡餘分過大半者進一黍，不及半者不計。夫體積雖有古今尺度之殊，而容黍則一，是以假黍以證分，推分以定律，以千二百黍實黃鍾之龠，不虧不溢，則其他律呂之容受，亦皆無一黍之差也。是知古人制律有積分以驗實體，有容受以驗積分，所以互相比較，務得律呂之真度。故並著其同異，俾觀者得取衷焉。

蕙田案：以上律呂之長、律呂之積三分損益之數，亦蕤賓重上生之捷法。

考律緒言：吴氏鼎曰：言律者皆曰三分損益矣，何以三分？何以損益？未有明其所由然者。惟明葛中選泰律謂一位具三，合三參天也。三損一存二，兩地也。三損一矣，存二之中，仍具三焉。遞

〔一〕「三分損一」，原作「三分損益」，據光緒本及上文「太簇三分損一」改。

而生之，皆三也。存二之中，各分二焉。倍而行之，皆兩也。是以一位之中，準三，是三其兩也；準兩，是兩其三也。三者遞生也，倍者自生也。案聲音之理，不過一律而一呂。律呂之辨，不過一陰而一陽。陰陽之數，不過一參而一兩。參者，三分所從出也。兩者，損益所從出也。凡聲屬，巨若雷霆，細如蚊蚋，其間高下清濁至於無算，及其此聲與彼聲而爲用也，總不出乎相生相應之理。相生者，一母一子，母一而子三相應者，一全一半。全一而半二，由三而九而二十七而八十一，其數不同，同歸於三。由二而四而八而十六，其數不同，同歸於二。一三、一二，而律之變化盡矣，則三分損益而律之變化盡矣。彼有不用三分損益之法者，于音理曷有當耶？

李氏光地曰：律之以損益相生，何也？曰：凡象數皆起於陰陽。象者，方圓相變者也。數者，奇耦相生者也。故方之内圓，必得外圓之半，皆以積實，言其外圓必得内圓之倍，圓之内方亦必得外方之半，其外方亦必得内方之倍。律之上生爲下生之倍，下生爲上生之半，其理一也。蓋方圓函蓋，奇耦乘負，陰陽變化，天地生生之道也。苟其象之所生同，數之所起同，則上下無不應也，外内無不合也，倍半無不和也，故司馬遷律書謂之同類，今西人算學謂之比例。孔子曰「同聲相應，同氣相求」，此之謂也。夫金石之鏗訇，與絲絃之繁細，物性迥然殊矣，而各以其性爲聲，律則無不相應者，豈非同類比例之説乎？其相生必以隔八，何也？曰：比位者，陰陽相合之情也。隔七者，陰陽相對之義也。隔八者，陰避陽位，偏正之分、尊卑之等也。夫然後理順情和而相應矣。

辨不用三分損益：

明鄭世子朱載堉著律吕精義，創爲新法，不用三分損益，不拘隔八相生，專恃開方乘除，自黄鍾倍律轉生十二次仍得黄鍾正律，正律生半律，或左旋，或右旋，或隔六，或逐位，往而復返，循環無端。

吴氏鼎曰：新書載宋胡瑗病仲吕反生不及黄鍾，乃遷就林鍾以下圍徑以就黄鍾清聲。何承天、劉焯欲增林鍾以下十一律之分，使至仲吕反生黄鍾。蔡氏論之，以爲惟黄鍾一律成律，他十一律皆不成律。今載堉之法損十一律之分，使反生黄鍾半數，亦猶何、劉增十一律之數使反生黄鍾原數，正所謂惟黄鍾一律成律耳。至其所用開方乘除，皆有遺棄不盡之數。考京房六十律相生法，餘分皆棄不用。蔡氏論之曰：夫律學微妙，其生數之法，正在毫釐秒忽之間。京房乃以不盡之算不容損益，遂或棄之，或增之，則其畸贏贅虧之積，亦不得爲此律矣。今載堉之法正京房或棄或增之病，蔡氏所訶不得爲律者，乃反以秒忽不盡爲自然之理，三分損益爲疏舛之法，不亦異乎！

右三分損益

黄鍾真度

史記律書：得九寸，命曰「黄鍾之宫」。

淮南子：黄鍾之長，修九寸。

律吕新書：黄鍾長九寸。

律吕正義黄鍾律分篇：黄鍾之律，有長與圍徑則有尺度，有尺度然後數立焉。黄鍾元聲原未絶於世，而造律之尺獨難得其真。隋志載歷代尺一十五等，其後改革益甚，至律吕新書所載，如周尺，漢劉歆銅斛尺、蔡邕銅龠尺、建武銅尺，魏杜夔尺，晉田父玉尺、始平古銅尺、汲冢玉律尺、劉曜土圭尺，劉宋錢樂之渾儀尺，後魏元延明尺，後周玉尺，梁景表尺，隋開皇水尺，五代王朴律準尺，宋和峴尺、李照尺、胡瑗阮逸尺、鄧保信尺、大晟樂尺，共二十餘種。然尺者，所以度律；而黍者，所以定尺。古今尺度，雖各不同，而律之長短，自不可更。黍之大小，又未嘗變，故黄鍾之分，參互相求，而可得其真也。宋李照以縱黍累尺，管容千七百三十黍，空徑三分，固失於大。胡瑗以横黍累尺，管容千二百黍，空徑三分四釐六毫，亦非真度。通志載夏尺十寸、商尺十有二寸、周尺八寸，自三代而後，尺雖不一，大約長不踰商尺，短不減周尺。今黄鍾之長九寸，非夏尺之九寸、商尺之九寸，亦非歷代諸尺之九寸，乃本造律度十分之九也。夫以夏尺商尺之度，制爲黄鍾之龠，其容受逾於千二百黍，固不必言。嘗以今尺之八寸爲周尺立法，制爲黄鍾之龠，其容黍又少歉，更以今尺之八寸一分立法，乃恰合千二百黍之分，始知古聖人定黄鍾之律，蓋合九九天數之全以立度。且驗之今尺，縱黍百粒得十寸之全，而横黍百粒適當八寸一分之限。明鄭世子載堉律吕精義審度篇亦載横黍百粒，當縱黍八十一粒。又前漢志曰：「黄鍾之長以子穀秬黍中者一黍之廣度之九十分，黄鍾之長，一爲一分。」夫廣者，横之謂也。九十分爲黄鍾之長，則黄鍾爲九十横黍所累明矣。以横黍之度比縱黍之度，即古尺之比今尺，以古尺之十寸即横黍一百之度爲一率，今尺之八寸一分即縱黍八十一之度爲二率，黄鍾古尺九寸爲三率，推得四率七寸二分九釐，即黄鍾今尺之度也。夫考音而不審度，固無特契之理；審度而不驗黍，亦無恰符之妙。依今所定之尺，造爲黄鍾之律，考之於聲，既得其中；實之以黍，又適合千二百之數。然則八寸一分之尺，豈非古人造律之真度耶？

蕙田案：黄鍾九寸，始於史記、淮南子，律吕新書從之。九寸者，九分也。黄鍾律度以三用九，故九九則八十一分，非尺度之分寸也。後人不知九爲黄鍾度法，而泥於九寸爲尺寸之寸，故或以爲寸十分，或以爲一尺，或以黍定尺，或謂不當以黍定尺，或以錢校尺，論議紛紜，而黄鍾之真度，卒不可得，古律呂卒不可求。我聖祖天亶神聖，心通律呂之原，即以九九之數定黄鍾，而横黍之廣恰合八寸一分之限。考之於聲，則得其中；實之以黍，又適合一千二百之數。豈非心通造化，而爲萬世法者哉！彼不得其原，而徒爲尺度揣摩之術者，可一舉而空之矣。

辨史記八寸七分一之説：

史記誤刊本曰：黄鍾八寸七分一。

索隱曰：律，九九八十一，故云長八寸十分一。舊本作「七分」，蓋誤也。朱子曰：蔡京用事作樂，盡破前代之言。樂者因作中聲正聲，如正聲九寸，中聲只八寸七分一。案史記「七」字多錯，乃是「十分一」，其樂只是杜撰，至今用之。

辨漢書九寸寸十分之説：

漢書律曆志：一黍之廣，度之九十分，黄鍾之長。一爲一分，十分爲寸，十寸爲尺。

吴氏鼎曰：此言黄鍾九寸寸十分之始，京房、劉歆、鄭康成並同。後世如李照、房庶、胡瑗、范景仁、司馬光皆用此説，而明何塘曰：漢志謂黄鍾之律九寸，加一寸爲一尺。夫度量權衡所以取法於黄鍾者，貴其與天地之氣相應也。若加一寸以爲尺，則又何取於黄鍾？殊不知黄鍾之長，固非人所能爲。漢志不知，乃欲加黄鍾爲一寸，謬矣。

蕙田案：加一寸爲尺者，亦由不知黄鍾之寸乃假借之辭，固不得以度之一寸十分爲比也。

辨朱載堉黄鍾一尺之説：

朱載堉曰：一分者，總爲一段也。命黄鍾爲一尺，故曰子一分，丑三分二乃一尺中三寸之二，寅九分八乃一尺中九分之八。

蕙田案：一尺之説，最爲無理，不足辨，皆由泥於度尺而然也。

辨黄鍾三寸九分之解：

吕氏春秋：黄帝令伶倫作爲律。伶倫自大夏之西，乃之阮隃之陰，取竹於嶰谿之谷，以生空竅厚均者〔一〕，斷兩節間，其長三寸九分，而吹之以爲黄鍾之宫。吹曰「含少」。

樂典曰：黄帝命伶倫斷竹兩節間，聲出三寸九分，故吹曰「含少」。合其無聲者四十二分，則爲全律三十九子半數也。陽猶麗陰，陰含少陽，是以名也。古樂經傳：自黄鍾八寸一分，上下相生，窮于應鍾。四寸二分，則其中間長短相距取用之數，蓋三寸九分而已。伶倫先得嶰谿之竹，斷取一均間，别其三寸九分之内，穴孔而吹之，以備黄鍾之五聲，故總其全體而命之曰黄鍾之宫。而以其所穴之孔，爲黄鍾所含之少聲也。朱載堉曰：後學未達，指三寸九分爲黄鍾之長，誤矣。八寸一分，三寸九分，合爲十二寸，即律吕之全數。季本曰：當爲長九寸，空徑三寸之誤。

蕙田案：吕覽三寸九分之説，樂典以爲聲出三寸九分，乃是吹口。古樂經傳以下，人各執一説，皆揣擬無當。惟御製律吕正義曰：間嘗截竹爲管，詳審其音，黄鍾之半律，不與黄鍾合。而合黄鍾者，爲太簇之半律。吕氏春秋以三寸九分之管爲聲，中黄鍾之宫，即半太簇，合黄鍾之義，乃知三寸九分者，論宫均相應之半聲，而非論其長也。故吕氏曰吹之，則明指聲矣。曰「含少」，少者，非即半律

〔一〕「竅厚」，原誤倒，據吕氏春秋集釋卷五乙正。

之義耶？後人但以長短之數，欲牽合九寸八十一分，多見其臆鑿也。

附：今尺八寸七分一之數。

律呂正義曰：黄鍾古尺九寸，今尺七寸二分九釐。今案古尺十寸，當今尺八寸一分，故黄鍾之管於古尺爲九寸，於今尺爲七寸二分九釐也。

大呂古尺八寸四分二釐七毫，今尺六寸八分二釐六毫。

太蔟古尺八寸，今尺六寸四分八釐。

夾鍾古尺七寸四分九釐一毫，今尺六寸零六釐八毫。

姑洗古尺七寸一分一釐一毫，今尺五寸七分六釐。

仲呂古尺六寸六分五釐九毫，今尺五寸三分九釐三毫。

蕤賓古尺六寸三分二釐，今尺五寸一分二釐。

林鍾古尺六寸，今尺四寸八分六釐。

夷則古尺五寸六分一釐八豪，今尺四寸五分五釐一毫。

南呂古尺五寸三分三釐三毫，今尺四寸三分二釐。

無射古尺四寸九分九釐四毫，今尺四寸零四釐五毫。

應鍾古尺四寸七分四釐，今尺三寸八分四釐。

蕙田案：以上黄鍾寸法。

漢書律曆志：黄鍾八百一十分。

後漢鄭康成月令注曰：凡律空圍九分。

蔡氏邕銅龠銘曰：龠，黄鍾之宫，空圓九分，容黍千二百粒。

月令章句曰：黄鍾之管，徑三分，圍九分。

孟氏康曰：黄鍾律，孔徑三分，參天之數；圍九分，終天之數。

韋氏昭曰：黄鍾，管徑三分，圍九分，因而九之，九九八十一，故黄鍾之數立焉。

晉志曰：十二律，空徑三分。

隋志曰：黄鍾之管，徑三分，長九寸。

宋史志曰：皇祐中，詔王洙、范鎮如房庶説造律徑三分，圍九分，容千二百黍。

胡氏瑗曰：黄鍾，徑三分四釐六毫，圍十分三釐八毫。又曰：黄鍾律，管每長一分，内實十三黍，又三分黍之一，圍中容九方分也。後儒執守孤法，多不能貫知權量之法，但制尺求律，便爲堅證，因謂圍九分者，取圍圓九分爾，以是圍九分之誤，遂有徑三分之説。若從徑三圍九之法，則黄鍾之管止容九百黍，積止六百七分半，如此則黄鍾之聲無從而正，權量之法無從而生。

房氏庶曰：大其空徑四釐六毫，是以樂聲太高。

范氏鎮曰：古律空徑三分，圍九分，今新律三分四釐六毫，此四釐六毫何從出？又曰：古者以竹圍爲律，竹形本圓，何以方分置算？又算法圓分謂之徑圓，方分謂之方斜，所謂徑三圍九、方五斜七是也。今圓分何以方法算之？此算法之非是也。

司馬氏光曰：徑三圍九，數家言其大要耳。若以密率言之，徑七分，圍二十有二分也。

胡氏銓曰：班固以八十一分爲黄鍾之實，起十二律之周徑，度其長以容其實，初未嘗有徑三圍九之説也。康之徒惑於八十一分之實，以一寸爲九分，而不察方圓之異，於是徑三圍九之論興焉。夫律之形圓，如以爲徑三圍九，則刓其四角之方，而不足於九分之數，以之容黍，豈能至於千二百哉？然則所謂圍九分方也，何以知之？知龠之方，則知黄鍾之分，安得而不方哉？圍九分方，而圜之則徑不止於三分矣。故夫徑三圍九之説，孟康爲之也。

朱子鍾律篇曰：黄鍾，圍九分，徑三分四釐六毫。又曰：古者只説空圍九分，不説徑三分，蓋不啻三分有奇也。

蔡氏元定曰：空圍九分，積八百一十分。

又曰：案十二律圍徑，自先漢以前，傳記並無明文，惟班志云黄鍾八百一十分，由此之義起十二律之周徑。然其説乃自以律之長，自乘而因之以十，配合爲説耳，未可以爲據也。惟審度章云一黍之廣度之九十分，黄鍾之長，一爲一分。嘉量章則以千二百黍實其龠，謹權衡章則以千二百黍爲十二銖，則是累九十黍以爲長，積千二百黍以爲廣可見也。夫長九十黍，容千二百黍，則空圍當有九方分，乃是圍十分三釐八毫，徑三分四釐六毫也。每一分容十三黍，又三分黍之一，以九十因之則一千二百也。又漢斛銘文云：律嘉量方尺圓其外，庣旁九釐五毫，羃百六十二寸，深尺，積一千六百二十寸，容十斗。嘉量之法，合龠爲合，十合爲升，十升爲斗，十斗爲石。一石積一千六百二十寸，爲分者一百六十二萬。一斗積一百六十二寸，爲分者十六萬二千。一升積十六寸二分，爲分者一萬六千二百。一合積一寸六分二釐，爲分者一千六百二十。則黄鍾之龠爲八百一十分，明矣。空圍八百一十分，則長累九十黍，廣容一千二百黍矣。蓋十其廣之分以爲長，十一其長之分以爲廣，自然之數也。自孟康以律之長十之一爲圍之謬，其後韋昭之徒遂皆有徑三分之說，而隋志始著以爲定論。然累九十黍，徑三黍，止容黍八百有奇，終與一千二百黍之法兩不相通，而律竟不成。唐因聲制樂，雖近於古，而律亦非是。本朝承襲，皆不能覺，獨胡安定以爲，九分者九方分也，以破徑三分之法。然所定之律，空圍不同，則亦不成律矣。

性理大全：彭氏曰：黄鍾律管，有周，有徑，有面冪，有空圍，内積有從長，如史記論縱長，律曆志論縱長及積，東漢鄭氏注月令論冪，東漢蔡氏月令章句論縱長，皆不易之論。獨周徑之說，漢以前俱無明文，漢律曆志開端未竟，東漢蔡氏始創爲徑三分之說，晉孟氏以後諸儒續爲徑三分、圍九分之說，宋胡氏、蔡氏又爲徑三分四釐六毫、圍十分三釐八毫之說，然考之古方圍周徑冪積，皆未有合。嘗依東漢蔡氏所言徑三分，以密率乘除，止得空圍内面冪七分七釐奇，乃少一分九十二釐奇；空圍内積實止得六百三十六分奇，乃少一百七十三分奇。如此，則黄鍾之管無乃太狹，蓋黄鍾空積忽微，若徑内差一忽，即面冪及積所差忽數至多，此東漢蔡氏之説所以不合也。晉孟氏諸儒言徑三分、圍九分，用徑一圍三之法，雖是古率，然以密率推之，徑一則圍三有奇，假如徑七則圍當二十有二。今依孟氏所言，徑三分則圍長當九分四釐二毫一秒强，不但止於九分也。若依九分圍長之數，則徑當止有二分八釐六毫二秒六忽强，又不及三分也。此晉孟氏諸儒之説所以不合也。宋胡氏不主徑三圍九之説，大意疑其管狹耳。然所言徑三分四釐六豪、圍十分三釐八毫，亦用徑一圍三之率，若依所言，三分四釐六毫徑，當得圍十分八釐七毫六秒二忽强，不但止於十分三釐八毫也。若依十分三釐八毫圍，則徑止得三分三釐奇，又不及三分四釐六毫也。此宋胡氏之説所以不合也。宋蔡氏説徑圍分數與胡氏同，至於算法用圓田術，三分益一得一十二，開方除之，求徑又以徑相乘，以管長乘之，用三分益一、四分退一之法求冪積。今姑依其説，以九方分平置，又三分益一以三方分割置於九方分之外，其積十二方分，其縱横可得三分四釐六毫强，不盡二毫八絲四忽。如蔡氏之説，但依此徑以密率相乘，則空圍内面冪不但止得九方分，乃得九方分零四十釐六十毫五十七秒十四忽奇；空圍内積實不但止得八百一十分，乃得八百四十六分五百四十五釐一百四十二秒六百忽奇，如此則黄鍾之管無乃太大。細考之，方内之圓所占者，不止四分三；圓外之方所當退者，又不及四分一；以所知三分益一、四分退一乃算家大約之法，此宋蔡氏之説所以又不能盡合也。今欲求黄鍾的實定數，取此管九寸，寸作十分，分作十釐，釐作十毫，毫作十秒，秒作十忽，以合天地五位終於十之數，乃以十乘八十一得八百一十分，以八百一十分配九十分管。知此管長九十分，空圍中容八百一十分，即十分管長，空圍中容九十分，一分管長，空圍中容九分。乃以此管面空圍中所容九分，以平方冪面推之，知一分有百釐，釐有百毫，毫有百秒，秒有百忽，積而計之，九平方分通有面冪九萬萬忽。依密率乘除，得圓周長十分六釐三毫六秒八忽萬分忽之六千三百一十二，又以圓周求徑，計三分三釐八毫四秒四忽萬分忽之五千六百四十五，又以半徑半周相乘，仍得九萬萬忽内一忽弱通得面冪九平方分也。既以周徑相乘，復得面冪如此，則黄鍾之廣與長及空圍内積實皆可計矣。故面冪計九方分，深一分管則空圍内當有九立方分，深九十分管計九十則空圍内當有八百一十立方分，此即黄鍾一管之實，其數與天地造化無不相合，此算法所以成也。算法既成之後，或以竹，或以銅別爲之，依其長作九十分，乃取九十分之分計三分三釐八毫四秒四忽萬分忽之五千六百四十五以合孔徑，如此則圍長面冪與夫空圍内積自然無不脗合，特徑數自入毫以下非可細分，而算法積忽與秒不容不然耳。

李氏光地古樂經傳曰：彭氏之算，庶幾得之。秒忽之下，有不盡之分，則亦無形之可紀也。蓋方體之積十四，則内容之圓其積十一。故知益一退一之法，爲古人疏率。以積求周者，置積爲實，以八十八乘之，以七除之，平方開之。以周求徑者，置周爲實，以徑法七因之，以周法二十二除之。以周徑求積者，置周折半爲實，以徑折半爲法乘之，此彭氏之説也。若以積求徑，則置積爲實，以十四乘之，以十一除之，平方開之；以徑求周，則置徑爲實，以周法二十二乘之，以徑法七除之，其所得之數，亦皆符會。

律吕正義定黄鍾縱長體積面冪周徑篇：律吕新書黄鍾長九寸，空圍九分，言圓面積九方分也。積八百一十分，夫有縱長，有體積，則面冪圍徑自可得而考矣。漢蔡邕、晉孟康、吴韋昭皆主徑三圍九。以今所定比例四率法求之，得面冪六分七十五釐。平方定位法，百釐成分，百分成寸，故曰幾十幾分、幾十幾釐。以長九十分乘之，得體積六百零七分五百釐。比之八百一十分母乃太少。立方定位法，千釐成分，千分成寸，故曰幾百幾十幾分、幾百幾十幾釐。宋胡瑗、蔡元定主徑三分四釐六毫，用定率求之，得面冪九分三十九釐三十九毫；以長九十分乘之，得體積八百四十五分四百五十一釐。比之八百一十分，則又過之。惟劉宋祖沖之密率求得徑三分三釐八毫四絲四忽，面冪八分九十九釐九十七毫有奇，其數爲近，但其法以周率二十二四之，猶用圓田術三分益一起算，故小餘猶未密耳。夫執一説，而不參互相求，則於理有遺；參互相求，而不用密法比例，則於數有遺。今置黄鍾古尺積八百一十分，以九十分歸之，得面冪九方分。用比例四率相求，表内面線相等，面積不同。定數爲比例，以圓面積一十萬爲一率，方面積一十二萬七千三百二十四爲二率，今面冪九方分爲三率，推得四率一十一分四十五釐九十毫爲圓面冪。經線相等，正方面積以開平方得三分三釐八毫五絲一忽，乃黄鍾古尺之徑數也。求周則以周徑相求，定數爲比例，以徑一百一十三爲一率，周三百五十五爲二率，今徑三分三釐八毫五絲一忽爲三率，推得四率十分零六釐三毫四絲六忽，爲黄鍾古尺之内周數也。較以時尺，則黄鍾古尺之積比今尺之積，即古尺自乘再乘之數比今尺自乘再乘之數。因體積相比，故用自乘再乘。以古尺一百分自乘再乘得一百萬分爲一率，今尺八十一分自乘再乘得五十三萬一千四百四十一分爲二率，黄鍾古尺積八百一十分爲三率，推得四率四百三十分四百六十七釐二百一十毫，乃黄鍾今尺之積也。如求面冪，則以今尺長七寸二分九釐歸之，得面冪五分九十釐四十九毫。如法求徑，得二分七釐四豪一絲九忽，是爲黄鍾今尺之徑數。若以古尺之徑數，如法比例以推今尺之徑數；或以今尺之徑數，如法比例以推古尺之徑數，皆彼此協合。夫以縱長、體積、面冪、周徑古尺今尺參互相求，莫不環轉符契，而無毫釐之差，始爲立法之密，而於理數無遺也。

吴氏鼐曰：黄鍾長九寸，空圍九分，則鄭、蔡、孟、韋之説是也。長九十分，容千二百黍，漢志之説而宋史宗之也。積八百一十分，亦漢志之説，而蔡氏宗之也。以空圍九分爲九方分者，則胡安定之説也。徑三三八五周一零六三，則正義之説是也。駁徑三圍九，則温公是也。聚古人算律之言參差不一者，斷案精鑿，則彭氏也。合古今尺比例，而得黄鍾真度者，正義也。此義明，而諸家疑似之説，可剖而斷也。

蕙田案：以上黄鍾縱長、體積、面冪、周徑。

漢志：八百一十分，黄鍾之實也。三百六十分，林鍾之實也。六百四十分，太簇之實也。

孟康曰：黄鍾長九寸，圍九分。林鍾長六寸，圍六分。太簇長八寸，圍八分。

蔡邕月令章句曰：黄鍾之管長九寸，其餘皆稍短，惟大小圍徑無增減。

隋志曰：漢志云黄鍾圍九分，林鍾圍六分，太簇圍八分。續志及鄭康成並云：「十二律空，皆徑三分，圍九分。」後魏安豐王依班固志，林鍾空圍六分，及太簇空圍八分，作律吹之，不合黄鍾商、徵之聲。皆空圍九分，乃與均鍾合。開皇九年，牛弘、辛彦之、鄭譯、何妥等參考古律，製黄鍾之管，俱徑三分，長九寸〔一〕。度有損益，故容黍不同。

范鎮曰：黄鍾長九寸，三分損一爲林鍾，長六寸，律皆圍九分。黄鍾積實得八百一十分，三分損一林鍾得五百四十分，十二律皆如此。

律吕新書：東都之亂，樂律散亡。邕之時未亂，當親見之。孟康時，漢斛雖存，而律不存。康云黄鍾、林鍾、太簇圍徑各異，無足怪。又曰：胡安定見仲吕反生

〔一〕「長」，原作「其」，據光緒本、隋書律曆志上改。

再累成尺不同。不可用。詔罷之。景德中，潞州上秬黍，李照等擇大黍縱累之，檢考長短，尺與太府尺合，法乃定。范鎮曰：照以縱黍累尺，空徑三分，容黍千七百三十，太長，不合古法。朱載堉曰：黄鍾九寸，縱黍九分之寸。

蕙田案：此以縱黍累尺，與古不合。

古樂經傳：古稱秬黍中者，中非不大不小之謂，乃不長不短之謂，蓋圓而無縱横者也。今欲以黍參定律者，須擇圓者爲是。

蕙田案：圓黍起分，即與横黍同矣。

魏志：中尉元匡以黍之廣度黍二縫以取一分。朱載堉曰：斜黍者，非縱非横，而首尾相銜也。

蕙田案：此以斜黍起分。

朱載堉曰：上黨秬黍佳者，縱累八十一枚，斜累九十枚，横累百枚，皆與大泉九枚合。

蕙田案：朱氏法當以横累九十枚、斜累八十一枚，與横黍法相近。

國朝會要曰：古者黄鍾爲萬事根本，故尺、量、權、衡皆起於黄鍾。至晉、隋間，累黍爲尺而以制律，容受卒不能合，及平陳，得古樂遂用之。唐興，因聲以制樂，其器雖無法，而其聲猶不失於古。五代之亂，大樂淪散，王朴始用尺定律，而聲與器皆失之，故太祖患其聲高，特減一律，至是又減半律。然太常樂比唐之聲猶高五律，比今燕樂高三律，帝雖勤勞于制作，而未得其當者，有司失之於以尺而生律也。河南程氏曰：黄鍾之聲，亦不難定，世自有知音者。將上下聲考之，既得正，便將黍以實其管，看管實得幾粒，然後推而定法可也。古法律管當實千二百粒黍，今羊頭黍不相應，則將數等驗之，看如何大小者方應其數，然後爲正。昔胡先生定樂，取羊頭山黍，用三等篩子篩之，取中等者，特未定也。又曰：以律管定尺，乃是以天地之氣爲準，非秬黍之比也。秬黍積數，在先王時唯此適與度量合，故可用。今時則不同。

蔡氏元定曰：律吕散亡，其器不可盡見。然古人所以制作之意，則猶可考也。欲求聲氣之中而莫適爲準，則莫若且多截竹，以擬黄鍾之管，或極其短，或極其長。長短之内，每差一分以爲一管，皆即以其長權爲九寸而度其圍徑，如黄鍾之法焉。如是而更迭之以吹，則中聲可得；淺深以列，則中氣可驗。苟聲和氣應，則黄鍾之爲黄鍾者，信矣。黄鍾者信，則十一律與度、量、權、衡者得矣。後世不知出此，而唯尺之求。晉氏而下，則多求之金石。梁、隋以來，又參之秬黍。下至王朴，剛果自用，遂專恃累黍，而金石亦不復考矣。夫金石真僞，固難盡信。若秬黍，則歲有豐凶，地有肥瘠，種有長短、小大、圓妥不同，尤不可恃。況古人謂子穀秬黍中者實其龠，則是先得黄鍾而後度之以黍，不足則易之以大，有餘則易之以小，約九十黍之長，中容千二百黍之實，以見周徑之廣，以生度、量、權、衡之數而已，非律生于黍也。百世之下，欲求百世之前之律者，其亦求之于聲氣之先，而毋秘之于秬黍，則得之矣。

蕙田案：會要及新書皆言不必以黍定律。

後漢書律曆志：天效於景，地效於響，即律也。陰陽和則景至，律氣應則灰除。是故天子常以日冬夏至御前殿，合八能之士，陳八音，聽樂均，度晷景，候鍾律，權土灰，放陰陽〔一〕。又曰：候氣之法，爲室三重，户閉，塗釁必周，密布緹縵。室中以木爲案，每律各一，内庳外高，從其方位，加律其上，以葭莩灰抑其内端，案曆而候之。氣至者灰去。其爲氣所動者其灰散，人及風所動者其灰聚。殿中候，用玉律十二，惟二至乃候靈臺，用竹律六十。候日如其曆。

晉書律曆志：楊泉記云：「取弘農宜陽縣金門山竹爲管，河内葭莩爲灰。」或云以律著室中，隨十二辰埋之，上與地平，以竹莩灰實律中，以羅縠覆律口，氣至吹灰動縠。

隋書律曆志〔二〕：後齊神武霸府田曹參軍信都芳，深有巧思，能以管候氣，仰觀雲色。嘗與人對語，即指天曰：「孟春之氣至矣。」人往驗管，飛灰已應。每月所候，

〔一〕「放」，諸本作「考」，據後漢書律曆志上改。
〔二〕「律曆志」，原作「音樂志」，據光緒本、隋書律曆志上改。

言皆無爽。又爲輪扇二十四，埋地中，以測二十四氣，每一氣感，一扇自動，他扇並住，與管灰相應，若符契焉。開皇九年平陳後，高祖遣毛爽及蔡子元、于普明等，以候節氣。依古，於三重密屋之内，以木爲案，十有二具。每取律、吕之管，隨十二辰位，置於案上，而以土埋之，上平於地。中實葭莩之灰，以輕緹素覆律口。每月氣至，與律冥符，則灰飛衝素，散出於外。而氣應有早晚，灰飛有多少。或初入月其氣即應，或至中下旬間，氣始應者；或灰飛出，三五夜而盡；或終一月，纔飛少許者。高祖異之，以問牛弘。弘對曰：「灰飛半出爲和氣，灰全出爲猛氣，灰不能出爲衰氣。和氣應者其政平，猛氣應者其臣縱，衰氣應者其君暴。」高祖曰：「臣縱君暴，其政不平，非日别而月異也。今十二月律〔一〕，於一歲之内，應用不同。安得暴君縱臣，若斯之甚也？」弘不能對。

李氏光地曰：京房候氣之法，自蔡伯喈、鄭康成皆有此説，則恐古人誠有其法。獨十二管未必即是十二律，而於長短之間，原無所取，故禮記正義云十二律各當其

〔一〕「律」，原脱，據光緒本、隋書律曆志上補。

辰，斜埋地下，入地處卑，出地處高。黄鍾之管埋於子位，上頭向南，則是横插以迎諸方之氣法，在於方位，不存乎長短也。如後齊信都芳埋輪扇二十四於地中，氣至而扇自動者，此必界其中間，而周圜設輪以迎氣耳。其於長短分數又何與乎？然是法也，亦古人所以驗氣之和不和，如樂記所謂八風從律而不奸者耳。列管候之，固有應不應，而又何可據是以得管也？

蕙田案：候氣之説，始於東漢志，而其法不傳。後人議之者不一，今存之以俟考。

右黄鍾真度

五禮通考卷七十三

吉禮七十三

宗廟制度

五聲名義

書益稷：予欲聞六律五聲。

周禮春官大司樂：凡六樂者，文之以五聲。

大師：文之以五聲，宮、商、角、徵、羽。

李氏光地曰：凡樂之所謂五聲者，有調，有音。調則全樂而名之，如曰宮調、曰商調者是已。音則逐字而命之，如曰宫音、曰商音者是已。此節文之以五聲，乃是調中之五聲。凡其律雖爲主以名調，然中間和應之律，五聲具備，此凡樂之大綱也。

禮記月令：孟春之月，其音角。注：謂樂器之聲也。三分羽益一以生角，角數六十四。屬木者，以其清濁中，民象也。春氣和，則角聲調。凡聲尊卑取象五行，數多者濁，數少者清，大不過宫，細不過羽。疏：單出曰聲，雜比曰音，音則樂曲也。以春時調和，樂以角爲主，故云「角」。律曆志云：「五聲之本生于黄鍾，律之九寸爲宫。」于管則九寸，于弦則九九八十一絲也。「或損或益，以定宫、商、角、徵、羽。」宫三分去一下生徵，徵數五十四；徵三分益一上生商，商數七十二；商三分去一下生羽，羽數四十八；羽三分益一上生角，角數六十四。是其損益相生之數也。

孟夏之月，其音徵。注：三分宫去一以生徵，徵數五十四。屬火者，以其微清，事之象也。夏氣和則徵聲調。疏：數少爲清，羽數最少爲極清，徵數次少爲微清，徵于清濁爲第四。

中央土，其音宫。注：聲始于宫，宫數八十一。屬土者，以其最濁，君之象也。季夏之氣和，則宫聲調。

孟秋之月，其音商。注：三分徵益一以生商，商數七十二。屬金者，以其濁次宫，臣之象也。秋氣和則商聲調。

孟冬之月，其音羽。注：三分商去一以生羽，羽數四十八。屬水者，以其最清，物之象也。

呂氏春秋：東方其音角，南方其音徵，西方其音商，北方其音羽，中央土其音宫。

史記生鍾分：黄鍾長八寸十分一，宫。大吕長七寸五分三分二，太蔟長七寸十分二，或曰商，或曰角。夾鍾長六寸七分三分一。姑洗長六寸十分四，羽。仲吕長五寸九分三分二，徵。蕤賓長五寸六分三分二。林鍾長五寸十分四，角。夷則長五寸□□三分二，商。南吕長四寸十分八，徵。無射長四寸四分三分二。應鍾長四寸二分三分二，羽。

以上皆係朱子本。

李氏光地曰：朱子曰：凡律數「十」誤作「七」者五，皆因本字而誤，屈其下垂之筆，本司馬貞、沈括之説。其夾、蕤、夷三律誤字，則今以算得之。愚案：史記「律數」下又注「宫、商、角、徵、羽」字者八，餘四律無之。其黄鍾下有宫，太蔟下有商、有角，姑洗下有羽，林鍾下有角，南吕下有徵字，晉志以爲求其理用，罔見通達。仲吕下有徵，夷則下有商，應鍾下有羽字，蔡氏亦謂未詳其義，疑後人誤增也。愚謂此數律所注，皆有關係，蓋其四以别四方之聲，而其五以備黄鍾一均之聲也。月令春月其音角，夏月其音徵，秋月其音商，冬月其音羽。今用春秋書首月之義，以别四方之聲，故于太蔟曰角，仲吕曰徵，夷則曰商，應鍾曰羽也。若黄鍾一均之聲，則黄鍾爲宫，太蔟爲商，故于太蔟之下商、角並注。班固亦曰：「寅，木也，爲仁；其聲商也，爲義。」即此意也。後人不知，而疑爲羨其一，故云或曰商，或曰角，非本注之舊矣。姑洗當爲角而曰羽，林鍾當爲徵而曰角，南吕當爲羽而曰徵，此三者蓋字之誤，所當與寸分譌錯，一例改正者爾。

生鐘術：上九，商八，羽七，角六，宫五，徵九。置一而九三之以爲法，實如法，得長一寸。凡得九寸，命曰「黄鐘之宫」。故曰音始于宫，窮于角；數始于一，終于十，成于三；氣始于冬至，周而復生。

李氏光地曰：商、羽、角、宫、徵者，相生之次也。上九者，言以九爲上也。必以九爲上，而以徵居之者，欲使宫得五爲中數也。蓋自五至一爲五聲大小之次，自九至五爲五聲相生之次，而宫之爲五不異也。置一而九三之，得一萬九千六百八十三，算以爲寸法；又置十七萬七千一百四十七之實，而以寸法約之，則得九寸矣。此黄鐘之宫上下相生之本，蓋音之始，數之始，而亦氣之始也。又案：人知五聲之清濁應洪範五聲之叙，不知五聲之相生亦應月令四時之節。蓋徵生商者，夏而繼以秋也。商生羽者，秋而繼以冬也。羽生角者，冬而繼以春也。惟宫生徵、角生宫，于相生之義不合。然土于四時，實無位，故不可以相繼論。太史公言上徵而窮于角，亦此意也。

觀承案：史記此二條極精，而字句有錯誤，頗難讀。得朱子正之於前，而李氏又疏之於後，乃豁然開明，乃知古書之不可率讀如此。

樂記：和五聲。

孟子：爲我作君臣相悦之樂，蓋徵招、角招是也。聖人既竭耳力焉，繼之以六律，正五音。

管子：凡聽徵，如負猪豕，覺而駭。凡聽羽，如鳴馬在野。凡聽宫，如牛鳴窌中。凡聽商，如離群羊。凡聽角，如雉登木以鳴，音疾以清。「以鳴」下六字疑衍。

蕙田案：管子「凡聽羽」原本作「鳴馬在野」。朱子鐘律篇曰：「馬」疑當作「鳥」，似不然。詩「蕭蕭馬鳴」，細案其聲，輕揚上出，的是羽聲在野，聞之則其音細矣。且與猪豕、牛、羊、雉俱屬一物，故其聲無變。若作鳴鳥，在樹鳥聲多矣，不皆然也。如唐詩「歸飛啞啞枝上啼」，則開口吐聲近于商矣，豈可以爲羽耶？

黄氏佐曰：窌，深空之窖。鳴窌之牛，其聲厚重。離群之羊，其聲敏捷。登木之雉，其聲堅貞。駭負之豕，其聲迭起。鳴樹之鳥，其聲輕揺。

李氏光地曰：牛鳴窌中，言其洪大而深厚也。離群羊，言其激揚而淒切也。雉登木，言其清和而遠暢也。豬豕覺而駭，言其疾速而喧。鳴鳥在樹，言其嘈雜而細。樂記以屬君臣民事物者，以此。

蕙田案：此莊子所謂天籟也。黄氏、李氏即以爾雅、樂記釋之，甚精。

施七尺，五施三十五尺而至于泉，呼音中角。四施二十八尺而至于泉，呼音中商。三施二十一尺而至于泉，呼音中宮。再施十四尺而至于泉，呼音中羽。一施七尺而至于泉，呼音中徵。

房氏喬曰：施者，大尺之名。其長七尺、三十五尺者，謂其地深五施，每施七尺，故五七三十五而至于泉也。呼音中角者，謂此地號呼之聲，其音中角也。

黄氏佐曰：地載神氣，掘地及泉，而聲可審矣。

管子集注曰：此言呼以聽土地之音。

吴氏鼐曰：八尺曰仞，七尺曰施。呼音中角，掘地及泉，則有聲也。非謂人之穴土而呼號也。

蕙田案：此所謂地籟也。

爾雅：宮謂之重，商謂之敏，角謂之經，徵謂之迭，羽謂之柳。

劉氏歆曰：宮，其聲厚重。商，其聲敏疾。角，其聲圓長，經貫清濁。徵，其聲抑揚迭續。羽，其聲低平掩映，自下而高。

宗元案：劉歆之解爾雅五音，就字面附會，亦似可通，然終屬隨文生義耳。不知此條致譌之故，乃徒拘宮、商、角、徵、羽之序，而以重、敏、經、迭、柳分配之，宜其有顛錯也。夫重之配宮不待言，而敏當配徵，經當配商，迭當配羽，柳當配角，方於聲韻諧合耳。蓋宮、商、角、徵、羽者，高下相次之序。重、敏、經、迭、柳者，先後相生之序。爾雅誤以相生者配相次，而劉氏不悟，乃泥其文以解之也。讀律呂正義，當悟其非矣。

宋史音樂志：宫聲沈厚粗大而下，爲君，聲，合口通音謂之宫，其聲雄洪。商聲勁凝明達，上而下歸于中，爲臣，聲，開口吐聲謂之商，將將、倉倉然。角聲長而通徹，中平而正，爲民，聲，聲出齒間謂之角，喔喔、確確然。徵聲抑揚流利，從下而上歸于中，爲事，聲，齒合而唇啓謂之徵，倚倚、巇巇然。羽聲嚶嚶而遠徹，細小而高，爲物，聲，齒間唇聚謂之羽，詡、雨、酗、芋然〔一〕。

黄氏佐曰：宫聲，自脾交于心而通于舌，故曰「宫謂之重」，重則舌居中，自重調之，如何、烏、影、豫、合，皆始終會于喉分者也。商聲，自脾交于肝而通于口，故曰

〔一〕此段文字，乃節引自宋史律曆志四，非音樂志，導致語句不暢。原文曰：「宫聲沈厚麤大而下，爲君，聲調則國安，亂則荒而危。合口通音謂之宫，其聲雄洪，屬平聲，西域言『婆陁力』。商聲勁凝明達，上而下歸於中，爲臣，聲調則刑法不作，威令行，亂則其宫壞。開口吐聲謂之商，音將將、倉倉然，西域言『稽識』，『稽識』，猶長聲也。角聲長而通徹，中平而正，爲民，聲調則四民安，亂則人怨。聲出齒間謂之角，喔喔、確確然，西域言『沙識』，猶質直聲也。徵聲抑揚流利，從下而上歸於中，爲事，聲調則百事理，亂則事隳。齒合而脣啓謂之徵，倚倚、巇巇然，西域言『沙臘』，『沙臘』，和也。羽聲嚶嚶而遠徹，細小而高，爲物，聲調則倉廪實，庶物備，亂則匱竭。齒開脣聚謂之羽，詡、雨、酗、芋然。西域言『般贍』。變宫，西域言『俟利箑』，猶言『斛律』聲也。變徵聲，西域言『沙侯加濫』，猶應聲也。」

「商謂之敏」，敏則口開張，自敏調之，如清、心、審、照、閣，皆始終會于齒際者也。角聲，自肝交于脾而通于鼻，故曰「角謂之經」，經則舌縮却，自經調之，如溪、郡、始、見、一，皆始終會于舌牙者也。徵聲，自心交于脾而通於目，故曰「徵謂之迭」，迭則舌柱齒，自迭調之，如都、知、兩、透、徹，皆始終會於齒舌者也。羽聲，自腎交于髓而通於耳，故曰「羽謂之柳」，柳則脣撮聚，自柳調之，如明、知、瞑、奉、别，皆始終會于脣吻者也。商出于齒，角出于牙，徵出于舌，羽出于脣，其所由發者，以漸而著，獨宮聲全自喉出，以其兼之也。始出於喉，合口而通，粗大沈雄，舌則居中，自内直上，故曰宮。再出至舌，齒合脣啓，回繚舒遲，迭振以起，自斜降出，故曰徵。又出至齒，口開齶張，騰上歸中，明達堅剛，雖出若留，故曰商。又出至脣，齒開吻聚，清徵迥亮，飄振以舉，若留而去，故曰羽。惟出至牙，縮舌而躍，張齒湧吻，通圜實樸，平出於前，故曰角。宮最沈濁，羽最輕清，商之大次宮，徵之細次羽，而角居清濁之中。蓋宮内開而呼，商依齒而呼，聲皆近而抑。然喉在内，齒在外，故喉聲極濁爲宮，齒次濁爲商也。羽振脣而呼，徵振舌而呼，聲皆遠而揚。然脣在外，舌在内，故脣聲極清爲羽，舌次清爲徵也。至角，則案牙而呼，半開半闔，聲横出而内入，故爲中聲也。　五聲之生也，循五行生數之序，皆本天地之氣，出於人聲，樂和人聲者，和此而已。　羽爲天一水，脣聲也。　徵爲地二火，舌聲也。　角爲天三木，牙聲也。　商爲地四金，齒聲也。　宮爲天五土，喉聲也。

蕙田案：此所謂人籟也。

禮記樂記：宮爲君，商爲臣，角爲民，徵爲事，羽爲物。　五者不亂，則無怗懘之音矣。　宮亂則荒，其君驕。　商亂則陂，其臣壞。　角亂則憂，其民怨。　徵亂則哀，其事勤。　羽亂則危，其財匱。　五者皆亂，迭相陵，謂之慢。

史記樂書：音樂者，所以動盪血脈，通流精神而和正心也。　故宮動脾而和正聖，商動肺而和正義，角動肝而和正仁，徵動心而和正禮，羽動腎而和正智。　故聞宮音，使人温舒而廣大；聞商音，使人方正而好義；聞角音，使人惻隱而愛人；聞徵音，使人樂善而好施；聞羽音，使人整齊而好禮。

漢書律曆志：商之爲言章也，物成孰可章度也。師古曰：度，音大各反。　角，觸也，物觸地而出，戴芒角也。　宮，中也，居中央，暢四方，唱始施生，爲四聲綱也。　徵，祉也，物盛大而緐祉也。　羽，宇也，物聚藏宇覆之也。　夫聲者，中於宮，觸於角，祉於徵，章於商，宇於羽，故四聲爲宫紀也。協之五行，則角爲木，五常爲仁，五事爲貌。商爲金爲義爲言，徵爲火爲禮爲視，羽爲水爲智爲聽，宫爲土爲信爲思。以君臣民事物言之，則宫爲君，商爲臣，角爲民，徵爲事，羽爲物。唱和有象，故言君臣位事之體也。五聲之本，生於黄鐘之律。九寸爲宫，或損或益，以定商、角、徵、羽。九六相生，陰陽之應也。

杜佑通典：宫生徵，徵生商，商生羽，羽生角，此五聲大小之次也。是黄鐘爲均，用五聲之法。以下十一辰，辰各有五聲，其爲宫商之法亦如之。故辰各有五聲，合爲六十聲，是十二律之正聲也。

律吕新書：蔡氏曰：黄鐘之數九九八十一，是爲五聲之本。三分損一，以下生徵。徵三分益一，以上生商。商三分損一，以下生羽。羽三分益一，以上生角。至角聲之數六十四，以三分之不盡一，算數不可行也。此聲之數，所以止於五也。或曰：此黄鐘一均五聲之數，他律不然。曰置本律之實，以九九因之，三分損益，以爲五聲。再以本律之實約之，則宫固八十一，商亦七十二，角亦六十四，徵亦五十四，羽亦四十八矣。

又曰：宫聲之數八十一，商聲之數七十二，角聲之數六十四，徵聲之數五十四，羽聲之數四十八，是黄鐘一均之數，而十一律於此取法焉。通典所謂「以下十一辰，辰各五聲，其爲宫爲商之法亦如之」者是也。夫以十二律之宫，長短不同，而其臣、民、事、物尊卑莫不有序，而不相淩犯，良以是耳。

蕙田案：此五聲相生之數，與絲樂弦度合，詳見後。

右五聲名義

五聲絃度

管子：凡將起五音凡首，謂音之總先也。先主一而三之，四開以合九九，注：一而三之，即四也。以是四開合于五音，九也。又九之爲八十一也。以是生黄鍾小素之首以成宫。注：素本宫八十一數，生黄鍾之宫，爲五音之本。三分而益之以一，爲百有八，爲徵。注：本八十一，益以三分之一二十七，通前百有八，是爲徵數。朱子曰：百有八，半之，則爲五十四。有三分而去其乘，適足以是生商。注：乘亦三分之一也。三分百八而去一，餘七十二，是商之數也。有三分而復於其所，以是成羽。注：三分七十二而益其一分二十四，合爲九十六，是羽之數也。朱子曰：九十六半之，則爲四十八。有三分而去其乘，適足以是成角。注：三分九十六去其一分，餘六十四，是角之數。

蕙田案：此條舊注多不得其解，與下淮南子、史記二條皆弦度也。詳見後律呂正義。

又案：國語有大不踰宫之説，而管子以八十一爲宫，百有八爲徵，是徵踰乎宫矣。律呂正義以弦度明之，定琴律以三弦爲宫，初弦爲倍徵，二弦爲倍羽，則知百有八是倍徵之數，而實未嘗踰乎宫也。朱子半之爲五十四，則徵之本數也。

淮南子：黄鍾之數八十一，下生林鍾之五十四，林鍾上生太簇之七十二，太簇下生南呂之四十八，南呂上生姑洗之六十四，姑洗下生應鍾之四十二，應鍾上生蕤賓之五十七，蕤賓上生大呂之七十六，大呂下生夷則之五十一，夷則上生夾鍾之六十八，夾鍾下生無射之四十五，無射上生仲呂之六十，極不生。宫生徵，徵生商，商生羽，羽生角。角爲姑洗，姑洗生應鍾，比於正音，故爲和。應鍾生蕤賓，不比正音，故爲繆。

蕙田案：此條亦弦度也。蔡氏新書採入「律呂」條内，疑爲錯亂無倫。今從律呂正義改正。

史記律書：九九八十一以爲宫。三分去一，五十四以爲徵。三分益一，七十二以爲商。三分去一，四十八以爲羽。三分益一，六十四以爲角。

蕙田案：此與管子、淮南子二條俱屬弦度，從來論樂者所未見及。今從正義考定作弦度，舊注均不列也。

律呂正義定絲樂絃音清濁二均之度分篇：絲之爲樂，其器雖十餘種，而弦音所應不外乎十二律呂所生五聲二變之音。夫十二律呂之管，既分音於長短，而不在圍徑，則弦音似亦宜分於長短，而不在巨細矣。不知弦之長短同者，分音於巨細；如琴有七絃是也。絃之巨細同者，分音於長短。如瑟設柱以別其長短者是也。而絲樂之中，用絃之多寡又各不同，故必案各器之體製，而定其取分之大小焉。如瑟二十五弦，體爲九倍黃鍾之數，而弦爲六倍黃鍾之數；琴七絃，體爲四倍半黃鍾之數，而絃爲四倍黃鍾之數。又如琵琶、三絃、月琴之類，其體雖無一定之制，而絃之取分，或以商，或以徵以羽，亦與雅樂相爲表裏。總之，以各絃全分之音與各絃内所分之音互相應合爲準，是以不外乎十二律呂所生之七音也。管子、淮南子、司馬氏律書，此三者絲樂絃音之大本也。又考之白虎通曰：「八音法易八卦。絃，離音也。盛德在火，其音徵。」蓋謂絲之屬，於卦爲離，其德象火，故其音尚徵也。夫審絃音，無論某絃之全分，定爲首音，因而半之，平分爲二。其聲既與首音相合，而爲第八音矣。次以首音之全分，因而四之，去其一分而用其三分，其聲應於全分首音之第四音。此度乃全分首音與半分八音之間，又平分爲二分之度，是即管子所謂「凡將起五音凡首，先主一而三之，四開以合九九」者也。「先主一而三之」者，以全分首音一分之度爲主，而以三因之，其數大於全分度爲三倍也。「四開以合九九」者，以三倍全分之數，四分之而取其一，以合九九八十一之度，爲宮聲之分也。開即分也。「小素」云者，素，白練，乃熟絲，即小絃之謂。言此度之聲，立爲宮位，其小於此絃之他絃皆以是爲主，故曰「以是生黄鍾小素之首以成宮」也。以八十一三分益一爲百有八，爲徵，乃此絃首音全分之度也。此宮絃上生下徵之數。於是以百有八三分去一爲七十二，是爲商。商之七十二三分益一爲九十六，是爲羽。羽之九十六三分去一爲六十四，是爲角。案司馬氏律書徵、羽之數小於宮，而管子徵、羽之數大於宮者，用徵、羽之倍數，所謂「下徵、下羽」者也。其首絃起於下徵，即白虎通「絃音尚徵」之義。然而猶有不得不起于下徵之故焉。以下徵之百有八取其四分之三，爲八十一，所謂「去其乘而適足」也。若以宮之八十一取其四分之三則爲六十分，小餘七五。比宮之變徵五十六則大，比宮之角六十四則小，此所以絃音之度必起于下徵，而理始明也。今列清濁二均之絃各九，皆始下徵而終正羽。絃音之用，不過于五，今列爲九者，取二徵二羽，共二變以列位。濁音之首絃爲下徵一百零八分，二絃爲下羽九十六分，三絃爲變宮八十五分，小餘三三。四絃爲正宮八十一分，五絃爲正商七十二分，六絃爲正角六十四分，七絃爲變徵五十六分，小餘八八。八絃爲正徵五十四分，九絃爲正羽四十八分。清音之首絃爲清下徵一百零一分，小餘一三。二絃爲清下羽八十九分，小餘八九。三絃爲清變宮七十九分，小餘九一。四絃爲清宮七十五分，小餘八五。五絃爲清商六十七分，小餘四二。六絃爲清角五十九分，小餘九三。七絃爲清變徵五十三分，小餘二七。八絃爲清徵五十分，小餘五六。九絃爲清羽四十四分。小餘九四。即二均而合言之，其宮至商，商至角，角至變徵，徵至羽，羽至變宮，皆得全分。其變徵至徵，變宮至宮，則得半分。如清音之宮，即界于濁音宮商之間，故濁宮至濁商爲全分，而濁宮至清宮、清宮至濁商，各得半分。若夫濁音之商，則界于清音宮商之間，而清宮至清商爲全分，清宮至濁商、濁商至清商，復得半分。至於角、變徵、徵、羽諸聲，莫不各有全半之分。故絃音清濁二均，互爲全半以生聲焉。夫管子起音篇、司馬氏律書，皆五聲之正。淮南子始載二變之數，但不當以十二律吕名之。其猶可取者，二變之度分，與二變之比於正音，一爲和、一爲繆之説也。所謂應鍾，即絃音之變宫度也。所謂蕤賓，即絃音之變徵度也。絃音變宫之在下徵第一絃，爲第三音，居第三位；變徵之在下徵第一絃，爲第七音，居第七位。故此徵絃之變宫第三位，即如宫絃之角聲第三位，音雖不同，而分則恰值正聲之度，故曰「姑洗生應鍾，比于正音爲和」也。至于徵絃之變徵第七位，即如宫絃之變宫第七位，音亦不同，而分則皆爲變聲之度，故曰「應鍾生蕤賓，不比正音爲繆」也。和者，非聲音之和，乃與正聲之位分爲和。繆者，非聲音之繆，其分不得比于正聲之位，故爲繆也。辨絲樂之本原，參衆説之同異，備載五聲二變之清濁，以定絃音各分之等差。案宫商而列表，使分類以相從。後之覽者，亦將有所折衷焉耳。

蕙田謹案：管子、淮南子五聲相生之數，舊説均未明確者，因未嘗播之管絃而細審其所以然也。正義考定，發千古之未發矣。其絲樂五聲二變之清濁宫商表，詳見本書上編。

又明絲樂絃音不可以十二律吕之度取分篇：律吕管音，絲樂絃音，所生五聲二變之度分不同。如以絃音之分合之律吕之度，則不可也。夫以絃音合律吕而立論者，始自淮南子，而淮南子本之管子。管子之生五音數，乃以絃音叶之律吕之五聲而定爲度分者也。淮南子之十二律吕數，直取管子絃音宫聲之分三分損益，以爲十二律吕管音之度也。司馬氏律書又合管子、淮南子而並述之者也。其律數曰「九九八十一以爲宫」。生鍾分曰：「子一分。」何一黄鍾而爲九寸，又爲子一分，復爲宫聲八十一分耶？蓋宫聲一音，其于律管則爲九寸，其生十二律吕則爲一分，其于絃度則爲八十一分。夫絃度宫聲定爲八十一分者，使五音相生，得數無奇零也。古人定五聲二變之七音，律吕管音，絲樂絃音，原各有其分也。夫陽律之五聲二變，陰吕之五聲二變，自成一均，乃十二律吕合一半律一半吕而爲一十有四。至于絲樂絃音，不過用五正聲，琴瑟皆用五聲，不用二變。其各絃應聲取分，雖有七音之位，而和衆絃以調音者，亦止用五聲之正，而當二變者不與焉。如以清濁二均各絃之首音與八音間所容度分析言之，其應陽律之七濁聲，得五全分爲正聲，二半分爲變聲；其應陰吕之七清聲，亦得五全分爲正聲，二半分爲變聲。然則七清聲、七濁聲合之爲一十有四，而非十二也，明矣。若夫淮南子則取絃度宫聲八十一爲黄鍾之度，轉生十一律，借濁宫之徵爲清宫之變徵，復借濁宫之半爲清宫之變宫，省二分以當一十有二，似與十二律吕之數相符。其術黄鍾之度爲宫，則太簇之度爲商，姑洗之度爲角，蕤賓之度爲變徵，林鍾之度爲徵，南吕之度爲羽，應鍾之度爲變宫；大吕之度爲宫，則夾鍾之度爲商，仲吕之度爲角，林鍾之度爲變徵，夷則之度爲徵，無射之度爲羽，半黄鍾之度爲變宫。嘗以律吕被之絃音細較之，其每律每吕所定絃各成一聲之分，如黄鍾之律所定，得羽絃之分；大吕之吕所定，得清羽之分；姑洗之律所定，得宫絃之分；仲吕之吕所定，得清宫之分。今依淮南子所取十二分，則濁宫之分必定以姑洗之律，清宫之分必定以仲吕之吕，案分取聲始合。是故宫聲全絃首音八十一分，定以姑洗之律，其四音變徵分實應于五十六分之度，五音正徵應于五十四分之度，七音變宫應于四十二分之度，此宫聲八十一分之比。變徵五十六分與徵聲之五十四分、變宫之四十二分，即黄鍾九寸之比。蕤賓六寸三分二釐與林鍾之六寸，應鍾之四寸七分四釐也。若夫清宫全絃首音七十六分，清宫全絃之度實七十五分，小餘八五，進其奇零爲七十六分。定以仲吕之吕，則其四音清變徵之聲，乃應于五十三分之度，而不足五十四分。五音清徵之聲，固應于五十分之度，而七音清變宫之聲，復應三十九分之度，而不足四十分零半分。此清宫七十六分之比。清變徵五十三分，與清徵之五十分、變宮之三十九分，即大吕八寸四分二釐之比。變林鍾五寸九分一釐與夷則之五寸六分一釐，變黄鍾之半四寸四分三釐也。變黄鍾、變林鍾者，仲吕所生爲變黄鍾，而變黄鍾所生復爲變林鍾也。此變律之説，律吕新書六十調圖亦嘗有之。但變律于管音，實無所用，而絃音之數乃或倚之，是以絃音濁宫全度八十一分，所生五聲二變各具七分，而清宫全度七十六分，所生五聲二變亦各具七分，此清宫七分之中，二變之位自有其分，不復資之濁宫之徵數與半宫數也。又案：朱子琴律曰：「古之爲樂者，通用三分損益、隔八相生之法。若以黄鍾爲宫，則姑洗之爲角，有不可以毫髮差者。而今世琴家獨以仲吕爲黄鍾之角，故于衆樂常必高其一律然後和。惟第三絃本是角聲，乃得守其舊而不變。昔人亦有爲之説者，皆無足取。近世惟長樂王氏之書，所言禮樂最爲近古。然其説琴，亦但以第三絃爲律中仲吕，而不言其所以然，予于是益以爲疑。」夫朱子之琴律，蓋以一絃定爲宫聲之分，故第三音爲角聲分者，不應姑洗之位，而應仲吕之度，無怪乎與律吕新書之説究不能合，而有此疑也。其所謂黄鍾爲宫，姑洗爲角，其聲不應姑洗，而應仲吕者，即如命一絃全度爲黄鍾之九寸，而第三音不應于姑洗之七寸一分一釐，而應于仲呂之六寸六分五釐也。琴之第一絃實非宫分，乃管子所謂「下徵」也。若以第一絃全度首音定爲下徵一百零八分，徵聲五十四之倍。除變宫不計外，其第三音宫聲自爲八十一分，即如黄鍾之九寸，比仲呂之六寸六分五釐，又即倍林鍾之一十二寸，比黄鍾之九寸也。姑就黄鍾之度爲第一絃之分者，第三音不計變聲必得仲呂之度，是爲徵絃而非宫絃也。若以黄鍾之度爲第三絃之分，則第三音必得姑洗之度，是正所謂宫絃而非角絃也。要之，十二律呂，其體管，其音竹，其數三分損益終于十二，其聲陽律陰呂自成一均，其度全半不相應。絲樂絃音，其體絃，其音絲，其數三分損益而極于十四，正律十二，合變律二，故謂十四也。其聲濁宫清宫亦各成一均，其分全半得相應。今以律呂陰陽各均之五聲二變合之，絃度清濁各分之七音明之，陽律宫聲，黄鍾之九寸也，絃度宫聲，八十一分也。陽律商聲，太簇之八寸也，絃度商聲，七十二分也。陽律角聲，姑洗之七寸一分一釐餘也，絃度角聲，六十四分也。陽律變徵，蕤賓之六寸三分二釐餘也，絃度變徵，五十六分餘也。陽律徵聲，夷則之五寸六分一釐餘也，絃度徵聲，五十四分也。陽律羽聲，無射之四寸九分九釐餘也，絃度羽聲，四十八分也。陽律變宫，半黄鍾之四寸五分也，絃度變宫，四十二分餘也。此陽律之五聲二變，與絃度濁音之七分也。至於陰呂清宮，大呂八寸四分二釐餘，而絃度清宮爲七十五分餘矣。陰呂清商，夾鍾七寸四分九釐餘，而絃度清商爲六十七分餘矣。陰呂清角，仲呂六寸六分五釐餘，而絃度清角爲五十九分餘矣。陰呂清變徵，林鍾六寸，而絃度清變徵爲五十三分餘矣。陰呂清徵，南呂五寸三分三釐餘，而絃度清徵爲五十分餘矣。陰呂清羽，應鍾四寸七分四釐餘，而絃度清羽爲四十四分餘矣。陰呂清變宮，半大呂四寸二分一釐餘，而絃度清變宮爲三十九分餘矣。此陰呂之五聲二變與絃度清音之七分也。是知管與絃有可同者，有不可同者。其可同者，五聲二變之七音。其不可同者，生聲取分之各異。如以一絃之度强合之以十二律呂之分，何若止以七聲之度明之？以律呂之各成一均强同之絲樂絃音度分，何若止以七聲之叶考之？故曰絃音止可名以五聲二變，不可以十二律呂之度取分也。

蕙田謹案：此篇發明管音合十二律呂，自成一均。絲樂分清宮、濁宮，亦各成一均。絃音止可名以五聲二調，不可以十二律呂之度取分。由是則絲樂之度分音聲既無疑義，而管音之十二律呂亦無岐説矣。

右五聲絃度

七音

春秋昭公二十年左氏傳：晏子曰：七音。音義：七音，宫、商、角、徵、羽、變宫、變徵也。疏：聲之清濁，數不過五，而得有七音者，終五以外更變爲之也。賈逵注周語云：「周有七音，謂七律，謂七器音也。」黄鍾爲宫，太簇爲商，姑洗爲角，林鍾爲徵，南吕爲羽，應鍾爲變宫，蕤賓爲變徵。是五聲以外，更加變宫、變徵爲七音也。

國語：景王將鑄無射，問律于伶州鳩。王曰：「七律者何？」對曰：「昔武王伐殷，歲在鶉火，月在天駟，日在析木之津，辰在斗柄，星在天黿。我姬氏出于天黿，歲之所在，則我有周之分野也。月之所在，辰馬，農祥也，我太祖后稷之所經緯也。王欲合是五位三所而用之。自鶉及駟七列也，南北之揆七同也，故以七同其數，而以律和其聲，于是乎有七律。王以二月癸亥夜陳，未畢而雨，以夷則之上宫畢之，當辰。辰在戌上〔一〕，故長夷則之上宫，名之曰羽，所以藩屏民則也。王以黄鍾之下宫，布戎于牧之野，故謂之厲，所以厲六師也。以太簇之下宫，布令于商，以顯文德，底紂之多辠，

〔一〕「辰」，原作「之」，據光緒本、國語周語下改。

故謂之宣，所以宣三王之德也。反及嬴内，以無射之上宫，布憲施舍于百姓，故謂之嬴亂，所以優柔容民也。」

左傳「七音」疏：是言周樂有七音之意也。五位者，歲、月、日、星、辰之位也。三所者，星與日、辰之位是一所也，歲之所在是二所也，月之所在是三所也。武王以殷之十二月二十八日戊午發師，其年，歲星在鶉火之次也。其日月合宿于房五度。房，即天駟之星也。日在箕七度，箕于次分在析木之津也。日月之會謂之辰。斗柄，斗前也。戊午後三日得周二月辛酉朔，日月合朔于箕十度，在斗前一度，是爲辰在斗柄也。星在天黿者，星于五星爲水星，辰星是也。天黿，即玄枵次之别名也。于是辰星在婺女之宿，其分在天黿之宿次也。鶉是張星也，駟是房星也。天宿以右旋爲次，張、翼、軫、角、亢、氐、房凡七宿，是自鶉火至駟爲七列，宿有七也。鶉火在午，天黿在子，斗柄所建，月移一次，是自午至子爲南北之揆七同也。揆，度也，度量星之有七同也。武王既見天時如此，因此以數比合之，其數有七也；以聲昭明之，聲亦宜有七也，故以七同其數，五聲之外加以變宫、變徵也。此二變者，舊樂無之，聲或不會，而以律和其聲，調和其聲，使與五音諧會，謂之七音由此也。武王始加二變，周樂有七音耳，以前未有七。杜言武王伐紂，自午及子凡七日者，尚書泰誓云：「戊午，王次于河朔。」又牧誓云：「時甲子昧爽，王朝至于商郊牧野，乃誓。」又武成云：「戊午，師逾孟津。癸亥，陳于商郊。甲子，受率其旅若林，前徒倒戈，攻于後以北，血流漂杵，一戎衣，天下大定。」是自戊午至甲子七日也。劉炫云：杜既取國語之文，以七同其數，以律和其聲，何爲又云自午及子凡七日乎？是杜意以武王爲七日之故，而作樂用七音也。違國語之文，是杜説繆。今知不然者，以尚書、國語俱有七義，事得兩通，故杜兼而取之。劉以爲杜背國語之文而規杜過，非也。

李氏光地曰：辰謂日月交會處也。斗柄，星紀之次之斗宿也。天黿，玄枵之次也。星，注以爲辰星者，周以木王，受之于水，故占辰星也。大辰之次爲天駟房星，晨正而農時起，故曰農祥也。五位者，日、月、歲、星、辰也。三所者，天黿、天駟、鶉火也。案王問七律之義，而鳩以天象對，其末舉夷則之四律，又絶與問意不相應，故此條之説，莫能通曉。今亦不能强爲之解，姑以理之可通者言之。據諸家謂古惟五聲，至周始加二變而七，此王所以疑而問也。又據史記林鍾本位在丑，南吕本位在卯，應鍾本位在巳，以居其衝，故在未、酉、亥之位也。然則黄鍾下生林鍾，林鍾上生太簇，太簇下生南吕，南吕上生姑洗，姑洗下生應鍾，應鍾上生蕤賓。此七聲者，乃自子至午之律，陽氣自始生至于極之數也。律紀陽氣，而黄鍾一均尤爲聲氣之元，故其七聲之用，獨與陽氣終始。理既如此，又伐殷之月，日月星辰之躔，自天黿子位至于鶉火午位，是此七舍者，諸曜所經復，適直周家受命之符，故武王欲以七律應之。其言自鶉至駟七列者，蓋謂若止于五聲，則用不及鶉而止于駟，故言自鶉至駟尚有七列，必兼而用之，然後子午南北之揆與律同七聲合也。後言四律，不與七律之義應者，案司馬遷云：「武王伐紂，吹律聽聲，殺氣相并，而音尚宫。」今此所用皆宫聲，與史記合矣。而云以黄鍾之宫布戎，則黄鍾之聲和平深厚，於殺氣爲不類。且云辰在戌上，而用夷則之宫，則夷則是申非戌，義亦不應，故疑夷則之上宫、黄鍾之下宫皆無射也。蓋以六陽律言之，則無射在夷則之後、黄鍾之前。前者爲下，後者爲上。必兩名之者，互發以見義也。無射爲窮秋之律、戰乾之位，故云殺氣相并。又當夜陣之時，日正加戌，故用其律以應之。及甲子昧爽，會于牧野，則卯與戌合，故亦遂用無射以布戎也。案周官「奏無射，歌夾鍾，舞大武，以享先祖」，則大武之樂蓋用無射。至下宗廟大祭，則廢商聲而避無射之律。蓋武者一時之功，而樂者崇德之事，聖人尚德不尚功，故其取舍如此。及其布令施舍，所謂太簇之下宫、無射之上宫，則皆黄鍾也。克殷之後，偃武修文，故去殺伐之聲，而用中和之樂。然黄鍾一調，即是自子至午七律，鳩之言此，蓋亦隱合七律之義，而又以諷鑄無射之非也。凡聲高急，則功近而德微；和緩，則德厚而功遠。若如舊説，則布戎之時既以黄鍾，施德之日反用無射，揆以聲音之理，既爲難通，且是贊王之鑄無射也，益難通之甚矣。案十二鍾獨鑄無射之指，不可測知，意者王以周家用大武之樂興，而其律用無射，故欲尊此以立威武。傳言萇弘欲强周室之衰，即此時也。然其意既不明言，故州鳩亦不顯對，但述武王受命之始，天象如此，人事如此，明應天運，且由修德，言外之意，亦可推見。又案七律之變，如此章之説，其義亦精。蓋自子至辰五位而陽氣畢者，正也。然巳爲純陽，而午爲正陽，故亦必兼而用之者，數之溢也。舜作五絃之琴，以歌南風，則是時五聲而已。漢志雖有七始之文，亦未足據。武王、周公監于前代，制作彌精，故説者謂七律起於周家。參以此篇問答之語，理或然也。

蕙田案：李氏解極精。

漢書律曆志：書曰：「予欲聞六律、五聲、八音、七始，詠以出納五言，汝聽。」

李氏光地曰：蓋七始者，宫、徵、商、羽、角、變宫、變徵也。七音之清濁，皆始于人聲，故曰七始也。詠即舜典所謂「歌詠言」者，而五言即所謂「詩言志」之言也。以其言不離乎五音，故曰五言。雖有七始，究亦五音也。蓋上所謂五聲者，以調言也，通調而名之以宫、名之以商是也。下所謂七始者，以音言也，逐字而名之以宫、名之以商是也。變宫、變徵不爲調，故聲止于五。若歌奏而有清濁高下之音，則七者備焉，故始究於七。七始之音，歌詠言者用之，而八音取法焉。其音有清濁高下，則有開發收閉，故曰詠以出納五言也。蓋舜典先言志詠言，而後及于五聲六律八音者，以人聲爲主，然後被以五聲，節以六律而成以八音，循本以及末也。此先六律五聲八音，而後七始詠以出納五言者，以律吕爲主，然後五聲應之，八音和之，雖人聲亦必受其均節焉，制法以存神也。舜典言五聲可包七始，然彼以調爲重，故只舉五聲。此以音爲重，則非七而音有缺矣。蓋二變之不爲調，與調之外又有音，皆賴此文而可見也。

禮樂志：七始華始，肅倡和聲。

史記：高漸離擊筑，荆軻和而歌，爲變徵之聲。

後漢志：伏羲作易，紀陽氣之初，以爲律法。建日冬至之聲，以黄鍾爲宫，太簇爲商，姑洗爲角，林鍾爲徵，南吕爲羽，應鍾爲變宫，蕤賓爲變徵，此聲氣之元，五音之正也。

隋書：一十三曲變徵調，蕤賓也。一十三曲變宫調，應鍾也。

唐書：十二變徵調，居角音之後、正徵之前。十二變宫調，在羽音之後、清宫之前。

吴氏鼐曰：五音分配十二律，商、羽、角各二律，宫、徵各三律，七音以宫、徵終，十二律亦以宫、徵終。且即以七音言，始于宫、徵，終于宫、徵，亦以見首尾循環之妙。

通典注：應鍾爲變宫，蕤賓爲變徵。自殷以前，但有五音。自周以來加文、武二聲，謂之七聲。五聲爲正〔一〕，二聲爲變。變者，和也。

經傳通解朱子鍾律篇：二變相生之法。

變宫	變徵
四十二，餘九分，分之六。	五十六，餘九分，分之八。
羽後宫前。	角後徵前。

上生變徵。

朱子曰：五聲相生，至于角位，則其數六十有四。隔八下生，當得宫前一位以爲變宫。然其數三分損一，每分各得二十有一，尚餘一分不可損益，故五聲之正至此而窮。若欲生之，則須更以所餘一分析而爲九，損其三分之一分，乃得四十二分，餘九分，分之六，而後得成變宫之數。又自變宫隔八上生，當得徵前一位，其數五十有六，餘九分，分之八，以爲變徵，正合相生之法。自此又當下生，則又餘二分

〔一〕「五」，原作「正」，據光緒本、通典卷一四三改。

不可損益，而其數又窮，故立均之法，至于是而終焉。然而二變但爲和繆，已不得爲正聲矣。

律吕新書：蔡氏曰：五聲宫與商，商與角，徵與羽，相去各一律。至角與徵，羽與宫，相去乃二律。相去一律則音節和，相去二律則音節遠，故角、徵之間近徵收一聲，比徵少下，故謂之變徵。羽、宫之間近宫收一聲，少高於宫，故謂之變宫也。角聲之實，六十有四，以三分之不盡一算，既不可行，當有以通之。聲之變者二，故置一而兩，三之得九，以九因角聲之實，六十有四得五百七十六，三分損益再生變宫、變徵二聲。以九歸之，以從五聲之數，存其餘數，以爲强弱。至變徵之數五百一十二，以三分之，又不盡二算，其數又不行，此變聲所以止於二也。變宫、變徵，宫不成宫，徵不成徵，古人謂之和繆。又曰：所以濟五聲之不及也，變聲非正，故不爲調也。

考律緒言：吴氏鼎曰：「通典曰：『五音相生，而獨宫、徵有變聲，何也？宫爲君，商爲臣，角爲民，徵爲事，羽爲物。臣有常職，民有常業，物有常形。商、羽、角三聲，此其無所變者也。君就萬務，不可執於一方；事通萬務，不可滯於一隅，故宫、徵二聲必有變也。』北齊鄭譯曰：『漢書律曆志云：天地人及四時謂之七始，黄鍾爲天始，林鍾爲地始，太簇爲人始，是謂三始；姑洗爲春，蕤賓爲夏，南吕爲秋，應鍾爲冬，四時之始，是以爲七。今若不以二變爲調曲，則是缺冬夏之聲，四時不備，是以每宫須立七調。明黄佐樂典曰：「十二管皆有三調，流轉用事，律必娶妻，故徵代爲宫而變宫爲角；吕必生子，故商代爲宫而變徵爲角。合而奏之，内之爲夫婦、母子之道也。黄鍾既以宫倡太簇，復以宫和，分而序之，外之爲君臣之道也。」案諸家之論，二變詳矣。取義于君、臣、民、事、物者，通典之説也。取義於天、地、人及四時者，鄭譯之説也。取義於五聲之相去一律、相去二律者，蔡氏之説也。取義於天、地、人三統者，黄佐之説也。各説不同，要皆從既有二變之後，旁引曲證，以明二變之不可去。若從未有二變之先，順損益相生之序，以觀聲之何以有變，而變之何以止於二，則諸家尚未有的解也。嘗試言之，審音必先分度。度者何？正宫之度、倍宫之度、半宫之度是已。假如以九寸爲正宫之度，則由九寸以上至一十八寸皆倍宫之度，由四寸半以下爲半宫之度。度既分矣，然後準度以生聲。今且以正宫之度言之，宫下生徵，徵何不下生商？而有不可者，下生之，商已入半宫之度也。入半宫之度，則商爲半聲，而非正聲矣。徵上生商，商何不上生羽？而有不可者，上生之，羽已入倍宫之度也。入倍宫之度，則羽爲倍聲，而非正聲矣。循此推之，三分損一以上生，三分益一以下生，一上一下，相間成聲，無非欲合正宫之度。唯其然，故變宫緣之以起。唯其然，故變徵緣之以終。其緣之以起者，則以一下一上。而角聲所生，尚有其位，位在正宫之度也。如使不在正宫之度，則先無變宫，安有變徵？其緣之終者，則以一下一上，而變徵所生已無其位，位入半宫之度也。如使不入半宫之度，則既有變徵，何妨又有變角？此以知母下生者子上生，母上生者子下生，一下一上之交，不容忽焉中斷，故有可生者，仍聽其生。此徵、商、羽、角之外，所以有變宫、變徵也。一下一上之交，又不容忽焉易轍，故或重下生，或重上生者，俱不準其生，此變宫、變徵之外，所以無變商、變羽、變角也。若其所以名之爲變宫、變徵者，蓋以角所生聲比於宫，故名變宫；變宫所生者聲比於徵，故名變徵。比則不能獨立，故音不過乎五；變則不可亂真，故音不止於五也。

李氏光地曰：律有變律，聲有變聲，何也？曰：變猶閏也。十二月有十二閏日，故十二律有十二變律也。五歲有二閏月，故五聲有二變聲也。聲，陽也，主氣。律，陰也，主月。律備而聲餘，如月備而氣餘；聲備而律餘，如氣備而月餘也。五歲之中有再閏，則時定而歲成矣。五聲之中有二變，則聲和而氣應矣。蓋次三次五之歲，節氣之相距，必隔越一月，而病于不相及。次三次五之聲，則律管之相遠，亦必隔越一月，而病于不相及也。故有閏月，則氣朔均齊；有變聲，則音律調停。宋房庶所謂閏宮、閏羽，亦此意也。變律者，設以待用而已，如閏月之積以待用也。

辨樂書無二變之説：

陳暘樂書曰：五聲者，樂之指拇也。二變者，五聲之駢枝也。駢拇枝指出於形，而侈于形存之無益也，去之可也。二變出乎五聲而淫于五聲，存之亦無益也，削之可也。蓋五聲之于樂，猶五星之在天，五行之在地，五常之在人也。五聲可益爲七音，然則五星、五行、五常，亦可益而七乎？其説必不行矣。

吴氏鼎曰：音有萬而統之爲五者，政猶五星、五行、五常之理，不可減，不可增，故二變兩聲仍名之爲宮、徵，所謂變化而不離乎五音者也。若不究其理之所由然，但以數相較，則七較之五而多其二者，將十二較之五而亦多其七，是音不得有其七，而律亦不得有其十二矣，豈理也哉？朱載堉既知二變之不可去，而陳氏之説爲非，乃又欲諱變字之名，而另以「和」字代變宮，「中」字代變徵。葛中選謂韋昭諸儒妄立二變之名，所見已非，乃又於宮、商、角、徵、羽之外别添一華音，暗以華音當變宮，而棄去變徵，以遷就六律之説。夫曰中、曰和、曰華，乃陳氏所謂駢枝者，彼豈知夫變宫、變徵之義哉？

律吕正義審定十二律吕五聲二變篇：言樂者，皆知三分損益，隔八相生，然此二者，義各有在，不可一概而論。三分損益，乃制律之則也。古聖人立爲算術，以别十二律吕相生之度。凡金石之厚薄，絲竹之短長，皆依以定焉。隔八相生，乃審音之法也。審音之法，必取首音與第八音叶和，同聲以爲之準，即首音八音之間，區而别之，以爲五聲二變，則清濁之相應，高下之相宜，皆賴以生焉。但五聲二變有施於管律者，有施於絃度者，其生聲取分各有不同。自漢、唐以後，皆宗司馬氏、淮南子之説，以三分損益之術，誤爲管音五聲二變之次，復執管子絃音五聲度分，而牽合於十二律吕之中，故管律絃度俱不可得而明。如旋宫圖黄鍾爲宫，太簇爲商，姑洗爲角，蕤賓爲變徵，林鍾爲徵，南吕爲羽，應鍾爲變宫，至半黄鍾復爲清宫，大吕爲宫，夾鍾爲商，仲吕爲角，林鍾爲變徵，夷則爲徵，無射爲羽，黄鍾爲變宫，而半大吕復爲清宫。夫正律爲宫，至半律而仍爲宫；正律爲商，至半律而仍爲商，則宫、商一定，而旋宫之義已失。且陽律而雜以陰吕，陰吕而雜以陽律，陰陽相雜，而取聲之原亦未爲得，是蓋各守所傳，固執一理，而未始備制律吕之管以審音也。間嘗截竹爲管，詳審其音，黄鍾之半律不與黄鍾合，而合黄鍾者爲太簇之半律，則倍半相應之説，在絃音而非管音也明矣。又黄鍾爲宫，其徵聲不應於林鍾，而應於夷則，則三分損益，宫下生徵之説，在絃度而非管律也明矣。是知古聖人審定律吕，陰陽各六，陽則爲律，陰則爲吕，意固有在也。孟子曰：「不以六律，不能正五音。」鄭康成大司樂注：「六律合陽聲，六吕合陰聲。」國語以六吕爲六間，非陰陽分用之證耶？吕氏春秋以三寸九分之管爲聲，中黄鍾之宫，非半太簇合黄鍾之義耶？是以即陰陽之各分者言之，則陽律從陽，陰吕從陰，各成一均，而不相紊。故今所定黄鍾爲首音宫聲，次太簇爲二音以商聲應，姑洗爲三音以角聲應，蕤賓爲四音以變徵聲應，夷則爲五音以徵聲應，無射爲六音以羽聲應，半黄鍾爲七音以變宫應，此陽律之五聲二變也。至半太簇爲清宫，而與黄鍾應，則陽律旋宫之義見焉。如定大吕爲首音宫聲，則夾鍾爲二音以商聲應，仲吕爲三音以角聲應，林鍾爲四音以變徵聲應，南吕爲五音以徵聲應，應鍾爲六音以羽聲應，半大吕爲七音以變宫聲應，此陰吕之五聲二變也。至半夾鍾爲清宫，而與大吕應，則陰吕旋宫之義見焉。所謂陰陽以類相從而不雜者，此也。若夫以陰陽唱和而合用之，則一律一吕，折中取聲，使陰陽之氣得以相兼。故黄鍾之宫爲濁宫，大吕之宫爲清宫，濁者不得揚之使高，清者不得抑之使下，惟定宫聲在黄鍾大吕之間而可濁可清，始能兼律吕之用。黄鍾、大吕既合而爲宫，則太簇、夾鍾合而爲商，姑洗、仲吕合而爲角，蕤賓、林鍾合而爲變徵，夷則、南吕合而爲徵，無射、應鍾合而爲羽，至半黄鍾、半大吕合而爲變宫，是又陰陽唱和、律吕合用者也。驗之於樂器，排簫鍾磬各一十有六，正陰陽之分用者也。今簫與笛一孔而兼律吕，一音而能高下，正陰陽之合用者也。至於簫笛之最上一孔適當出音孔上第一孔之半，而聲低一字，即宫聲之半不應宫聲而爲變宫者也。案其體，推其數，製以器，審以音，莫不確然有據，而無纖毫之可疑。則五聲二變運於十二律吕之中，誠有一定不易之至理也。

蕙田謹案：五聲兼二變爲七音，其相生之數，朱子、蔡氏言之。其所以有二變之故，吴氏言之。至實驗之管音，以分陽律之五聲二變、陰吕之五聲二變，陰陽唱和、律吕合用之五聲二變，運於十二律吕之中，因而知絃音絃度之不同於管音管律，則未有能知之者，多因尋求於理數，而未播之絲竹也。得正義發明之七音之用始正，無牽合雜錯之病矣。

考律緒言：吴氏鼎曰：「音既七矣，律何以不止於七？律既不止於七矣，又何故止於十二？惟七，故十二也。蓋五音者，正宫、正徵、正商、正羽、正角之律。二變者，比宫、比徵之律。既有比宫、比徵之律，則必有比商、比羽、比角之律，是故宫、商之間有律焉，蕤賓所以生大吕也。徵、羽之間有律焉，大吕所以生夷則也。商、角之間有律焉，夷則所以生夾鍾也。羽、宫之間有律焉，夾鍾所以生無射也。角、徵之間有律焉，無射所以生仲吕也。」蔡元定曰：「宫與商，商與角，徵與羽，相去各一律。至角與徵，羽與宫，相去乃二律。」蓋由角及徵，由羽及宫，其相去之度，最爲遼闊。故應鍾之律比於宫，而不比於羽，比於羽者乃無射也。蕤賓之律比於徵，而不比於角，比於角者乃仲吕也。若大吕之律，在宫、商之間，其相去之度不遠，故既比於宫，又比於商。夷、夾二律亦如之，故不止於七也。若其所以止於十二者，蓋以仲吕所生之子在黄鍾、大吕之間，大吕爲比宫之聲，别無餘地，可容一律。且比宫、比徵、比商、比羽、比角之數，至仲吕而適完，故不得不止於十二也。京房以仲吕所生别名執始，衍爲六十律，殊不知聲律之用，不過五音二變乃雜比之，名十二律乃所以完。其雜比之用，若雜之又雜，比之又比，雖千萬律，孰能究其所終極哉？

右七音

四調祀天神之樂

經傳通解十二律正變倍半之法：

	正	半	變	變半
黃鍾	九寸	無	八寸七分八釐一毫六絲二忽不用	四寸三分八釐五毫三絲一忽
大呂	八寸三分七釐六毫	四寸一分八釐三毫		
太簇	八寸	四寸	七寸八分〇〇二毫四絲四忽七初不用	三寸八分四釐五毫六絲六忽八初

夾鍾	七寸四分三釐七毫三絲	三寸六分六釐三毫六絲		
姑洗	七寸一分	三寸五分	七寸〇〇一釐二毫二絲〇〇二初二秒不用	三寸四分五釐一毫一絲〇〇一初一秒
中呂	六寸五分八釐三毫四絲六忽	三寸二分八釐六毫二絲三忽		
蕤賓	六寸二分八釐	三寸一分四釐		
林鍾	六寸	三寸不用	五寸八分二釐四毫一絲一忽三初	二寸八分五釐六毫五絲〇〇六初
夷則	五寸五分五釐一毫	二寸七分二釐五毫		
南呂	五寸三分	二寸六分不用	五寸二分三釐一毫六絲〇〇一初六秒	二寸五分六釐〇〇七絲四忽五初三秒

無射	四寸八分八釐四毫八絲	二寸四分四釐二毫四絲		
應鍾	四寸六分六釐	二寸三分三釐不用	四寸六分〇〇七毫四絲三忽一初四秒三分秒之一	二寸三分〇〇三毫六絲六忽六秒三分秒之二

通典曰：以子聲比正聲，則正聲爲倍。以正聲比子聲，則子聲爲半。如黃鍾之管正聲九寸，子聲則四寸半也。朱子曰：十二正律，各有一定之聲，而旋相爲宮，則五聲初無定位，當高者或下，當下者或高，則宮商失序，而聲不諧和，故取其半律以爲子聲。當上生而所生者短，則下取此聲以爲用。然以三分損益之法計之，則亦適合下生之數。而自此律又以其正律下生，則復得其本法，而於半律又合上生之數。此唯杜氏言之，而他書不及也。黃鍾當以四寸半爲半律，而圖以爲無者，以九分之寸析至初秒，終無可紀之數也。林、南、應不用者，相生之不及也。此又杜氏所未言，故詳著之。又上下相生之法者，以仲吕之管長六寸一萬九千六百八十三分寸之萬二千九百七十四，上生黃鍾，三分益一，不及正律九寸之數，但得八寸五萬九千四百四十九分寸之五萬一千八百九十六，以爲黃鍾之變律；半之得四寸五萬九千四十九分寸之

二萬五千九百四十八，以爲黄鍾變律之子聲。朱子曰：此依本文稍加詳潤，其「不及」至「數但」九字、「以爲」至「之變律」七字、「變律之子聲」五字，皆今所增入。本數猶用十分之寸計之，尚爲繁冗。今以九分之寸更定，見於圖内，而於此存其本文。又上下相生以至仲吕，皆以相生所得之律寸數半之，以爲子聲之律。朱子曰：蕤賓以下，仲吕上生之所不及，故無變律，而唯黄、太、姑、林、南、應有之。計正、變通十八律，各有半聲爲三十六聲，其間又有八聲，雖有而無，所用實計二十八聲而已。杜氏又言變律上下相生以至仲吕，則是又當增十二聲而合爲四十八聲，似太過而無所用也。今雅樂俗樂皆有四清聲，其原蓋出於此。然既欠八聲，且無變律，則其法又太疏略而用有不周矣。覽者詳之。漢志曰：「黄鍾不復與他律爲役者，黄鍾至尊，無與並也。」此言黄鍾唯於本宫用正律，若他律爲宫，則黄鍾之爲商、角、徵、羽。二變者，皆但用其變律，而正律不復與之爲役也。此與通典變律之説相發明，而本志所言有未盡者，故刕其大要，附於此云。

吴氏鼎旋宫半律論：朱子儀禮鍾律篇正變倍半圖内，於黄鍾半律不立尺寸，而以爲無。於林鍾、南吕、應鍾之半律，則各立尺寸，而以爲不用。通典曰：「以子聲比正聲，則正聲爲倍。以正聲比子聲，則子聲爲半。如黄鍾之管正聲九寸，子聲則四寸半也。」朱子曰：「黄鍾當以四寸半爲半律，而圖以爲無者，以九分之寸析至初秒，終無可紀之數也。林、南、應不用者，相生之不及也。」案：九寸者，管度也。管之長定於十二律相生之序，管之孔定於七音相生之序，未有破相生之序而另爲一孔者，故非獨黄鍾無半律，即林、南、應亦非有而不用。非獨林、南、應之半律爲相生之不及，即黄鍾半律亦爲相生之不及。由是言之，圖以黄鍾半律爲無則是，而以林、南、應之半律爲有而不用則非。朱子以相生不及解「不用」二字則是，而以無可紀數解「無」字則非。蓋旋宫外之尺寸，正自備列不盡，其爲相生之所不及者，闕之可也。若或以爲無，或以爲不用，或以爲數有可紀，或以爲數無可紀，其參差之見，於旋宫律數，杳不相關，而徒足啓後世之惑，則亦何取云爾乎？抑更有説焉，所謂黄鍾無半律者，乃是截竹爲管之時，不得復加黄鍾半律之孔，非謂黄鍾無半律之聲也。嘗試吹一孔而得清濁兩聲，濁爲正律，清即半律，是黄鍾半律之聲已具於黄鍾正律之孔矣。即以琴論，大絃爲黄鍾正律，六絃即黄鍾半律；散聲爲黄鍾正律，七徽即黄鍾半律，孰謂黄鍾無半律之聲哉？特以音理雖圓通而無礙，而立法貴畫一而不訛。故旋宫之内爲正爲半爲變爲變半，皆有一定之數，無庸雜取他聲以亂七音相生之序耳。

蕙田案：吴氏以管律論黄鍾無半律，與正義之説相近，但不能灼知其爲絃度耳。觀以琴律證之，而知黄鍾有半律，可見爲絃度無疑也。

律吕正義十二律吕倍半生聲應五聲二變篇：史志所載，言律吕者，正律之外，又有倍律、半律、變律之名。夫律有倍半，所以助正律而成旋宫之用。至於變律，乃始自京房，因仲吕還生黄鍾，不及原數，别名執始，轉生四十八律。後世因之，遂有變律之説。嘗以京房所定律數細較之，仲吕轉生之執始，比黄鍾止少一分二釐有奇。自執始至第三十七之質末，比大呂止多九釐有奇。至於謙待本蕤賓變律而數弱於林鍾，未知大呂變律而數弱於太簇，白呂本夷則變律而數弱於南呂，南授本夾鍾變律而數弱於姑洗，分烏本無射變律而數弱於應鍾，南事本仲呂變律而數弱於蕤賓，故其編次各遷就於相近律呂數下。且黃鍾、大呂同一聲字，止分清濁，而執始至質末，總未出黃鍾、大呂範圍之內，豈能比黃鍾、大呂別生一音耶？是故案其數不得至六十之多，審其音不得成六十之用，苟不實被之聲律，則於倍半正變之名有未詳，而施之於用亦未當矣。夫正律爲宮，至半律則爲變宮，而或誤以半律爲與正律應，是聲不應而以爲應，乃未達半律之爲變聲也。仲呂還生雖不及黃鍾原數，而所差甚微，故不能自成一聲，又烏可自名一律，乃或別名之爲變？黃鍾轉生十二變律，合半聲而用之。夫聲未變而以爲變，是未知變律之猶未離乎正聲也。至於倍律之説，古人亦嘗用之，而傳記並無明文，但以正律對半律言謂之倍，不知倍律對正律言，乃真倍律也。夫始黃鍾終應鍾爲十二律呂之正，自黃鍾而下，欲用聲之更低者，則有律呂之倍體；自應鍾而上，欲用聲之更高者，則有律呂之半體，由是而倍音半音之理生焉。先審正律正呂之協於五聲二變者，以爲之準，然後大而推之倍律倍吕，細而及於半律半吕，其清濁之遞降，高低之相應，正變之屢遷，案之聲音字譜，無一不叶，此旋宫之用所以成也。配以七聲，則黄鍾、大吕爲宫聲，「工」字而分清濁；太簇、夾鍾爲商聲，「凡」字而分清濁；姑洗、仲吕爲角聲，「六」字而分清濁；蕤賓、林鍾爲變徵，「五」字而分清濁；夷則、南吕爲徵聲，「乙」字而分清濁；無射、應鍾爲羽聲，「上」字而分清濁。至於大而推之，倍律倍吕則倍無射、倍應鍾共爲「尺」字，即宫聲之右有變宫而分清濁者也。倍夷則、倍南吕共爲「上」字，即變宫之右有下羽而分清濁者也。倍蕤賓、倍林鍾共爲「乙」字，即下羽之右有下徵而分清濁者也。細而推之，半律半吕則半黄鍾、半大吕共爲「尺」字，即羽聲之左有變宫而分清濁者也。半太簇、半夾鍾共爲「工」字，即變宫之左又有少宫而分清濁者也。半姑洗、半仲吕共爲「凡」字，即少宫之左復有少商而分清濁者也。倍仲吕而上聲抑而啞，半蕤賓而下聲噍而促，惟有倍蕤賓、倍林鍾以至半姑洗、半仲吕，可以相應和聲，故倍體、半體亦止於六。此古樂之所以有起下徵而終清商者，以其協聲音之正，而得備於用也。

辨無變律半律之説：

葛中選曰：世儒將六十聲牽就十二律，於是有變律之名、變半之法，不知十二均之五聲，以宮、商、角、徵、羽渾之而自圓，以律注之而反滯。爲變爲半，皆後儒私創之名。

吴氏鼎曰：旋宫無不用變律半律之理，而葛氏甚惡其名，由是執律自律、聲自聲之見也。夫聲與律，同而異，異而同。假如就十二管言之，此管是此律，彼管是彼律，管不曰聲，管不止五故也。就一管言之，此孔是此聲，彼孔是彼聲，孔不曰律，孔無十二故也。此聲與律之同而異者也。然十二之管雖配以律，究竟無律外之聲。管之孔雖配以聲，究竟無聲外之律。此聲與律之異而同者也。如謂以律注聲之非，而必岐而二之，則離律論聲，欲圓反滯。且所謂變與半者，固旋宫内天然自有之律。葛氏既不能一旦盡去之，乃徒執稱謂之末而竊竊焉議其後，不亦淺之乎其論律也與？

蕙田案：吴氏辨葛氏無變律半律，甚是。今案：正義變半律均是絃度，葛氏不知，宜有六十聲牽就十二律之疑也。既明爲絃度，自無庸牽合十二律，而變半律之用明矣。

辨音律各異之説：

葛中選曰：古樂有三用，一主音，如黄帝清角，舜徵招、角招，師曠清徵、清商。後世引商刻羽，雜以流徵，則新聲也。一主律，如大司樂奏黄鍾、歌大吕，奏太簇、歌應鍾，奏姑洗、歌南吕，奏蕤賓、歌函鍾，奏夷則、歌仲吕，奏無射、歌夾鍾，每律自具五聲，各自爲宫，不相假借。一大合樂，則音律並用，如周禮圜丘之樂，以圜鍾爲宫，黄鍾爲角，太簇爲徵，姑洗爲羽；方澤之樂，函鍾爲宫，太簇爲角，姑洗爲徵，南吕爲羽；宗廟之樂，黄鍾爲宫，大吕爲角，太簇爲徵，應鍾爲羽。則是各律只用一音，不雜餘音，五律並用，五音在其中矣，與主律迥别。

吴氏鼎曰：所謂主音者，非用音不用律。所謂主律者，非用律不用音。所謂音律並用者，非他樂音律分用，而此樂音律合用。曰音曰律，不過命名之偶異，而葛氏附會其説，遂劃然分爲三截，倘所謂以文害辭、以辭害志者與？

蕙田案：以上變律半律。

周禮春官大司樂：凡樂，圜鍾爲宫，黄鍾爲角，太簇爲徵，姑洗爲羽，雷鼓雷鼗，孤竹之管，雲和之琴瑟，雲門之舞，冬日至，於地上之圜丘奏之。若樂六變，則天神皆降，可得而禮矣。凡樂，函鍾爲宫，太簇爲角，姑洗爲徵，南吕爲羽，靈鼓靈鼗，孫竹之管，空桑之琴瑟，咸池之舞，夏日至，於澤中之方丘奏之。若樂八變，則地示皆出，可得而禮矣。凡樂，黄鍾爲宫，大吕爲角，太簇爲徵，應鍾爲羽，路鼓路鼗，陰竹之管，龍門之琴瑟，九德之歌，九磬之舞，於宗廟之中奏之。若樂九變，則人鬼可得而禮矣。

律呂新書：蔡氏曰：「此祭祀之樂，不用商聲，只有宮、角、徵、羽四聲，無變宮、變徵，蓋古人變宮、變徵不爲調也。」左氏傳曰：「中聲以降，五降之後，不容彈矣。」夫五降之後，更有變宮、變徵，而曰「不容彈」者，以二變之不可爲調也。

蕙田案：此條律呂各調旋相爲宮見於經之始。

朱子曰：先儒謂商是殺聲，鬼神所畏，故不用，而只用四聲迭相爲宮，未知其五聲不備，又何以爲樂然也。恐是無商調，不是無商音，他那奏起來，五音依舊咸在。

蕙田案：朱子之説是也。經圜鍾爲宮，函鍾爲宮，黄鍾爲宮，俱指調言，即禮運所謂「旋相爲宮」也。不用商調者，商爲西方肅殺之調，軍旅用之。祀天神，祭地祇，享人鬼，乃吉禮之至大者，故不用耳。若五聲，不可缺一，況商聲即入他調，則亦非肅殺之音矣。先儒以爲鬼神所畏及無商聲者，皆泥也。

李氏光地曰：黄鍾、圜鍾兩字錯互，諸儒相承，遂不復正。原其所以，蓋以黄鍾一律，宮、角兩用，或者疑其重複，而以意易之，致誤之根，皆緣於此。不知黄鍾爲宮，則黄鍾宮調也，其起調畢曲之律，即以黄鍾。黄鍾爲角，則黄鍾角調也，其起調畢曲之律，則以姑洗。太簇爲徵，則太簇徵調也，其起調畢曲之律，則以南吕。姑洗爲羽，則姑洗羽調也，其起調畢曲之律，則以大吕。此四律者，皆前所祀天神四望之樂，故此大祀則合而用之。至下二樂，莫不皆然。但祭祀之大者廢商，故調止於四。而地樂中有太簇，本黄鍾之商聲。人樂中有無射，乃西方之窮律。緣去商調之義，故此二律有應。爲起調畢曲者，則并去之。蓋蕤賓與太簇同類，南吕與無射同方，故其樂可以相代也。至於三宫之義，應乎三始。子，天氣之始也。午，地氣之始也。卯，人事之始也。然午者正陽之位，故地始於未。義既如此，氣亦相應。冬至祀天，則黄鍾之月也。夏至祭地，則林鍾之合也。揆以春禘之文，則夾鍾之月也。此三宫所以爲樂之本，不可移易。其餘三調之次，乃各以六律五聲之序求之，則當之者名其調也。音有八，而用止於革、絲、竹者，鼓鼗以命管，琴瑟以升歌，皆舉其重者言。六代之舞在天，則統以天神之所用；在地，則統以地示之所用；在廟，則亦以古爲尊，故舍近而用大磬焉。其三樂之變數多寡不同者，天動而地静，動者速，静者遲。神示伸，而人鬼屈伸者易求，而屈者難致也。

又曰：圜鍾爲宫以下，説異於古，何也？曰：調與聲不同，從來説者皆未别明聲調，是以特就經上之律起意，而不復以前文參考爾。且以黄鍾之五調論，則所謂黄鍾宫調者，用黄鍾所生之七律，而以黄鍾起調、黄鍾畢曲也。所謂黄鍾商調、黄鍾角調、黄鍾徵調、黄鍾羽調者，則亦用黄鍾所生之七律，而或以太簇，或以姑洗，或以林鍾、南吕起調畢曲也。所以然者，黄鍾以太簇爲商，以姑洗爲角，以林鍾爲徵，以南吕爲羽。如此節用黄鍾爲角調，則必以其所生之角聲起調畢曲，自然之理也。故如黄鍾之爲角聲也，則必曰夷則角，而不曰黄鍾角。如太簇之爲徵聲也，則必曰林鍾角，而不曰太簇徵。如姑洗之爲羽聲也，則必曰林鍾羽，而不曰姑洗羽。漢、魏以來，樂部未之有改。然則黄鍾爲角之爲角調而用姑洗，太簇爲徵之爲徵調而用南吕，姑洗爲羽之爲羽調而用大吕，無疑也。考禮運雖有「旋相爲宫」之言，然並未著其例。然則六經中大樂聲調之理，惟周官此文爲可據爾。況其證之前文，又相符合，則聖人之微辭奥義，殆未易以曲説通也。鄭氏而下爲説頗多，其中亦有推論巧合，如沈氏筆談之云者，然終於聲調之理無當，故不敢從。

又曰：其易圜鍾黄鍾也何據？曰：案班氏律志，黄鍾爲天統，林鍾爲地統，太簇爲人統，則黄鍾當爲天宫，林鍾當爲地宫明矣。故前文亦以黄鍾祀天，林鍾祭地也。太簇雖屬人統，然前文既與應鍾合，而爲祭地之樂，則施之宗廟之宮，義有未允。而夾鍾者，前文所用以享於先祖者也。蓋天氣始於子，地氣始於午，人事始於卯者，陰陽晝夜之正也。地退一位而始於未，則避南方之正陽也。人退一位而始於寅，則重民事之蚤作也。然則宗廟之祭，以圜鍾爲宮，既合享祖之文，又著人事之始，比於援引星辰，捨經證緯，不亦善乎？漢書郊祀志蓋仍此誤，至唐祖孝孫以黄鍾祀天，林鍾祭地，乃爲能復古者。獨其以太簇享廟，則但據三統之義，而未知周官之有互文，爲少失爾。

又曰：商調之避，他書亦有足徵者與？曰：孔子謂賓牟賈曰：「聲淫及商，何也？」曰：「非武聲也。有司失其傳也。」孔子曰：「唯某之聞諸萇弘，亦若吾子之言是也。」鄭康成解此爲有貪商天下之心，揆之文義爲不類。案國語武王以夷則之上宮畢陣，以黄鍾之下宮布戎，以太簇之下宮布令於殷，以無射之上宮施舍百姓。史記亦云武王伐紂，吹律聽聲，殺氣相并，而音尚宮。然則大武之樂蓋尚宮聲，而末流之失，其音節乃有濫入於商者，故曰「聲淫及商」。猶所謂歲在星紀，淫於玄枵者云爾，非貪商天下之謂也。夫大武之樂以武功著，然於商聲猶不用，況此三祭所奏者雲門、咸池、大韶之舞，則其去商調也何疑？其爲緣此之義，於太簇、無射二律有應爲起調畢曲者則并去之，又何據也？曰：國語伶州鳩謂太簇所以金奏，注云：「正聲爲商，故爲金奏。」又景王將鑄無射之鍾，而州鳩以爲不可，是亦必有説矣。蓋黄鍾一律，爲諸聲之本，而太簇爲其商，則是太簇之正聲商也。吕令西方，其音商，而無射者，又窮秋之律，金氣之盛也。三祭之樂，既去商調，故於此二律之起調畢曲者而并去之，是亦求之聲音之理而可通者，即以本經之文爲據可矣。

蕙田案：李氏之説與先儒不同，附之以備考。

律吕源流大司樂十二調舊譜：

夾宫　仲商　林角　無徵　黄羽

黄角　夾徵　仲羽　夷宫　無商

太徵　姑羽　林宫　南商　應角

姑羽　林宫　南商　應角　太徵

右四調祀天神之樂

四調祭地示之樂

林宮　南商　應角　太徵　姑羽

太角　仲徵　林羽　無宮　黃商

姑徵　蕤羽　南宮　應商　大角

南羽　黃宮　大商　姑角　林徵

右四調祭地示之樂

四調享人鬼之樂

黃宮　太商　姑角　林徵　南羽

大角　姑徵　蕤羽　南宮　應商

太徵　姑羽　林宮　南商　應角

應羽　太宮　姑商　蕤角　南徵

右四調享人鬼之樂

吴氏鼐曰：大司樂函鍾爲宫，太簇爲角，姑洗爲徵，南吕爲羽。隋書以爲一調，故其言曰：「此四聲非直無商，又律管乖次〔一〕，以爲樂無克諧之理。今古事異，不可得而行也。」惟唐書以爲四調，唐書是也。其無商調，何也？商主西方之金，金克木，周以木德王，故避之也。不用商調，仍用商聲，何也？無商聲，則相生之序大小之論疏矣，不成曲調也。其用五音，不用七音，何也？大祭祀無變聲也。明太常樂譜亦用五音，蓋舊法也。每調用大小之倫，不用相生之次，何也？四調既以宫、角、徵、羽爲次，故每調中亦以宫、商、角、徵、羽爲次也。其起調轉調畢曲之義，何也？夾宫至黄羽爲一調，羽生角，故第二調以黄角起。黄角至無商爲一調，徵生商，故第三調以太徵起。太徵至應角爲一調，羽生角，故第四調以姑羽起。自姑羽至太徵終焉，宫生徵，與首調夾宫相生相應，故我生者與生我者皆可以轉調，皆可以起調、畢曲，不必定用本律也。祀天神用夾、黄、太、姑，祭地示用林、太、姑、南，何也？曰：陳氏曰：「圜鍾爲宫，黄鍾爲角，太簇爲徵，姑洗爲羽，此律之相次者也。函鍾爲宫，太簇爲角，姑洗爲徵，南吕爲羽，此律之相生者也。黄鍾爲宫，大吕爲角，太簇爲徵，應鍾爲羽，此律之相合者也。」王氏曰：「相次者，天之道；相生者，地之功；相合者，人之情。」其説是也。祀天以夾鍾起調，祭地以林鍾起調，享人鬼以黄鍾起調，何也？曰：鄭氏曰：「夾鍾生於房、心之氣，星爲大辰，天帝之明堂。林鍾生於未之氣，未，坤之位。黄鍾生於虚、危之氣，虚爲宗廟。」賈氏曰：「天之出日，虚爲明堂。林鍾在未爲八月卦，星經虚、危主宗廟。」其説是也。

〔一〕「管乖」，諸本誤倒，據隋書音樂志下乙正。

蕙田案：吴氏謂大祭祀不用變聲，與新書異，吴説當是。

五聲二變旋宫

禮記禮運：五聲六律十二管，還相爲宫也。注：五聲，宫、商、角、徵、羽也。其管陽曰律，陰曰吕，布十二辰，始於黄鍾，管長九寸，下生者三分去一，上生者三分益一，終於仲吕，更相爲宫，凡六十也。疏：黄鍾爲第一宫，下生林鍾爲徵，上生太簇爲商，下生南吕爲羽，上生姑洗爲角。林鍾爲第二宫，上生太簇爲徵，下生南吕爲商，上生姑洗爲羽，下生應鍾爲角。太簇爲第三宫，下生南吕爲徵，上生姑洗爲商，下生應鍾爲羽，上生蕤賓爲角。南吕爲第四宫，上生姑洗爲徵，下生應鍾爲商，上生蕤賓爲羽，上生大吕爲角〔一〕。姑洗爲第五宫，下生應鍾爲徵，上生蕤賓爲商，上生大吕爲羽，下生夷則爲角。應鍾爲第六宫，上生蕤賓爲徵，上生大吕爲商〔二〕，下生夷則爲羽，上生夾鍾爲角。蕤賓爲第七宫，上生大吕爲徵，下生夷則爲商，上生夾鍾爲羽，下生無射爲角。大吕爲第八宫，下生夷則爲徵，上生夾鍾爲商，下生無射爲羽，上生仲吕爲角。夷則爲第九宫，上生夾鍾爲徵，下生無射爲商，上生仲吕爲羽，上生黄鍾爲角。

〔一〕「上」，諸本作「下」，據禮記正義卷二二改。
〔二〕「上」，諸本作「下」，據禮記正義卷二二改。

夾鍾爲第十宮，下生無射爲徵，上生仲吕爲商，上生黄鍾爲羽，下生林鍾爲角。無射爲第十一宮，上生仲吕爲徵，上生黄鍾爲商，下生林鍾爲羽，上生太簇爲角。仲吕爲第十二宫，上生黄鍾爲徵，下生林鍾爲商，上生太簇爲羽，下生南吕爲角。是十二宫各有五聲，凡六十聲。

蕙田案：注釋十二律還宮極備。

李氏光地曰：宫者，五音之長也。宫生徵，徵生商，商生羽，羽生角。每一律自爲宫，則以三分損益，上下相生，而爲之商、角、徵、羽，故曰還相爲宫也。還宫之義，施之於用，有聲有調。聲則一字爲宫、一字爲商者是也。調則通一曲，而名之爲宫、名之爲商者是也。如黄鍾宫調，則是黄鍾爲宫，其調中之字，皆叶以黄鍾所生之五聲，而以黄鍾起調、黄鍾畢曲也。如無射商調，夷則角調，仲吕徵調，夾鍾羽調，則以黄鍾乃無射之商、夷則之角、仲吕之徵、夾鍾之羽，其調中之字，則各叶以無射、夷則、仲吕、夾鍾所生之五聲，而仍以黄鍾起調、黄鍾畢曲也。餘十一律，悉可例推。起調畢曲者，曲中每段首尾聲也。西山蔡氏曰：「古人變宫、變徵不爲調，後世以二變參爲八十四調者，非也。」

經傳通解五音旋相爲宫六十調之圖朱子曰：二變二十四聲，非五聲之正不可爲調，故止於六十也。

爲宫爲商爲角爲徵爲羽十二管自本律之外，爲它律之四聲者，合其律爲調。

黄於本律於無於夷於中於夾以上黄宫五調各用本，均七聲而以黄鍾起調黄鍾畢曲，餘律倣此。

大　本律　應　南　蕤　姑

太　本律　黄　無　林　中

夾　本律　大　應　夷　蕤

姑　本律　太　黄　南　林

中　本律　夾　大　無　夷

蕤　本律　姑　太　應　南

林　本律　中　夾　黄　無

夷　本律　蕤　姑　大　應

南　本律　林　中　太　黄

無　本律　夷　蕤　夾　大

應　本律　南　林　姑　太

陳氏埴曰：五聲大小之相次，固本於黃鍾爲宮。若五聲旋相爲宮，則十二律皆可爲宮，非特黃鍾爲宮而已。如應鍾爲宮，則大吕爲商，夾鍾爲角，蕤賓爲徵，夷則爲羽，無不皆然。

朱子曰：案五聲相生至於角位，隔八下生，當得宮前一位以爲變宮。五聲之正，至此而窮。又有變宮，隔八上生，當得徵前一位以爲變徵，餘分不可損益，而其數又窮，故立宮之法，至於是而終焉。孔氏以本文但云五聲十二管，故不及二變而上爲六十律，增入二變二十四聲，合爲八十四聲，自唐以來，法皆如此云。

蕙田案：以上五音旋相爲宮。

朱子曰：五聲之序，宮最大而沈濁，羽最細而輕清。商之大次宮，徵之細次羽，而角居四者之中焉。然世之論中聲者，不以角而以宮，何也？曰：凡聲，陽也。自下而上，未及其半，則屬於陰而未暢，故不可用。上而及半，然後屬於陽而始和，故即其始而用之以爲宮。因其每變而益上，則爲商，爲角，爲變徵，爲徵，爲羽，爲變宮，而皆以爲宮之用焉。是以宮之一聲，在五行爲土，在五常爲信，在五事爲思，蓋以其正當衆聲，和與未和，用與未用，陰陽際會之中，所以爲盛。若角，則雖當五聲之中，而非衆聲之會；且以七均論之，又有變徵以居焉，亦非五聲之所取正也。然自其聲之始和者，推而上之，亦至於變宫而止耳。自是以上，則又過乎輕清，而不可以爲宫，於是就其兩間而細分之，則其别又十有二。以其最大而沈濁者爲黄鍾，以其極細而輕清者爲應鍾，及其旋相爲宫而上下相生以盡五聲二變之用，則宫聲常不越乎十二之中，而四聲者或時出於其外，以取諸律半聲之管，然後七均備而一調成也。黄鍾之與餘律，其所以爲貴賤者亦然。若諸半聲以上，則又過乎輕清之甚，而不可以爲樂矣。蓋黄鍾之宫，始之始中之中也。十律之宫，始之次而中少過也。應鍾之宫，始之終而中已盡也。諸律半聲，過乎輕清，始之外而中之上也。半聲之外，過乎輕清之甚，則又外之外、上之上而不可爲樂者也。正如子時初四刻屬前日，正四刻屬後日，其兩日之間，即所謂始之始中之中也。然則聲自屬陰以下，亦當默有十二正變半律之地，以爲中聲之前段如子初四刻之爲者，但無聲氣之可紀耳。由是論之，則審音之難，不在於聲而在於律，不在於宫而在於黄鍾。蓋不以十二律節之，則無以著夫五聲之實；不得黄鍾之正，則十一律者又無所受以爲本律之宫也。

律吕新書八十四聲圖第八：正律墨書，半聲朱書；變律朱書，半聲墨書。

十一月	黃鍾宮						
六月	林鍾宮	黃鍾徵					
正月	太簇宮	林鍾徵	黃鍾商				
八月	南吕宮	太簇徵	林鍾商	黃鍾羽			
三月	姑洗宮	南吕徵	太簇商	林鍾羽	黃鍾角		
十月	應鍾宮	姑洗徵	南吕商	太簇羽	林鍾角	黃鍾變宮	
五月	蕤賓宮	應鍾徵	姑洗商	南吕羽	太簇角	林鍾變宮	黃鍾變徵
十二月	大吕宮	蕤賓徵	應鍾商	姑洗羽	南吕角	太簇變宮	林鍾變徵
七月	夷則宮	大吕徵	蕤賓商	應鍾羽	姑洗角	南吕變宮	太簇變徵
二月	夾鍾宮	夷則徵	大吕商	蕤賓羽	應鍾角	姑洗變宮	南吕變徵
九月	無射宮	夾鍾徵	夷則商	大吕羽	蕤賓角	應鍾變宮	姑洗變徵
四月	仲吕宮	無射徵	夾鍾商	夷則羽	大吕角	蕤賓變宮	應鍾變徵
	黃鍾變	仲吕徵	無射商	夾鍾羽	夷則角	大吕變宮	蕤賓變徵
	林鍾變		仲吕商	無射羽	夾鍾角	夷則變宮	大吕變徵

太簇變　仲吕羽　夾鍾變宮　夷則變徵

南吕變　無射角　無射變宮　夾鍾變徵

姑洗變　仲吕角　仲吕變宮　無射變徵

應鍾變　仲吕變徵

蔡氏曰：律吕之數，往而不返，故黃鍾不復爲他律役所用。七聲皆正律，無空積忽微。自林鍾而下，則有半聲。大吕、太簇一半聲。夾鍾、姑洗二半聲。蕤賓、林鍾四半聲。夷則、南吕五半聲。無射、應鍾六半聲。仲吕爲十二律之窮，三半聲。自蕤賓而下，則有變律。蕤賓一變律，大吕二變律，夷則三變律，夾鍾四變律，無射五變律，仲吕六變律。皆有空積忽微，不得其正，故黃鍾獨爲聲氣之元。雖十二律八十四聲皆黃鍾所生，然黃鍾一均，所謂純粹中之純粹者也。八十四聲，正律六十三，變律二十一。六十三者，九七之數也；二十一者，三七之數也。

性理精義：此圖當斜觀之。自黃鍾宮以至黃鍾變徵，仲吕宮以至仲吕變徵，每隔一行低一位，即是其相生之聲也。凡言宮、商、角、徵、羽者，有聲有調，此圖則其聲也，後圖則其調也。聲者，以律之長短高下別五聲，隨每字每聲而名之者也。調者，以其律之起聲收聲分五調，統一曲七聲而名之者也。

知聲與調之分，則知樂之所謂條理矣。

六十調圖第九：以周禮，淮南子，禮記鄭氏注、孔氏正義定。

	宮	商	角	變徵	徵	羽	變宮
黃鍾宮	黃正	太正	姑正	蕤正	林正	南正	應正
無射商	無正	黃變半	太變半	姑變半	仲半	林變半	南變半
夷則角	夷正	無正	黃變半	太變半	夾半	仲半	林變半
仲呂徵	仲正	林變	南變	應變	黃變半	太變半	姑變半
夾鍾羽	夾正	仲正	林變	南變	無正	黃變半	太變半
大呂宮	大正	夾正	仲正	林變	夷正	無正	黃變半
應鍾商	應正	大半	夾半	仲半	蕤半	夷半	無半
南呂角	南正	應正	大半	夾半	姑半	蕤半	夷半
蕤賓徵	蕤正	夷正	無正	黃變半	大半	夾半	仲半
姑洗羽	姑正	蕤正	夷正	無正	應正	大半	夾半
太簇宮	太正	姑正	蕤正	夷正	南正	應正	大半

黃鍾商	黃正	太正	姑正	蕤正	林正	南正	應正
無射角	無正	黃變半	太變半	姑變半	仲半	林變半	南變半
林鍾徵	林正	南正	應正	大半	太半	姑半	蕤半
仲呂羽	仲正	林變	南變	應變	黃變半	太變半	姑變半
夾鍾宮	夾正	仲正	林變	南變	無正	黃變半	太變半
大呂商	大正	夾正	仲正	林變	夷正	無正	黃變半
應鍾角	應正	大半	夾半	仲半	蕤半	夷半	無半
夷則徵	夷正	無正	黃變半	太變半	夾半	仲半	林變半
蕤賓羽	蕤正	夷正	無正	黃變半	大半	夾半	仲半
姑洗宮	姑正	蕤正	夷正	無正	應正	大半	夾半
太簇商	太正	姑正	蕤正	夷正	南正	應正	大半
黃鍾角	黃正	太正	姑正	蕤正	林正	南正	應正
南呂徵	南正	應正	大半	夾半	姑半	蕤半	夷半
林鍾羽	林正	南正	應正	大半	太半	姑半	蕤半

仲呂宮 仲正 林變 南變 應變 黃變半 太變半 姑變半

夾鍾商 夾正 仲正 林變 南變 無正 黃變半 太變半

大呂角 大正 夾正 仲正 林變 夷正 無正 黃變半

無射徵 無正 黃變半 太變半 姑變半 仲半 林變半 南變半

夷則羽 夷正 無正 黃變半 太變半 夾半 仲半 林變半

蕤賓宮 蕤正 夷正 無正 黃變半 大半 夾半 仲半

姑洗商 姑正 蕤正 夷正 無正 應正 大半 夾半

太簇角 太正 姑正 蕤正 夷正 南正 應正 大半

應鍾徵 應正 大半 夾半 仲半 蕤半 夷半 無半

南呂羽 南正 應正 大半 夾半 姑半 蕤半 夷半

林鍾宮 林正 南正 應正 大半 太半 姑半 蕤半

仲呂商 仲正 林變 南變 應變 黃變半 太變半 姑變半

夾鍾角 夾正 仲正 林變 南變 無正 黃變半 太變半

黃鍾徵 黃正 太正 姑正 蕤正 林正 南正 應正

無射羽　無正　黃變半　太變半　姑變半　仲半　林變半　南變半

夷則宮　夷正　無正　黃變半　太變半　夾半　仲半　林變半

蕤賓商　蕤正　夷正　無正　姑變半　大半　夾半　仲半

姑洗角　姑正　蕤正　夷正　無正　應正　大半　夾半

大呂徵　大正　夾正　仲正　林變　夷正　無正　黃變半

應鍾羽　應正　大半　夾半　仲半　蕤半　夷半　無半

南呂宮　南正　應正　大半　夾半　姑半　蕤半　夷半

林鍾商　林正　南正　應正　大半　太半　姑半　蕤半

仲呂角　仲正　林變　南變　應變　黃變半　太變半　姑變半

太簇徵　太正　姑正　蕤正　夷正　南正　應正　大半

黃鍾羽　黃正　太正　姑正　蕤正　林正　南正　應正

無射宮　無正　黃變半　太變半　姑變半　仲半　林變半　南變半

夷則商　夷正　無正　黃變半　太變半　夾半　仲半　林變半

蕤賓角　蕤正　夷正　無正　黃變半　大半　夾半　仲半

夾鍾徵　夾正　仲正　林變　南變　無正　黃變半　太變半

大呂羽　大正　夾正　仲正　林變　夷正　無正　黃變半

應鍾宮　應正　大半　夾半　仲半　蕤半　夷半　無半

南呂商　南正　應正　大半　夾半　姑半　蕤半　夷半

林鍾角　林正　南正　應正　大半　太半　姑半　蕤半

姑洗徵　姑正　蕤正　夷正　無正　應正　大半　夾半

太簇羽　太正　姑正　蕤正　夷正　南正　應正　大半

蔡氏曰：十二律旋相爲宫，各有七聲，合八十四聲。宫聲十二，商聲十二，角聲十二，徵聲十二，羽聲十二，凡六十聲，爲六十調。其變宫十二，在羽聲之後，宫聲之前。變徵十二，在角聲之後，徵聲之前。宫不成宫，徵不成徵，凡二十四聲，不可爲調。黄鍾宫至夾鍾羽，並用黄鍾起調，黄鍾畢曲。大吕宫至姑洗羽，並用大吕起調，大吕畢曲。太簇宫至仲吕羽，並用太簇起調，太簇畢曲。夾鍾宫至蕤賓羽，並用夾鍾起調，夾鍾畢曲。姑洗宫至林鍾羽，並用姑洗起調，姑洗畢曲。仲吕宫至夷則羽，並用仲吕起調，仲吕畢曲。蕤賓宫至南吕羽，並用蕤賓起調，蕤賓畢曲。林鍾宫至無射羽，並用林鍾起調，林鍾畢曲。夷則宫至應鍾羽，並用夷則起調，夷則畢曲。南吕宫至黄鍾羽，並用南吕起調，南吕畢曲。無射宫至大吕羽，並用無射起調，無射畢曲。應鍾宫至太簇羽，並用應鍾起調，應鍾畢曲。是爲六十調，六十調即十二律也，十二律即一黄鍾也。黄鍾生十二律，十二律生五聲二變，五聲各爲綱紀以成六十調，六十調皆黄鍾損益之變也。

性理精義：此圖每行雖全列七聲，然取以名調者，止一聲耳。如首行黄鍾居宫位，故以黄鍾宫名調也。次行黄鍾居商位，故以無射商名調。以後各行，可推而知。所謂起調者，曲之起聲一字也。所謂畢曲者，曲之收聲一字也。自第一調至第五調，皆以黄鍾之律起聲收聲，其餘中間之聲，則雜用本行中七律也。其餘各調，莫不皆然。

淮南子：一律而生五音，十二律而爲六十音，因而六之，六六三十六，故三百六十音以當一歲之日。故律曆之數，天地之道也。下生者倍，以三除之；上生者四，以三除之。

李氏光地曰：旋相爲宫，故有六十音。六十音者，六十調也。每調又各含商、角、徵、羽、變宫、變徵之六聲，故曰三百六十音。京房之六十律，錢樂之之三百六十律，皆根源於此而失之者也。倍黄鍾之九寸爲一尺八寸，三除之得六寸，爲林鍾。四林鍾之六寸爲二尺四寸，三除之得八寸，爲太簇。餘倣此。

又曰：五音有聲有調。所謂調者，但以其一聲爲主，用以起調畢曲而命之乎？抑别有以命之乎？曰：如但以其一聲爲主，用以起調畢曲而命之也，則以哀管奏樂音，以急節歌漫調，俱無不可矣。然則調何始也？始於人心者也。宫調深厚，於人爲信之德，而其發則和也。角調明暢，於人爲仁之德，而其發則喜也。商調清厲，於人爲義之德，而其發則威也。徵調繁喧，於人爲禮之德，而其發則樂也。羽調叢聚，於人爲智之德，而其發則思也。是數者生於心，故形於言。言之有發斂輕重長短疾徐，故又寓於歌。書曰「詩言志，歌詠言」者，此也。聖人因是制爲五者之調以倣之，是故聞宫音使人和厚而忠誠，聞角音使人歡喜而慈愛，聞商音使人奮發而好義，聞徵聲使人樂業而興功，聞羽音使人節約而慮遠。五者之調成矣，又制六律以爲其發斂輕重長短疾徐之節，則調中之五音具焉。書曰「聲依詠，律和聲」者，此也。然則仁、義、禮、智、信者，五音之本也。喜、怒、哀、樂者，五音之動也。調者，五音之體製；而聲者，五音之句字也。古者先定體製，而以句字從之；後世先設句字，而以體製從之。先設句字而以體製從之者，性情之失也。是故調之變至於六十者，調隨聲而變也。聲之變至於八十有四者，聲隨調而變也。調隨聲而變者，音響高下之間；聲隨調而變，則全體之節族異矣。然則不知調者，不可與言聲；不知詩者，不可與言調；不知性情之德者，不可與言詩，可與言詩，而樂思過半矣。議音律而不先於此者，末也。

律吕正義旋宫起調篇：樂之節奏，成於聲調，而聲調之原，本自旋宫。旋宫之理不明，則聲調之原不著。聲也者，五聲二變之七音；而調也者，所以調七音而互相爲用者也。旋宫乃秦、漢以前諧音之法，聲調爲隋、唐而後度曲之名。稽之於古，六律、五聲、八音肇自虞書，而周官太師掌六律六同，以合陰陽之聲。七音之名見於左傳、國語，至管子、淮南子始著五聲二變之數。戴記禮運篇五聲六律十二管，旋相爲宫。孟子曰：「不以六律，不能正五音。」此旋宫之義所自來也。迨及漢、晉之世，樂經殘缺，律吕失度，雜以鄭聲，所見於經史注者，類多臆見，故旋宫之理，晦而不明。然周人遺書，猶可考證，如管子徵羽之數大於宫，國語伶州鳩曰「宫逐羽音」，即此二者旋宫之法可定焉。隋書音樂志柱國、沛公鄭譯云：「考尋樂府鍾石律吕，皆有宫、商、角、徵、羽、變宫、變徵之名。七聲之内，三聲乖應。每恒求訪，終莫能通。先是周武帝時，有龜兹人曰蘇祇婆，善胡琵琶，聽其所奏，一均之中間有七聲，因而問之。答云：『調有七種。』以其七調，勘較七聲，冥若合符。就此七調，又有五旦之名。旦作七調，以華言譯之，旦者則謂『均』也。其聲亦應黄鍾、太簇、姑洗、林鍾、南吕。五均已外，七律更無調聲。譯遂因其所捻琵琶絃柱相引爲均，推演其聲，更立七均，合成十二，以應十二律。律有七音，音立一調，故成七調十二律，合八十四調。旋轉相交，盡皆和合。」唐書禮樂志云：「自周、陳以上，雅、鄭淆雜而無別。隋文帝始分雅俗二部，至唐更曰『部當』。凡所謂俗樂者二十有八調，名見下燕樂譜。皆從濁至清，迭更其聲。其後聲器寖殊，或有宫調之名，或以倍四爲度，有與律吕同名而宫調不雅者，其宫調乃應夾鍾之律，燕設用之。」宋志載燕樂譜以夾鍾收四聲，曰宫，曰商，曰羽，曰閏。閏爲角，其正角聲、變徵聲、徵聲皆不收，而獨用夾鍾爲律本。宫聲七調，曰正宫、高宫、中吕宫、道宫、唐書爲道調宫。南吕宫、仙吕宫、黄鍾宫。商聲七調，曰大食調、高大食調、雙調、小食調、歇指調、商調、唐書爲林鍾商。越調。羽聲七調，曰般涉調、高般涉調、中吕調、正平調、南吕調、唐書爲高平調。仙吕調、黄鍾調。唐書爲黄鍾羽。角聲七調，曰大食角、高大食角、雙角、小食角、歇指角、商角、唐書爲林鍾角。越角。此其四聲二十八調之略也。其律本出夾鍾，觀律本而其樂可知。變宫、變徵既非正聲，而以變徵爲宫，以變宫爲角，反紊亂正聲。若此夾鍾宫謂之中吕宫，林鍾宫謂之南吕宫者，燕樂聲高，實以夾鍾爲黄鍾也。此三朝史志，皆以聲調明旋宫之義者也。但古旋宫之法，合竹與絲並著之，而自隋以迄於今，獨以絃音發明五聲之分，律吕旋宫遂失其傳。夫旋宫者，十二律吕皆可爲宮，立一均之主，各統七聲，而十二律呂皆可爲五聲二變也。聲調者，聲自爲聲，調自爲調，而又有主調、起調、轉調之異，故以轉調合旋宮言之，名爲宮調。五聲二變旋於清濁二均之一十四聲，則成九十八聲，此全音也。若夫八十四聲六十調，實皆生於絃度。以絃音七聲之位遞配以十二律呂之分，則爲八十四聲。除二變不用，止以五聲之位遞配，以十二律呂之分則爲六十調。此乃案分以命聲調，非旋宮轉調之法也。周禮大司樂未載商調，先儒皆謂祭不用商聲，朱子曰：「恐是無商調，不是無商音，奏樂時，五音依舊皆在。」唐、宋以來無徵調，朱子亦曰：「不是無徵音，亦恐無徵調。」夫以宮立羽位，主調則商，當變宮不用。以羽立羽位，主調則徵，不起調。所謂無商調與無徵調，二者名異而理則同也。主調起調，皆以宮位爲主，故曰宮調。然調雖以宮爲主，而宮又自爲宮，調又自爲調，如宮立一均之主，而下羽之聲又大於宮，故爲一調之首，即國語之「宮逐羽音」也。羽主調宮，立宮一均，七聲之位已定，則當二變者不起調，而與調首音不合者，亦不得起調。蓋以羽起調，徵在其前，變宮居其後，二音與羽相近，得聲淆雜，故不相合。而變徵爲六音，亦與羽首音淆雜不合，此所以當二變之位與五正聲中當徵位者，俱不得起調也。至於止調，亦取本調相合，可以起調之聲終之。當二變與徵位者，亦不用焉。其立羽位調首之音，自本聲起者，即爲本調首音，與五音爲羽、爲角次相合，首音與三音爲羽、爲宫又次相合，且均調相應。首音與四音爲羽、爲商轉相合，可出入，故本調爲一調，自宫位起者爲一調，自角位起者爲一調，自商位起者復爲一調。自羽位宫位角位起者爲正，自商位起者爲假借，故曰可出入，如曲中所謂「與某宫某調相出入者」是也。轉相合者，下羽之調首至角爲第五位，商之第三音至正羽第八音亦五位也。一均四調，七均二十八調，合清濁之一十四均，則爲五十六調矣。今樂工度曲，七調相轉之法，四字起四爲正調，樂工轉調，皆用四字調爲凖。以四、乙、上、尺、工、凡、合七字列位，視某字當四字位者名爲某調，一如五聲二變遞轉旋宫之法。以四字當羽位爲起調處，故云四字起四爲四字調，乙字起四爲乙字調，即下文宫聲立羽爲宫調、商聲立羽爲商調之理也。乙字起四爲乙字調〔一〕，上字起四爲上字調，尺字起四爲尺字調，工字起四爲工字調，凡字起四爲凡字調，合字起四爲合字調。此皆以笛孔言。四字調，乙、凡不用。乙字調，上、六不用。上字調，尺、五不用。尺字調，

〔一〕「乙字調」，諸本作「一字調」，依文例改。

工、乙不用。工字調，凡、上不用。凡字調，合、尺不用。合字調，五、工不用。案近代皆以合字爲黄鍾宫聲，則當以某字當合爲某宫。今不取起合而取起四，則是以四字爲主，而非以合字爲主矣。且不曰某宫，而曰某調，則是以四字名調，而非以四字爲宫矣。如以四字爲宫，則四字調之乙字、凡字適當商、羽之位，何故不用？惟以四字爲調首當羽位，則乙字當變宫，凡字當變徵，故乙、凡不用，而知其爲四字調也。即如羽聲主調，當二變聲者不用，故知其爲羽調。宫聲主調，當商位羽位者不用，故知其爲宫調也。又四字調乙字、凡字不得起調，而六字亦不得起調，即如羽聲當羽位主調，二變不得起調，而徵聲亦不得起調也。此七調之七字相轉，即五聲二變之旋相爲宫，是故宫調聲字實爲一體。析而言之，則有四科：一曰七聲定位，以五聲二變立一定之位，自下羽以至正羽，共列爲八，顯明隔八相生之理。欲知某宫之某調，於下羽位視其聲字律吕，則知其爲某宫之某調矣。欲知某調之某宫，於宫位下視其聲字律吕，則知其爲某調之某宫矣。欲知聲字律吕之當避者，於二變位下視之，即知某聲字某律吕之當避矣。二曰旋宫主調，以五聲二變旋於七聲定位之下，亦分爲八位。如羽聲立下羽之下，宫聲立宫位之下，則爲宫聲立宫而羽聲主調也。如宫聲立下羽之下，則商羽立二變之下，乃爲角聲立宫而宫聲主調也。又如商聲立下羽之下，則變徵立宫位之下，角與變宫立二變之位，則爲變徵立宫而商聲主調也。三曰和聲起調，以十二律吕兼倍半以備用，案所生之音各隨其均序於旋宫之下，仍以調主相和之聲所起各調注本律本吕之下，以正各調之名。如黄鍾立宫，則倍夷則立下羽之位以主調，倍無射、正蕤賓、當二變之位不起調，正夷則立徵位，亦不起調。故用倍夷則起調者爲正羽調，起黄鍾宫聲爲正宫，起太簇商聲爲正商，起姑洗角聲爲正角，此正宫之四調也。如大吕立宫，則倍南吕立下羽之位以主調，倍應鍾、正林鍾當二變之位不起調，正南吕立徵位，亦不起調。故用倍南吕起調者爲清羽調，起大吕宫聲爲清宫，起夾鍾商聲爲清商，起仲吕角聲爲清角，此清宫之四調也。如太簇立宫，無射立下羽之位以主調，黄鍾、夷則當二變之位不起調，正無射當徵位亦不起調。故用倍無射起調者爲變宫調，起太簇商聲爲商宫，起姑洗角聲爲姑洗商，起蕤賓變徵聲爲商角，此商宫之四調也。若夫姑洗立宫，則黄鍾立下羽位以主調，太簇、無射當二變之位不起調，半黄鍾當徵位亦不起調。故用黄鍾起調者爲宫調，起姑洗角聲爲角宫，起蕤賓變徵聲爲角商，起夷則徵聲爲夷則角，此角宮之四調也。其餘立宮主調，皆依此例。四曰樂音字色。以律呂簫笛所命字色，隨聲調而序其次，列於律呂之下。如黄鍾爲工字，而簫應黄鍾者爲工字，笛應黄鍾者爲五字，皆注於黄鍾本律之下。大呂爲高工字，而簫之高工字、笛之高五字，亦皆注於大呂、本呂之下。其立羽位之字即爲主調，其立宮位之字即爲立宮。其當二變之位，則不用當徵位者，亦不以起調焉。以此四科，列爲圖譜，則旋宮轉聲、主調起調之理，自顯然而無遁情矣。

蕙田謹案：此篇發明十二律呂皆可爲宮立一均之主，各統七聲，十二律呂皆可爲五聲二變，至爲詳明。而以管子徵羽之數大於宮，國語宮逐羽音二義，申明變宮不用二變，不起調，徵聲亦不起調，以疏大司樂無商調之故，尤千古定論也。

律呂正義絃音旋宮轉調篇：絲樂絃音之旋宮轉調，與竹樂管音不同，亦由二者生聲取分之各異也。然清濁二均各七調中，有同者，有可同者，有不可同者。其同者，惟宮調一調，五聲二變皆正應。其可同者，商調、徵調五聲正應，二變借用。其不可同者，角調變徵調，羽調變宮調，五聲之内清濁相淆其間，變徵調與羽調五正聲内，止有一聲乖應。然羽調猶能自立一調，而變徵調又轉入宮調聲字不能自立一調。至於角調變宮調，五聲之内二三乖應，且與宫調聲字雷同，斷不能自成一調也。如但以絃音奏之，而不和以管音，亦止有四調，其餘三調，皆轉入絃音宫調。案周禮大司樂三宫、漢志三統皆以三調爲準。所謂三統，其一天統，黄鍾爲宫，乃黄鍾宫聲位羽起調，姑洗角聲立宫主調，是爲宫調也；其一人統，太簇爲宫，乃太簇商聲位羽起調，蕤賓變徵立宫主調，是爲商調也；其一地統，林鍾爲宫，乃絃音徵分位羽，實管音夷則徵聲位羽起調，半黄鍾變宫立宫主調，是爲徵調也。隋書音樂志柱國、沛公鄭譯云：「考尋樂府鍾石律吕，皆有宫、商、角、徵、羽、變宫、變徵之名，七聲之内，三聲乖應。」其所謂七聲者，實七調也。當其考較聲律時，或以管音考核絃音，或以絃音考核管音，故得四調相和，其餘三調乖應，即二變調與角調也。唐書禮樂志所載四宫二十八調，率皆以絃音之分，定爲十二律吕之度，故有正宫高宫、大食高大食之别。今即絃音管音之相和不相和，以辨陽律陰吕之分用合用，然後知唐書之二十八調獨取絃音，不在管律，而古人所用三統，實取管音絃音之相和而用之者也。夫絃音諸樂，其要有四：一定絃音應某律吕之聲字，即得某絃之度分；一絃音轉調不能依次遞遷，故以宫調爲準，有幾絃不移，而他絃或緊一音，或慢半音，遂成一調，而各絃七聲之分，因之而變；一絃音諸調雖無二變，而定絃取音，必審二變之聲，必計二變之分，始能得其條貫，不然宮調無所取準；一絃音宮調，惟宮與商徵得與律呂相和爲用，其餘四調陰陽乖應，或淆入宮調聲字，不得自成一調。即此四則條分縷析，詳細明之，則絃音旋宮轉調之法，庶可得而備焉。

定某律呂聲字，即得某絃之度分者，如以倍無射之律變宮合字定絃，則得徵絃之分。此分乃全絃散聲，其一音爲下羽分，應黃鍾之律宮聲四字。三音變宮分，應太簇之律商聲乙字。四音宮分，應姑洗之律角聲上字。五音商分，應蕤賓之律變徵尺字。六音角分，應夷則之律徵聲工字。七音變徵分，應無射之律羽聲凡字。

以黃鍾之律宮聲四字定絃，則得羽絃之分。其二音爲變宮分，應太簇之律商聲乙字。三音宮分，應姑洗之律角聲上字。四音商分，應蕤賓之律變徵尺字。五音角分，應夷則之律徵聲工字。六音變徵分，應無射之律羽聲凡字。七音徵分，應倍無射之律變宮合字。

以太簇之律商聲乙字定絃，則得變宮絃之分。其二音爲宮分，應姑洗之律角聲上字。三音商分，應蕤賓之律變徵尺字。四音角分，應夷則之律徵聲工字。五音變徵分，應無射之律羽聲凡字。六音徵分，應倍無射之律變宮合字。七音羽分，應黃鍾之律宮聲四字。

以姑洗之律角聲上字定絃，則得宮絃之分。其二音爲商分，應蕤賓之律變徵尺字。三音角分，應夷則之律徵聲工字。四音變徵分，應無射之律羽聲凡字。五音徵分，應倍無射之律變宮合字。六音羽分，應黄鍾之律宫聲四字。七音變宫分，應太簇之律商聲乙字。以蕤賓之律變徵尺字定絃，則得商絃之分，其二音爲角分，應夷則之律徵聲工字。三音變徵分，應無射之律羽聲凡字。四音徵分，應倍無射之律變宫合字。五音羽分，應黄鍾之律宫聲四字。六音變宫分，應太簇之律商聲乙字。七音宫分，應姑洗之律角聲上字。以夷則之律徵聲工字定絃，則得角絃之分。其二音爲變徵分，應無射之律羽聲凡字。三音徵分，應倍無射之律變宫合字。四音羽分，應黄鍾之律宫聲四字。五音變宫分，應太簇之律商聲乙字。六音宫分，應姑洗之律角聲上字。七音商分，應蕤賓之律變徵尺字。以無射之律羽聲凡字定絃，則得變徵絃之分。其二音爲徵分，應倍無射之律變宫合字。三音羽分，應黄鍾之律宫聲四字。四音變宫分，應太簇之律商聲乙字。五音宫分，應姑洗之律角聲上字。六音商分，應蕤賓之律變徵尺字。七音角分，應夷則之律徵聲工字。此陽律一均七聲定絃之正分也。陰吕一均七聲定絃，亦隨陰吕聲字各得其分，其各絃七聲之分亦如之。絃音轉調，不能依次遞遷，一轉調而各絃七聲之分因之而變者，如琴之正調爲正宫，其商調以七絃遞高一音亦可，但六絃七絃太急易折；或變宫調以七絃遞下一音，則一絃二絃太慢不成聲。又如角徵羽調絃必不能及，故宫調七絃立準，轉調則七絃内有更者，有不更者，有宜緊者，有宜慢者，絃之轉移之間而宮調旋焉。各調詳正義。絃音諸調，雖無二變，而定絃取音必審二變之聲，必計二變之位者，管音諸樂自下而上，雖依次漸短，而各分俱均。如黄鍾至太簇，太簇至姑洗，陽律相較，皆爲全分，或雜以陰吕，則爲陽律之半分，如大吕之在黄鍾、太簇間是已。絃度則不然，據五聲二變七絃之散聲，猶可以管律通之。至於各絃互相應和以取音，則各絃七聲之分不均，即旋宮轉調其各絃七聲之分不變，而音律暗移於其間，此所以與管律有不可同日而語者也。詳正義。絃音宮調，惟宮與商徵得與律吕相和爲用者，宮調徵絃定倍無射之律，變宮合字，所得徵分之七聲，皆應陽律一均；羽絃定黄鍾之律，宮聲四字應徵絃之二音，所得羽分之七聲，亦皆應陽律一均；宮絃定姑洗之律，角聲上字應徵絃之四音，所得宮分之七聲，亦皆應陽律一均；商絃定蕤賓之律，變徵尺字應徵絃之五音，所得商分之七聲，亦皆應陽律一均；角絃定夷則之律，徵聲工字應徵絃之六音，所得角分之七聲，亦皆應陽律一均。其變宮絃分值太簇之律，商聲乙字應徵絃之三音；變徵絃分值無射之律，羽聲凡字應徵絃之七音。其各絃散聲，雖無二變，其本宮七聲之分，依然俱在，即二變七聲之分，亦皆應陽律一均。如清宮調定絃皆以陰吕，而各絃七聲之分，亦皆應陰呂一均，此所以絃音宫調得與律呂相和爲用，故曰天正而爲天統也。商調徵絃定黄鍾之律，宫聲四字，其所得徵分七聲之内，二音羽，四音宫，五音商，六音角，仍應陽律；三音變宫，七音變徵，轉應陰呂。羽絃定太簇之律，商聲乙字，應徵絃之二音，其所得羽分七聲之内，三音宫，四音商，五音角，七音徵，仍應陽律；二音變宫，六音變徵，轉應陰呂。宫絃定蕤賓之律，變徵尺字，應徵絃之四音，其所得宫分七聲之内，二音商，三音角，五音徵，六音羽，仍應陽律；四音變徵，七音變宫，轉應陰呂。商絃定夷則之律，徵聲工字，應徵絃之五音，其所得商分七聲之内，二音角，四音徵，五音羽，七音宫，仍應陽律；三音變徵，六音變宫，轉應陰呂。角絃定無射之律，羽聲凡字，應徵絃之六音，其所得角分七聲之内，三音徵，四音羽，六音宫，七音商，仍應陽律；二音變徵，五音變宫，轉應陰呂。其變宫絃分應徵絃之三音，變徵絃分應徵絃之七音，皆爲陰呂。變宫得仲呂之呂清角高上字，變徵得半大呂之呂清變宫高六字，此商調七絃五正聲得陽律，二變聲轉陰呂。較其聲字，雖二變得清聲高字，然而七聲俱備，且五正聲與陽律相和，得以相應爲準。清商調五正聲，亦得與陰呂相和，故商調得人正而爲人統也。角調徵絃不可定太簇之律商聲乙字，而取大吕之吕清宫高五字。說見前段。全絃散聲首音即雜入陰吕，其所得徵分七聲之内，二音羽，三音變宫，六音角，七音變徵，得應陽律；四音宫，五音商，亦雜入陰吕。故本調五正聲絃内羽絃角絃得陽律，徵絃宫絃商絃皆應陰吕，而變宫變徵分反得陽律。至於聲字，則商聲乙字、羽聲凡字，各絃各分皆不得用，是則仍遺此二聲字，與宫調相雷同。清角調五聲二變，陰吕陽律相雜亦然，故曰不可與律吕相和爲用也。變徵調徵絃定姑洗之律角聲上字，其所得徵分七聲之内，二音羽，三音變宫，五音商，六音角，七音變徵，皆應陽律，獨四音宫取陰吕，故本調五正聲絃内徵、羽、商、角四絃得陽律，惟宫絃應陰吕，二變絃分亦得陽律。至於聲字，商聲乙字雖立變徵，然猶得備其位。而羽聲凡字各絃各分，皆不得用清變徵調，亦獨宫絃雜入陽律，是雖不可與律吕相和爲用。然止借一音，即與宫調聲字爲同，較之角調則爲正也。徵調徵絃定蕤賓之律變徵尺字，其所得徵分七聲之内，二音羽，三音變宫，四音宫，五音商，六音角，俱應陽律，獨七音變徵取陰吕。故本調五正聲内，羽絃定夷則之律徵聲工字，宫絃定倍無射之律變宫合字，商絃定黄鍾之律宫聲四字，角絃定太簇之律商聲乙字，皆爲陽律，而變宫分得無射之律羽聲凡字仍爲陽律，惟變徵分得仲吕之吕清角高上字爲陰吕。較其聲字，雖變徵得清角高上字，而七聲俱備，不但五正聲與陽律相和，且二變之中止有一聲應陰吕，竟與宫調之各絃各分得應陽律者相侔。其清徵調，亦止有變徵一聲雜入陽律，其餘五正聲變宫聲皆得與陰吕相和，故徵調得地正而爲地統也。絃音之七調，案高下而分清濁，則亦有一十四調。但絲樂中有徵分品柱節之者，則與竹樂諸調不能相通。其無徵分品柱者，或可與竹樂相次爲用，而絃之長短又有緊慢不能上下之故，是以古人定爲三統，務取八音之克諧，以宣雅樂之太和也。

蕙田謹案：此篇發明絃音旋音轉調及宫調爲天統、商調爲人統、徵調爲地統，極精。

右五聲二變旋宫

五聲七音字譜

楚辭大招篇：四上競氣，極聲變只。

黄氏佐曰：後世辨音，以合、四、一、上、勾、尺、工、凡、六、五爲譜。調絲則絲有其字，吹竹則竹有其音。據「四上競氣，極聲變只」推之，則大呂清角也。然則合、一，其黄鍾慢角歟？蓋其來遠矣。大呂爲四，仲呂爲上，歌者激氣，使角聲轉清。

爲黄鍾慢角者，蓋大呂爲宮，則大、夷、夾、無、仲，仲當角位，仲又爲宮，仲生黄之子聲，適當徵位，所謂清角流徵也。若黄鍾爲宮，則黄、林、太、南、姑，姑當角位，姑又爲宮，生應之正聲，亦當徵位，所謂黄鍾慢角也。

吴氏鼒曰：宋史以大呂爲四，仲呂爲上，黄鍾爲合，姑洗爲一。黄氏以四、上爲大呂清角，合、一

律呂正義審定十二律呂高低字譜：樂莫要於定律審音。定律者，必先辨其孰爲陰，孰爲陽，孰爲倍，孰爲半，而後旋宮之義可明。審音者，必先辨其孰爲正，孰爲變，孰爲濁，孰爲清，而後取聲之法有準。乃或專肄聲音，熟諳字譜，而於理數之原棄而不講，於聲字之義語而不詳者，儒者之學也。夫聲音與理數，本相因以爲用。今之樂由古之樂，苟探其本，何雅樂之不可復哉？古聖人制十二律呂，陰陽各六。其生聲之理，陽律六音，而繼以半律；陰呂六音，而繼以半呂。各得七聲，至八而原聲復是。律呂雖有十二，而用之止於七也。五聲二變合而爲七，而正宮之半即爲變宮，是聲雖有七，而體又止於六也。每一律一呂，各自爲宮，其相應之聲，自爲高下。或一律一呂合而爲宮，其相應之聲能兼清濁，此案律取聲之定理也。近

代皆用工、尺等字以名聲調，而工、尺字譜，不知創自何時。案楚辭大招即有「四上競氣，極聲變只」之語，則其由來舊矣。今案横黍尺所制之黄鍾，正應今簫之工字，而今簫之制，實由古排簫而作，安知字譜所傳工字，非即宫字之聲乎？以工字爲宫，則凡字應商，六字應角，商字凡字皆平聲韻，角字詩皆叶禄，古多作角，與六同音。至於五應變徵，乙應徵，上應羽，五字乙字上字與徵、羽二字同爲上聲，尺字樂工皆讀如車，亦應變宫，同爲平聲，則七字與七聲可配也。審之律吕，黄鍾爲低工字，大吕爲高工字。太簇爲低凡字，夾鍾爲高凡字。姑洗爲低六字，仲吕爲高六字。蕤賓爲低五字，林鍾爲高五字。夷則爲低乙字，南吕爲高乙字。無射爲低上字，應鍾爲高上字。半黄鍾爲低尺字，半大吕爲高尺字。至半太簇仍爲低工字與黄鍾應，半夾鍾仍爲高工字與大吕應，則七字與十二律吕可配也。五聲二變，遞用以成旋宫，而字譜七字，亦得遞用以成旋宫，然則字譜之七字與五聲二變，實相表裏者也。

蕙田案：古樂用律吕成曲，今樂用字譜分調。字即律也。共七字，一字高下，便分律吕。六字備十二律之均矣，又加一字，則兩變聲備矣。合之五聲，則喉、舌、牙、齒、脣。七字正與七音相配，則今之樂猶古之樂也。但宋、元、明以來，舊譜相傳，不無訛舛。我朝考定黄鍾真度，以定律吕。此字譜者，兼宋、元十音爲七音，又以高低分爲十四音，由是七音既備，而四清亦備。至於以律爲低聲，吕爲高聲，於天地自然之音亦無不合，洵通於神明者也。

又案：以上樂律七字譜。

論宋史燕樂書十字譜：

宋史燕樂書：黄鍾用「合」字，大吕、太簇用「四」字，夾鍾、姑洗用「乙」字，夷則、南吕用「工」字，無射、應鍾用「凡」字，各以上、下分清濁。其仲吕、蕤賓、林鍾不可以上、下分，仲吕用「上」字，蕤賓用「勾」字，林鍾用「尺」字。黄鍾清聲用「六」字，大吕、太簇、夾鍾清聲各用「五」字，而以上、下、緊別之。緊「五」者，夾鍾清聲也。

熊氏朋來曰：此十者，如字韻之母。宫調不同，而黄鍾常爲合，餘律亦有常者，隨五聲二變所及，無不該通，亦以諸調同一宫也。何氏瑭曰：律和聲，如作黄鍾宫調，則衆音皆同。黄鍾爲節，太簇商亦然。俗樂以合、四、工、尺等字爲板限，如作工字，則衆音皆以工爲節，尺亦然，乃其遺法也。黄氏佐曰：重叶合，敏叶四，經叶一，迭叶尺，柳叶工。又曰：喉、齒、牙、舌，有半舌、半齒焉。半舌聲近變宫，應鍾曰「凡」是已；半齒聲近變徵，蕤賓曰「勾」是已。凡字半齒兼脣，勾字半齒兼舌。又曰：

管七孔，惟變徵一孔在後。蓋變徵稍下於徵位，相去不遠，不可一並爲孔，故置之後。既不失變徵之位，又無碍於徵。若變宫，則彼自有其地也。吹管之法，閉五孔，開第一孔，則宫音出焉，今謂之合。閉四孔，開二孔，則商音出焉，今謂之四。閉三，開三，則角音出焉，今謂之一。閉二，開四，則徵音出焉，今謂之尺。閉上一，開下五，則羽音出焉，今謂之工。閉下五，獨開上一孔，則變宫之音出焉，今謂之凡。前孔皆閉，放後一孔，則變徵之音出焉，今謂之勾。此黄鍾也，餘倣此。沈氏括曰：十二律并清宫，當有十六聲。今之燕樂，止有十五聲。蓋今樂高於古樂二律以下，故無正黄鍾聲，只以合字當大吕，猶差。高當在大吕、太簇之間，下四字近太簇，高四字近夾鍾。下一字近姑洗，高一字近仲吕。上字近蕤賓，勾字近林鍾，尺字近夷則，工字近南吕，高、工字近無射。六字近應鍾。下凡字爲黄鍾清，高凡字爲大吕清，下五字爲太簇清，高五字爲夾鍾清。知聲者皆能言之。朱子曰：今俗樂之譜，ㅅ則合之爲黄也，マ則四之爲大也，く則四上之爲太也，〓則一下之爲夾也，ニ則一上之爲姑也，フ則上之爲仲也，ㅿ則勾之爲蕤也，コ則尺之爲林也，ㄱ則工下之爲夷也，ㄱ則工上之爲南也，リ則凡下之爲無也，リ則凡上之爲應也，ㄥ則六之爲黄清也，ㄲ則五下之爲大清也，ㄲ則五上之爲太清也，ㅁ則五緊之爲夾清也。韓邦奇曰：合、尺、四、工、一、六、上，配黄、林、太、南、姑、應、蕤。勾即低尺也。

律吕正義：旋宫之法，黄鍾爲六律之首，大吕爲六吕之首，則黄鍾、大吕宜得一聲，止分清濁耳。而燕樂書乃以黄鍾起合字，大吕、太簇共爲四字，既失律吕相配之義，且據上下緊别之文，則又似言絃音者。嘗用縱黍橫黍之尺制爲黄鍾之管，與今現行管樂相較，橫黍尺所制之黄鍾，於簫應工字孔，於笛應四字孔；簫之工字孔與笛之四字孔，名雖不同，而聲則一。縱黍尺所制之黄鍾，於簫應乙字、上字之間，於笛應工字、凡字之間。夫燕樂書以黄鍾爲合字，其所謂黄鍾者，既非橫黍尺所制之黄鍾，又非縱黍尺所制之黄鍾，果何代尺度之黄鍾耶？察其所配律吕之字，蓋以琴之一絃定頭管與笛之合字得徵分者，誤爲黄鍾之宫，其餘諸聲字，遂皆以律吕之名配之，故十字與十二律吕案分不能均，而考聲亦不能協也。然所載十字，雖分配十二律吕及四半律，而勾爲低尺，合爲低六，四爲低五，是字雖有十，而音實止於七，固與五聲二變有相通者矣。

觀承案：三代以下談樂者，皆成畫餅。以古樂既亡，而今之俗樂，其所謂字譜俗名工尺。者，又與律吕之宫、商，判然不相入，無怪乎五聲六律，徒爲紙上之空言也。宋史燕樂以字譜分配七音，甚妙。但以意牽合，則未有確據，正義此論，始爲不刊耳。其以工字應宫，凡字應商，既皆平聲。而以六字應角，則古讀角爲盧谷反，正與同音。而五字應變徵，乙字應徵，上字應羽，則乙讀羽已反，亦皆上聲。至尺讀如車，亦平聲，而應變宫，此字譜之所以可配七音也。因是知爾雅以重、敏、經、迭、柳配五音者，亦當以重配宫，敏配徵，經配商，迭讀第配羽，柳配角，始爲各得其實。惜乎爾雅本文之尚有顛錯也。

論明太常樂章字譜：

明史：張鶚言於世宗曰：太常十六編鍾，以五、凡、工、尺、上、一、四、六、勾、合譜之。黄鍾爲合似矣，其以大吕爲下四，太簇爲高四，夾鍾爲下一，姑洗爲高一，夷則爲下工，南吕爲高工之類，皆以兩律兼一字，何以旋宫取律止黄鍾一均而已？世宗下禮官議，禮官李時覆奏曰：「鶚言甚合。蓋黄鍾一調，以黄鍾爲宫，太簇爲商，姑洗爲角，蕤賓爲變徵，林鍾爲徵，南吕爲羽，應鍾爲變宫。舊樂章用合，用四，用一，用尺，用工，去蕤賓之均，而越次用再生黄鍾之六，此舊樂章之失也。邇者沈居敬更協樂章，林鍾一調用尺，用合，用四，用一，用工，用六。夫合，黄鍾也。四，太簇之正聲也。一，姑洗之正聲也。六，黄鍾之子聲也。以林鍾爲宫，而所用角、徵、羽，皆非其一均之聲，則謬甚矣。自今宜用舊協音律，惟加以蕤賓勾聲，去再生黄鍾之六，改用應鍾之凡，以成黄鍾一均，於感格之義，深有所補。」乃命鶚更定樂章，而逮治沈居敬。

吴氏鼐曰：明代太常舊譜與宋燕樂字譜同，既分高低，則不可以兩律兼一字病之矣。張鶚欲易譜改字，李時止欲其改聲協調，良有以也。去蕤賓之均，均字誤。此黄鍾均之蕤賓，何與蕤賓均事？

太常舊樂章未爲非也。舊樂章用五音，李時用七音，一而已矣。且舊樂章黄鍾之宫，黄爲宫爲合；黄下生林鍾，林爲徵爲尺；林上生太簇，太爲商爲四；太下生南吕，南爲羽爲上；南上生姑洗，姑爲角爲一。其於相生之法既已合矣，而其次第曰黄、太、姑、林、南，則君、臣、民、事、物大小之倫，又未嘗不合也。姑固當生應矣，然姑既屬角，角獨不可復生宫乎？其終之以黄鍾之子聲，則黄鍾起調，黄鍾畢曲，又何得議其越次也？李時改以七音，固合於祖孝孫之一宫二商三角四變徵五徵六羽七變宫之舊法，但以黄鍾起調，未見其黄鍾畢曲，此蓋知其一不知其二者也。若沈居敬，則洵不知曲調矣。

右五聲七音字譜

五禮通考卷七十四

吉禮七十四

宗廟制度

八音名義

虞書舜典：八音克諧。

周禮春官大司樂：播之以八音。

大師：播之以八音，金、石、土、革、絲、木、匏、竹。注：金，鐘鎛也。石，磬也。土，塤也。革，鼓鼗也。絲，琴瑟也。木，柷敔也。匏，笙也。竹，管簫也。疏：匏笙亦以竹爲之，以經別言匏，故匏不得竹名也。

蔡氏德晉曰：八音一曰金，爲鏞，爲鎛，爲編鐘，爲錞，爲鐲，爲鐃，爲鐸。二曰石，爲球，爲編磬。三曰土，爲塤，爲缶，爲土鼓。四曰革，爲鼓，爲鼗，爲拊。五曰絲，爲琴，爲瑟。六曰木，爲柷，爲敔。七曰匏，爲笙，爲竽。八曰竹，爲管，爲籥，爲簫，爲箋，爲篪，爲牘，爲應，爲雅。

李氏光地曰：金、石以紀律，樂之綱也。琴、瑟以應人聲，在堂上。笙、管、塤貴人氣，在堂下，樂之用也。鼓、鼗、柷、敔，所以節樂而已。故序其輕重之次，則曰金、石、絲、竹、匏、土、革、木，國語伶州鳩所言是也。此則以成于天地者爲貴，故先以金、石、土；成于動物者次之，故繼以革、絲；成於植物者又次之，故繼以木、匏、竹也。所謂播之以八音也。

禮記樂記：金、石、絲、竹，樂之器也。

然後聖人作爲鼗、鼓、椌、楬、壎、篪。此六者，德音之音也。然後鐘、磬、竽、瑟以和之。干、戚、旄、狄以舞之。此所以祭先王之廟也，所以獻、酬、酳、酢也，所以官序貴賤各得其宜也，所以示後世有尊卑長幼之序也。注：六者爲本，以其聲質也。椌、楬謂柷、敔也。壎，篪，或謂簨、虡。官序貴賤，謂尊卑樂器列數差次。

國語周語：伶州鳩曰：「琴瑟尚宮，注：凡樂輕者從大，重者從細，故琴瑟尚宮也。鐘尚羽，注：鐘聲大，故尚羽也。石尚角，注：石，磬也。輕於鐘，故尚角。匏竹利制，注：匏，笙也。竹，簫管也。利制，以聲音調利爲制，無所尚也。大不踰宮，細不過羽。夫宮，音之主也，第以及羽。故樂器重者從細，注：重，謂金石。從細，尚細聲。輕者從大，注：輕，瓦絲也。是以金尚羽，石尚角，瓦絲尚宮，匏竹尚議，注：議，從其調和〔一〕。革木一聲。注：革，鼗鼓。木，柷敔。一聲，無清濁之變。夫政象樂，樂從和，和從平，聲以和樂，律以平聲。金石以動之，絲竹以行之，匏以宣之，瓦以贊之，革木以節之。物得其常曰樂極，極之所集曰聲，聲應相保曰和，細大不踰曰平。如是而鑄之金，磨之石，繫之絲木，注：繫絲木以爲琴瑟也。越之匏竹，注：越謂爲之孔也。節之鼓而行之，以遂八風。」

李氏光地曰：琴瑟細，恐其過於羽，故尚宮。鐘聲大，恐其踰於宮，故尚羽。惟石聲清和，而角在清濁之間，故其音獨相得也。匏竹者，人氣所吹也。歌以人聲，吹以人氣，高下在心，有所取裁，故曰利制，又曰尚議。革木無五聲，爲樂之節而已，故曰一聲。八音之叙，金、石爲先。金聲玉振，樂之綱也。其次琴瑟，以叶升歌，諧人聲者也。其次匏、竹、土，貴人氣也。又其次乃革、木，以爲諸音之節。此八音貴賤之等也。

白虎通：八音者，何謂也？土曰塤，竹曰管，皮曰鼓，匏曰笙，絲曰絃，石曰磬，

〔一〕「從」上，諸本衍「議」字，據國語周語下韋昭注删。

金曰鐘，木曰柷、敔。此謂八音也，法易八卦也。

又曰：聲五、音八何？聲爲本，出於五行；音爲末，象八風。故樂記曰「聲成文謂之音，比音而樂之謂之樂」也。

陳氏禮書：萬物盈於天地之間，而若堅若脆，若勁若韌，若實若虚，若沈若浮，莫過於金、石、土、革、絲、木、匏、竹，而天下之音具存矣。可以和神人，可以作動物，非深於樂者，其能究此乎！蓋樂器重者從細，輕者從大。大不踰宫，細不踰羽。大細之中，則角而已。金，重者也，故尚羽。瓦絲，輕者也，故尚宫。石輕於金，而重於瓦絲，故尚角。匏竹無大細之從，故尚議；革木無清濁之變，故一聲。此八音所以直八卦而遂八風也。蓋主朔易者，坎也，故其音革而風廣莫。爲果蓏者，艮也，故其音匏而風融。震爲竹，故其音竹而風明庶。巽爲木，故其音木而風清明。兑爲金，故其音金而風閶闔。乾爲玉，故其音石而風不周。瓦，土器也，故坤音瓦而風涼。𧖈，火精也，故離音絲而風景。以方言之，金、石則土類也，西凝之方也，故三者在西。匏、竹則木類也，東生之方也，故三者在東。絲成於夏，故在南。革成於冬，故在北。小胥之序八音，先之以金、石、土，中之以革、絲，後之以匏、竹、木。蓋西者，聲之方；虛者，聲之本，故音始於西而終於東。西則先金、石而後土者，陰逆推其所始也。東則先匏、竹而後木者，陽順序其所生也。革、絲居南北之正，而先革而後絲，亦先虛之意歟？記曰：「鐘聲鏗，鏗以立號，號以立橫，橫以立武。石聲磬，磬以立辨，辨以致死。絲聲哀，哀以立廉，廉以立志。竹聲濫，濫以立會，會以聚衆。鼓聲讙，讙以立動，動以進衆。」蓋竹聲濫，石聲清，濫則立會以阜財，清則立辨以死節；絲聲哀，鼓聲讙，哀則立廉以制行，讙則立動以致功；鐘聲不讙、不哀、不清，鏗鏘以立號，足以肅衆，橫而不屈，足以立武。此所以聽之有合也。魏明帝曰：「金音鏗，鏗以立橫，橫以勁武，故金音正則人思武矣。石聲硜，硜以立别，别以致死，故石音正則人思守節矣。絲音哀，哀以立廉，廉以立志，絲音正則人將立操矣。竹音濫，濫以立會，會以聚衆，竹音正則人思和洽矣。土音濁，濁以立太，太以含育，土音正則人思寬厚矣。革音讙，讙以立動，動以進衆，革音正則人思毅勇矣。匏音啾，啾以立清，清以忠謹，匏音正則人思愛恭矣。木音直，直以立正，正以寡欲，木音正則人思潔己矣。」

陳氏樂書：周官大師掌六律六同，以合陰陽之聲，皆播之以八音，先金、石而土、革次之，先絲、木而匏、竹次之，八者之序也。國語曰：「鑄之金，磨之石，繫之絲木，越之匏竹，節之鼓，而行之以遂八風。」太玄曰：「剛割匏、竹、革、木、土、金〔一〕，擊石彈絲，以和天下，捝擬之八風。」八音所以捝擬八風而遂之，八風所以從律而不失先後之序，故其論次亦因之而已。　金生於土而别於土，其卦則兑，其方則西，其時則秋，其風閶闔，其聲尚羽，其音則鏗，立秋之氣也。先王作樂，用之以爲金奏焉。周官鐘師掌金奏，鎛師掌金奏之鼓，鼓人掌四金之音聲。孟子曰「金聲」是也。金奏之樂，未嘗不用鼓，特謂之金者，以金爲主故也。禮曰「内金示和」也，又曰「入門而金作，示情也」。國語曰「金奏肆夏」，莊子曰「金石有聲，不考不鳴」，則金奏而鳴之，内以示情，外以示和，音之實也。　石之爲物，堅實而不動，其卦則乾，其時則秋冬之交，其方則西北之維，其風不周，其聲尚角，其音則辨，立冬之氣也。先王作樂，擊之以爲磬之屬焉。蓋金石之樂，其聲未嘗不相應，故莊子曰：「金石有聲，不考不鳴。」國語曰：「金石以動之。」唐李真以車鐸而得徵音之石，則其相應可知

〔一〕「匏」，諸本脱，據太玄集注卷九補。

矣。三代之樂既壞於秦、漢，漢至成帝尚未有金石之樂，及晉武破苻堅之後，而四厢金石始備焉。後世磬以泗濱石，其聲下而不和，而以華原所出者易之，信乎，審一以定和，難矣哉！　土則埏埴以成器，而沖氣出焉。其卦則坤，其方則西南之維，其時則夏秋之交，其風則涼，其聲尚宫，其音則濁，立秋之氣也。先王作樂，用之以爲塤之屬焉。故詩曰「伯氏吹塤，仲氏吹篪」，又曰「如塤如篪」。樂記以塤篪爲德音之音，周官笙師并掌而教之，則其聲相應信矣。　革去故以爲器，而群音首焉。其卦則坎，其方則北，其時則冬，其風廣莫，其律黄鍾，其聲一，其音讙，冬至之氣也。先王作樂，用之以爲鼓之屬焉。蓋鞉，所以兆奏鼓者也。二者以同聲相應，故祀天神以雷鼓雷鼗，祭地示以靈鼓靈鼗，享人鬼以路鼓路鼗，樂記亦以鼗鼓合而爲德音，周官少師亦以鼗鼓并而鼓之也。　絲飾物而成聲，其卦則離，其方則南，其時則夏，其聲尚宫，其律蕤賓，其風景，其音哀，夏至之氣也。先王作樂，絃之以爲琴瑟之屬焉。蓋琴瑟之樂，君子所常御，其大小雖不同，而其聲應一也，故均列之堂上焉。　匏之爲物，其性輕而浮，其中虚而通。笙則以匏爲母，象植物之生焉。其卦則艮，其方東北之維，其時冬春之交，其聲尚議，其律大吕、太簇，其風融，其音啾，立春之氣也。先王作樂，慮之以爲笙竽之屬焉。記曰「歌者在上，匏竹在下」，國語曰「匏竹利制」，蓋匏竹相合而成聲，得清濁之適故也。竹之爲物，其節直而有制，其心虛而能通，而利制之音所由出也。其卦則震，其方則東，其時則春，其聲尚議，其律姑洗，其風明庶，其音温，春分之氣也。先王作樂，竅之以爲簫管之屬焉。木者，所以合止樂之器，其卦則巽，其方東南之維，其時春夏之交，其風清明，其律夾鐘，其聲一，其音直，立夏之氣也。先王作樂，斲之以爲柷敔之屬焉。樂記曰：「作爲椌楬，德音之音。」柷敔以椌楬爲用，椌楬以柷敔爲體。二者之聲，一合一止，未嘗不相待也。

又曰：樂經之亡久矣，其遺音餘韻，雖奪於殽亂之衆言，然質諸他經，亦可少概見矣。樂記曰：「聖人作爲鞉、鼓、椌、楬、塤、篪，此六者，德音之音也。」然後鐘磬竽瑟以和之。蓋作革以爲鞉鼓，作木以爲椌楬，作土以爲塤，作竹以爲篪，作金以爲鐘，作石以爲磬，作匏以爲竽，作絲以爲瑟，則鞉、鼓、椌、楬、塤、篪唱德音於其始也，鐘、磬、竽、瑟和德音於其終也。書曰：「戛擊鳴球，搏拊琴瑟，以詠，下管鞉鼓，合止柷敔，笙鏞以間。」蓋鳴球以爲石，琴瑟以爲絲，下管以爲竹，拊鞉鼓以爲革，柷敔以爲木，笙以爲匏，鏞以爲金。則戛擊鳴球，搏拊琴瑟，作之於堂上也。管、鞉、鼓、柷敔、笙、鏞作之於堂下也。引而伸之，觸類而長之。周官旋宫之樂，舉鐘以見石，舉鞉鼓以見木，舉管以見匏，舉琴瑟以見瓦。詩之有瞽言「應田縣鼓」，與鞉則革音也。言柷圉，則木音也。言簫管，則竹音也。言磬，則石音也。不言金者，以石見之。不言匏者，以竹見之。蓋八音之於樂，一音不備，不足以爲樂。以用言之，未有不比音。以體言之，未有不比物。然詩、書不言土音，易於比、坎、離獨言缶不及土音者，蓋八音以土爲主，猶五事以思爲主也。故七音非土不和，土非七音不備。詩、書舉七音以見土，推用以見體也。易舉缶以見七音，明體以見用也。由是觀之，八音，樂之器而樂非器也。

律吕正義：八音之樂，各從其類，而制器尤宜探其體要。書曰：「詩言志，歌永言，聲依永，律和聲，八音克諧，無相奪倫。」蓋生於人聲，成於樂器，而宫調運於其中，所以節人聲而裁樂器也。古聖人初制律吕，以和五聲，然後被之八音。金、石有厚薄重輕之差，匏、竹有空竅短長之别。絲音則徽柱散實以分聲調，土樂則中空容積以較度分。革、木雖止一聲，亦皆有所由起。要之莫不以律吕五音之倍半，準其損益。蓋絲與金、石爲一類，假人力以生聲者也。竹與匏、土爲一類，假人氣以生聲者也。革與木爲一類，所以爲樂之節奏者也。然八音之中備律吕陰陽之體，叶宫調聲字之全，惟絲、竹爲最要，何也？金、石之器，以律吕實積容受分量，較其厚薄重輕。古有特鐘、特磬、編磬，又有鏞鐘、鎛鐘、金錞、金鐲、金鐃、金鐸，後世變爲方響雲鑼之類。其爲體也，雖各不同，而爲用則一器獨限一聲而已。匏之器曰笙，曰簧，大者爲巢，小者爲和，又曰竽。蓋古者皆以匏攢衆管，而近世不用匏，以木代之。月令曰「調竽、笙、篪、簧」，則與竹音並列久矣。土之器，惟壎有頌壎、雅壎之異，樂記所謂德音之音也。其聲生於空竅，其分定於容積，與竹音同。革、木之器，雖不以律吕之法爲準則，而其度分亦皆依黄鍾而得數。記曰：「鼓無當於五聲，五聲弗得不和。」其大者爲雷鼓、靈鼓、路鼓、鼖鼓、鼛鼓、晋鼓，小者爲鼗鼓、應鞞、相鼓、𪔍鼓，又變爲腰鼓、杖鼓、羯鼓、銅鼓。國語曰：「木以節之。」上古惟柷敔，後世增爲舂牘，又變爲拍板。要之革與木，皆所以應和樂之始終節奏耳。夫六經所載，八音備具，然堂上之樂貴人聲而以絲音爲主，虞書「戛擊鳴球，搏拊琴瑟以詠」，樂記「清廟之瑟，朱絃而疏越，一唱而三歎」是也。堂下之樂貴人氣而以竹音爲主，商頌所謂「嘒嘒管聲」，戴記所謂「下管象舞，夏籥序興」是也。凡升歌、笙入、間歌、合樂，未有不以絲竹爲要領者。竹之聲在虚，虚之多者聲濁，少者聲清，而多少之數，定於中空之圍徑短長。絲之聲在實，實之多者聲濁，少者聲清，而多少之數定於絲綸之巨細分度。所以然者，竹音之樂，十二律吕爲之本，相與比例推求而取其聲。由於比例推求而得其數，其圍徑長短加分減分，總不越乎十二律吕之範圍。大者用其大體本形之度分，小者用其小體本形之度分，而後竹音諸樂之聲字，各歸於律吕之位，而各應於律吕之宫調焉。其器之最古者，惟排簫具十二律吕之正，加以二倍律二倍吕，共爲一十有六。管各一聲，備聲字清濁之二均，合於鐘磬，而爲諸樂之主宰。其餘爲簫爲笛爲篪爲管之屬，而匏之器同施於竹，其制爲笙。要之，其體皆自黄鍾之倍半而生，其設孔也則又自律吕相和而成，故備聲字清濁於一器，而得適於用焉。蓋竹音諸樂，依人之氣而生聲，故本之中空容積之多寡，而無與乎形體厚薄之度分也。絲音之樂，五聲二變爲之本，相與比例折取而察其聲。由於比例折取而得其分，其絲綸巨細徽柱遠近，總不越乎五聲二變之範圍。大者用其大體本絃之度分，小者用其小體本絃之度分，而後絲音諸樂之聲字，各得五聲二變之位，而各應於律吕之宫調焉。其器之最古者，惟琴與瑟，後變而爲箏、爲筑、爲琵琶、爲月琴之屬，而琴瑟最正。記有大琴、大瑟、中琴、小瑟，三禮圖又有雅琴、雅瑟、頌琴、頌瑟之類。所言體制雖殊，而大絃則皆起於下徵之分，取音必合於三分損益之法，其聲位始正。蓋絲音諸樂依人之力而生聲，故本之絲綸之巨細長短，而無與乎形質之大小也。今列之樂器所得之度分，所應之聲字而辨其體用，必使絲竹之器一皆協於十二律吕五聲二變之正，而衆音之器所應宫調聲字，又皆協於絲竹之音，然後諸樂之大本可得而論焉。古之樂器不得其實，即今之樂器而索之律吕宫調，其聲字無不符合者，正由三分損益之理爲之體，而隔八相生之義爲之用故也。至於諸樂之器數形體孔徑度分，古今稍有更變者，蓋緣古者一律一吕各爲一聲，而後世備衆聲於一器，當其一律爲一聲，則合七律爲一均，而不見有餘。及乎備衆聲於一器，則一器各爲一均，且或一均而該衆調，而不見不足。今古雖殊，其器一也。器即不同，其理一也。是以聲音之微妙，全在虚實之分。虚者，氣之所發；而實者，體之所存。氣與體鼓動之間，而天地之和應焉。在器數或閲因革而有變更，聲氣之元則亘古今而無新，故寓諸八音而氣以行焉，體以成焉。推之六合之内、四海之外，此音同此理同也；推之百世之上、百世之下，此理同此音同也。是故不知古樂而溺於今，非特不知古，并不知今也。必復古樂而不屑於今，非特不知今，終亦無從復古也。

蕙田案：聲有五而音數八。聲本於陽，五氣之流行者也，故其數奇。音麗於器，器屬陰，八方之對待者也，故其數偶。陽根於陰，五聲必附八音而出。陰統於陽，八音不外五聲之用。此聲音之道，所以與天地通也。陳氏發明象數自然之理，正義推闡律吕度分之詳，八音名義，舉其全矣。

右八音名義

金音之屬

書益稷：笙鏞以間。蔡傳：鏞，大鐘也。

周禮春官鐘師：掌金奏。凡樂事，以鐘鼓奏九夏。注：金謂鐘及鎛。

鎛師：掌金奏之鼓。凡祭祀，鼓其金奏之樂。疏：金奏謂奏金。金即鐘鎛。

儀禮大射儀：樂人宿縣於阼階東，其南笙鐘，其南鑮，皆南陳。西階之西，其南鐘，其南鎛，皆南陳。

爾雅釋樂：大鐘謂之鏞，其中謂之剽，小者謂之棧。注：此别鐘大小之名也。世本云：「垂作鐘。」釋名曰：「鐘，空也，内空受氣多。」其大者名鏞。李巡曰：「大鐘，音聲大。鏞，大也。」孫炎曰：「鏞，深長之聲。」又名鎛。大射禮云：「其南鎛。」鄭云「鎛如鐘而大」是也。其不大不小者，名剽〔一〕。孫炎曰：「剽者，聲輕疾也。」李巡云：「其中微小，故曰剽。剽，小也。」其小者名棧。李巡云：「棧，淺也。」東晉元興年，會稽剡縣人家井中得一鐘，長三寸，口徑四寸，上有銘古文。云棧，鍾之小者，既長三寸，自然淺也。

蕙田案：此從鄭氏以鎛爲大鐘，未是。

國語周語：伶州鳩曰：細鈞有鐘無鎛，昭其大也。大鈞有鎛無鐘，甚大無鎛，鳴其細也。

陳氏禮書：細鈞，角、徵也。大鈞，宫、商也。細必和之以大，故有鐘無鎛；大必和之以細，故有鎛無鐘，則鎛小鐘耳。韋昭釋國語、杜預釋左傳皆以鎛爲小鐘。晉語曰：鄭伯嘉納女樂及寶鎛。左氏曰：鄭伯嘉納魯之寶鐘。又曰：鄭人賂晉侯歌鐘二肆及其鎛磬。

〔一〕「名」，原作「多」，據光緒本、爾雅注疏卷五改。

杜氏謂：鎛，小鐘也。特康成曰鎛如鐘而大，孫炎、許慎、沈約之徒，亦以爲大鎛。然爾雅大鐘謂之鏞，不謂之鎛；又儀禮鎛從薄，與錢鎛之鎛同，則鎛爲小鐘之説，於理或然。

白虎通：鐘，兑音也。鐘之爲言動也。陰氣用事，萬物動成。鐘爲氣，用金聲也。鎛者，時之氣聲也，節度之所生也。君臣有節度則萬物昌，無節度則萬物亡。亡與昌正相迫，故謂之鎛。

風俗通：案世本「垂作鐘」，秋分之音也。

蕙田案：以上鏞、鐘、鑮大小異名。

周禮磬師：掌教擊編鐘。

陳氏禮書：磬亦編。於鐘言之者，鐘有不編，不編者鐘師擊之。然則所謂不編者，十二辰零鐘也。豈惟十二零鐘哉？堂上一磬一鐘，蓋亦不編。

陳氏樂書：編鐘十二，同在一虡爲一堵，鐘、磬各一堵爲肆。春秋傳歌鐘二肆，則四堵也。小胥之職，凡縣鐘磬半爲堵，全爲肆，是鐘磬皆在所編矣。磬師「掌教擊磬，擊編鐘」，於鐘言編，則磬可知。明堂位曰：「叔之離磬。」編則雜離，則特謂之離磬，則特縣之磬非編磬也。言磬如此，則鐘可知也。荀卿言縣一鐘，大戴禮言編縣，一言特縣。鐘磬如此，則編鐘編磬亦可知矣。

蕙田案：以上編鐘。

周禮考工記鳧氏：爲鐘，兩欒謂之銑。注：銑，鐘口兩角。疏：欒、銑一物，俱謂鐘兩角。古之樂器，應律之鐘，狀如今之鈴，不圜，故有兩角也。

鄭氏鍔曰〔二〕：鐘之制，有鎛，有鏞，有編鐘。編鐘十六枚而在一虡，小胥正其位、磬師教其擊者也。鏞則當十二辰之鐘者也，所謂「笙鏞以間」而「典同辨其聲」者也。此鳧氏言大鐘之制，所謂鏞也，旁有兩欒，正有兩面，面皆有帶。

銑間謂之于，于上謂之鼓，鼓上謂之鉦，鉦上謂之舞。注：此四名者，鐘體也。鄭司農云：「于，鐘脣之上袪也。鼓，所擊處。」

鄭氏鍔曰：脣之厚形褰袪然爲于。記曰：「易則易，于則于。」鐘磬之發欲其緩，故謂之于。鼓之上，聲之所止之處曰鉦，鉦之上曰舞。惟舞者之舞蹈履有節，蓋或作或止，于是而節。

舞上謂之甬，甬上謂之衡。注：此二名者，鐘柄。

〔二〕「鄭氏鍔」，諸本作「鄭氏諤」。鄭鍔，字剛中，宋人，著有周禮解義。後徑改，不再出校。

鄭氏鍔曰：甬如甬道之甬。甬上謂之衡者，横在甬上，平正不欹，故名衡。

鐘縣謂之旋，旋蟲謂之幹。 注：旋屬鐘柄，所以縣之也。鄭司農云：「旋蟲者，旋以蟲爲飾也。」玄謂今時旋有蹲熊、盤龍、辟邪。 疏：後鄭舉漢法，鍾旋之上，以銅篆爲蹲熊及盤龍、辟邪。 辟邪亦獸名，古法亦當然也。

鄭氏鍔曰：其形如環，有盤旋之義，于旋之上爲蟲形以飾之。 其名曰幹，則有正固之義。

鐘帶謂之篆，篆間謂之枚，枚謂之景。 注：帶，所以介其名也。 介在于鼓鉦舞甬衡之間，凡四。 鄭司農云：「枚，鐘乳也。」玄謂今時鐘乳俠鼓與舞，每處有九，面三十六。

鄭氏鍔曰：帶如衣之帶，然所以介而辨之。 其介凡四，其名曰篆，篆如篆刻之篆。 篆間四處，每處有乳，各九，四九三十六。 凡鍾有乳三十六枚，别無可數，故名之曰枚。 枚謂之景者，日之光謂之景。

蕙田案：乳圓有光，故曰景。

于上之攠謂之隧。 注：攠，所擊之處攠弊也。 隧在鼓中，窐而生光，有似夫隧。

鄭氏鍔曰：隧如隧道之隧，隧而深也。 本造鐘之時必窐其形，故謂之隧。

十分其銑，去二以爲鉦，以其鉦爲之銑間，去二分以爲之鼓間，以其鼓間爲之舞脩，去二分以爲舞廣。 注：此言鉦之徑居銑徑之八，而銑間與鉦之徑相應，鼓間又居銑徑之六，與舞脩相應。 舞脩，舞徑也。 舞上下促，以横爲脩，從爲廣。 舞廣四分，今亦去徑之二分以爲之間，則舞間之方恒居銑之四也。舞間方四，則鼓間六亦其方也。鼓六，鉦六，舞四，此鍾口十者，其長十六也。鍾之大數，以律爲度，廣長與圜徑，假設之耳。其鑄之，則各隨其鍾之制爲長短大小也。凡言間者，亦爲從篆以介之，鉦間亦當六。今時鍾或無鉦間。**以其鉦之長爲之甬長。**注：并衡數也。疏：知并衡數，以其衡不言其長，又以鉦長六爲甬長，太長不類，故并衡數也。**以其甬長爲之圍，參分其圍，去一以爲衡圍。**注：衡居甬上，又小。疏：自兩欒以上至甬，皆下寬上狹，衡又在甬上，故宜小于甬一分，故三分去一爲衡也。**參分其甬長，二在上，一在下，以設其旋。**注：令衡居一分，則參分，旋亦二在上，一在下。以旋當甬之中央，是其正。疏：上文惟以其鉦之長爲甬長，并衡數，則未知衡與甬長短之定，故云令衡居一分。假令三分，甬居二，衡居一，一則於甬中央，下有一分，上通衡有二分，故云「令衡居一分，則三分，旋亦二在上，一在下，以旋當甬之中央，是其正」。正，謂上有二分，下有一分也。**薄厚之所震動，清濁之所由出，侈弇之所由興，有説。**注：説猶意也。故書「侈」作「移」。鄭司農云：「當爲侈。」疏：此鍾厚薄之所震動，由鍾體薄厚，出聲震動，有石有播也。云「清濁之所由出」者，清濁據聲，亦由鍾之厚薄。云「侈弇之所由興」者，由鍾口侈弇所興之聲，亦有柞有鬱。于此略言其意。言有意者，即下文「已厚」、「已薄」，不得所之意是也。**鍾已厚則石，**注：大厚則聲不發。**已薄則播，**注：大薄則聲散。**侈則柞，**注：柞讀如「咋咋然」之咋，聲大外也。**弇則鬱，**注：聲不舒揚。**長甬則震。**注：鍾掉則聲不正。**是故大鍾十分其鼓間，以其一爲之厚。小鍾十分其鉦間，以其一爲之厚。注：言若此，則不石不播。鐘大而短，則其聲疾而短聞。注：淺則躁，躁而竭也。鐘小而長，則其聲舒而遠聞。注：深則安，安難息。爲遂，六分其厚，以其一爲之深而圜之。注：厚，鐘厚。深謂窐之也。其窐圜。故書「圜」作「圍」。杜子春云：「當爲圜。」疏：此遂謂所擊之處，初鑄作之時，即已深而圜，以擬擊也。

陳氏禮書：典同：「凡爲樂器，以十有二律爲之度數。」單穆公曰：「先王之制鐘也，大不出鈞，重不過石，律度量衡於是乎生。」則樂器待律然後制，而律度又待鐘然後生，故有十二辰之鐘，以應十二月之律。十二月之鐘，大鐘也。大鐘特縣，詩、書、爾雅所謂鏞是也。非十二辰之鐘則編焉，周禮所謂編鐘是也。鐘體之別五，銑、于、鼓、鉦、舞是也。鐘柄之別二，甬、衡是也。衡上有旋，旋飾有蟲。介於于、鼓、鉦、舞之間有帶，布於帶間有枚。先儒謂「銑，金之澤者」，又曰「銑，小鑿也」。鐘欒亦謂之銑，以其類鑿然也。于，則銑間之曲袪者也。鼓，則于上之待枷者也。鉦，則鼓舞之正中者也。舞，則聲之震動於此者也。甬，出舞上者也。衡，横甬上者也。帶類篆，故謂之篆。乳有數，故謂之枚。然鐘之長短徑圍，經無明證，其言「十分其銑，去二以爲鉦，以其鉦爲之銑間」者，鉦體之徑，居銑間之八也。

去鉦二分以爲之鼓間者，鼓間之徑，居銑間之六也。以其鼓間爲之舞脩，脩舞之徑也。舞徑亦居銑間之四也。舞長四而徑間亦四，舞鼓徑六而長亦六，鄭氏以爲此鐘口十，其長十六也。凡樂器以十有二律爲之度數，若黄鍾之律九寸，十六之，而銑取其十以爲度，則銑徑五寸有奇。鉦、鼓、舞之所居者，遞去二分，則舞脩三寸有奇，舞廣二寸有奇。林鍾之律六寸，十六之，而銑取其十以爲度，則銑徑三寸有奇。鉦、鼓、舞之居者，遞去二分，則舞脩二寸有奇，舞廣一寸有奇。餘律之鐘亦然。賈公彦曰：「律各倍半以爲鐘。」舉一端也。大鐘十分，其鼓間以其一爲之厚。小鐘十分，其鼓間以其一爲之厚。小鐘十分，其鉦間以其一爲之厚。蓋鉦體居銑之六，與鼓間同，鉦間又殺矣，與鼓間異。此所以各十分之以爲厚薄。鄭氏曰：「鼓鉦之間同方六，而今宜異；又十分之一，猶太厚。」皆非也。若言鼓外、鉦外則近之。鼓外二，鉦外一，以謂鼓外二間，鉦外一間，而十分之以其一爲厚薄，其説誤矣。鳧氏曰：「以其鉦之長爲之甬長〔二〕，以其甬長爲之圍，三分其圍，去一以爲衡圍，三分其

〔二〕「鉦之長」，原作「鉦之正」，據光緒本、周禮注疏卷四〇改；「甬長」，諸本脱「長」字，據周禮注疏卷四〇補。

甬長，二在上，一在下，以設其旋。」

聶氏崇義三禮圖：律曆志云：「以律各倍半而爲鍾，黄鍾管長九寸，其爲鍾也，高二尺二寸半，厚八分。兩欒之間，一尺四寸，十六分，分之十。鉦之下帶横徑一尺一寸二分，十六分，分之八。鼓間方八寸四分，十六分，分之六。舞間方，舞之四横徑八寸四分，十六分，分之六。舞廣徑五寸六分，十六分，分之四。鍾乳謂之枚，亦謂之景，一物而三名。俠鼓與舞皆在帶篆之間。每處有九甬，長五寸六分。餘博三寸，厚一寸六分。餘衡長二寸八分，餘博一寸八分，厚與甬同。其甬衡共長八寸四分，十六分，分之六。」

孟子：高子曰：「禹之聲，尚文王之聲。」孟子曰：「何以言之？」曰：「以追蠡。」朱注：追，鐘紐也。蠡者，齧木蟲也。

周禮考工記：六分其金，而錫居一〔一〕，謂之鐘鼎之齊。

蕙田案：以上鐘制度。

〔一〕「錫」，原作「鉤」，據光緒本、周禮注疏卷四〇改。

禮記明堂位：垂之和鐘。

陳氏樂書：禮器曰：「内金，示和也。」郊特牲曰：「以鐘次之，以和居參之也。」蓋鐘之爲樂，過則聲淫，中則聲和。和鐘者，一適厚薄侈弇小大長短之齊，以合六律六同之和而已。

周禮春官典同：凡聲，高聲䃔，正聲緩，下聲肆，陂聲散，險聲斂，達聲贏，微聲韽，回聲衍，侈聲筰，弇聲鬱，薄聲甄，厚聲石。注：高，鐘形大上，上大也。高則聲上藏，衮然旋如裏。正謂上下直正，則聲緩無所動。下謂鐘形大下，下大也。下則聲出去放肆。陂讀爲險陂之陂，陂謂偏侈，陂則聲離散也。險謂偏弇也，險則聲斂不越也。達謂其形微大也，達則聲有餘若大放也。微謂其形微小也。韽讀爲飛鉆涅韽之韽〔一〕，韽，聲小不成也。回謂其形微圜也，回則其聲淫衍無鴻殺也。侈謂中央約也，侈則聲迫筰出去疾也。弇謂中央寬也，弇則聲鬱勃不出也。甄讀爲甄燿之甄，甄猶掉也。鐘微薄則聲掉，鐘大厚則如石，叩之無聲。疏：此十二種，並是鐘之病。此職掌十二律之鐘，是十二辰之零鐘，非編者。直言病鐘者，欲見除此病外，即是鐘之善者。

李氏光地曰：䃔，其聲鏗然清也。韽，暗也。筰，暴疾也。弇如弇蓋不舒也。

〔一〕「涅」，原作「湼」，據光緒本、周禮注疏卷二三改。

甄讀如震，掉也。高謂聲高也，高則鏗鎗。正謂聲平正也，正則和緩。下謂聲下也，下則弘肆。此三者，聲之正也。其餘則皆聲之病也。然其諸病，亦由三者推之。陂險皆正之反。陂者，聲不正也。險者，聲不平也。不正則聲不根於內而散，不平則氣不達於外而斂，此二者，正聲所以失之原也。大高而四達，其過則盈溢，太下而沈微。或紆回其失，則暗昧而衍餘。達之甚而侈放，則暴疾而不蓄。回之甚而弇掩，則鬱抑而不舒。高而薄，則至於掉而不收。下而厚，則至於如石而無韻。二者幾於不成聲矣。此七者，皆高下之過。必去其病，然後清濁適均，可與正聲相宣而諧和也。案：鄭氏專指鐘之一器而言，其理蓋亦相通。然所謂高下陂險達微之類，皆以鐘形爲說，則字義多有難解。且於下文凡爲樂器，與和樂之義爲不合耳。

蕙田案：此典同十二聲所以齊量樂器，不專指鐘，而鐘器之大者，當亦在內也。李氏之說是。

春秋昭公二十一年左氏傳：周景王將鑄無射。注：無射，鍾名，律中無射。伶州鳩曰：「夫樂，天子之職也。夫音，樂之輿也；而鐘，音之器也。天子省風以作樂，器以鍾之。注：鍾，聚也。輿以行之。注：樂須音而行。小者不窕，注：窕，細不滿。大者不摦，注：摦，横大不入。則和於物。物和則嘉成。故和聲入於耳而感於心，心億則樂。窕則不感，注：不充滿人心。摦則不容。注：心不堪容。」

國語周語：景王將鑄無射，而爲之大林。注：賈侍中云：「無射，鐘名，律中無射也。大林，無射之覆也。作無射，而爲大林以覆之，其律中林鍾也。」或説云：「鑄無射，而加以林鍾之數益之。」昭謂：下言「細抑大林」，又曰「聽聲越遠」，如此則賈言無射有覆，近之矣。單穆公曰：「不可。夫鍾不過以動聲。注：動聲，謂合樂以金奏，而八音從之。若無射有林，耳不及也。注：若無射復有大林以覆之，無射，陽聲之細者。林鍾，陰聲之大者。細抑大陵，故耳不能聽及也。夫鍾聲以爲耳也，耳所不及，非鍾聲也。注：非法鍾之聲也。猶目所不見，不可以爲目也。夫目之察度也，不過步武尺寸之間；其察色也，不過墨丈尋常之間；耳之察穌也，在清濁之間；注：清濁，律吕之變也。黄鍾爲宫則濁，大吕爲角則清。其察清濁也，不過一人之所勝。注：勝，舉也。是故先王之制鍾也，大不出鈞，重不過石。注：鈞，所以鈞音之法也〔一〕。以木長七尺有絃繫之

〔一〕「法」，諸本作「發」，據國語周語下韋昭注改。

以爲鈞法。百二十斤爲石。律度量衡於是乎生，小大器用於是乎出，故聖人愼之。」

春秋襄公十九年左氏傳：季武子以所得於齊之兵，作林鍾而銘魯功焉。注：林鍾，律名。鑄鍾，聲應林鍾，因以爲名。

定公四年左氏傳：分康叔以大吕，注：鍾名。疏：周鑄無射，魯鑄林鍾，皆以律名名鍾。知此大吕、姑洗皆鍾名也。其聲與此律相應，故以律名焉。分唐叔以姑洗。注：鍾名。陳氏禮書：唐時，岑陽耕者得古鍾，高尺餘，楊枚叩之曰〔一〕：「此姑洗角也。」既劀拭，有刻在兩欒〔二〕，果然。

尚書大傳：天子左五鍾，右五鍾。天子將出則撞黄鍾，右五鍾皆應。入則撞蕤賓，左五鍾皆應。注：六律爲陽，六吕爲陰。凡律吕十二，各一鍾。

吕氏春秋：黄帝又命伶倫與榮猨鑄十二鍾，以和五音，以施英韶。黄鍾生林鍾，林鍾生太蔟，太蔟生南吕，南吕生姑洗，姑洗生應鍾，應鍾生蕤賓，蕤賓生大吕，大吕生夷則，夷則生夾鍾，夾鍾生無射，無射生仲吕。三分所生，益之一分以上生；

〔一〕「楊枚」，禮書卷一一九作「楊牧」。

〔二〕「在」，諸本作「有」，據禮書卷一一九改。

三分所生，去其一分以下生。黄鍾、大吕、太蔟、夾鍾、姑洗、仲吕、蕤賓爲上，林鍾、夷則、南吕、無射、應鍾爲下。

李氏光地曰：古人造律之後，又鑄鍾以象其聲。國語所謂度律均鍾是也。吴氏曰：黄鍾、林鍾以下，皆鍾名也。十二鍾之聲，由律而起。十二律之名，則由鍾而得也。

禮記樂記：鐘聲鏗，鏗以立號。

考律緒言：吴氏鼎曰：古人論樂，必謂之鍾律，而十有二律以鍾名者四，是律以鍾爲重也。周禮考工記鳧氏爲鍾，厚薄清濁侈弇各有度。春官大司樂有圜鍾，有函鍾。典同：「凡爲樂器，以十有二律爲之數度，以十有二聲爲之齊量。」疏：「樂器，謂鍾也。」吕氏春秋黄帝命伶倫鑄十二鍾。春秋左氏傳定四年子魚曰：「成王分康叔以大吕，唐叔以姑洗。」國語周景王二十三年鑄無射，而爲之大林。左傳襄十九年季武子以所得於齊之兵作林鍾而銘魯功。史記樂毅書「大吕陳于元英」，索隱曰：齊鍾名。左傳襄十一年鄭賂晉以歌鍾二肆，注：縣鍾十六爲一肆，二肆三十二枚。案：此三代以上鍾必案律之證也。漢郊祀志以六律六鍾大合樂，靈帝紀中平三年二月鑄黄鍾。魏都賦注：魏四年丙申五月作蕤賓鍾、無射鍾。隋志晉及宋、齊宫懸有四鎛鍾，黄鍾、太蔟、姑洗、蕤賓。梁武帝以爲六律不具，設十二鎛鍾，各依辰位而應其律。唐書樂志：隋用黄鍾一宫，惟擊七鍾，五鍾設而不擊謂之啞鍾。高祖命祖孝孫、張文收吹調五鍾，叩之而應，由是十二鍾皆用。孝孫又以十二月旋相爲宫，六十調、八十四聲。

文獻通考：周世宗顯德六年王朴疏言，唐太宗用祖孝孫、張文收考正雅樂，而旋宮八十四調復見。於時安史、黄巢之餘，工器俱盡，購募不獲，文記亦亡。太常博士殷盈孫案周官考工記之文，鑄鍾十二，編鍾二百四十，今之在縣者是也。雖有樂器之狀，殊無相應之和。梁、唐、晉、漢未暇及于禮樂，十二鎛鍾不問聲律，但循環而擊。黄鍾之調亦不和備，八十四調于是泯滅。宋景祐中，太常鍾磬每十六枚爲一虡，而四清聲相承不擊。李照言四清乃鄭、衛之樂，請于編垂中去四清鍾，馮元等駁之，帝令權用十二爲一格。皇祐中，王堯臣等言，律吕旋宮之法既定以管，又制十二鍾準爲十二正聲，準正聲之半以爲十二子聲，故有正聲子聲各十二鍾，子聲即清聲也。求聲之法，本之于鍾，故國語所謂度律均鍾者也。今太常鍾縣十六者，舊傳正聲之外，有黄鍾至夾鍾四清聲，雖于圖典未明所出，然考之實有義趣。蓋自夷則至應鍾四律爲均之時，若盡用正聲，則宮輕而商重，緣宮聲以下，不容更有濁聲，一均之中，宮弱商强，是謂陵僭，故須用子聲，乃得長短相叙。自角而下，亦循前法，故夷則爲宮，則黄鍾爲角；南吕爲宮，則大吕爲角；無射爲宮，則黄鍾爲商，太蔟爲角；應鍾爲宮，則大吕爲商，夾鍾爲角。蓋黄鍾、大吕、太蔟、夾鍾正律俱長，並當用清聲，如此則音律相諧而無所抗，此四清鍾可用之驗也。元豐三年，劉幾言古編鍾磬數皆十六，十二律之外有四清聲也。李照議樂不復考擊，全失古法，乞依古法具四清聲，從之。案：此漢、唐以來鍾律沿革之原委也。律學失傳，鍾虡非古，雖唐祖孝孫旋宮六十調八十四聲之制，已不復傳。十二鎛鍾環擊而不問音律，編鍾四清聲見周禮鄭注、左傳杜注，尚爲近古，而李照去之于景祐之年，劉幾復之于元豐之際，枚數僅存，亦復聚訟如此，何暇與之講和聲、求古律哉？獨所傳十二律之名號，自古及今，未有能易之者，而其制度大小輕重厚薄侈弇之間，考工雖言之，而未詳各律遞差之分。通典言子聲之鍾半于正聲，正聲之鍾倍于子聲。通志言鍾以律計身倍半，三分損益，上下相生爲正聲。子聲二十四鍾。月令「律中太蔟」，疏云計太蔟之管數倍，而更半鑄之爲鍾，名曰太蔟之鍾。唐殷盈孫案鳧氏之法用算法乘除，定鍾之輕重大小厚薄，其見于文而可考者如此。此可知鍾之律即用管律倍與半之法，而三分損益以爲之差也。韓邦奇謂鼓無當于五聲，如大鍾亦無當于五聲，柷敔亦然，皆和樂節樂之器。案此所謂大鍾，正如上林賦「撞千石之鍾，立萬石之虡」。三輔黄圖稱漢高廟鍾重十二萬斤，乃後世好大之主侈爲之，而不合律度者，要不聞以之入樂。若夫入樂之器，如景王大鍾號稱無射，則案律而成可知，豈得謂大鍾無當于五聲哉？

律吕正義：太古之世，制作淳朴；中古至聖，條理詳明。故簫韶九成，鳳凰來儀，人間可致之祥，莫不因大樂之和而畢至。迨及三代之世，不相沿樂，列國紛爭，秦焚漢續，漸失正傳，於兹數千百年，而古制尚有存乎？今觀祠廟之所懸與古器所存，及史志圖書所載，鐘之形式有上鋭中腰細而口徑大者，有中腰廣口徑小上徑仍小於口徑者，有上下一制而中腰獨大者，有上徑小口徑大形體直而兩角下垂者，有形體渾圓者，有形體扁側者，有兩欒獨垂者，有底口平正者，有各種雷紋者，有帶篆乳枚者。夫鍾之紋與帶枚，不過形體之外飾，初無預於聲音之高下，姑置而不論。

惟以形體之各種不一者辨之：其上鋭中腰細而口徑大者，如三才圖會之鏞鍾、鎛鍾、編鍾也。其中腰廣口徑小上徑仍小於口徑者，如博古圖周山鍾、花乳鍾也。其上下一制而中腰獨大者，如三禮圖編鍾、博古圖周齊侯鎛鍾，宋公誙鍾、漢環鈕鍾之類也。其上徑小口徑大形體直而兩角下垂者，如博古圖周大編鍾、特鍾、蛟篆鍾、遲父鍾、聘鍾、寶和鍾、夔首鍾、素帶鍾、素篆鍾、素乳鍾、雷紋鍾之類也。其扁側者，如博古圖周挾耳鍾、螭紋鍾，六朝編鍾也。其口徑平者，如博古圖周鳳鈕鍾也。其形體渾圓者，乃中古之定制，所謂以律計自倍半而有中空容積之度分、高徑面冪之相差、得體用之兼備者也。至于形體扁側與兩欒之下垂者，乃後世稽古之書記其器，並載以圖，繪圖以紙，不得體之圜周，姑以扁圜合兩弧而爲之，口面視之不但扁側不圜而且兩角下垂，此正鍾之兩欒下垂所由始也。然形體圓者，周圍擊之，其聲皆同。形體扁者，擊其大面聲必下，擊其小面聲必高，況兩欒下垂而成兩角口徑不平，將何以得渾厚中正之聲韻哉？原夫鍾之兩欒，或肇自太古，立制朴略，全體難於渾鑄，但以兩瓣合成，用條片錮之，令其堅固，是以欒之兩邊分之而爲銑耳。其形體稍扁者，亦兩欒合成之所致，實非有意於不圜也。惟鍾之形體一歸於圜，則中腰與上頂下口之大小隨制立法，無所不可，總不越乎中空容積之多寡焉。如中腰細而口徑大者，不過分徑爲三等，口徑爲最大，其次舞廣，又其次中腰爲最小。夫口徑，即考工記之所謂銑間也。中腰，即考工記之所謂鉦也。其上頂反大於腰者，即考工記之所謂舞也。如中腰廣而口徑小者，與上下一致而中腰獨大者，蓋皆一理形爲橢圓，獨上下平耳。唯此制爲最正，而聲音鏗然渾厚且無餘音，比之中腰細而口徑大者，制易而體堅。考之通典、三禮圖等書所繪，編鍾十六枚而懸一虡者，亦皆如之。今禮部太常所用，亦仍此制，但形體稍扁耳。要而言之，鍾之取聲不在於鐫紋設枚之外飾，而生於輕重厚薄之實體，無與乎大小形容之别異，實係乎中空容積之度分，其倍半清濁之相資，一本之黄鍾律法，與律吕同理。容積多者聲大，容積少者聲小。律吕之徑同，故於長短損益其容積。鍾之形體，若依律爲大小，而又大者厚，小者薄，則皆比例同聲，反不與十二律吕相應，是猶管之長者徑大而短者徑小之説矣。大抵鍾之形制，外體宜同其理，猶之律吕管徑之相同也。定黄鍾之鍾，取其厚薄，比驗中容之積以爲準則，次自大吕以下遞減其容積，俾由濁而漸清，夫遞減其容，則不得不遞增其厚。聲之大者其體薄，惟體薄則中空大而容受多也。聲之細者其體厚，惟體厚則中空小而容受少也。其理猶之律呂管籥之有長短也。今約其法，以爲制鍾之準，亦必本之黄鍾之律。先定其中空容積之度分，次考其實體之厚薄，與夫鈞兩之重輕，再較其聲音倍半之所應，復度以三分損益之相差，而後鍾體之制可言也。定其中空容積者何法？以黄鍾之積爲本，倍以五百一十二龠，用五百一十二龠者，八倍黄鍾之管，得聲應黄鍾之律。今復八倍之爲六十四倍，亦應黄鍾之律。再八倍之，則爲五百一十二倍，仍應黄鍾之律，故以之爲鍾之中空積也。得積今尺之二百二十寸三百九十九分二百一十一釐五百二十毫爲此一鍾之中空容積之度分。既得此中空容積，乃以黄鍾之長七寸二分九釐，爲此鍾之内高。然編鍾之制，中腰大而上下小上下同徑，如仍以黄鍾之度爲中腰大徑，則上下徑所得度分太小，而形制不稱。惟以大吕之度爲中腰大徑，則上下徑所得度分適合於宜而形制稱焉。大吕之度六寸八分二釐六毫爲中腰大徑，則面冪得三十六寸六十分二十一釐三十七毫，以内高黄鍾之度七寸二分九釐乘之，得二百六十六寸八百二十九分五百八十二釐五百九十三毫，是爲中腰大徑同徑之長圓形體積也。此形較之編鍾中空容積爲大，以此形體積内減五百一十二倍黄鍾之二百二十寸三百九十分二百一十一釐五百二十豪〔一〕，餘四十六寸四百三十分三百七十一釐零七十三豪，是爲中腰大徑，所成長圓形比編鍾中空容積多出之餘分爲凹面形之體積也。復以此凹面體積三倍之，得一百三十九寸二百九十一分一百一十三釐二百二十一豪，則成中腰大徑，所成長圓形之比上下小徑所成長圓形之較積爲圓圜體形矣。爰以中腰大徑所成之長圓形積内，減去此圓圜體積一百二十七寸五百三十八分四百六十九釐三百七十二豪，是爲上頂下口小徑同徑之小長圓形焉。以内高七寸二分九釐除之，得一十七寸四十九分四十九釐八十八豪，即上下小徑同徑長圓形之面冪，以之求徑得四寸七分一釐九豪，乃上頂下口之同徑也。考其實體之厚薄，與夫鈞兩之重輕者何？一則以黄鍾之積較其體，一則以黄鍾之容黍較其重，或自體而得其重，或因重而成其體，務使二者合一，始爲立法之密。以黄鍾之積較其體者，法黄鍾之龠六十四爲之實，用六十四者，八八之數也。得積今尺之二十七寸五百四十九分九百零一釐四百四十豪，爲此鍾實體之總積，以内高除中空容積，得上下相均長。

〔一〕「三百九十分」，依例推之，當爲「三百九十九分」。

圓形之内徑面冪三十寸二十三分三十釐八十八豪，以之求徑得六寸二分零四豪，復以此徑求周得一十九寸四分九釐一豪，仍以高乘周得一百四十二寸零九分一十五釐七十七豪，即爲此鍾之内皮面積。以之加於内徑面冪，得一百七十二寸三十二分四十六釐六十五豪，乃此鍾内皮之總面積，以此總面積而除實體之總積，得一分五釐九豪八絲，是爲此鍾之體厚。以之加於内高，得七寸四分四釐九豪，爲此鍾之外高。以體厚倍之加於中腰大徑，得七寸一分四釐六豪；加於上下徑，得五寸零三釐九豪，是爲此鍾之中腰上下外徑之數也。以黄鍾之容黍較其重者，此鍾之實體，乃六十四倍黄鍾之積，爲二十七寸五百四十九分九百零一釐四百四十豪。既有體積，而其鈞兩因之而生矣。以此實積用制鍾之三合銅，每正方寸爲今之銖兩七兩八錢二分之數乘之，得二百一十五兩四錢有餘，歸盡其奇，爲二百一十六兩。以每斤十六兩分之，得一十三斤八兩，爲此鍾實體之重數也。或以黄鍾容黍千二百之重，今之銖兩爲二錢五分，以分此鍾實體之二百一十六兩，得八百六十四龠，是此一鍾之重，得黄鍾之八百六十四龠也。既有重，而其實體之度分亦可因之而生矣。如不用黄鍾之積較其體，而以黄鍾八百六十四龠之重反求其實體積，而以内周面冪之總面積分之，亦得此鍾之體厚一分五釐九豪八絲，此所以自體而得其重，自重而得其體，二法同歸於一致，乃爲成始而成終也。較其聲音倍半之所應者何？既定中空容積之度分，又得實體重輕之銖兩，依制而鑄一體，審其音，正應黄鍾之律，復制倍體以較其聲，此倍體非中空容積之倍，乃實體重輕厚薄之倍，其形模外範，初未嘗異制也。於焉以此鍾之厚一分五釐九豪八絲倍之，爲三分一釐九豪六絲，外形一仍其制，獨内徑與内高減其分焉。如以此鍾之重倍之，爲四百三十兩零八錢，得斤二十六斤，餘一十四兩八錢，此正國語「大不出鈞，重不過石」之説也。以此斤兩反求其積，得五十五寸八十九分五百一十四釐。以正體中空容積所成上下相均長圓形徑六寸二分零四豪内，減去倍體多出兩邊厚分三分一釐九豪六絲，餘五寸八分八釐四豪四絲，是爲倍體中空容積所成上下相均長圓形之徑。以此徑求得面冪，加以内周内皮之面積，得内皮總積一百五十九寸零一分六十二釐，以除實體倍積之五十五寸八十九分五百一十四釐，得三分四釐六豪，比之所倍之厚大二釐六豪，蓋因體圓愈内，而積漸厚之，故斯又權度加倍之，尤當詳審者也。依此倍體而制一鍾，審其音亦應黄鍾之律。夫律吕管音黄鍾之半，雖爲清聲，乃不應黄鍾之清，而下應倍無射之清，是體雖爲清，而聲未得本律之清也。今鍾正體之應黄鍾律者，倍體雖爲清聲，恰亦應黄鍾之律，而爲黄鍾之清，此與律吕管音正黄鍾之半，不應黄鍾之清，而應倍無射之清遞下一音之理爲不同矣。管律之正爲濁而半爲清，體雖爲清而聲不得本律之清；鍾律之正爲濁而倍反爲清，體既爲清而聲又得本鍾律之清。倍半之爲用也不同，而清濁生聲之理亦異，斯又管律鍾律之宜晰者矣。此正國語「重者從細，輕者從大」之説也。度以三分損益之相差者何？既得正體與倍體，其間十二聲音之準一取法乎此。以斤兩之重輕而三分損益之，則自倍體而漸減至正體，或正體而漸加至倍體。以度分之厚薄而損益之，則自厚體而漸損至薄體，或自薄體而漸益至厚體，總之不越三分損益之理焉。法以倍體爲損益之原，所得十有二分，其第十三分之度上生則不及倍體，下生則不及正體，即如仲吕還生不及黄鍾之理，其取各分爲各鍾之度者，則自正體遞取其漸厚者而爲應鍾之凖焉。是以倍體正體俱應黄鍾之律宫聲工字，其自倍體所得第十二分，即比正體差厚微重，乃應大吕之吕清宫高工字。其第十一分則應太蔟之律商聲凡字，第十分應夾鍾之吕清商高凡字，第九分應姑洗之律角聲六字，第八分應仲吕之吕清角高六字，第七分應蕤賓之律變徵五字，其第六分乃應夷則之律徵聲乙字。而變體所生之第十二分則在倍體所生第七分第六分之間，其聲始應林鍾之吕清變徵高五字。倍體所生第五分則應南吕之吕清徵高乙字，第四分應無射之律羽聲上字，第三分應應鍾之吕清羽高上字，第二分應半黄鍾之律變宫尺字。而倍體所生之第十三分爲變體者，乃應半大吕之吕清變宫高尺字，至此清濁二均之一十四聲已具。然編鍾一十有六，取下羽至正羽之陰陽合八，而用應二倍律二倍吕之四體，故取倍體所生第二第三第四與第十三變體之半聲，而倍體所生之第二與第十三之變體不用，所用者倍體所生之第三第四以至第十二合黄鍾之一正體變體所生之第十二與四半體，共爲一十有六，以應排簫之陰陽二均焉。倍體所生之第四分半之應倍夷則之律下羽上字，第三分半之應倍南吕之吕清下羽高上字，第二分半之應倍無射之律變宫尺字，第十三分變體半之應倍應鍾之吕清變宫高尺字。夫鍾體三分損益之法，一如律吕。但律吕自長而生短，聲由濁而漸清，鍾律自厚而生薄，聲反自清而漸濁，故自正體計之實，自薄而漸厚，亦由濁而漸清也。是故編鍾之一十有六，外形皆同一制，其外高皆七寸四分四釐九豪，外皮中徑皆七寸一分四釐六豪，外上下徑皆五寸零三釐九豪。其内高中徑上頂下口之度分，與夫中空容積之多寡、實體之厚薄、斤兩之輕重，具詳載其數，列表於左，俾後世有所依據，爰以制器而考聲焉。

倍夷則之鍾，倍者，非言鍾之倍體，乃聲應倍律倍呂之鍾也，故列于黃鍾之前。内高七寸三分一釐六豪七絲，中徑六寸八分八釐零一絲，上頂下口内徑俱四寸七分七釐三豪一絲，中容積二百二十五寸一十六分七百五十五釐八百四十豪，體厚一分三釐三豪，重一百七十九兩七錢。

倍南呂之鍾，内高七寸三分零七豪七絲，中徑六寸八分六釐二豪一絲，上頂下口内徑俱四寸七分五釐五豪一絲，中容積二百二十三寸四百六十分三百一十一釐六百八十豪，體厚一分四釐二豪，重一百九十二兩。

倍無射之鍾，内高七寸三分零一絲，中徑六寸八分四釐六豪九絲，上頂下口内徑俱四寸七分三釐九豪九絲，中容積二百二十二寸一百五十分二百一十一釐二百豪，體厚一分四釐九豪六絲，重二百零二兩二錢。

倍應鍾之鍾，内高七寸二分九釐二豪一絲，中徑六寸八分三釐零九絲，上頂下口内徑俱四寸七分二釐三豪九絲，中容積二百二十寸七百七十分二十三釐四十毫，體厚一分五釐七毫六絲，重二百一十三兩。

黄鍾之鍾，内高七寸二分九釐，中徑六寸八分二釐六毫六絲，上頂下口内徑俱四寸七分一釐九毫六絲，中容積二百二十寸三百九十九分二百一十一釐五百二十毫，體厚一分五釐九毫八絲，重二百一十六兩。

大吕之鍾，内高七寸二分八釐一毫四絲，中徑六寸八分零九毫五絲，上頂下口内徑俱四寸七分零二毫五絲，中容積二百一十八寸九百二十五分三百四十八釐四百八十毫，體厚一分六釐八毫三絲，重二百二十七兩五錢。

太蔟之鍾，内高七寸二分七釐二毫四絲，中徑六寸七分九釐一毫四絲，上頂下口内徑俱四寸六分八釐四毫四絲，中容積二百一十七寸三百七十二分六百三十六釐八百毫，體厚一分七釐七毫三絲，重二百三十九兩七錢。

夾鍾之鍾，内高七寸二分六釐零四絲，中徑六寸七分六釐七毫四絲，上頂下口内徑俱四寸六分六釐零四絲，中容積二百一十五寸二百九十七分三百七十七釐九百二十毫，體厚一分八釐九毫三絲，重二百五十六兩。

姑洗之鍾，内高七寸二分五釐零二絲，中徑六寸七分四釐七毫一絲，上頂下口內徑俱四寸六分四釐零一絲，中容積二百一十三寸五百五十分五百七十七釐二百八十毫，體厚一分九釐九毫五絲，重二百六十九兩六錢。

仲吕之鍾，內高七寸二分三釐六毫七絲，中徑六寸七分二釐，上頂下口內徑俱四寸六分一釐三毫，中空積二百一十一寸二百一十五分九百一十一釐四十毫，體厚二分一釐三毫，重二百八十八兩。

蕤賓之鍾，內高七寸二分二釐五毫三絲，中徑六寸六分九釐七毫二絲，上頂下口內徑俱四寸五分九釐零二絲，中容積二百零九寸二百五十分七百六十釐三百二十毫，體厚二分二釐四毫四絲，重三百零三兩四錢。

林鍾之鍾，內高七寸二分一釐六毫五絲，中徑六寸六分七釐九毫六絲，上頂下口內徑俱四寸五分七釐二毫六絲，中容積二百零七寸七百二十九分二百零八釐八百八十八毫，體厚二分三釐三毫二絲，重二百一十五兩三錢。

夷則之鍾，內高七寸二分一釐三毫三絲，中徑六寸六分七釐三毫二絲，上頂下口內徑俱四寸五分六釐六毫二絲，中容積二百零七寸一百八十分四百七十八釐八十毫，體厚二分三釐六毫四絲，重三百一十九兩六錢。

南吕之鍾，内高七寸一分九釐七豪二絲，中徑六寸六分四釐一豪一絲，上頂下口内徑俱四寸五分三釐四豪一絲，中容積二百零四寸四百一十三分四百六十六釐二百四十豪，體厚二分五釐二豪五絲，重三百四十一兩三錢。

無射之鍾，内高七寸一分八釐三豪七絲，中徑六寸六分一釐四豪一絲，上頂下口内徑俱四寸五分零七豪一絲，中容積二百零二寸八十四分三百九十八釐七百二十豪，體厚二分六釐六豪，重三百五十九兩五錢。

應鍾之鍾，内高七寸一分六釐五豪七絲，中徑六寸五分七釐八豪，上頂下口内徑俱四寸四分七釐一豪，中容積一百九十八寸九百七十一分五百一十釐四百豪，體厚二分八釐四豪，重三百八十四兩。

蕙田案：以上鐘律。

周禮地官鼓人：以金錞和鼓。注：錞，錞于也，圜如碓頭，大上小下。樂作，鳴之與鼓相和。

疏：謂作樂之時，此金錞和于鼓節也。

項氏安世曰：四金惟金錞用于樂，餘皆軍事。此以大小序，錞大于鐲，其形圓。鐲小如鐘。鐲無舌，鐸有舌。

春官小師：掌六樂聲音之節與其和。注：和，錞于。

陳氏禮書：周禮小師掌六樂之聲節與其和，鄭氏曰：和即錞于也。鼓人掌教六鼓四金之音聲，以節聲樂，以和軍旅，以正田役，以金錞和鼓，以金鐲節鼓，以金鐃止鼓，以金鐸通鼓。蓋錞聲淳，鐲聲濁，鐃聲高，鐸聲明。聲淳則有所合，故於鼓唱而和之。聲濁則有所制，故於鼓行而節之。聲高則有所辨，故於鼓退而止之。聲明則有所交，故於鼓作而通之。考之于禮，大司馬中春教振旅，王及諸侯軍將師帥皆執鼓〔一〕，卒長執鐃，兩司馬執鐸，公司馬執鐲。中冬教大閱，鼓人三鼓，司馬振鐸，車徒皆作；鼓行鳴鐲，車徒皆行；三鼓摝鐸，車徒皆坐；又三鼓振鐸，乃止如初。乃鼓，車馳徒步，徒三戒，車三發，徒三刺，乃鼓，退，鳴鐃且卻，遂以狩田。是鐸之於鼓，所以通之。於其中及其退也，去鐲而鳴鐃。錞之於兵，雖無經見，國語曰「戰以錞于丁寧，儆其民也。」又黄池之會，吴王親鳴鐘，鼓丁寧、錞于，振鐸，則兵法固用錞矣。春秋傳曰：「有鐘鼓曰伐。」則古之用兵，蓋亦有鐘矣。鄭康成曰：「錞圜如

〔一〕「執」，原脱，據光緒本補。

碓頭，上大下小。樂作，鳴之與鼓相應，漢大予樂有之。」杜佑曰：「錞于，古禮器也。宋時廣漢什邡人段祖以錞于獻始興王鑑，其制高三尺六寸，圍二尺四寸，圓如筩也，色黑，甚薄，上有銅馬，以繩縣馬，令去地尺餘，灌之以水，又以器盛水于下，以芒當心跪注錞于，以手震芒，則其聲如雷。後周平蜀得之，斛斯徵觀曰：『錞于也。』」唐李仲樂圖縣以龍格，今太常作伏虎于其上。若武舞入，則兩工對舉，一人隨撞之。其縣以簴，則設于熊羆。案十二枚，鳴以和鼓。

陳氏樂書：周官小師掌六樂聲音之節與其和，鼓人掌六鼓四金之音聲，以金錞和鼓，自金聲之淳言之謂之錞，自和鼓之倡言之謂之和，其實一也。蓋其形象鐘，頂大腹揬口弇，上以伏獸爲鼻，内懸子鈴銅舌。凡作樂，振而鳴之，與鼓相和。後周平蜀獲其器，太常卿斛斯證觀曰：「錞于也。」以芒筒捋之，其聲極振，乃取以合樂焉。國語曰「戰以錞于，儆其民也。」又黄池之會，吴王親鳴鍾，鼓錞于，振鐸，則錞之和鼓，以節聲樂，和軍旅，其來尚矣。後世之制，或爲兩馬，或爲蛟龍之狀，引舞用焉，非周制也。

蕙田案：以上金錞。

周禮地官鼓人：以金鐲節鼓，注：鐲，鉦也，形如小鍾，軍行鳴之，以爲鼓節。司馬職曰：「軍行鳴鐲。」

陳氏禮書：鼓人「以金鐲節鼓」，司馬職「公司馬執鐲，軍行鳴鐲」，詩曰「鉦人伐鼓」，國語曰「鼓丁寧」，春秋傳曰「射汏輈而著于丁寧」，說文曰「鐲，鉦也」，韋昭曰「丁寧，鉦也」，然則鉦也、丁寧也，皆鐲之異名。

陳氏樂書：自其聲濁言之謂之鐲，自其儆人言之謂之丁寧，自其正人言之謂之鉦，其實一也。

蕙田案：以上金鐲。

以金鐃止鼓，注：鐃如鈴，無舌，有秉，執而鳴之，以止擊鼓。司馬職曰：「鳴鐃且却。」

聶氏三禮圖：樂記曰「復亂以武」。復，謂反復也。亂，理也。武，謂金鐃也。謂舞畢之時，舞人必反復鳴此金鐃而治理之。欲退之時，亦擊此金鐃以限之。

陳氏禮書：說文曰：「鉦，鐃也。鐃，小鉦也，似鈴，柄中，上下通。」樂記曰：「始奏以文。」則登歌清廟之類也。復亂以武，則下管象之類也。鄭氏以文爲鼓，武爲鐃，豈其然乎？

陳氏樂書：大司馬「卒長執鐃」，以其聲譊譊然，故以鐃名之。漢鼓吹曲有鐃歌，所以退武舞也，豈亦周之遺制歟？蓋其小者似鈴，有柄，無舌，執而鳴之以止鼓；大者象鍾形，薄旁有二十四銑，宫縣用之，飾以流蘇，蓋應律音而和樂也。

蕙田案：以上金鐃。

以金鐸通鼓，注：鐸，大鈴也。振之以通鼓。司馬職曰：「司馬振鐸。」

聶氏三禮圖：樂記曰「天子夾振之」，注云：「王與大將夾舞者，振鐸以爲節也。」

陳氏禮書：司馬職曰「兩司馬執鐸」，又曰「三鼓摝鐸」、「三鼓振鐸」，司馬法曰：「鼓聲不過閶，鼙聲不過闐〔一〕，鐸聲不過琅。」鄭康成、許慎皆曰：「鐸，大鈴也。」蓋鐸有金鐸、木鐸。金鐸舌以金，木鐸舌以木。金鐸振武事，若司馬之振鐸、摝鐸。掩上振之謂之摝。黄池之會，官師振鐸是也。木鐸振文事，若書、禮所言狥以木鐸是也。樂記曰「天子夾振之」，鄭氏謂「王與大將夾舞者，振鐸以爲節」。鐸雖用之於樂，然非王與大將振之也。晉荀氏得趙人牛鐸，然後能諧樂，則古人之

〔一〕「闐」，諸本作「閶」，據周禮注疏卷二九改。

爲鐸、鐲、鐃、錞，施於聲律，皆有當也。今大樂有二種鐸，以道武舞、木爲柄者，謂之單頭鐸；金爲柄而兩鐸相屬者，謂之雙頭鐸，非古也。

蕙田案：以上金鐸。

陳氏禮書：鐸鳴自内，鍾鳴自外。先儒謂撞鍾必以濡木，以其兩堅不能相和也。或曰：海中有巨魚曰鯨，巨獸曰蒲牢，蒲牢畏鯨，擊鯨則蒲牢大鳴，後世繇是作蒲牢於鍾上，而狀鯨魚以撞之，欲其大鳴。張衡東京賦曰「發鯨魚，鏗華鍾」是也。然經無明文，其制不可以考。

蕙田案：此條論撞木。

右金音之屬

五禮通考卷七十五

吉禮七十五

宗廟制度

石音之屬

書益稷：戛擊鳴球。傳：球，玉磬。疏：鳴球，謂擊球使鳴。樂器惟磬用玉，故球爲玉磬。

禮記明堂位：拊搏玉磬。

陳氏樂書：春秋時，齊侯以玉磬賂晉師止兵，臧文仲以玉磬如齊告糴。郊特牲言諸侯宮縣而擊玉磬，明堂位言四代樂器而拊搏玉磬，則玉之於石類也，玉聲則出乎其類矣，以其爲堂上首樂之器，其聲清徹，有隆而無殺，衆聲所求而依之者也。商頌曰「依我磬聲」，本諸此歟？

詩商頌那：依我磬聲。傳：磬，聲之清者也，以象萬物之成。箋：磬，玉磬也。堂下諸縣與諸管聲皆和平，不相奪倫，又與玉磬之聲相依，亦謂和平也。玉磬尊，故異言之。

蕙田案：以上玉磬。

禮記明堂位：叔之離磬。疏：叔之所作，編離之磬。

陸氏佃曰：離磬，特磬也。

大戴禮：縣一磬而尚拊。

爾雅：大磬謂之毊。

陳氏禮書：磬，編則雜，離則特。叔之離磬，特縣之磬也。大戴禮曰：「縣一磬而尚拊。」則堂上亦有特縣磬矣。

陳氏樂書：磬之爲器，昔人謂之樂石。離磬則專簴之特磬，非十二器之編磬也。

孟子：玉振之也者，終條理也。

朱注：俟其既闋，而後擊特磬，以收其韻。

朱子文集：樂有特鐘、特磬，是首尾用者。

朱子語類：玉磬先後一般，初打慿地響，到作時也慿地響，住時截然便住，於衆樂之終，必以此振之。

蕙田案：以上特磬。

周禮春官磬師：掌教擊磬。注：教，教眡瞭也。磬亦編。

聶氏三禮圖：小胥職注云：「鐘磬，編縣之，二八十六枚而在一簨簴，謂之堵。」十六枚之數，起於八音，倍而設之，故十六也。

陳氏樂書：磬師「掌教擊磬、擊編鐘」，言編鐘於磬師則知有編磬矣。爾雅言大以見小。磬師言鐘以見磬，大則特縣，小則編縣。儀禮鼗倚于頌磬西紘。則所謂紘者，其編磬之繩歟？小胥：「凡縣鐘磬，半爲堵，全爲肆。」鄭康成釋之謂編縣之十六枚，同在一虡，謂之堵；鐘磬各一虡，謂之肆。禮圖取其倍八音之數而因之，是不知鐘磬特八音之二者爾，謂之取其數可乎？典同：「凡爲樂器，以十有二律爲之度數，以十有二聲爲之齊量。」則編鐘編磬不過十二爾，謂之十六可乎？

蕙田案：編磬之數，經雖無文，據疏以十六枚釋之，其言固有所本。聶氏乃謂數起于八音，倍而設之，夫磬乃八音之一，何得以八音起數？陳氏非之，當矣。但陳氏又泥十二律之數，以爲十二枚，是又不知旋宫均調之有變半聲者，亦未的也。

又案：以上編磬。

儀禮大射儀：樂人宿縣于阼階東，笙磬西面。西階之西，頌磬東面。

周禮春官眡瞭：擊頌磬、笙磬。注：磬在東方曰笙，笙，生也。在西方曰頌，頌或作庸，庸，功也。

薛氏季宣曰：磬之應鏞者曰頌磬，頌即鏞也。磬之應笙者曰笙磬，大射禮笙磬西面，是應笙之磬也；又曰頌磬東面，是應鏞之磬也。一説謂鐘磬之應歌者曰頌鐘、頌磬，其應笙者曰笙鐘、笙磬。春秋傳有歌鐘二肆，與頌鐘、頌磬之義同。周禮有笙鐘之樂與笙磬之義同，近之矣。

黄氏度曰：升歌則擊頌磬，笙歌則擊笙磬。

蕙田案：黄氏之説是。

陳氏樂書：應笙之磬謂之笙磬，應歌之磬謂之頌磬。鄉飲酒之禮，笙入堂下，磬南，北面立。鄉射之禮，笙入，立于縣中，西面。蓋笙磬在東而面西，頌磬在西而面東。笙入立于縣中之南而面北，故頌磬歌于西，是南鄉北鄉以西方爲上，所以貴人聲也。笙磬吹于東，是以東方爲下，所以賤匏竹也。大射韰倚于頌磬西紘，頌磬在西而有紘，是編磬在西而以頌磬名之，特磬在東而以笙磬名之。周官眡瞭：「掌凡樂事，播韰，擊頌磬。掌太師之縣。」則頌磬，編磬也；笙磬，特磬也。縣則又兼編與特言之。然言笙磬，繼之以鐘鎛，應笙之鐘鎛也，笙師共笙鐘之樂是已。言頌磬，繼之以鐘鎛，應歌之鐘鎛也，左傳歌鐘二肆是已。詩言笙磬同音，書言笙鏞以間，大鐘謂之鏞，則笙鏞特縣之鐘也。以笙鏞爲特縣之鐘，則笙磬爲特縣之磬明矣。然則特磬、特鐘、編鐘、編磬皆各堵而同肆，鎛則隨之而已。

蕙田案：樂書以笙磬爲特磬，非是。笙，匏竹也。國語「匏竹利制」，高下在心，應律合吕，豈特磬所能應乎？觀小雅笙磬同音，則笙磬爲編磬明矣。

又案：以上頌磬、笙磬。

書禹貢：泗濱浮磬。傳：泗，水涯。水中見石，可以爲磬。疏：石在水旁，水中見石，似若水上浮然，此石可以爲磬，故謂之浮磬也。貢石而言磬者，此石宜爲磬，猶如砥礪然也。

陳氏禮書：先儒曰：磬，立秋之音。禹貢「泗濱浮磬」，蓋以土少而水多，故其聲和潤也。秦刻嶧山以頌，曰刻此樂石。顔師古曰：「嶧山近泗水，秦取泗濱石銘之，故曰樂石。」山海經云：「小華之山，其陰多磬石。」又曰：「鳥危之山，其陽多磬。」唐人多用華原石爲磬。

周禮考工記磬氏：爲磬，倨句一矩有半。注：必先度一矩爲句，一矩爲股，而求其弦，既而以一矩有半觸其弦，則磬之倨句也。磬之制有大小，此假矩以定倨句，非用其度耳。其博爲一，注：博謂股博也。博，廣也。股爲二，鼓爲三。參分其股博，去一以爲鼓博；參分其鼓博，以其一爲之厚。注：鄭司農云：「股，磬之上大者。鼓，其下小者，所當擊者也。」玄謂股外面，鼓内面也。假令磬股廣四寸半者，股長九寸也，鼓廣三寸，長尺三寸半，厚一寸。已上則摩其旁，注：鄭司農云：「磬聲太上，則摩鑢其旁。」玄謂太上，聲清也。薄而廣則濁。已下則摩其耑。注：太下，聲濁也。短而厚則清。

陳氏禮書：世本曰：「無句作磬，垂作鐘。」書曰：「垂之竹矢。」蓋叔與無句非二人，垂之爲工非一技。皇氏謂無句，叔之别名，其説或然。考工記磬氏：「爲磬，倨句一矩有半。其博爲一，股爲二，鼓爲三。三分其股博，去一以爲鼓博；三分其鼓博，以其一爲之厚。」蓋鐘圓中規，磬方中矩，則倨句一矩有半，觸其弦也。其博爲一，股博一律也。股爲二，後長二律也。鼓爲三，前長三律也。股非所擊也，短而博；鼓其所擊也，長而狹。鄭司農云：「股，磬之上大者；鼓，其下小者。」康成云：「股外面，鼓内面。」則擊者爲前而在内，不擊者爲後而在外。内者在下，外者在上。其大小長短雖殊，而其厚均也。黄鍾之磬，股鼓皆厚二寸，則餘推此可知矣。

蕙田案：磬氏所言股鼓長短之制未有分别，而曰「已上則摩其旁」，是俾厚者而使之薄矣。陳氏乃謂小大長短雖殊，而其厚則均，蓋亦意擬之詞耳。

律吕正義：宋林希逸考工記解載趙溥曰：「作磬依律長短，前長三律，二尺七寸；後長二律，一尺八寸。此是黄鍾特垂之磬，其他磬皆依律起度。倨句一矩有半者，以尺寸論之。上邊倨句處共四尺五寸，則此下邊兩弦之間恰有三尺三寸七分半。」又謂：「爲一爲二爲三，是分作三節算分數。博爲一，謂股闊廣一律，計九寸。股爲二，謂股長二律，計尺八寸。鼓爲三，謂鼓長三律，計二尺七寸。參分股博，去一以爲鼓博，則鼓廣六寸。參分鼓博，以一爲厚，則通上下其厚二寸。此黄鍾磬，餘皆以律準數。」賈公彦疏曰：「凡樂器厚則聲清，薄則聲濁。」太上是聲清，故摩使薄，薄而廣則濁；太下是聲濁，由薄，薄不可使厚，故摩使短，短則形小，形小則厚，厚則聲清。宋志載阮逸、胡瑗制十二磬，股長鼓博，皆依律分別長短，而又遞加厚薄。又宋王洙言：「周禮注疏磬有大小，據此以黄鍾爲律，依法造黄鍾特磬，正得林鍾律聲。」又范鎮樂論曰：「臣所造編磬，皆以周官磬氏爲法。若黄鍾股之博四寸五分，股九寸，鼓一尺三寸五分。鼓之博三寸，而其厚一寸，其弦一尺三寸五分。十二磬各以其律之長，而三分損益之，此其率也。今之十二磬，長短厚薄，皆不以律，而欲求其聲，不亦遠乎！」據范鎮之論，制磬厚薄，以律而長短，仍以律矣。案磬制，周禮考工記言之已詳，奈注者未盡其藴，而制者又未案其理，故施於用而未合，存諸簡而無徵也。夫倨句一矩有半者，倨之爲言曲也，禮記注「微曲曰倨」，「大曲曰句」，蓋句股之角直爲大曲，而磬之角鈍，故微曲而爲倨。總之，凡句與股皆矩也。矩之小者爲句，矩之大者爲股。句爲二分，股爲三分，則股爲句之一矩又有半。譬如小矩句爲一尺八寸，則大矩股爲二尺七寸。句之一尺八寸，復加其半九寸，非二尺七寸乎？下文博爲一，股爲二，鼓爲三，正此意也。博爲闊廣，先儒已解之。博爲一，乃一分，譬如句爲一尺八寸，則博爲九寸。三分其股博去一以爲鼓博者，言股博爲三分，則鼓博爲二分。譬如股博爲九寸，則鼓博爲六寸矣。然首言博爲一、股爲二、鼓爲三，則所謂博者，未分股博與鼓廣也。今若以股博爲股之半，則鼓廣復去三分之一，毋乃太狹。若以股博爲鼓之半，而鼓廣爲股博之三分之二，則體制適合於宜。原其故，蓋因鼓修大於股分，縣之必偏一側，惟鼓之長者狹，而股之短者反廣，則輕重相稱，懸之而無偏側之慮。大矩以擊而言，故謂之鼓。而小矩反易名曰股，此又見古之句股之名，蓋未嘗分大小也。爲一、爲二、爲三者，一分、二分、三分之謂，非一律、二律、三律之意也。黄鍾之九寸，三之而二尺七寸，以爲特磬，獨懸其一可已。若編磬十六枚，而同懸一簴，豈能勝之？今取考工記博一、股二、鼓三之説，依律吕損益之法而定制焉。一則以黄鍾之律爲本，使各磬大小一制；一則案十二律吕上下相生之制，而爲各磬之厚薄。彼鼓大至二尺七寸者，爲黄鍾之特磬矣。今若半之爲一尺三寸五分，則股爲九寸，鼓博則四寸五分，是制似與范鎮所論同。然范制近代時尺之度，而此九寸則宜爲古尺之度，即今尺之七寸二分九釐也。以今尺之度言之，則股爲七寸二分九釐，鼓爲一尺零九分三釐五豪，股博爲五寸四分六釐七豪五絲，鼓博則爲三寸六分四釐五豪。此依黄鍾之律而起度如此。以此一制爲準，而十六磬之股博鼓廣務使皆同。然後較其清濁，而度以厚薄焉。如考工記三分鼓博，以其一爲厚，則今制之鼓博三寸六分四釐五豪，三分之而用其一則爲一寸二分一釐五豪，然未知此一寸二分一釐五豪之厚，爲應黄鍾之一磬乎？抑編磬之一十有六皆同此一制乎？在周禮獨載此一磬之厚，而未明其清濁適當何聲，又不識當日審音定制時分音於長短乎？抑分音於厚薄乎？及試以石音諸器，其音每不分於長短而分於厚薄，其分於厚薄，仍得倍半相應，同聲而有清濁之分，因知石之體堅，而取音有其準則矣。至於考工記之「已上則摩其旁，已下則摩其耑」之語，不過遷就其忽微清濁已耳。要之，一聲之上下不能晰也。是以制磬之法，既以黄鍾之律爲之本，或用其全，或用其半，或用其倍，以定其股博鼓廣之度分，而使十六磬大小長短一制，然後以黄鍾之律定一磬之厚爲之準。如黄鍾今尺度七寸二分九釐，則用其十分之一七分二釐九豪以爲一磬之厚，審其音與黄鍾之律相應，乃以此度倍之，得一寸四分五釐八豪，復爲一磬之厚。審其音，必與前七分二釐九豪之磬同聲，爲一音之清濁，得此一音之清濁相應，乃自清音之磬，依律吕三分損益之法上下生之，則十二磬之厚薄以次皆得。十二磬之厚薄既定，乃加二變體之分，以爲清濁二均七聲之準，復於十四分内取其最清音，四磬之厚而各半之爲最濁音，四磬之度而十四分内最清二音在所不用，於是十六磬之制全，爰以配排簫之一十六管而與編鍾並列爲雅樂焉。昔人言磬有二，玉磬在堂上，石磬在堂下，不知古時凡石之美者皆以玉名，豈必藍田、夜光競爲華飾哉？書云「戛擊鳴球」，又云「擊石拊石」，總歸于金聲玉振，始終條理而已。又樂記云「石聲磬，磬以立辨」，宋儒謂石聲難和，石聲和，則八音無不和矣，故詩曰「既和且平，依我磬聲」，先王所尤重焉。至於取材之地，載於禹貢，徐州則「泗濱浮磬」，梁州則貢璆鐵銀鏤砮磬。圖書編謂泗濱磬，後世以其聲下而不和，以華原所出易之，則雍州之産也。延及近世，多用靈璧石，則仍徐州境也。要之，不必拘于所出，惟期應律諧聲以成大樂，庶幾神人上下涵泳太和，而不失古聖人制作之微意焉耳。

倍夷則之磬六分零六豪八絲　倍南吕之磬六分四釐八豪

倍無射之磬六分八釐二豪八絲　倍應鍾之磬七分一釐九豪一絲

黄鍾之磬七分二釐九豪　大吕之磬七分六釐八豪

太蔟之磬八分零九豪　夾鍾之磬八分六釐四豪

姑洗之磬九分一釐零二絲　仲吕之磬九分七釐二豪

蕤賓之磬一寸零二釐四豪　林鍾之磬一寸零六釐四豪

夷則之磬一寸零七釐八豪七絲　南吕之磬一寸一分五釐二豪

無射之磬一寸一分一釐三豪六絲　應鍾之磬一寸二分九釐六豪

蕙田案：以上磬制度。

書益稷：夔曰：「予擊石拊石，百獸率舞，庶尹允諧。」

蔡傳：重擊曰擊，輕擊曰拊。磬有大小，故擊有輕重。石聲最難諧和，石聲一和，則無不和矣。

詩小雅鼓鐘：笙磬同音。

論語：子擊磬于衛，有荷蕢而過孔氏之門者，曰：「有心哉！擊磬乎？」

蕙田案：以上擊拊。

又案：八音之中，金石爲衆音之綱紀。孟子所謂「金聲玉振」也。而黄鍾、應鍾、夾鍾、林鍾皆以律名，頌鐘、笙鐘、頌磬、笙磬各以用别。大師所謂「十有二律爲之度數，十有二聲爲之齊量」也。金聲玉振，特懸之鐘磬也。特懸者，包衆樂而括始終。在堂上者，以節歌聲，書所謂「戛擊鳴球，搏拊琴瑟以詠」是也。在堂下者，以應笙鏞，書所謂「笙鏞以間」是也。頌鐘、笙鐘、頌磬、笙磬，編懸之笙磬也。編懸者，分堵肆而諧律呂，后夔之擊拊，商頌之依聲，小雅之同音，孔子之擊磬荷蕢歎有心是也。自雅樂失傳，周景制大鐘，漢賦稱萬石，而特鐘之制紊矣。周禮鳧氏爲鐘，不分大小，而編鐘之制亡矣。春秋以玉磬止兵告糴，漢武有浮金輕玉之磬，而特磬之制紊矣。周官磬氏爲磬不辨厚薄，而編磬之制亡矣。唐、宋以來，所謂定樂制器者，但皆泥于注疏之解，而不心領神悟，考求制作之精。宋王洙謂鐘磬依律數爲大小之制者，經典無正文，惟鄭康成立意言之，亦自云假託之法，孔疏因而述之，據歷代史籍，亦無鐘磬依律數大小之説，其康成、穎達等，即非身會制作樂器，可謂切中其弊，蓋千百年來一大疑案也。我聖祖御定律呂正義，考定黃鍾真度，以爲律呂之本，制鐘準以輕重厚薄之實，體中空容積之度分，而不分大小形容之別異。摩磬則一本周禮磬氏之尺度，而知石音不分於長短，而分于厚薄。準以黃鍾之律，三分損益，上下相生，以定諸磬之度分，于是十二律呂清濁二均七聲之準，靡不諧合。誠聖主天縱神聖，千載一時之會也。八音之綱紀於是乎立，而始終之條理可考而求矣。

觀承案：古樂失傳，漢、唐而下，紛然聚訟，而雅樂卒不可成。説者謂樂經既亡之故，愚則謂樂經不亡，官具於周禮，義存於戴記，而歌備於三百篇，皆樂之經也。所亡者，特其譜耳。苟能合諸經傳記而精考之，古樂亦復了了可尋。所難者，考據雖詳，而泥於古今之異制，雅俗之殊方。施之於用，而多扞格，只成紙上之陳言而已。聖祖御纂正義，所以高絶前古者，不但聲律器數之得其真也，妙在案諸弦索簫管，而與五音六律一一配合。其實蓋即今人所用之器，而得古樂之形模軌度，則坐而言者即可起而行，故能補樂經之亡，而收千載已墜之音也。

右石音之屬

土音之屬

周禮春官籥章：掌土鼓豳籥。中春晝擊土鼓，龡豳詩以逆暑。中秋夜迎寒，亦如之。凡國祈年于田祖，龡豳雅，擊土鼓，以樂田畯。國祭蜡，則龡豳頌，擊土鼓，以息老物。注：杜子春云：「土鼓，以瓦爲匡，以革爲兩面，可擊也。」

禮記禮運：蕢桴而土鼓。注：蕢讀爲凷，聲之誤也。凷，堛也，謂摶土爲桴也。土鼓，築土爲鼓也。

明堂位：土鼓蕢桴，伊耆氏之樂也。

陳氏樂書：樂以中聲爲本。土也者，於位爲中央，於氣爲沖氣，則以土爲鼓，以土蕢爲桴，所以達中聲者也。伊耆氏之樂，所尚者土鼓，則中聲作焉；所擊者蕢桴，則中聲發焉。禮之初，始諸燔黍捭豚以爲食，汙尊抔飲以爲飲，然則蕢桴土鼓有不爲樂之初乎？周官籥章凡逆暑於中春，迎寒於中秋，祈年於田祖，祭蜡以息老物，一於擊土鼓而已，有報本反始之義焉，夫豈以聲音節奏之末節爲哉？然土鼓之制，窐土而爲之，故禮運之言土鼓在乎未合土之前，與壺涿氏炮土之鼓異矣。杜子春謂以瓦爲皐陶，以革爲面，不稽禮運之故也。

蕙田案：以上土鼓。

易離卦：九三：不鼓缶而歌。

詩陳風：坎其擊缶。傳：盎謂之缶。疏：郭璞曰：「盎，盆也。」此云擊缶，則缶是樂器。

呂氏春秋：帝堯立，乃命質爲樂，質乃效山林谿谷之音以歌，乃以麋輅置缶而鼓之。注：「質」當爲「夔」。

陳氏禮書：爾雅曰：「盎謂之缶〔一〕。」國語曰：「瓦絲尚宫。」澠池之會，秦王謂趙王擊缶。李斯曰：「擊甕扣缶，真秦聲也。」蓋缶，古之樂器，秦尚之。劉安曰：「窮鄉之社，扣瓮拊瓶，相和而歌，自以爲樂。」亦擊缶之類也。吕不韋曰：「堯使鄭以麋輅置缶而鼓之。」此不可考也。

陳氏樂書：土音缶，立秋之音也。古者盎謂之缶，則缶之爲器，中虛而善容，外員而善應，中聲之所自出者也。唐堯之時，有擊壤而歌者，因使鄭以麋輅寘缶而鼓之，是以易之盈缶見於比，用缶見於坎，鼓缶而歌見於離；詩之擊缶見於宛丘。是缶之爲樂，自唐至周，所不易也。徐幹曰：「聽黄鍾之音，知擊缶之細。」則缶之樂，特其器之細者歟？

蕙田案：以上缶。

周禮春官小師：掌教塤。注：塤，燒土爲之，大如鴈卵。鄭司農云：「塤，六孔。」疏：案廣雅云：「塤象秤錘，以土爲之，六孔。」故二鄭爲此解也。

〔一〕「謂之」，諸本誤倒，據禮書卷一二四乙正。

瞽矇：掌播塤。注：播謂發揚其聲。疏：皆小師教此瞽矇，令於作樂之時，播揚以出聲也。

笙師：掌教歈塤。注：教，教眡瞭也。

詩小雅何人斯：伯氏吹壎。

爾雅釋樂：大塤謂之嘂。疏：説文云：「壎，樂器名。從土熏聲。」塤、壎，古今字。釋名云：「塤，喧也，聲濁喧喧然大。」塤名嘂。孫炎曰：「音大如叫呼聲。」郭云：「塤，燒土爲之，大如鵝子，鋭上平底，形如秤錘，六孔。小者如雞子。」周禮小師注云：「塤，燒土爲之，大如雁卵。」鄭司農亦云六孔，是相傳爲然也。世本云：「暴辛公作塤，蘇成公作篪。」譙周古史云：「古有塤篪，尚矣。周幽王時，暴辛公善塤，蘇成公善篪。記者因以爲作，謬矣。」世本之謬，信如周言，其云蘇公、暴公所善，亦未知所出。蓋以詩小雅云「伯氏吹壎，仲氏吹篪」，蘇公刺暴公也，故致斯謬。

白虎通：壎，坎音也。壎在十一月，壎之爲言勳也，陽氣於黄泉之下勳蒸而萌。一説塤在西南方。

風俗通：謹案世本暴辛公作塤，詩云：「天之誘民，如塤如篪。」塤，燒土也，圍五寸半，長三寸半，有四孔，其二通，凡爲六孔。

陳氏禮書：廣雅云：「塤象秤錘，以土爲之，六孔。」鄭司農釋周禮、郭璞釋爾同，而同於六孔。郭璞又謂：「銳上平底，大者如鵝子，小者如鷄子。」蓋塤之大小不同，而同於六孔。唐樂志曰：「壎，曛也。立秋之音，萬物將曛黄也。」舊圖大塤謂之雅塤，小者謂之頌塤。然塤，土也，土位在坤，而時立秋，則唐志之説是，而白虎通之説非矣。

陳氏樂書：塤之爲器，立秋之音也。平底，六孔，水之數也。中虚上銳，如秤錘然，火之形也。塤以水火相合而後成器，亦以水火相和而後成聲。故大者聲合黄鍾、大吕，小者聲合太簇、夾鍾，一要宿中聲之和而已。爾雅大塤謂之嘂，以其六孔交鳴而喧譁故也。塤又作壎者，金方而土圓，水平而火銳，一從熏，火也。其徹爲黑，則水而已。從圓，則土之形圓故也。或謂塤，青之氣，陽氣始起，萬物喧動，據水土而萌，始於十一月，成於立春，象萬物萌出於土中，是主土王四季，非主正位六月而言，亦一説也。

律吕正義：八音之樂，土居其一。古有土鼓及缶，今惟有壎。周禮小師職作塤，注：「大者謂之雅塤，小者謂之頌塤。凡六孔，上一前三後二。」寶慶府學校志云：「圍五寸半，長三寸四分，上尖底平，大者如鵝子，高三寸六分，六孔，上一前二後三。上孔平，吹爲太簇，以四字應。下五孔皆閉，向上稍仰爲黄鍾，以合字應。下五孔亦不開，左手中指與食指二孔爲仲吕，以上字應。凡吹上字，止開此孔，餘皆閉。右手食指孔并左手二孔俱開爲林鍾，以尺字應。凡吹尺字，止開此三孔，餘皆閉。後二孔，左手大指孔爲南吕，以工字應。凡吹工字，此孔與前三孔俱開，餘皆閉。右手大指孔黄鍾清律，以六字應。凡吹六字，前後各孔俱開。以兩手無名指、小指托其底，輕用氣以取聲。此取聲字之法，大概有五聲而無二變。」今禮部太常所用壎，外高二寸五分餘，中空，内高止二寸二分餘，外圍七寸少歉，其内圍亦不過五寸四五分。前三孔，上二下一，下一近底，上二平開，相離五分餘。後二孔，一與前上二孔相對，一比前下一孔稍高。審其音，五孔生聲，皆不能分上下，詢之樂工，則曰與群樂共奏，俯仰遷就，以取相合。蓋古聖人定八音之器，以和聲律，莫不有體而施於用。今欲定壎之制，亦惟以律吕準其度數而已。依風俗通所載，圍五寸半，長三寸半，如法求徑則得一寸七分五釐，其中空容積則得五千六百一十四分有餘。依寶慶志所載，圍五寸半，高三寸六分，如法求積則得五千七百七十五分。此二制以黄鍾之積計之，大概皆一十三倍有餘。然高三寸五六分，而徑止一寸七分五釐，則形體太長而細。依時用壎之内高二寸二分，内圍五寸五分，如法求積得四千零一十五分六百二十五釐，比之黄鍾之積則九倍有餘，其内高二寸二分而徑一寸七分五釐，則形體長短庶爲合宜，但孔之高下，未案律度，故生聲不得晰耳。夫管籥諸音，全係中空容積之度分，初無預乎管體之厚薄。壎雖土樂，而生聲亦如管籥之含氣，其要亦在中空容積之度分，而無與乎外體之厚薄也。案風俗通、寶慶志所載壎制，其内高三寸五分上下，謂古尺度則爲今尺之二寸九分上下，若謂今尺之三寸五分，則與半黄鍾之度爲近。時用壎内高二寸二分上下，則與半夷則、南吕相和之度爲近，如以半黄鍾之三寸六分四釐五豪之數爲内高，則中空容積必得三十二倍黄鍾之積爲體，其形制始合於宜。以二寸九分之數爲内高，則中空容積必得一十六倍黄鍾之積爲體，其形制始合於宜。以半夷則、南吕相和之二寸二分一釐之數爲内高，則中空容積必得八倍黄鍾之積爲體，其形制始合於宜。以三十二倍黄鍾之積爲制，内高三寸六分四釐五豪，則内徑得二寸六分八釐六豪。以一十六倍黄鍾之積爲制，内高二寸九分一釐六豪，則内徑得二寸一分二釐四豪。以八倍黄鍾之積爲制，内高二寸二分一釐七豪，則内徑得一寸七分二釐二豪。然此徑與高所成體，實爲橢圓形，而壎之制，上鋭下闊底平，與橢圓微異，故取中徑之三分之二爲底徑，而中徑居内高之三分之一，自下命之也。減其上半體之分以益下，以羨補不足，則形制成而積無遺矣。至於取音，一以中高爲準。依三分損益之法，而前後設孔焉。其開孔，固以中高爲準，而壎體用律吕之半爲最短，如諸孔皆開於中線，則相隔甚近，不能容指，故離中線而左右分之，使參差相錯，手指得以案抑，此又古人制作精微之意也。是故全體之聲出自頂口，應某律爲某字。自頂口至底，前後各設一線爲中界，前三孔，最下一分，案某律某吕相和之度，於線中界設之爲第一孔，應某律爲某字；次第二分，案某律某吕相和之度，偏左設之爲第二孔，應某律爲某字；又次第三分，案某律某吕相和之度，偏右設之爲第三孔，應某律爲某字。此前三孔之分也。後二孔之下一孔爲第四分，案某律某吕相和之度，偏左設之爲第四孔，應某律爲某字；其上一孔爲第五分，按某律某吕相和之度，偏右設之爲第五孔，應某律爲某字。此後二孔之分也。五孔之分，前後左右，實自下而漸上，自遠而及近，故生聲有序，而高下分明，得以應律吕而爲用焉。考壎之制，雖爲三種，而八倍黄鍾之壎全體所得聲字，適應黄鍾之宫，故定爲雅樂所用，而名之曰黄鍾壎。其協大吕一均者，則用七倍黄鍾之積爲體，而諸孔損益之法，乃以黄鍾八分之七同形管之律吕相和之分準其度，蓋黄鍾八分之七之管，實與大吕相應，故因以立制而名之曰大吕壎。要之，樂以取聲爲要，而取聲以立體爲先。壎之爲器，其形質雖與竹音諸樂不同，然以黄鍾之積求之，而立體生聲，莫不合於律吕之度焉。黄鍾之分定，則太和之理得，故凡所以諧八音而成衆器者，皆有所準也。

黄鍾壎，以八倍黄鍾之積爲體，其諸孔之度，即用正黄鍾所生律吕之分。其内高則半夷則半南吕相和之分，爲二寸二分一釐七豪，其大徑一寸七分二釐二豪，居内高之三分之一，底徑一寸一分四釐八豪。其頂孔所生之音應黄鍾之律宫聲工字，是爲此壎全體之聲字焉。其半無射、半應鍾相和之分，一寸九分七釐一豪設孔，應姑洗之律角聲六字，爲前三孔之居中第一孔焉。其黄鍾、大吕相和之四分之一，一寸七分六釐四豪設孔，應蕤賓之律變徵五字，爲前三孔之居左第二孔焉。其太簇、夾鍾相和之四分之一，一寸五分六釐八豪設孔，應夷則之律徵聲乙字，爲前三孔之居右第三孔焉。其姑洗、仲吕相和之四分之一，一寸三分九釐四豪，計其序，宜應無射之律爲上字。今設孔，比無射之律低半音。其蕤賓、林鍾相和之四分之一，一寸二分四釐七豪設孔，又比無射之律高半音。爰以此二分相併折中，得一寸三分二釐設孔，乃應無射之羽聲上字，爲後二孔之居左第四孔焉。其次夷則、南吕相和之四分之一，爲通體之半設孔，比半黄鍾之律變宫尺字低半音。其無射、應鍾相和之四分之一，爲第一孔之半設孔，乃應半黄鍾之律變宫尺字，爲後二孔之居右第五孔焉。較其正半之分，則六字之半，應尺字爲下三音。蓋最下第一與最上第五爲正半之分，而半比正下三音，亦如管籥諸器半體以上半分比正分，遞下三音之理也。至此，五孔已畢，獨遺應太簇之律爲凡字者，而以頂孔應黄鍾之律爲工字者代之，此黄鍾壎之各孔分也。

大吕壎，以七倍黄鍾之積爲體，其諸孔之度，即用黄鍾八分之七同形管所生律吕之分。其内高則半夷則半南吕相和之分，爲二寸一分二釐，其大徑一寸六分四釐七豪，底徑一寸零九釐八豪。其頂孔所生之音，應大吕之吕清宫高工字，是爲此壎全體之聲字焉。其半無射、半應鍾相和之分，一寸八分八釐五豪設孔，應仲吕之吕清角高六字，爲前三孔之居中第一孔焉。其黄鍾、大吕相和之四分之一，一寸六分八釐七豪設孔，應林鍾之吕清變徵高五字，爲前三孔之居左第二孔焉。其太簇、夾鍾相和之四分之一，一寸四分九釐九豪設孔，應南吕之吕清徵高乙字，爲前三孔之居右第三孔焉。其姑洗、仲吕相和之四分之一，一寸三分三釐三豪，計其序，宜應應鍾之吕爲高上字。今設孔，比應鍾之吕低半音。其蕤賓、林鍾相和之四分之一，一寸一分九釐三豪設孔，又比應鍾之吕高半音。爰以此二分相併折中，得一寸二分六釐三豪設孔，乃應應鍾之吕清羽高上字，爲後二孔之居左第四孔焉。其次夷則、南吕相和之四分之一，爲通體之半設孔，比半大吕之吕清變宫高尺字低半音。其無射、應鍾相和之四分之一，爲第一孔之半設孔，乃應半大吕之吕清變宫高尺字，爲後二孔之居右第五孔焉。較其正半之分，則高六字之半，應高尺字，亦爲下三音矣。至此，五孔已畢，獨遺應夾鍾之吕爲高凡字者，而以頂孔應大吕之吕爲高工字者代之，此大吕壎之各孔分也。壎之用於雅樂，止取五聲而無二變，其體亦止得六聲而不能備七聲之全。至於旋宫轉調，則以最近一音借用之，或隨調而另製一體，此所以有雅壎、頌壎大小之别也。

右土音之屬

革音之屬

周禮地官鼓人：掌教六鼓、四金之音聲，以節聲樂，以和軍旅，以正田役。教爲鼓而辨其聲用，注：教爲鼓，教擊鼓者大小之數，又別其聲所用之事。

鄭氏鍔曰：能知聲者，或不能爲器。能制器者，或未必能知聲。鼓人知聲者也，韗人爲鼓者也。爲鼓者大小長短儻不中度，則知聲者欲其聲不爽可得哉！故上言教擊鼓之法，此言教爲鼓而用之之法。然則教爲鼓者，教韗人爲之。先儒謂教擊鼓者大小之數，則失之矣。

以雷鼓鼓神祀，注：雷鼓，八面鼓也。神祀，祀天神也。疏：鄭知雷鼓八面鼓者，雖無正文，案韗人爲皋陶，有晉鼓、鼖鼓、皋鼓，三者非祭祀之鼓，皆兩面，則路鼓祭宗廟，宜四面；靈鼓祭地祇，尊於宗廟，宜六面；雷鼓祀天神，又尊於地祇，宜八面；故知義然也。以靈鼓鼓社祭，注：靈鼓，六面鼓也。社祭，祭地祇也。疏：社是五土之總神，是地之次祀，故舉社以表地祇。其實地之大小之祭，皆用靈鼓也。以路鼓鼓鬼享。注：路鼓，四面鼓也。鬼享，享宗廟也。

秋官冥氏：爲阱擭以攻猛獸，以靈鼓敺之。注：靈鼓，六面鼓。

夏官大司馬：中春，教振旅，王執路鼓。

太僕：建路鼓于大寢之門外，而掌其政。

陳氏禮書：靁，天聲也。靁鼓鼓神祀而救日月，亦天事也。古人救日月則詔王鼓，先儒以爲鼓用靁鼓是也。靈，地德也。靈鼓鼓社祭而攻猛獸，亦地事也。冥氏

「攻猛獸以靈鼓敺之」是也。路鼓鼓鬼享而田獵，達窮者與遽令亦用之。司馬「振旅，王執路鼓」，太僕「建路鼓于大寢之門外，以待達窮者與遽令」是也。

蕙田案：以上雷鼓、靈鼓、路鼓。

詩大雅靈臺：賁鼓維鏞。傳：賁，大鼓也。疏：賁，大也，故謂大鼓爲賁鼓。冬官韗人注「大鼓謂之鼖」是也。

書顧命：大貝賁鼓。

周禮地官鼓人：以鼖鼓鼓軍事。注：大鼓謂之鼖，鼓長八尺。疏：云「大鼓謂之鼖」，是訓鼖爲大〔一〕。此惟兩面而已，而稱大者，此不對路鼓已上，以其長八尺，直對晉鼓六尺六寸者爲大耳。

夏官大司馬：中春，教振旅，諸侯執鼖鼓。

爾雅釋樂：大鼓謂之鼖。注：鼖長八尺。

陳氏樂書：鼓之小者謂之應，大者謂之鼖。司馬法千人之師執鼙，萬人之師執大鼓，則所謂鼖鼓者，大鼓而已。鼖鼓鼓軍事，則晝以進兵之鼓，非夜以警衆之鼜

〔一〕「鼖」，原作「鼓」，據光緒本、周禮注疏卷一二改。

也。鄭氏以鼖爲鼛，誤矣。凡此，非特用之以和軍旅，雖節聲樂亦用之，故詩言「鼛鼓維鏞」，以文王能作大事，考大功，作樂以象其成也。鼖鼓、路鼓皆謂之大者，路者，人道之大；鼖者，人事之大。國之大事，在祀與戎，故鬼享以路，軍事以鼖。

周禮地官鼓人：以鼛鼓鼓役事。注：鼛鼓，長丈二尺。

詩小雅鼓鐘：鼓鐘伐鼛。注：鼛，大鼓也。疏：鼛即皋也，古今字異耳。

大雅緜：鼛鼓弗勝。

陳氏禮書：鼛鼓倨句磬折，則皋鼓中高而兩端下矣。

陳氏樂書：鼖鼓以賁爲義，鼛鼓以皋爲義。詩曰「鶴鳴于九皋」，傳曰「下濕皋」，則皋者，下濕之地，其土潤以緩。欲舞之緩，謂之皋舞。欲役之緩，謂之皋鼓。春秋傳曰「魯人之皋」，詩曰「鼛鼓弗勝」，又曰「鼓鐘伐鼛」，蓋鼛鼓所以鼓役事也。文王説以使民，雖以鼛鼓節之使緩，而民各致其功而不止，雖鼛鼓有所弗勝也。幽王拂民而役之，雖伐鼛不足使之勸功，適以勞之而已。此詩人所以美文王於緜，刺幽王於鼓鐘也。馮元謂鼛鼓長尋有四尺，不容有流蘇筍虡之飾，而聶崇義三禮圖有之，蓋失之矣。

周禮地官鼓人：以晉鼓鼓金奏。注：晉鼓，長六尺六寸。金奏，謂樂作擊編鐘。疏：鄭唯言編鐘，據磬師而言，其實不編者，亦以晉鼓和之。

鄭氏鍔曰：金奏者，西方之聲，陰之屬也。陰以退爲主，陽氣導之乃進。晉，進也，以進爲義，故宜用以鼓金奏。

夏官大司馬：中春，教振旅，軍將執晉鼓。

陳氏禮書：考工記韗人爲臯陶，長六尺有六寸，先儒以爲晉鼓，其言是也。鼓人之六鼓，有靁鼓、靈鼓、路鼓、鼖鼓、晉鼓、臯鼓，而路鼓以上，不特左右兩端面而已，鼖鼓不特長六尺六寸而已，則長六尺六寸，左右端廣六寸，其爲晉鼓可知。鼓人「以晉鼓鼓金奏」，鎛師「掌金奏之鼓」，鐘師「以鼓奏九夏」，此所以爲懸鼓也。然司馬春振旅，軍將執晉鼓；吴與越戰，載常建鼓，韋昭曰「將軍執晉鼓」。晉鼓建謂爲楹而植之，蓋晉鼓建之於軍，猶路鼓建之於寢，非此則不建矣。

蕙田案：以上鼖鼓、鼛鼓、晉鼓。

禮記明堂位：夏后氏之鼓足，注：足謂四足也。

陳氏禮書：鼓，其聲象雷，其大象天，其於樂象君，故凡鼓瑟，鼓琴，鼓鐘，鼓簧，鼓缶，皆謂之鼓，以五音非鼓不節也。明堂位曰：「夏后氏之鼓足。」鄭康成曰：「足謂四足。」考之於禮，夏后氏尚黑，商尚白，周尚赤，則三代鼓色可知矣。春秋之時，楚伯棼射王鼓跗，然則兵車之鼓，亦有足與？

殷楹鼓。注：楹爲之柱，貫中上出也。

儀禮大射儀：建鼓在阼階西，南鼓。注：建猶樹也。以木貫而載之，樹之跗也。南鼓，謂所伐面也。疏：案明堂位云「殷楹鼓」，注云：「楹爲之柱，貫中上出也。」此云以木貫而載之，則爲之柱貫中上出一也。周人縣鼓，今言建鼓，則殷法也。主於射，略於樂，故用先代鼓。西階之西，一建鼓在其南，東鼓。一建鼓在西階之東，南面。

陳氏禮書：商頌曰「置我鞉鼓」，明堂位曰「商之楹鼓」。禮，公執桓圭，諸侯之葬有桓楹。鄭氏釋周禮曰「雙植謂之桓」，釋禮記曰「四植謂之桓」，則桓楹四稜，圭之所顯者雙稜而已。楹鼓蓋爲一楹而四稜焉，貫鼓於其端。周禮大僕「建路鼓于大寢之門外」，儀禮大射「建鼓在阼階西，南鼓」，則其所建楹也。莊子曰：「負建鼓以求亡子。」建鼓可負，則以楹貫之可知。魏、晉以後，復商制而樹之，謂之建鼓。隋志又棲翔鷺於其上，或曰鵠也，取其聲遠聞也。或曰：鷺，鼓精也。越王勾踐建大路於康宮之端門，有雙鷺咏之而去，此其象也。或曰：詩云「振振鷺，鷺于飛，鼓咽咽，醉言歸。」後世怨周之衰，故飾鼓以鷺，欲其風流存焉。國朝沿唐制，其高六尺六寸，中植以柱，設重斗方蓋，蒙以朱綢，張以絳紫繡羅，四角六龍，竿皆銜流蘇璧璜，五采羽爲飾，竿首亦爲翔鷺，傍又挾二小鼓，左曰鞞，右曰應。然詩言「應田縣鼓」，則周制王之應田在懸鼓之側，不在建鼓傍矣。

禮記明堂位：周縣鼓。注：縣，縣之簨虡也。周頌曰：「應𣌾縣鼓。」

禮器：縣鼓在西。注：禮樂之器尊西也。

詩頌有瞽：應田縣鼓。傳：縣鼓，周鼓。疏：明堂位云「周人懸鼓」，是周法鼓始在懸，故云「懸鼓，周鼓」。

陳氏樂書：鼓之制，始于伊耆氏，少昊氏、夏后氏加四足謂之足鼓。商人貫之以柱，謂之楹鼓。周人縣而擊之，謂之縣鼓。而周官鼓人「晉鼓鼓金奏」，鐘師「以鼓奏九夏」，所謂縣鼓也。禮曰「縣鼓在西，應鼓在東」，詩曰「應田縣鼓」，則縣鼓周人所造之器，始作樂而合乎祖者也。以應鼓爲和終之樂，則縣鼓其倡始之鼓歟？蓋宫縣設之四隅，軒縣設之三隅，判縣設之東西。李照謂西北隅之鼓合應鍾、黄鍾、大吕之聲，東北隅之鼓合太簇、夾鍾、姑洗之聲，東南隅之鼓合仲吕、蕤賓、林鍾

之聲，西南隅之鼓合夷則、南吕、無射之聲，依月均而考擊之，於義或然。

周禮考工記韗人：爲皐陶。注：鄭司農云：「韗，書或爲鞠。皐陶，鼓木也。」玄謂鞠者，以皐陶名官也。鞠則陶，字從革。**長六尺有六寸，左右端廣六寸，中尺，厚三寸，**注：版中廣頭狹爲穹隆也。鄭司農云：「謂鼓木一判者，其兩端廣六寸，而其中央廣尺也。如此乃得有腹。」**穹者三之一，**注：鄭司農云：「穹讀爲『志無空邪』之空。謂鼓木腹穹窿者居鼓三之一也。」玄謂穹讀如「穹蒼」之穹。穹隆者居鼓面三分之一，則其鼓四尺者，版穹一尺三寸三分寸之一也。倍之爲二尺六寸三分寸之二，加鼓四尺，穹之徑六尺六寸三分寸之二也。此鼓合二十版。**上三正。**注：鄭司農云：「謂兩頭一平，中央一平也。」玄謂三讀當爲參。正，直也。參直者，穹上一直，兩端又直，各居二尺二寸，不弧曲也。此鼓兩面，以六鼓差之，賈侍中云「晉鼓大而短」，近晉鼓也。以晉鼓鼓金奏。**鼓長八尺，鼓四尺，中圍加三之一，謂之鼖鼓。**注：中圍加三之一者，加於面之圍以三分之一也。面四尺，其圍十二尺，加以三分一，四尺，則中圍十六尺，徑五尺三寸三分寸之一也。今亦合二十版，則版穹六寸三分寸之二耳。大鼓謂之鼖。以鼖鼓鼓軍事，鄭司農云：「鼓四尺，謂革所蒙者廣四尺。」**爲皐鼓，長尋有四尺，鼓四尺，倨句，磬折。**注：以皐鼓鼓役事。磬折，中曲之，不參正也。中圍與鼖鼓同，以磬折爲異。**凡冒鼓，必以啓蟄之日。**注：啓蟄，孟春之中也。蟄蟲始聞雷聲而動，鼓所取象也。冒，蒙鼓以革。**良鼓瑕如**

積環。注：革調急也。疏：瑕與環，皆謂漆之文理，謂革調急，故然。若急而不調，則不得然也。鼓大而短，則其聲疾而短聞；鼓小而長，則其聲舒而遠聞。

易通卦驗：冬至，鼓用馬革，圓徑八尺一寸。夏至，鼓用牛皮，圓徑五尺一寸。

荀子：聲樂之象，鼓大麗，鼓其樂之君耶？故鼓似天。

白虎通：鼓，震音，煩氣也。萬物憤懣震動，而生雷以動之，温以煖之，風以散之，雨以濡之，奮至德之聲，感和平之氣也。同聲相應，同氣相求，其本乃在萬物之始耶？故謂鼓也。

風俗通：案易稱鼓之以雷霆，聖人則之，不知誰所作也。鼓者，郭也，春分之音也。物郭皮甲而出，故謂之鼓。

陳氏樂書：雷積陽氣而後成聲，蟲待雷聲而後啓蟄。先王之爲鼓，其冒之也，必以啓蟄之日；其伐之也，必爲冬至之音。蓋冬至之節，五陰用事而一陽復焉。啓蟄之日，三陰用事而三陽泰焉。以一陽之器冒於三陽之時，其聲象雷，其形象天，其於樂象君，故凡鼓琴瑟、鼓鐘、鼓磬、鼓柷、鼓敔、鼓簧、鼓缶，皆謂之鼓，以鼓無當於五聲，五聲不得不和故也。傳曰：「鼓所以檢樂，爲群音之長。」是鼓爲五聲之君。

五聲又以中聲爲君，故鼓大而短，則其聲疾而短聞；小而長，則其聲舒而遠聞。然則大而不短，小而不長，則其聲必適舒疾之節，其聞必適短遠之衷，一會歸中聲而已。以之祀天神曰雷，以之祭地祇曰靈，以之享人鬼曰路，鼓軍事則爲鼖，鼓役事則爲鼛，鼓金奏則爲晉，以至引之而爲朄，應之而爲應，始之而爲朔，警之而爲鼜，執之而爲提，卑之而爲鼙，兆之而爲鼗，其所以和之節之止之通之，又不過錞、鐃、鐲、鐸焉，然則先王之爲樂也節矣。

蕙田案：以上鼓制度。

儀禮大射儀：朔鼙在其北。注：朔，始也。奏樂先擊西鼙，樂爲賓所由來也。先擊朔鼙，應鼙應之。

周禮春官大師：下管播樂器，令奏鼓朄。注：鄭司農云：「朄，小鼓也。先擊小鼓，乃擊大鼓。小鼓爲大鼓先引，故曰朄。朄讀爲『導引』之引。」玄謂鼓朄，猶言擊朄。

小師：凡小祭祀小樂事，鼓朄。下管，擊應鼓。注：應，鼙也。應與朄及朔，皆小鼓也。其所用別未聞。

王氏昭禹曰：應鼙爲朄鼓之和，朄鼓爲應鼙之引。

禮記禮器：應鼓在東。注：小鼓謂之應。

儀禮大射儀：應鼙在其東，南鼓。注：應鼙，應朔鼙也。

爾雅釋樂：大鼓謂之鼖，小者謂之應。疏：李巡云：「小者音聲相承，故曰應也。」孫炎云：「和應大鼓也。」

周禮春官鐘師：掌鼙，鼓縵樂。注：作縵樂，擊鼙以和之。疏：此官主擊鼙。於磬師作縵樂，則鐘師擊鼙以和之。

夏官大司馬：中春，教振旅。旅師執鼙。

禮記投壺：鼓○□。注：圜者擊鼙，方者擊鼓。音義：鼙，其聲下，其音榻榻然。鼓，其聲高，其音鏜鏜然。

陳氏禮書：鼙，應鼓號應鼙，朔鼓號朔鼙。周禮大師：「大祭祀，下管，播樂器，令奏鼓朄。」小師：「大祭祀，下管，擊應鼓。小祭祀，小樂事，鼓朄。」儀禮大射：「建鼓在阼階西，南鼓。應鼙在其東，南鼓，西階之西。」頌磬東面，其南鐘，其南鎛，皆南陳。一建鼓在其南，東鼓。朔鼙在其北。一建鼓在西階之東，南面。詩曰：「應田縣鼓。」先儒以詩之「田」爲朄，朄，小鼓；應，應鼙也。爾雅曰：「大鼓謂之鼖，小鼓謂之應。」然則大祭祀，皆鼓𣗳擊應，大射有朔鼙、應鼙，詩又以應配𣗳，則朔鼙乃𣗳鼓也。以其引鼓焉，故曰𣗳。以其始鼓焉，故曰朔。是以儀禮有朔無𣗳，周禮有𣗳無朔，猶儀禮之玄酒，周禮之明水，其實一也。鄭氏以應與𣗳及朔爲三鼓，恐不然也。大射建鼓南鼓，應鼓亦南鼓，而居其東；建鼓東鼓，朔鼙亦東鼓，而居其北。則鼙與鼓比建，而鼙常在其左矣。朔作而應應之，朔在西，應在東，則凡樂之奏，常先西矣。

陳氏樂書：鼙，卑者所鼓也，故周人論司馬所執五鼓，推而上之，王執路鼓，鼓之尤大者也；推而下之，旅師執鼙，鼓之尤小者也。尊者執大，卑者執小，上下之分也。司馬法曰：「萬人之師執大鼓，千人之師執鼙。」儀禮大射：「應鼙在阼階西，建鼓之東；朔鼙在西階西，建鼓之北。」鼙與鼓，其聲皆以讙爲主，及比建而用之，則鼙常在其左矣。古之奏樂，先擊西朔而東鼙應之，是朔鼙倡始者也，應鼙和終者也。禮圖謂商人加左鞞右應，爲衆樂之節，蓋不考儀禮左應右朔之過也。鼙或鼓在卑上，於鼓爲卑故也。或革在卑右，以其上革故也。

蕙田案：以上朔鼙、𣗳、應鼓、應鼙、鼙。

詩大雅靈臺：鼉鼓逢逢。

書胤征：瞽奏鼓。

周禮春官大司樂：王大食，三侑，皆令奏鐘鼓。

樂師：凡國之小事，令奏鐘鼓。　饗食諸侯，令奏鐘鼓。　樂出入，令奏鐘鼓。

眡瞭：賓射，皆奏其鐘鼓。

鼓人：救日月，則詔王鼓。

禮記學記：鼓無當於五聲，五聲弗得不和。

樂記：鼓鼙之聲讙，讙以立動，動以進衆。君子聽鼓鼙之聲，則思將帥之臣。

律呂正義：禮記曰：「鼓無當於五聲，五聲弗得不和。」故革與木居於八音之末。又曰：「鼓鼙之聲讙，讙以立動，動以進衆。君子聽鼓鼙之聲，則思將帥之臣。」是革音最大，爲衆樂之長，非他器婉轉悠揚者比。但考其形制，昔人之説，往往不同。通鑑外紀黃帝命岐伯作鼓，通禮義纂黃帝制鼓鼙，以當雷霆，蓋伐蚩尤也。自是伊耆氏之土鼓、夏后氏之足鼓、殷之楹鼓、周之縣鼓，制雖不同，而取聲則一。周禮地官鼓人：「掌教六鼓四金之音聲，以節音樂，以和軍旅，以正田役。教爲鼓而辨其聲用，以雷鼓鼓神祀，以靈鼓鼓社祭，以路鼓鼓鬼享，以鼖鼓鼓軍事，以鼛鼓鼓役事，以晉鼓鼓金奏，以金錞和鼓，以金鐲節鼓，以金鐃止鼓，以金鐸通鼓。凡祭祀百物之神，鼓兵舞帗舞者。凡軍旅，夜鼓鼜，軍動則鼓其衆，田役亦如之。」案周禮秋官冥氏「靈鼓以攻猛獸」，夏官太僕「建路鼓以達窮者與遽令」，又地官鼓人疏雷鼓以救日月，觀此則三鼓不獨祭祀用之而已。詩曰「鼖鼓維鏞」，非止軍事也。又曰「鼓鐘伐鼛」，非止役事也。夏官司馬「中春教振旅，軍將執晉鼓」，亦非止金奏也。然則鼓人所職，特載其用之大者而已。周禮注雷鼓八面，路鼓四面，若言一鼓而有八面六面四面之形，舊圖説從之。其所謂八面六面四面者，蓋一制而數不同，猶今儀仗花腔鼓二十四面、杖鼓十二面之類也。又周禮注鼖鼓長八尺，鼛鼓長丈二尺，晉鼓長六尺六寸。考工記韗人：「爲皋陶，長六尺有六寸，左右端廣六寸，中尺，厚三寸，穹者三之一，上三正。鼓長八尺，鼓四尺，中圍加三之一，謂之鼖鼓。爲皋鼓，長尋有四尺，鼓四尺，倨句，磬折。凡冒鼓，必以啓蟄之日。良鼓瑕如積環。鼓大而短，則其聲疾而短聞；鼓小而長，則其聲舒而遠聞。」所謂皋陶者，鼓之木腔也。鼓長六尺有六寸者，舉晉鼓之度以例其餘也。左右端廣六寸者，木版兩頭各廣六寸，周二十版，則圍丈有二尺而面徑四尺也。中尺厚三寸者，版之中幅廣一尺，合得鼓之腰圍二丈而空徑六尺有奇。版中幅厚三寸漸殺，而兩端二寸可知也。穹者三之一者，申言鼓腰中徑之數，以鼓面徑四尺而三分之，得一尺三寸三分零，各加於面徑之兩旁，爲腰圍之徑六尺六寸有奇也。上三正者，言兩端與中腰三處立尺度之正數，爲諸鼓定式。晉鼓、鼖鼓、皋鼓長短雖不同，而圍徑皆同也。以上晉鼓之制也。鼓長八尺者，版兩端相距也。鼓四尺者，即面徑也。中圍加三之一者，即腰穹之徑六尺六寸有奇也。謂之鼖鼓以上，鼖鼓之制也。爲皋鼓以下，皋鼓之制也。即鼛鼓。長尋有四尺者，兩面相距丈二尺也。鼓四尺者，面徑同前也。倨句、磬折者，倨句漸殺，如磬股之折也。凡冒鼓必以啓蟄之日者，象雷發聲也。良鼓瑕如積環者，鼓之中腰廣而兩端狹，木腔衆幅輻湊，其縫如積環也。鼓大而短則其聲疾而短聞者，晉鼓之類是也。鼓小而長則其聲舒而遠聞者，朔鞞之類是也。此舉晉鼓、鼖鼓、皋鼓爲例，大而雷鼓、靈鼓，小而鼛鼓、鼗鼓，可類推矣。至朔鞞，長二尺，大面徑一尺，小徑七寸，一名[illegible]鼓，一名縣鼓，一名相鼓，縣於建鼓之西。有應鞞，長尺四寸，大面徑一尺，小徑五寸，一名應鼓，亦曰鞞，縣於建鼓之東。蓋鼓大而鞞小，擊之以相濟，爲高下抑揚之節。今小戴禮投壺篇有魯鼓、薛鼓之圖，圓者擊鼙，方者擊鼓，即其制也。後世概從簡略，不別設鞞，直於鼓之邊旁假借取聲而已。他若羯鼓、腰鼓、銅鼓、石鼓之類，或踵事增設，或殊方異俗，或因地施用，殆非雅樂之遺，故不足以列諸八音之器。要之鼓腔大者聲大，鼓腔小者聲小。革之生聲，又在緊慢，且尤關於燥濕。革遇燥而聲弘，遇濕而聲濁，所以聲音之清濁，於鼓體之中最爲難定。蓋革木一聲，非如絲竹諸器可細。案以律吕之度，止取爲衆音之節奏，故禮曰「鼓無當於五聲，五聲弗得不和」是也。

蕙田案：以上鼓鼙。

書益稷：下管鼗鼓。傳：堂下樂也。

詩商頌那：置我鞉鼓。箋：置讀曰植。植鞉鼓者，鞉與鼓也。鞉雖不植，貫而摇之，亦植之類。

周禮春官大司樂：靁鼓靁鼗。冬日至，於地上之圜丘奏之。注：鄭司農云：「雷鼓、雷鼗，皆謂六面有革可擊者也。」玄謂雷鼓、雷鼗八面。靈鼓靈鼗，夏日至，於澤中之方丘奏之。注：鄭司農云：「靈鼓、靈鼗四面。」玄謂靈鼓、靈鼗六面。路鼓路鼗，於宗廟之中奏之。注：鄭司農云：「路鼓、路鼗兩面。」玄謂路鼓、路鼗四面。

小師：掌教鼓鼗。注：出音曰鼓。鼗如鼓而小，持其柄摇之，旁耳還自擊。

瞽矇：掌播鼗。注：播謂發揚其音。

眡瞭：掌凡樂事播鼗。

儀禮大射儀：鼗倚于頌磬，西紘。

爾雅釋樂：大鼗謂之麻，小者謂之料。注：麻者，音概而長也。料者，聲清而不亂。

白虎通：鞀者，震之氣也，上應昴星，以通王道，故謂之鞀也。

三禮圖：小師職「掌教鼓鼗」，鼗如鼓而小，有柄。賓至，搖之奏樂也。又眡瞭「掌凡樂事播鼗，擊頌磬、笙磬」，磬言擊，鼗言播，播即搖之可知也。鼗所以節樂，賓至乃樂作，故知賓至搖之以奏樂也。又鼗，導也，所以導鼓聲，或節一唱之終也。

陳氏禮書：月令曰「脩鞀音挑。鞞」，世紀曰「帝嚳命倕作鞞」，先儒謂小鼓有柄曰鞀，大鞀謂鞞。記曰：「賜諸侯樂，以柷將之。賜伯子男，以鼗將之。」蓋柷以合樂，鼗則兆鼓而已，故其賜所以不同也。孔穎達曰：「柷，所以節一曲之始，其事寬，故以將諸侯之命。鼗，所以節一唱之終，其事狹，故以將伯子男之命。豈其然哉？」儀禮諸侯之燕、大射，大夫士之鄉射、鄉飲，皆有鼗無柷。諸侯之樂，非無柷也，文不備爾。

蕙田案：以上鼗。

書益稷：搏拊。傳：拊以韋爲之，實之以糠，所以節樂。疏：搏拊形如鼓，以韋爲之，實之以糠，擊之以節樂，漢初相傳爲然也。

周禮春官大師：大祭祀，帥瞽登歌，令奏擊拊。注：拊形如鼓。

小師：大祭祀，登歌，擊拊。注：鄭司農云：「拊者擊石。」疏：引先鄭拊爲擊石者，先鄭上注已解拊與擊同，後鄭不從，今引之在下者，以無正文，引之或得爲一義故也。

禮記明堂位：拊搏。注：拊搏，以韋爲之。

樂記：會守拊鼓。注：拊者，以韋爲表，裝之以糠。疏：白虎通引尚書大傳「拊革著以糠」，鄭以此知之也。

尚書大傳：以韋爲鼓，謂之搏拊。

陳氏禮書：拊之爲物，以韋爲之，狀若鼓然，書傳所謂「以韋爲鼓，謂之搏拊」是也。實之以糠，白虎通所謂「拊革著以糠」是也。其設則堂上，書所謂「搏拊」是也。其用則先歌，周禮所謂「登歌、合奏、擊拊」是也。荀卿曰「鞉拊椌楬似萬物」〔一〕，又

〔一〕「楬」，諸本作「揚」，據荀子樂論篇改。

曰「縣一鐘而尚拊」，大戴禮曰「縣一磬而尚拊」，子夏曰：「絃匏笙簧，會守拊鼓，始奏以文，復亂以武，治亂以相，訊疾以雅。」言尚拊，則拊在一鐘一磬之東也。言會守拊鼓，則衆鼓待其動而後作也。既曰「會守拊鼓」，又曰「治亂以相」，則相非拊也。鄭氏以相爲拊，誤矣。拊，書謂之搏拊，明堂位謂之拊搏，蓋以其或搏或拊，莫適先後也。爾雅和樂謂之節，或説節即相也。晉傅休奕節賦曰：「口非節不詠，手非節不拊。」江左清樂有節鼓，唐雅樂升歌用之，其詳不可考也。

律吕正義：周禮大師：「大祭祀，率瞽登歌，令奏擊拊，下管播樂器，令奏鼓朄。」注云：「擊拊，瞽乃歌。拊形如鼓，以韋爲之，著之以糠。朄，小鼓也。」蓋古者登歌堂上，拊以先之。管在堂下，鼓朄以引之。先擊小鼓，乃擊大鼓，然後衆樂皆作也。拊與朄，堂上、堂下相須爲用，以成歌奏之節。後世朄雅舂牘不存，而拊僅存焉。案拊之爲字，實擊拍拊循之意，初無與器用之名。虞書益稷「戛擊鳴球，搏拊琴瑟以詠」，孔傳竟以戛擊搏拊皆爲樂器，至宋儒始正之，謂戛擊，考擊也。搏，至也。拊，循也。觀此，則注周禮者，或亦仍孔傳之解乎？然其器尚有存於世者，而形制可考。既云如鼓，或即朄與鞞鼗之類耶？相傳用熟皮爲之，長一尺四寸，而徑七寸，實之以糠，是亦革之音也。觀此制，與今所定黄鍾之度爲近，今定制，宜以黄鍾之長爲徑、倍之爲長，庶數有所依而法有立矣。

蕙田案：以上柎。

周禮地官鼓人：凡軍旅，夜鼓鼜。注：鼜，夜戒守鼓也。司馬法曰：「昏鼓四通爲大鼜，夜半三通爲晨戒，旦明五通爲發昫。」

春官眡瞭：鼜、愷獻，亦如之。注：杜子春云：讀「鼜」爲「憂戚」之戚，謂戒守鼓也。擊鼓聲疾數，故曰戚。

鎛師：凡軍之夜三鼜，皆鼓之，守鼜亦如之。注：守鼜，備守鼓也。鼓之以鼖鼓。杜子春云：「一夜三擊，備守鼜也。」

夏官掌固：夜三鼜以號戒。注：杜子春云：「讀鼜爲造次之造，謂擊鼓行夜戒守也。」玄謂鼜，擊鼜，警守鼓也。三巡之間，又三擊鼜。

陳氏樂書：鎛師：「凡軍之夜三鼜，皆鼓之，守鼜亦如之。」掌固曰「夜三鼜以號戒」，鄭氏皆謂鼓之以鼖鼓。然鼖雖鼓人用之以鼓軍事，諸侯執之以振旅，要皆非警夜之鼜鼓也。司馬法曰「昏鼓四通爲鼜，夜半三通爲晨戒，平旦五通爲發明」，三鼖之制，大致若此，鄭氏之説不亦昧乎？宋沈約樂志曰：「長丈二尺曰鼖。」

蕙田案：鼖之名，見於周禮者數矣，然司馬法曰「昏鼓四通爲大鼖」，是鼖乃擊鼓之名，而非鼓名。杜子春以爲「擊鼓聲疾數」是也。地官鼓人「以鼖鼓鼓軍事」，鄭氏以「鼖爲鼓之以鼖鼓」，亦是也。陳晉之乃據梁人沈約之説，而以鼖爲鼓名，又圖大鼖、中鼖、小鼖，以實周禮三鼖之文，惑矣！

又案：以上鼖。

周禮夏官大司馬：中春，教振旅，師帥執提。注：鄭司農云：「提謂馬上鼓，有曲木提持鼓立馬髦上者，故謂之提。」疏：云「提謂馬上鼓」者，此先鄭蓋據當時已有單騎，舉以況周。其實周時皆乘車，無輕騎法也。

陳氏禮書：大司馬「春振旅，師帥執提」，鄭氏曰「馬上鼓」，賈公彦曰「周時無騎法」，然左傳稱齊、魯相遇，以鞍爲几，禮記稱「前有車騎」，史記稱趙靈王胡服騎射，蓋古者國容以車，軍容或有騎。

蕙田案：八音之革爲鼓。易曰：「雷出地奮，先王以作樂。」又曰：「鼓之以雷霆。」考工記曰：「凡冒鼓，必以啓蟄之日。」周官鼓人「六鼓以雷鼓爲首」，是鼓以象雷，樂之先聲也。伶州鳩曰：「革木一聲，聲唯一，而其制有三：曰鼓，曰鼙，曰鼗。」鼓之爲體大，其制詳于韗人，其用辨于鼓人。鼙之爲體小，陸德明曰：「其聲下，其音榻榻然。」陳暘曰：「鼓在卑上，于鼓爲卑，是其形卑，其聲亦卑也。」鼗亦鼓之小者，其制有柄而不縣，其聲以播而不以擊。鼓之別有六：鼓人所謂雷鼓、靈鼓、路鼓、鼖鼓、鼛鼓、晉鼓也。雷鼓，先鄭以爲六面，康成以爲八面。靈鼓，先鄭以爲四面，後鄭以爲六面。路鼓，先鄭以爲二面，後鄭以爲四面。而皆無經據。考周禮靁鼓六面，而工十有二；靈鼗八面，而工十有六；路鼗四面，而工八。每以二人各直一面，則非合六面、八面、四面爲一鼓甚明，正義之説爲不易矣。鼙之別有三：曰應，曰朄，曰朔。禮書、樂書謂朔即朄，恐或然也。又考之于經，鼖鼓，詩曰「賁鼓」。鼛鼓，考工記作皋鼓。鼙，月令作鞞。鼗，詩作鞉，月令作鞀。蓋鼖與賁皆大也，皋與鼛皆聲也。鼙之從鼓從革，義一也。鼗以其兆鼓，則從鼗；以其爲革，則從鞉；以其導樂，則從鞀。先儒之説云然。月令云「修鞀鞞鼓」，禮書以大鞀爲鞞，非也。

右革音之屬

五禮通考卷七十六

吉禮七十六

宗廟制度

絲音之屬

書益稷：搏拊琴瑟以詠。

周禮春官大司樂：雲和之琴瑟，冬日至，於地上之圜丘奏之。注：鄭司農云：「雲和，地名也。」玄謂：雲和，山名。空桑之琴瑟，夏日至，於澤中之方丘奏之。注：空桑，山名。龍門之琴瑟，於宗廟之中奏之。注：龍門，山名。

瞽矇：掌鼓琴瑟。

禮記禮運：列其琴瑟。疏：列其琴瑟者，琴瑟在堂而登歌。書云「搏拊琴瑟以詠」是也。

明堂位：大琴、大瑟、中琴、小瑟，四代之樂器也。

樂記：文以琴瑟。疏：文飾聲音以琴瑟。

輔氏廣曰：發之以聲音，則聲之成文者也。寫之琴瑟，則其文益顯矣。

絲聲哀，哀以立廉，廉以立志。君子聽琴瑟之聲，則思志義之臣。

世本古義：何氏楷曰：陳暘云：「琴瑟，其聲尚宫，其音主絲，士君子常御。古人作樂，聲應相保而爲和，細大不踰而爲平。故用大琴，必以大瑟配之；用中琴，必以小瑟配之。」羅泌云：「琴統陽，瑟統陰。以陰佐陽，不可易也。瑟惟陰也，故朱襄鼓瑟而陰氣來。琴惟陽也，故虞氏鼓五絃之琴而南風至。陰陽之應，各從其類。是以伯牙鼓琴而馬仰秣，瓠巴鼓瑟而魚出聽。魚，水物；而馬，火物，以類應也。楊泉曰：『琴欲高張，瑟欲下聲，數不踰琴，以佐陽也。』」

蕙田案：以上琴瑟總。

昔者，舜作五絃之琴，以歌南風。注：案世本云：「神農作琴。」今云舜作者，非謂舜始造也。正用此琴特歌南風，始自舜耳。或五絃，始舜也。

家語：昔者舜彈五絃之琴，造南風之詩。其詩曰：「南風之薰兮，可以解吾民之慍兮。南風之時兮，可以阜吾民之財兮。」

春秋成公九年左氏傳：使與之琴，操南音。

襄公二年左氏傳：穆姜使擇美檟，以自爲頌琴。注：頌琴，猶言雅琴。

爾雅釋樂：大琴謂之離。注：或曰琴大者二十七絃，未詳長短。廣雅曰：「琴長三尺六寸六分，五絃。」疏：琴操曰：「伏羲作琴。」世本云：「神農作琴。」云「廣雅曰琴長三尺六寸六分，五絃」者，此常用之琴也，象三百六十六日，五絃象五行，大絃爲君，小絃爲臣，文王、武王加二位，以合君臣之恩也。又五絃第一絃爲宫，其次商、角、徵、羽，文、武二絃爲少宫、少商。又琴操曰：「廣六寸，象六合也。」又上曰池，言其平。下曰濱，言其服。前廣後狹，象尊卑；上圓下方，法天地。

家語：孔子學琴於師襄子，襄子曰：「吾雖以擊磬爲官，然能於琴。今子於琴已習，可以益矣。」孔子曰：「吾未得其數也。」有間，曰：「已習其數，可以益矣。」孔子曰：「吾未得其志也。」有間，曰：「已習其志，可以益矣。」孔子曰：「吾未得其爲人也。」有間，孔子有所繆然思焉，有所睪然高望而遠眺焉，曰：「吾迨得其爲人矣。黮而黑，頎然長，曠如望羊，掩有四方，非文王其孰能爲此？」

子路鼓琴，孔子聞之，謂冉有曰：「甚矣，由之不才也。夫先王之制音也，奏中聲以爲節，流入於南，不歸於北。夫南者，生育之鄉；北者，殺伐之域。故君子之音温柔居中，以養生育之氣，憂愁之感不加於心也，暴厲之動不在於體也。夫然者，乃所謂治安之風也。小人之音則不然。亢麗微末以象殺伐之氣，中和之感不載於心，温和之動不存於體。夫然者，乃所以爲亂之風。」

史記：箕子隱而鼓琴以自悲，故傳曰箕子操。

荀子：琴静好。

尚書大傳：大琴練絃達越。

白虎通：琴者，禁也，所以禁止淫邪，正人心也。

聶氏三禮圖：禮樂記曰：「舜作五絃之琴以歌南風。」舊圖云：「周文王又加二絃曰少宫、少商，蔡伯喈復增二絃，故有九絃者。二絃大，次三絃小，次四絃尤小。」蔡邕本傳無文，未知舊圖據何爲説。又桓譚新論云：「今琴四尺五寸，法四時五行。」亦練朱絲爲絃。

陳氏樂書：古者造琴之法，削以嶧陽之桐，成以檿桑之絲，徽以麗水之金，軫以崑山之玉。其制長三尺六寸六分，象期之日也。廣六寸，象六合也。絃有五，象五行也。腰廣四寸，象四時也。前廣後狹，象尊卑也。上圓下方，象天地也。暉十有三，象十二律也，餘一以象閏也。其形象鳳，而朱鳥南方之禽，樂之主也。五分其身，以三爲上，二爲下，參天兩地之義也。司馬遷曰：「其長八尺一寸，正度也。」由是觀之，則三尺六寸六分，中琴之度也。八尺一寸，大琴之度也。或以七尺二寸言之，或以四尺五寸言之，以爲大琴則不足，以爲中琴則有餘，要之皆不若六八之數，爲不失中聲也。至於絃數，先儒謂伏羲、蔡邕以九，孫登以一，郭璞以二十七。頌琴以十三，揚雄謂陶唐氏加二絃以會君臣之恩，桓譚以爲文王加少宮、少商二絃，釋知匠以爲文王、武王各加一以爲文絃、武絃，是爲七絃。絃有三節，聲自焦尾至中暉爲濁聲，自中暉至第四聲爲中聲，上至第一暉爲清聲。故樂工指法，案中暉第一絃黃鍾，案上爲大吕。二絃太蔟，案上爲夾鍾。第三絃姑洗，案上爲中吕。第四絃蕤賓，單彈。第五絃爲林鍾，案上爲夷則。第六絃爲南吕，案上爲無射。第七絃爲應鍾。案上爲黃鍾清。

又曰：琴之爲樂，所以詠而歌之也。故其別有暢，有操，有引，有吟，有弄，有調。堯之神人，暢爲和樂而作也。舜之思親，操爲孝思而作也。襄陽、會稽之類，夏后氏之操也。訓佃之類，商人之操也。離夏之類，周人之操也。謂之引，若魯有關雎引、衛有思歸引之類也。謂之吟，若箕子吟、齊夷吟之類也。謂之弄，若廣陵弄之類也。謂之調，若子晉調之類也。黄帝之清角，齊桓之號鐘，楚莊之繞梁，相如之緑綺，蔡邕之焦尾，以至玉牀、響泉、韻磬、清英、怡神之類，名號之别也。吟、木、沉、散、抑、抹、剔、操、擽、擘、倫、齪、綽、瓅之類，聲音之法也。暢則和暢，操則立操，引者引説其事，吟者吟咏其事，弄則習弄之，調則調理之，其爲聲之法十有三，先儒之説詳矣。由是觀之，琴之於天下，合雅之正樂，治世之和音也。

律吕正義：絲樂雖多，惟重琴瑟。其爲樂也最古，其生聲也最正。然具聲變之義者，尤莫如琴。今欲辨琴瑟之音調，必先考其法制，詳其絃度徽分，然後體用備而理數明焉。韓詩外傳云：「伏羲琴長七尺二寸。」史記云：「古者，琴長八尺一寸。」爾雅「大琴謂之離」，注：「琴大者二十七絃。」觀此史傳所載，琴制無乃太大。然禮記有大琴、大瑟、中琴、小瑟之别，則此制，或即上古之大琴乎？七尺二寸者，乃八倍黄鍾之度，約以今尺止五尺八寸三分二釐。八尺一寸者，乃九倍黄鍾之度，約以今尺止六尺五寸六分一釐。通考載孔子琴長三尺六寸四分，廣雅云「琴長三尺六寸六分」，風俗通云「琴長四尺五寸」，此蓋中琴之制也。夫四尺五寸，乃五倍黃鍾之度，約以今尺則三尺六寸四分五釐。孔子之琴三尺六寸四分，約以今尺則二尺九寸四分八釐四豪，而廣雅所載與之相侔。及觀今時所用大者，通體三尺八寸上下，岳山至焦尾絃度三尺五寸上下。小者通體三尺一寸上下，岳山至焦尾絃度二尺九寸上下。其三尺五寸上下者，爲今尺四倍黃鍾之度。其二尺九寸上下者，爲古尺四倍黃鍾之度。蓋中琴皆以四倍黃鍾之數爲準，故孔子琴度乃百世之宜也。今定琴制，以時用大琴之三尺八寸有餘，命爲古尺之度，約以今尺得三尺一寸三分四釐七豪爲通體之長，以孔子之琴古尺三尺六寸爲岳山至焦尾絃度之數，約以今尺得二尺九寸一分六釐。此以下，皆以今尺言。其岳山之度，用黃鍾九十分之三爲二分四釐三豪，自岳山内際至額用黃鍾九十分之二十七爲二寸一分八釐七豪，其額廣用黃鍾九十分之六十三爲五寸一分零三豪，其肩闊用黃鍾九十分之七十二爲五寸八分三釐二豪，其腰廣用黃鍾九十分之五十四爲四寸三分七釐四豪，其尾闊亦如之。設雁足於絃度四分之三，此琴之體制也。琴絃之有巨細者，所以分各絃全度之音；而琴徽之有疏密者，又所以節制各絃五聲二變之分，以協和其聲調者也。近世相傳制琴之法，大琴宫絃二百四十綸，一蠒一絲，以十二絲爲一綸，過此則粗，不及則細。商絃二百有六，角絃一百七十有二，徵與商同，羽與角同，文一百三十有八，武一百有四。自宫至羽，皆依次遞降三十四綸。宫、商、角纏過一法，徵絃亦纏，用文絃爲胎，纏絃法大絃用七綸。中琴用武絃爲胎，其中琴宫絃一百六十綸，至角遞降二十綸。小琴又比中琴遞降二十綸。其所謂宫絃二百四十綸者，乃第一大絃之數。蓋以絃之大小爲五音之位，遵國語「大不踰宫，細不過羽」之説，而爲之次第如此也。案史記舜彈五絃琴以歌南風之詩，乃五音之正位，其宫絃居中央而徵、羽、商、角各分兩側者也。如琴之六絃、七絃，世傳爲文、武所加者，乃一絃、二絃之清聲也。其或謂之少宫、少商者，又隨一絃、二絃之旋宫轉調而名之者也。夫絲音以徵爲本。白虎通曰：「八音法易八卦。絃，離音也，盛德在火，其音徵。」此大絃之所以尚徵也。故大絃爲倍徵，二絃爲倍羽，三絃爲宫，管子所云「徵數一百八、羽數九十六、宫數八十一」是也。倍徵、倍羽大於宫者，即下徵、下羽之謂，非倍絃度之長，乃倍絲綸巨細之分也。是故一倍徵，二倍羽，三宫，四商，五角，六絃應一絃而爲正徵，七絃應二絃而爲正羽，此七絃大小之次也。如以五音相生度分定其巨細，則倍徵爲一百零八綸，倍羽爲九十六綸，宫絃爲八十一綸，商絃爲七十二綸，角絃爲六十四綸，而正徵爲五十四綸，正羽爲四十八綸，此依三分損益之法，而爲七絃巨細之分也。若夫徽之爲用，則案七絃之各分，與全絃互相應和，而定五音之正位也。蓋五音之位，各有其分，某分所在，即應某聲，合七絃之五聲而各分俱全，就一絃之各分而五聲已備。又就各絃之全而倍半分之節，節有五聲之正節，節有二變之位，此定徽取分之大義也。是以琴之十三徽中，第七徽得絃度之半謂之中徽，以其平分五聲之正位也。七徽既平分絃度之半，復以半度平分爲二，則四徽與十徽之分。以四徽至岳山、十徽至焦尾之度平分爲二，則一徽與十三徽之分。於是以絃之全度三分之，其一分爲五徽，其二分爲九徽。復以五徽至岳山之度半之爲二徽，以九徽至焦尾之度半之爲十二徽。仍以絃度五分之，其一分爲三徽，其二分爲六徽，其三分爲八徽，其四分爲十一徽，此琴徽折取之定分也。至於取音於徽分間有上下者，蓋以五音相生之度，有當徽、不當徽之别也。其當徽而七絃俱用者，惟七徽、四徽、一徽，皆得本絃之正聲，故又謂之三準。七徽爲七絃全度之半，四徽爲七徽之半，而一徽又爲四徽之半也。五徽、九徽、十徽之音，雖亦當徽，然七絃之中間有不用者，所以徽分與絃度不可不並舉而詳覈之也。管子曰「凡起五音，凡首，先主一而三之，四開以合九九，以是生黄鍾小素之首以成宫」者，蓋以下徵一絃爲起絃度之本，其全度命爲一分三，因而四分之以合九九八十一之數，以此分定黄鍾之音，爲他小絃之首而成宫聲之位也。如一絃全度爲三尺六寸，以三因之，得一丈零八寸，四分之則爲二尺七寸，此二尺七寸，乃三尺六寸之四分之三，即下徵一百零八分之八十一分，故曰合九九之數也。此下徵絃之宫位，即十徽之分。其相對者四徽，四徽又爲七徽之半，此二徽者，適當取音之正位焉。又曰「三分而益之以一，爲百有八，爲徵」者，以宫聲之分三分之而益一分，以合一百有八之數，乃下徵一絃之全分也。又曰「不無有三分去其乘，而適足以是生商」者，以下徵之分三分之而去其一分，適足商聲之分也。徵絃之商位，乃九徽之分，其相對者五徽，五徽又爲九徽之半，此二徽，亦當取音之正位焉。又曰「有三分而復於其所，以是成羽」者，以商聲之分三分之而益一分，乃得下羽之分也。徵絃之羽位，在十三徽外九十分之五，以十三徽至龍齦之度計之。十三徽之相對者爲一徽，一徽又爲四徽之半，一徽、四徽俱爲七徽之清聲，獨十三徽不當取音之正位焉。又曰「有三分去其乘，適足以是成角」者，以下羽之分三分之而去其一分，適足角聲之分也。徽絃之角位在八徽内一百分之七分半，八徽之相對者爲六徽，六徽又爲十一徽之半，此三徽皆不當取音之正位焉。其餘十二徽，乃羽絃之宫位、角絃之徵位，而應聲在十二徽外一百分之二十四，十二徽之相對者爲二徽，二徽又爲五徽之半，二徽、五徽俱爲九徽之清聲，獨十二徽不當取音之正位焉。十一徽乃宫絃之角位，而應聲在十一徽内一百分之二十分，十一徽之相對者爲三徽，三徽又爲六徽之半，此三徽皆不當取音之正位焉。至於角絃之宫位，則在八徽、九徽正中，而羽絃之徵位、商絃之宫位、角絃之商位，則在八徽上一百分之三十七分半，此三絃取音之正位，又居無徽之分焉。如或以五音相生度分爲徽之位次，則遠近不均，且宜於此者，必不能宜於彼，反不若折成分數，互相資借，爲用之簡且易也。以徽之用於絃者言之，十三徽，下徽一絃用之爲下羽位，下羽二絃用之爲變宫位，宫聲三絃用之爲商位，商聲四絃用之爲角位，角聲五絃用之爲變徵位，徵聲六絃用之亦爲羽位，羽聲七絃用之亦爲變宫位。此十三徽，除二絃、五絃、七絃爲二變不用，其一絃、三絃、四絃、六絃皆用之矣。十二徽，下羽二絃用之爲宫位，角聲五絃用之爲徵位，羽聲七絃用之亦爲宫位。此十二徽，二絃、五絃、七絃用之矣。

十一徽，下徵一絃用之爲變宫位，宫聲三絃用之爲角位，商聲四絃用之爲變徵位，徵聲六絃用之亦爲變宫位。此十一徽，除一絃、四絃、六絃爲二變不用，獨三絃用之矣。十徽，下徵一絃用之爲宫位，下羽二絃用之爲商位，商聲四絃用之爲徵位，角聲五絃用之爲羽位，徵聲六絃用之亦爲宫位，羽聲七絃用之亦爲商位。此十徽，獨三絃不用，其餘六絃皆用之矣。九徽，下徵一絃用之爲商位，下羽二絃用之爲角位，宫聲三絃用之爲徵位，商聲四絃用之爲羽位，角聲五絃用之爲變宫位，徵聲六絃用之亦爲商位，羽聲七絃用之亦爲角位。此九徽，獨五絃爲變宫不用，其餘六絃皆用之矣。八徽，下徵一絃用之爲角位，下羽二絃用之爲變徵位，宫聲三絃用之爲羽位，商聲四絃用之爲變宫位，徵聲六絃用之亦爲角位，羽聲七絃用之亦爲變徵位。此八徽，除二絃、四絃、七絃爲二變不用，其一絃、三絃、六絃用之矣。七徽，則平分各絃之半，七絃皆用之爲正聲矣。六徽，乃十一徽之半，各絃用之，與十一徽同。五徽，乃九徽之半，各絃用之，亦與九徽同。至於四徽，則又七徽之半，爲七絃各音之清聲。三徽，又六徽之半，爲十一徽、六徽之清聲。二徽，又五徽之半，爲九徽、五徽之清聲。一徽，又爲四徽之半，乃七絃各音之最高聲。一徽之上，則無以復加矣。至於定絃取聲，唐、宋而來，皆謂隋廢旋宫以後，獨存黄鍾一均，唐人紀琴以管色合字定一絃，而宋志燕樂譜又以管色合字爲黄鍾之律，故以一絃合字謂之黄鍾之宫。夫黄鍾之聲，實非合字，而琴之一絃，又非宫位，其以合字定一絃者，何也？邇來概以笛之四字調爲正調，定琴之絃者，正此調之聲字。今考定黄鍾之聲，實爲笛之四字。黄鍾之宫聲四字立下羽二絃以起調，則姑洗之角聲上字立宫位三絃以主調，此正角宫也。是以倍無射之變宫合字立徵位一絃，太簇之商聲乙字、無射之羽聲凡字，當二變之位而不用焉。且絲樂既以徵音爲本，故琴之一絃得徵分，三絃得宫分，而五音相和之位始正，此絃音之正宫調也。如以律吕定琴之絃，其徵律所定之絃，不應徵絃之分，而得角絃之分。羽律所定之絃，不應羽絃之分，而得變徵絃之分。變宫律所定之絃，乃得徵絃之分。宫律所定之絃，乃得羽絃之分。宫聲之律既爲四字，則變宫之律爲合字也明矣。宫律定絃既得羽分爲四字，則變宫之律定絃得徵分而爲合字也益明矣。此所以琴之一絃，實有不得不定爲合字之義也。宋姜夔論樂，史稱其詳，其七絃琴圖説曰：「七絃散而扣之，則間一絃於第十徽，取應聲如宫調。五絃十徽，應七絃散聲；四絃十徽，應六絃散聲；二絃十徽，應四絃散聲；大絃十徽，應三絃散聲；惟三絃獨退一徽，於十一徽，應五絃散聲。」古今無知之者。近世定絃之法，先取第七絃爲準。七絃之散聲，和以五絃之十徽；六絃之散聲，和以四絃之十徽；四絃之散聲，和以二絃之十徽；三絃之散聲，和以大絃之十徽；而五絃之散聲，和以三絃之十一徽。凡此二音互相應者，爲其聲之同，故以和之也。古者琴止五絃，故以一絃與三絃爲起音之本。近世因增六絃、七絃，故以五絃與七絃、或四絃與六絃爲定絃之規，要之，皆一理也。今以三絃立宫，則一絃十徽乃下徵之宫位，故應三絃之宫聲；二絃十徽乃下羽之商位，故應四絃之商聲；四絃十徽乃商聲之徵位，故應六絃之徵聲；五絃十徽乃角聲之羽位，故應七絃之羽聲。至於五絃散扣乃角聲，而宫聲三絃之角位實在十一徽，則五絃之角聲正度，安得不應於三絃之十一徽耶？夫一絃之十徽與三絃之散聲相應者，其間有下羽二絃、變宫空絃，實隔二絃以應於十徽。又如四絃之十徽與六絃散聲相應者，其間亦有角聲五絃與變徵空絃之二絃分也。惟三絃與五絃之間，無二變空絃之分，止隔四絃一位，而十徽與十一徽止較半聲之分。此所以隔二絃之分者，上應於十徽；隔一絃之分者，下應於十一徽，故三絃獨退一徽，與五絃相應也。要之，琴絃取音，以各絃各分互相應和爲本，用絃之散聲和以各分之五聲者，蓋使聲調得以高下相宣，而備一曲之用也。近世惟據正宮一調，爲論律呂之本，是以有隋廢旋宮以後止存黄鐘一均之説。然琴譜中有緊某絃爲某調者，實絃音旋宮轉調之義，但未明晰其故，以管律絃度相和取聲而考驗之耳。今以律呂定琴之法言之，管律絃度之五正聲，得分陰陽二均以相合者，止有三調，即漢志所謂三統。其餘得絃度之正分者，或雜入陰呂之音，其得陽律之音者，又或值二變之位，此正管律絃度生聲取分不同之所致也。如上論絃音而不較以律呂，則琴之陰陽二均，亦皆各爲七調，然立羽絃羽分之聲，必定以律呂而諸調始備，是故絃音轉調皆以正宮一調爲準，其各絃緊慢轉移之際，而宮調旋於其中矣。如宮調以備無射之律變宮合字，定一絃，得下徵之分。倍無射之律實爲變宮尺字，因近世定琴皆取笛之聲字，故凡聲字俱以笛孔名之。以黄鐘之律宮聲四字，定二絃，得下羽之分。姑洗之律角聲上字，定三絃，得宮聲之分。蕤賓之律變徵尺字，定四絃，得商聲之分。夷則之律徵聲工字，定五絃，得角聲之分。仍以倍無射之律變宮合字，定六絃，得徵聲之分。應於一絃，復以黄鍾之律宮聲四字，定七絃，得羽聲之分。應於二絃，其太簇之律商聲乙字，所應則爲變宮之分,而無射之律羽聲凡字,所應則爲變徵之分。此二分當二變之位而不用,蓋黄鍾宫聲立羽位以起調,姑洗角聲立宫位以主調,故爲琴之正宫調,七絃各分皆應陽律一均之聲字焉。商調,則二絃、四絃、五絃、七絃不更其散聲,仍得本律之聲字,而一絃、三絃、六絃俱慢下管律一音。蓋以太簇之律商聲乙字定三絃,立羽位以起調;蕤賓之律變徵尺字所定之四絃,立宫位以主調;而倍無射之律變宫合字,所定之一絃、六絃,下爲倍夷則之律,下羽凡字;姑洗之律角聲上字,所定之三絃,下爲太簇之律商聲乙字;其倍無射之律變宫合字,更爲倍應鐘之吕;清變宫高六字,當變徵之分;姑洗之律角聲上字,更爲仲吕之吕;清角高上字,當變宫之分而不用。此調之五正聲分,皆應陽律一均,獨二變轉而應於陰吕焉。角調,則一絃、三絃、六絃不更其散聲,仍得本律之聲字,而二絃、四絃、五絃、七絃俱緊上管律半音。蓋以姑洗之律角聲上字所定之三絃,立羽位以起調;蕤賓之律變徵尺字,更爲林鍾之吕;清變徵高尺字定四絃,立宫位以主調;而黄鍾之律宫聲四字,所定之二絃、七絃,上爲大吕之吕,清宫高五字;蕤賓之律變徵尺字,所定之四絃,上爲林鍾之吕清變徵高尺字;夷則之律徵聲工字,所定之五絃,上爲南吕之吕,清徵高工字。其黄鍾之律宫聲四字，所應則當變徵之分；蕤賓之律變徵尺字，所應則當變宫之分而不用。此調之五正聲内，三聲雜入陰吕，而二變反得陽律之聲字焉。變徵調則獨緊五絃管律半音，其餘六絃散聲，仍得本律之聲字。蓋以蕤賓之律變徵尺字所定之四絃，立羽位以起調；夷則之律徵聲工字，更爲南吕之吕清徵高工字，定五絃，立宫位以主調；其太簇之律商聲乙字，所應則當變徵之分；夷則之律徵聲工字，所應則當變宫之分而不用。此調之五正聲内，獨宫聲一聲雜入陰吕，而二變亦得陽律之聲字焉。徵調則獨慢三絃管律一音，其餘六絃散聲，仍得本律之聲字。蓋以夷則之律徵聲工字所定之五絃，立羽位以起調；姑洗之律角聲上字，更爲太簇之律商聲乙字，定三絃，立宫位以主調；其姑洗之律角聲上字，更爲仲吕之吕清角高上字，當變徵之分；無射之律羽聲凡字，所應則當變宫之分而不用。此調五正聲分，皆應陽律，而二變内變宫分亦應陽律，獨變徵分雜入陰吕之聲字焉。羽調則二絃、五絃、七絃不更其散聲，仍得本律之聲字，而一絃、三絃、六絃俱慢下管律一音，四絃則慢下管律半音。蓋以倍夷則之律羽聲凡字即正無射之聲字。定一絃、六絃，立羽位以起調；黄鍾之律宫聲四字所定之二絃，立宫位以主調；而倍無射之律變宫合字，所定之一絃、六絃，下爲倍夷則之律羽聲凡字；姑洗之律角聲上字，所定之三絃，下爲太簇之律商聲乙字；蕤賓之律變徵尺字，所定之四絃，下爲仲吕之吕清角高上字。其倍無射之律變宫合字，更爲倍應鍾之吕；清變宫高六字，當變宫之分；蕤賓之律變徵尺字，更爲林鍾之吕；清變徵高尺字，當變徵之分而不用。此調五正聲内，一聲雜入陰吕，而二變亦雜入陰吕之聲字焉。變宫調則一絃、三絃、四絃、六絃不更其散聲，仍得本律之聲字，而二絃、五絃、七絃俱緊上管律半音。蓋以倍無射之律變宫合字所定之一絃，立羽位以起調；黄鍾之律宫聲四字，更爲大吕之吕清宫高五字，定二絃、七絃，立宫位以主調；而夷則之律徵聲工字，所定之五絃，上爲南吕之吕清徵高工字，其黄鍾之律宫聲四字，所應則當變宫之分；夷則之律徵聲工字，所應則當變徵之分而不用。此調之五正聲内，二聲雜入陰吕，而二變反得陽律之聲字焉。清聲七調，亦皆以清宫一調爲準。其旋宫轉調，一如濁聲七調。若夫各絃之五聲二變之分，何以取之？則以各絃總度爲率。其各絃之全度與各絃内五聲二變位分之比，即如五聲二變之各分與五聲二變每全分内之各分之比也。如下徵首音之全度一百零八分，與第二音下羽九十六分之比，即如一絃首音之幾何度與二音之幾何度之比也。又如第三絃宫聲首音之全度八十一分，與第二音商聲七十二分之比，即如三絃首音之幾何度與二音之幾何度之比也。案五聲二變之定分比例推之，其各絃之各分自得矣。五聲正分，誠有一定之位，而二變之分，亦有一定之序，總之，以七聲互相應和爲準。若非二變之聲字，以紀五聲之正位，烏能辨絃音旋宫轉調之理也哉？

琴旨：王氏坦以五聲數論琴説：夫古人審定八音之樂，各從其類，匏、竹以度之長短，較其空竅各均；土以量之多寡，較其中空容受；金、石以權衡之輕重，較其厚薄等差；革、木止一聲，爲衆樂之節奏，其體制大小，悉以律吕爲準則。至於絲，則絲綸有巨細，徽柱有長短，必以五聲之數較定之，方不失古聖人作樂精微之妙。後世以絲竹之樂，爲八音之要領，竹樂以律吕相較，絲樂亦以律吕相較，有謂黄鍾均以仲吕爲角，此以律吕論琴，不得其所以然之理也。有謂隋廢旋宫，獨存黄鍾一均，此以律吕論琴，並失旋宫之義也。或以律吕名調，以徵調爲蕤賓調，以商調爲姑洗調是也。或以律吕名絃，宋姜夔七絃琴圖説，黄鍾大吕並用慢角調，故于大絃十一徽應三絃散聲云云是也。或以律吕名徽，明張右衮太古琴經以十二徽象十二月，中之第七徽象閏是也。紛紛聚訟，訖無定說。孟子曰：「不以六律，不能正五音。」蓋以六律六呂三分損益隔八相生之理，正此五音也，何嘗以六律六呂爲此調、此絃、此徽之本乎？絲樂絃音，其體本實，故絲綸巨細得數之多寡，徽分長短得數之疏密，兼言琴曰徽柱，獨論琴，故曰徽分。巨絃數多者分密，細絃數少者分疏，故曰得數之疏密。則必較以五聲之數。以某聲之數定其絲綸多寡之數爲之體，以某聲某聲之數定其徽分疏密之數爲之用，此以五聲之數較絃音一定之理也。琴雖七絃，止有宮、商、角、徵、羽五正聲得爲用。巨絃數多，以五聲數之多者主之；細絃數少，以五聲數之少者主之。烏可以黄鍾之九寸、太簇之八寸爲準耶？自古原以五聲數論絃音，故相傳有宮、商、角、徵、羽、少宮、少商七絃之名，絃數多寡，既以五聲數爲準，則而徽分疏密，得聲之應和，亦當以五聲數較之，其理自明矣。

蕙田案：此條與正義以五聲二變定絃音之度相合，乃論琴之第一指歸也。一絃尚徵說：一絃爲宮，世傳其說久矣。蓋緣國語「大不踰宮，細不過羽」之論也。後世以此二語推之，遂謂二絃爲商，三絃爲角，四絃爲徵，五絃爲羽，六絃應一絃爲少宮，七絃應二絃爲少商，其說雖近自然，而不知實失古人作樂之旨。細案五音相生之序，三分損益之法，而一絃尚徵焉。宮生徵，徵生商，商生羽，羽生角，宮損一分上生生徵，益一分下生亦生徵。宮之八十一，三分之而損一分則爲五十四，乃徵聲之數。徵之五十四，三分之而益一分則爲七十二，乃商聲之數。商之七十二，三分之而損一分則爲四十八，乃羽聲之數。羽之四十八，三分之而益一分則爲六十四，乃角聲之數。又如宮之八十一，三分之而益一分則爲一百有八，乃徵聲之倍數。倍徵之一百有八，三分之而損一分則仍爲七十二，亦是商聲之數。商之七十二，三分之而益一分則爲九十六，乃羽聲之倍數。倍羽之九十六，三分之而損一分則仍爲六十四，亦是角聲之數。案相生之音五，而相生之數七。宮爲八十一，商爲七十二，角爲六十四，徵爲五十四，羽爲四十八。徵數五十四，倍之爲一百有八；羽數四十八，倍之爲九十六。古聖立法，上下相生，損益並用，故琴絃一定有七也。倍徵一百有八綸爲一絃，三蠒一絲，以十二絲爲一綸，過此則粗，不及則細。倍羽九十六綸爲二絃，宮八十一綸爲三絃，商七十二綸爲四絃，角六十四綸爲五絃，徵五十四綸爲六絃，羽四十八綸爲七絃，此依絃之巨細，合五聲數而爲之次第者也。以三絃宮益之而生一絃倍徵，此隔一下生之理。一絃倍徵損之而生四絃商，此隔二上生之理。四絃商益之而生二絃倍羽，此亦隔一下生之理。二絃倍羽損之而生五絃角，此亦隔二上生之理。五音相生，至角而終。角不能生正聲也，故琴止得五聲爲用。此三絃宫聲益而下生得第一絃至第五絃。又以三絃宫損之而生六絃徵，此隔二上生之理。六絃徵益之亦生四絃商，此隔一下生之理。四絃商損之而生七絃羽，此亦隔二上生之理。七絃羽益之亦生五絃角，此亦隔一下生之理。此三絃宫聲損而上生得第三絃至第七絃。若三絃宫聲上下相生，損益並用，得第一絃至第七絃之七絃矣。此五音相生得七絃之次第以合絃之巨細者也。凡此，乃七絃得五聲自然之至理而不可易者。若以一絃爲宫，豈能窮律吕貫通之妙哉？白虎通曰：「八音法易八卦。絲，離音也，盛德在火，其音徵。」一絃尚徵，不益信哉！

蕙田案：此條疏通正義絲音尚徵、一絃非宫之義。

三絃獨下一徽説：宋姜夔七絃琴圖説謂黄鍾大吕並用慢角調，故於大絃十一徽應三絃散聲。太蔟、夾鍾並用清商調，故於二絃十一徽應四絃散聲。姑洗、仲吕、蕤賓並用宫調，故於三絃十一徽應五絃散聲。林鍾、夷則並用慢宫調，故於四絃十一徽應六絃散聲。南吕、無射、應鍾並用蕤賓調，故於五絃十一徽應七絃散聲。以律長短配絃大小，各有其序。載宋史樂志。愚謂斯言祇得乎五調下一徽之當然，而未明乎宮調三絃獨下一徽之所以然，何也？彼泥於律吕長短之説，而未以絃度之五聲數詳覈之也。案管子曰：「凡將起五音，凡首，先主一而三之，四開以合九九，以是生黄鍾小素之首以成宮。」載管子地員。三之，三因也。四開，四分也。九九八十一也。黄鍾，宮聲也。素，煮漚白練，乃熟絲，即絃也。小素即小絃也。謂將起五音，以倍徵一絃之全度三因之得三倍，復四分爲八十一宮位之度。其絃之小於一絃者，與此度之聲相應得宮聲。因宮爲聲之始，而以此度爲起音之首耳。以五聲數細較之，則案一絃之十徽而應乎三絃之散聲。如琴之全度三尺六寸，自岳山至四徽爲九寸，至七徽爲一尺八寸，至十徽爲二尺七寸，至焦尾爲三尺六寸。以三尺六寸而三因之，則爲一丈零八寸。以一丈零八寸而四分之，則爲二尺七寸。適在十徽之位，與一絃之一百有八三因而四分之得八十一之數正相合也。十徽係常用之位，得本絃相和之音，與本絃與九徽相和之音同。因九徽隔二和以散聲之正，隔一和以散聲之倍；十徽則隔一和以散聲之正，隔二和以散聲之倍故也。審音者，知九徽乃本絃相生得我生之聲而相和，若于十徽自全度損益相生，皆不能及其位。予細審所以與本絃相和者，乃生本絃之聲故爾也。十徽爲全度，四分之三，三分益一分，則爲四分是十徽之位，生全度散聲得生我之聲，故亦相和也。管子用三其實而四其法以覈之，自得生我之聲，即司馬氏律書四其實，或倍其實而三其法以得我生之聲之理也。古人審音之密，取法之簡便，其妙如此。蓋倍徵之一絃，其全度計一百有八分，三因之則爲三百二十四，以三百二十四而四分之，則爲八十一。一絃十徽，即宫聲八十一之分，而三絃全度亦宫聲八十一之分，故一絃十徽應三絃散聲也。夫一絃屬徵，既得生徵之宫，於十徽以應乎三絃之散聲，則餘絃自當以五聲數，用三因四分之法較之，而三絃獨下一徽之理自明矣。故以倍羽二絃全度九十六分而三因之，則爲二百八十八，以二百八十八而四分之，則爲七十二矣。二絃十徽，即商聲七十二之分，而四絃全度，亦商聲七十二之分，故二絃十徽應四絃散聲也。以商聲四絃全度七十二分，而三因之則爲二百一十六，以二百一十六而四分之，則爲五十四矣。四絃十徽，即徵聲五十四之分，而六絃全度亦徵聲五十四之分，故四絃十徽應六絃散聲也。以角聲五絃全度六十四分，而三因之則爲一百九十二，以一百九十二而四分之，則爲四十八矣。五絃十徽，即羽聲四十八之分，而七絃全度亦羽聲四十八之分，故五絃十徽應七絃散聲也。以上各絃，俱案十徽而與散聲應，惟三絃則獨案十一徽以應五絃之散聲者，非有他也，亦就三絃之分數與五絃之全度相較而得之耳。蓋宫聲三絃之全度本八十一分，三因之則爲二百四十三，以二百四十三而四分之，則爲六十零七五。夫三絃之十徽，固六十零七五之分矣。案六十零七五之數，比變徵五十六八八則有餘，比角六十四則不足，比清角五十九九二雖不及一分，然聲音之辨，毫釐不紊，又不得謂之清角。蓋十徽爲生散聲之位，如一絃徵十徽，宮所生也；二絃羽十徽，商所生也；四絃商十徽，徵所生也；五絃角十徽，羽所生也。三絃爲宮，無生宮之聲。故三絃十徽六十零七五之分，非案聲之位。而五絃之全度，則爲角聲六十四之分，必案乎三絃角聲六十四之分，始克應乎五絃之全度也，而三絃角聲六十四之分實在十一徽。此三絃之所以獨下一徽，以應五絃之散聲者也。

蕙田案：此條於正義宮聲三絃之角位實在十一徽之義闡發最詳。

五絃獨上半徽說：五絃獨上半徽，古今未有論及者，大抵調琴必於十徽九徽審音之高下爲定絃之規。如散扣七絃，有間一絃而於五絃案十徽以取應聲者，有間二絃而於四絃案九徽以取應聲者。一散一案，次第定絃，以至於一絃而絃胥定矣。三絃之案十一徽，常及用也。五絃之案八徽半，不及用也。蓋散扣內之細絃，案彈外之巨絃，五聲之數固相和，三絃爲八十一之分，一絃十徽亦八十一之分。四絃爲七十二之分，一絃九徽亦七十二之分。而案彈內之細絃，散扣外之巨絃，細絃案聲，適合巨絃散聲，五聲之倍數，亦相和也。七絃十徽爲三十六之分，乃商聲之半，應四絃七十二商聲之正。七絃九徽爲三十二之分，乃角聲之半，應五絃六十四角聲之正。絲樂倍半聲相和，倍律對正律言爲倍，正律對半律言亦爲倍也。試言之，七絃十徽應四絃散聲，六絃十徽應三絃散聲，五絃十徽應二絃散聲，四絃十徽應一絃散聲，此十徽案絃應散聲之倍數也。二絃案十一徽亦不及用矣。七絃九徽應五絃散聲，六絃九徽應四絃散聲，四絃九徽應二絃散聲，三絃九徽應一絃散聲，此九徽案絃應散聲之倍數也。惟五絃獨上半徽以應三絃之散聲，何也？三絃和五絃散聲必下一徽，則五絃和三絃散聲亦必上半徽也。十徽至十一徽度短，九徽至八徽度長，上半徽之度與下一徽之度長短適合。夫十徽之分爲全度四分之三，以全應散聲爲四分，三分而益一分爲四分，則十徽之分生全度散聲，三分而損一分則爲二分，則十徽之分又生七徽之分矣。七徽乃全度之半，其理同也。獨三絃之十徽無案聲之位者，即五音相生始於宫之理，宫爲君聲，不能有生宫之聲，三絃爲宫，故三絃之十徽無案聲之位，必下一徽始應五絃散聲，既用管子審音之法覈之矣。若九徽之分爲全度三分之二，以全度散聲爲三分，三分而去一分爲二分，則全度散聲生九徽之分，獨五絃之九徽無案聲之位者，即五音相生終於角之理。琴止用五正聲，角生變聲而不能生正聲，五絃爲角，故五絃之九徽無案聲之位，必上半徽始應三絃散聲，是當用五音相生之法覈之也。何也？九徽之五聲，皆本絃相生之聲，九徽爲全度三分去一之位，則各絃之聲不皆三分去一而得相生之聲哉！即如七絃羽聲，羽生角也，九徽乃三十二角聲之半，故應五絃角散聲。六絃徵聲，徵生商也，九徽乃三十六商聲之半，故應四絃商散聲。四絃商聲，商生羽也，九徽乃四十八之羽位，故應二絃倍羽散聲。三絃宫聲，宫生徵也，九徽乃五十四之徵位，故應一絃倍徵散聲。至於五絃角聲，角生變宫，九徽乃四十二六六係變宫之半，變宫本無散聲以相和也。絲樂止用五聲之正，二變雖有其位不用。須知五絃既應以三絃，而三絃固宫聲也，宫必以宫相應，而惟五絃四十零五宫聲之半位實在八徽半，此五絃之所以獨上半徽，以應三絃宫之散聲也。

蕙田案：此條以五音相生始於宫，宫爲君聲，不能有生宫之聲，終於角，角生變聲，不能生正聲之理，疏三絃宫十徽無案聲之位，必下一徽，始應五絃散聲，五絃角九徽無按聲之位，必上半徽始應三絃散聲，而以五音相生之法，定五絃八徽半爲宫聲之半位，以應三絃宫聲之全數，尤爲獨闢精到。

釋黃鍾均以仲呂爲角之疑説：朱子琴律曰：「古之爲樂者，通用三分損益隔八相生之法，若以黃鍾爲宫，則姑洗之爲角，有不可以毫髮差者。而今世琴家獨以仲呂爲黃鍾之角，故於衆樂常高一律，惟第三絃本是角聲，乃得守其舊而不變。流傳既久，雖不知其所自來，然聽以心耳，亦知非人力所能爲也。昔人亦有爲之説者，皆無足取。其曰五聲之象，角實爲民，以民爲貴，故於此焉上之者，則穿鑿而迂疏，亦已甚矣。近世惟長樂王氏之書，所言禮樂，最爲近古。然其説琴，亦但以第三絃爲律中仲呂，而不言其所以然，予用是益以爲疑。」愚謂朱子此言，亦以一絃爲宫也。其意曰一絃爲宫，則第三絃爲角。一絃之宫定爲黃鍾，則三絃之角必定爲姑洗。夫一絃爲黃鍾，其十徽乃仲呂之位，案下準焦尾至七徽之絃度，合十二律呂之位。如散聲爲黃鍾，則十三徽六分爲大呂，十三徽一分爲太蔟，十二徽二分爲夾鍾，十徽八分爲姑洗，十徽爲仲呂，九徽四分爲蕤賓，九徽爲林鍾，八徽半爲夷則，七徽九分爲南呂，七徽六分爲無射，七徽三分爲應鍾，七徽亦爲黃鍾，與散聲相同也。琴止用五正聲。律呂得相合爲用者，黃鍾、太蔟、姑洗、林鍾、南呂五聲而已，其餘俱不得爲用，故不可較以十二律呂。止以五聲之數考之，最爲簡便。姑洗之角，似與律呂相生之理不能合，故有此疑也。夫以一絃全度散聲爲黃鍾宫，不當應第三絃上生九徵之林鍾徵，以應四絃散聲；林鍾徵下生十三徵之太簇商，以應二絃散聲；太簇商上生八徵之南吕羽，以應五絃散聲；而南吕羽下生十一徵之姑洗角，獨不應三絃散聲，其應三絃散聲者，乃在十徵之仲吕角，是可疑矣。殊不知一絃實非宫分，本屬徵也，三絃之爲角分者，乃宫也。惟以一絃全度散聲爲林鍾徵，上生九徵之太簇商，而應四絃散聲；太簇商下生十三徵之南吕羽，而應二絃散聲；南吕羽上生八徵之姑洗角，而應五絃散聲；姑洗角下生十一徵之應鍾變宫，爲不用之位，變宫無散聲相應，雖有其位不用。故不應三絃散聲也。應夫三絃散聲者，乃十徵之黄鍾宫也。蓋朱子以律吕之長短，用三分損益之法相較，故無由得其所以然之理。若以五聲之位得絃度之長短，用三分損益之法相較，則知一絃爲徵，三絃爲宫，而絃音與徵分皆得應和，自與律吕相生之理相合矣。如絃度之十徵，乃全度四分之三，三分益一分而爲四分，則十徵之位，生全度之散聲也。夫五音相生，宫爲聲之始，無聲以生宫也。衆絃於十徵有聲爲用，皆生散聲者也。惟三絃於十徵無聲爲用，因三絃爲宫，故十徵無聲以生之也。此三絃爲宫之至理。知三絃之屬宫，則知一絃、六絃屬徵，二絃、七絃屬羽，四絃屬商，五絃屬角矣。一絃屬徵，則一絃之十一徵非姑洗角位，乃應鍾變宫之位也，自不應三絃散聲。其十徽非仲吕角位，乃黄鍾之宫位也，自應三絃散聲矣。三絃屬宫，則三絃之十徽乃仲吕角位，自不應五絃散聲。其十一徽乃姑洗角位，自應五絃散聲矣。然則論琴者，惟以絃度之長短較以五聲，自然得其要，而有合於管子「徵羽之數大於宫」與白虎通「一絃尚徵」之説也。

蕙田案：此條釋以仲吕爲黄鍾之角，由誤以一絃爲宫，而不知一絃十徽乃黄鍾之宫位，三絃十一徽乃姑洗角位也。此疑釋，而三絃爲宫、一絃爲徵之義無遺藴矣。

泛音四準説：泛音不假案抑，得自然之聲，雖與實音稍異，要不外乎五聲二變之理。蓋實音有三準，每準之内，不拘某絃，俱得五聲二變之七聲，不論當徽不當徽，但遇五聲二變度分，俱可案其度分而得聲也。至於泛音，則當爲四準，每準之内一絃、四絃、六絃得二正聲一變聲，二絃、七絃得二正聲，三絃得三正聲，五絃得一正聲一變聲。必於徽間始有聲，否則無聲。蓋一徽、四徽、七徽、十徽、十三徽聲相同，二徽、五徽、九徽、十二徽聲相同，三徽、六徽、八徽、十一徽聲相同，故有三聲，其有衹得二聲者，徽不遇五聲二變之度分故也。以各徽所得之五聲二變言之，一徽、四徽、七徽、十徽、十三徽俱得本絃之正聲，如一絃屬徵，則一徽、四徽、七徽、十徽、十三徽皆屬徵；二絃屬羽，則一徽、四徽、七徽、十徽、十三徽皆屬羽是也。餘倣此。二徽、五徽、九徽、十二徽俱得本絃正聲相生之聲，如一絃、六絃屬徵，徵生商，得商聲。二絃、七絃屬羽，羽生角，得角聲。三絃屬宫，宫生徵，得徵聲。四絃屬商，商生羽，得羽聲。五絃屬角，角生變宫，得變宫聲。三徽、六徽、八徽、十一徽在三絃則得角聲，角生變宫，故在一絃、六絃而得變宫之聲。變宫生變徵，故在四絃而得變徵之聲。變徵生清宫，故在二絃、七絃而得清宫之聲，有其位而不用。清宫生清徵，故在五絃而得清徵之聲，有其位而不用。此隔一下生、隔二上生之理也。三絃之三徽、六徽、八徽、十一徽之角聲生一絃六絃三徽、六徽、八徽、十一徽之變宫聲，即如三絃宫聲與三絃一徽、四徽、七徽、十徽、十三徽宫聲生一絃六絃徵聲與一絃六絃一徽、四徽、七徽、十徽、十三徽徵聲之比，三絃二徽、五徽、九徽、十二徽徵聲生一絃六絃二徽、五徽、九徽、十二徽商聲之比也。此各絃泛音得各徽五聲二變之大概也。以各徽相對而音相同者言之，六徽與八徽相對，五徽與九徽相對，四徽與十徽相對，三徽與十一徽相對，二徽與十二徽相對，一徽與十三徽相對。徽相對而所出之音必相同者無他，由焦尾至七徽中間各徽之五聲二變度分，與岳山至七徽中間各徽之五聲二變度分，彼此相同故也。大抵泛音之取音，以七徽居中爲界，劃七徽，上至岳山，下至焦尾，分而爲二。實音附木取音，不論徽之遠近，俱自岳山一邊而出。泛音以指浮絃上，徽之上下皆爲震動，則徽之上下皆有聲出，去岳山遠則聲低而濁，近則聲高而清，高而清之聲既出，低而濁之聲自不能出矣。如六徽至一徽在七徽之上得聲之清，所出五聲二變度分之聲與實音相同；八徽至十三徽在七徽之下得聲之濁，合諸五聲二變度分不能出聲，所出之聲乃從焦尾至各徽而出，故不得與實音相同也。即就一絃所值之徽而論，一絃七徽居全度之中，上至岳山，下至焦尾，遠近相均，同爲五十四之徽，其聲清濁互出，得本絃之正聲。六徽爲四十二六六之變宮位；皆五聲二變之半，或半之又半，俱不細注。五徽爲三十六之商位；四徽乃七徽之半，爲二十七之本絃徽位；三徽乃六徽之半，爲二十一三三之變宮位；二徽乃五徽之半，爲十八之商位；一徽乃四徽之半，爲十三五之本絃徵位。此七徽之上六徽，俱得本絃五聲二變度分，由聲之清，故得與實音相同。八徽爲六十四之角位，泛音乃變宮聲，蓋自焦尾計至八徽，乃四十二六六之變宮位也。九徽爲七十二之商位，泛音亦得商聲。此九徽適合者，自焦尾計至九徽，乃三十六之商位，合實音七十二商聲之半，倍半之聲，原相同也。十徽爲八十一之宫位，泛音乃徵聲，自焦尾計至十徽，乃七徽之半，爲二十七之本絃徵位也。十一徽爲八十五三三之變宫位，泛音亦得變宫聲，此十一徽適合者，自焦尾計至十一徽，乃八徽之半，爲二十一三三之變宫位，合實音八十五三三變宫，半之又半，倍半而又半，聲亦相同也。十二徽一絃，原無五聲二變之位，泛音得聲爲商聲，自焦尾計至十二徽，乃九徽之半，爲十八之商位也。十三徽爲九十六之羽位，泛音乃徵聲，自焦尾計至十三徽，乃十徽之半，爲十三五之本絃徵位也。此七徽之下六徽，由聲之濁，不與實音相同，俱得焦尾至七徽五聲二變度分之清聲焉。故七徽上下必判而爲二，七徽之上四徽至七徽爲上之下凖，一徽至四徽爲上之上凖，七徽之下十徽至七徽爲下之上凖，十三徽至十徽爲下之下凖。此泛音之四凖，與實音之得聲，自有分別也。

蕙田案：按徽取音，合五音相生之度，其當徽而七絃俱用者，惟七徽、四徽、一徽得本絃之正聲，而名之曰三凖。及各音當徽不當徽、取用與不取用之義，已詳見正義中，兹特存王氏泛音四凖，以補未備。

案聲散聲相和説：鼓宫宫應，彈角角動，音相凖也。故徽分之位，恒與散聲相和，向來注譜之家，類多錯認分數，斯律之能協者寡矣。兹特以絃度五聲之數，較定徽分於後，而兩言以該之，曰案彈外散扣内，案彈内散扣外。試以案彈外散扣内言之，間四絃者案七徽；間三絃者二絃則案七徽六分，一絃、三絃則案七徽九分；間兩絃者案九徽；間一絃者各絃俱案十徽，惟三絃案十徽八分；兩絃相連者，二絃、五絃則案十二徽二分，一絃、三絃、四絃、六絃則案十三徽一分，此皆案彈外散扣内也，皆正聲之相和者也。以案彈内散扣外言之，間四絃者亦案七徽；兩絃相連者，二絃、四絃、五絃、七絃則案七徽六分，三絃、六絃則案七徽九分；間一絃者，惟五絃案八徽半，餘絃俱案九徽；間兩絃者案十徽；間三絃者，五絃、七絃則案十二徽二分，六絃則案十三徽一分，此皆案彈内散扣外也，皆倍聲之相和者也。至七徽爲正聲之半，和以正聲之倍，亦案彈内散扣外，此則倍聲之倍之相和者也。其有不相和而實可和者，乃相生之聲相和，亦必案彈内散扣外。如案彈外散扣内，雖亦得相生之位，而聲音乖舛，不可爲用。間兩絃者案七絃；如按彈七絃羽聲，應散扣四絃商聲，商生羽而相和也。案彈六絃徵聲，應散扣三絃宫聲，宫生徵而相和也。餘可類推。此俱散聲生案聲也。若案聲生散聲，音雖不乖舛，譜亦不多用。間三絃者，五絃、七絃則案七徽六分，六絃則案七徽九分；間四絃者案九徽；兩絃相連者，二絃、四絃、五絃、七絃則案十徽，三絃、六絃則案十徽八分，蓋三絃十徽八分之位爲角，應二絃羽自當案十徽八分。至於六絃原不當案十徽八分之位，所以案之者，因六絃十徽之位爲宫，不與五絃角相和，惟十徽八分爲變宫之位，與五絃角聲相生而相和，故案之耳。間一絃者，惟五絃案十二徽二分，餘絃俱案十三徽一分。夫七絃之十二徽二分亦爲宫位，而案十三徽一分者，十三徽一分亦變宫之位，應五絃角聲也。故同一案彈内散扣外，而此之相和，有不可以倍聲例者，蓋相生之聲之相和者也。以上乃下準之各徽分，得各絃散聲相和之大要。若中準上準之徽分，與下準之徽分同，亦得各絃散聲相和之聲焉。如按一絃中準五徽之三十六分，上準二徽之十八分；六絃中準五徽之十八分，上準二徽之九分，俱應四絃散聲之七十二分。蓋絃音之半，半而又半，半之半而又半，皆與倍聲相和。然亦有兩絃俱散扣而相和者。間四絃者，本絃之聲得倍半而相和，一絃爲六絃之倍、二絃爲七絃之倍是也。間兩絃者，乃相生之聲相和，如一絃徵生四絃商、二絃羽生五絃角是也。間一絃者，惟五絃角不與三絃宫相和，餘亦以相生之聲相和，如三絃宫生一絃徵、四絃商生二絃羽是也。總而言之，各絃相應之聲，不出乎正聲、倍聲與相生之聲三者之範圍，故並著其同異以明之。同者謂倍聲與正聲相同，異者謂相生之聲與正聲較其數實異也。

蕙田案：此篇可證明正義内案七絃之各分與全絃互相應和，合七絃之五聲而各分俱全，就一絃之各分而五聲已備，又就各絃之全而倍半分之節，節有正聲之正節，節有二變之位之義，而歸於正聲、倍聲與相生之聲三者，可謂罄其藏而無遺藴矣。

旋宫轉調説：上古聖人心通造化，默會聲氣之元，製爲旋宫轉調。五調相轉，循環不息，與五行相生之機一一脗合。蓋五行之於萬物，一物有一物之體用；五音之爲五調，一調有一調之體用也。如宫調以宫絃爲體，衆絃爲用；商調以商絃爲體，衆絃爲用，角、徵、羽調，莫不皆然。秦火以來，樂經既失，旋宫之義，晦而不明，所以有隋廢旋宫、獨存黄鍾一均之説。自唐、宋、元、明以迄於今，琴家專肆聲音，熟諳譜調，而未嘗詳考理學之原；儒者空談理數，拘守舊聞，而不屑研究聲字之義。若二者相兼，窮其理而究其聲，旋宫轉調之理，豈不復明哉？唐人之紀琴，以管色合字定。一絃則四字定，二絃上字定，三絃尺字定，四絃工字定，五絃六字定，六絃五字定，七絃乃管音之四字調。四字調爲正調，而乙、凡不用，琴之二變亦不用，故以四字調之合字定一絃，其餘聲字皆與各絃相合也。後世因之，以管律合絃音相和取聲，而緊某絃、慢某絃，得某絃之聲，轉爲管律之某聲某字。或絃有不緊慢者，原爲管律之某聲某字，立羽位以起調，以原得某絃，轉爲宫絃，立宫位以主調，則定爲某調，於是定爲宫、商、角、變徵、徵、羽、變宫之七調。自愚論之，所謂旋宫轉調者，以角絃易爲宫絃，其宫旋也。角既爲宫，則宫轉爲徵，徵轉爲商，商轉爲羽，羽轉爲角，五聲轉則調亦轉矣。調之相轉，由於聲之相轉，而聲之轉，必以相生之聲而相轉，以相生之聲相轉，則旋宫之義見矣。蓋五音之相生，始於宫而終於角。始於宫，故無生宫之聲，而無聲相轉以爲宫。終於角，角不能生正聲，而生變聲，變聲又無散聲爲用，故無相轉之聲。惟於角聲所值之絃緊一音而即爲宫聲，緊一音者，乃角至清角之一音，在絃度止得半分，即宫至變宫、徵至變徵之理。此之謂旋宫也。角不能生宫，既緊一音而旋爲宫，則宫生徵而轉徵，徵生商而轉商，商生羽而轉羽，羽生角而轉角也。五聲既以相生之聲相轉，則五調亦以相生之聲相轉也。此之謂旋宫轉調也。以九徽、十徽相較旋宫之理甚明，蓋九徽案聲，惟角絃在九徽上之八徽半；十徽案聲，惟宫絃在十徽下之十徽八分。以角絃緊一音，則八徽半之案聲移于九徽，十徽之案聲移于十徽八分，角絃易爲宫絃也，故謂旋宫聲之相轉亦易明也。宫絃十徽八分之案聲移于十徽，宫轉徵也。羽絃九徽之案聲移于八徽半，羽轉角也。餘絃皆有相轉，自然之理可知矣。五聲既轉，故謂轉調。定相轉之五調，必知某調以某絃爲體，而旋宫始有所施。由是言之，琴其以三絃爲體矣乎？就宫調而論，三絃本爲宫聲，而宫調以三絃爲宫，則三絃爲體也明矣。若次第相轉爲徵、商、羽、角之調，三絃俱次第相轉，得徵、商、羽、角之聲，是宫調以三絃爲宫以立體，則徵、商、羽、角調亦即以三絃爲徵、商、羽、角以立體矣，則三絃之爲體也益明矣。琴雖有七絃，而窮乎律吕之貫通，五絃已備，故三絃居中爲體，一絃、二絃與四絃、五絃則分兩側爲用。如宫調三絃爲宫聲居中爲體，一絃二絃爲徵、羽，四絃五絃爲商、角，分兩側爲用。商調則三絃爲商聲居中爲體，一絃二絃爲羽、宫，四絃五絃爲角、徵，分兩側爲用。角調則三絃爲角聲居中爲體，一絃二絃爲宫、商，四絃五絃爲徵、羽，分兩側爲用。徵調則三絃爲徵聲居中爲體，一絃二絃爲商、角，四絃五絃爲羽、宫，分兩側爲用。羽調則三絃爲羽聲居中爲體，一絃二絃爲角、徵，四絃五絃爲宫、商，分兩側爲用。至於六絃、七絃，乃一絃、二絃之清聲，用以高下相宣，洪纖並奏，爲樂曲始終之節奏，而聲調體用之理，實則止於五，所以舜有五絃琴也。

此五調以三絃爲體、衆絃爲用之理也。大凡諸調不拘某絃，但案在十徽八分而與他絃散聲應者爲宫絃，案在八徽半而與他絃散聲應者爲角絃。其在宫調，一絃、六絃爲徵，二絃、七絃爲羽，三絃爲宫，四絃爲商，五絃爲角。蓋三絃於十徽八分應五絃散聲，是三絃爲宫；五絃於八徽半應三絃散聲，是五絃爲角。因三絃立宫位以主調，故爲宫調。其在徵調，以宫調之角聲，五絃緊一音，旋爲宫聲，即蕤賓調。則一絃、六絃徵俱轉爲商，二絃、七絃羽俱轉爲角，三絃宫轉爲徵，四絃商轉爲羽。蓋五絃於十徽八分應二絃、七絃散聲，是五絃爲宫；二絃、七絃於八徽半應五絃散聲，是二絃、七絃爲角。因徵調之三絃宫轉爲徵，而三絃立徵位以主調，故爲徵調。其在商調，以徵調之角聲，二絃、七絃俱緊一音，旋爲宫聲，即緊二五七絃一音之姑洗調。則一絃、六絃商俱轉爲羽，三絃徵轉爲商，四絃羽轉爲角，五絃宫轉爲徵。蓋二絃、七絃於十徽八分應四絃散聲，是二絃、七絃爲宫；四絃於八徽半應二絃、七絃散聲，是四絃爲角。因徵調之三絃徵轉爲商，而三絃立商位以主調，故爲商調。其在羽調，以商調之角聲，四絃緊一音旋爲宫聲，即慢一三六絃一音之慢宫調。則一絃、六絃羽俱轉爲角，二絃、七絃宫俱轉爲徵，三絃商轉爲羽，五絃徵轉爲商。蓋四絃於十徽八分應一絃、六絃散聲，是四絃爲宮；一絃、六絃於八徽半應四絃散聲，是一絃、六絃爲角。因商調之三絃商轉爲羽，而三絃立羽位以主調，故爲羽調。其在角調，以羽調之角聲，一絃、六絃俱緊一音，旋爲宮聲，即慢三絃一音之慢角調。則二絃、七絃徵俱轉爲商，三絃羽轉爲角，四絃宮轉爲徵，五絃商轉爲羽。蓋一絃、六絃於十徽八分應三絃散聲，是一絃、六絃爲宮；三絃於八徽半應一絃、六絃散聲，是三絃爲角。因羽調之三絃羽轉爲角，而三絃立角位以主調，故爲角調。若欲仍定爲宮調，以角調之角聲，三絃緊一音旋爲宮聲，角調自宮調次第相轉，各絃俱緊，惟三絃未緊，今三絃亦緊，則七絃俱緊，而仍爲宮調矣。則一絃、六絃宮俱轉爲徵，二絃、七絃商俱轉爲羽，四絃徵轉爲商，五絃羽轉爲角。是三絃仍於十徽八分應五絃散聲，而三絃爲宮矣；五絃仍於八徽半應三絃散聲，而五絃爲角矣。因角調之三絃角緊一音旋爲宮，而三絃仍立宮位以主調，故復轉爲宮調。此旋宮轉調至當不易之理也。

蕙田案：此篇以各調之角聲緊一音，盡旋宮轉調之蘊，似爲簡便直截。

又案：八音樂器，其古制之存於今者，莫如琴。自古樂既亡，歷代以來說琴者多失其旨。其誤一在不明管子三因九開之法，而以管音律呂定絃音；一在不知以五聲二變明絃音之度分，而以律吕分徽位；一在泥於大不踰宫之説，而以一絃爲宫，不知管子一百八爲徵之倍數及白虎通離音尚徵之意；一在不知三絃爲宫，而以一絃十徽爲仲吕；一在惟據正宫一調論律吕，謂隋廢旋宫止存黄鍾一均，而不知五聲旋宫轉調之全。蓋古器雖存，而義藴久晦矣。惟我聖祖，御製正義，一一考定詳明。案之於絃度，而五聲二變，無有不合；求之於徽位，而散聲案聲，靡所不通。於是一絃爲徵，三絃爲宫，而取徵定分，三絃獨下一徽，五絃獨上半徽，與夫旋宫轉調之理，皆有以考其當然、知其所以然而不可易，洵發古人之所未發矣。通州王素堂名坦，精於琴，著琴旨三萬言，疏通證明，與正義之指多合。因采其尤者，附録於後，千古絶業，幸得復明，庶幾後之審音者，有所考也。

又案：以上琴。

禮記樂記：清廟之瑟，朱絃而疏越。注：朱絃，練朱絃，練則聲濁。越，瑟底孔也，蓋疏之使聲遲也。

儀禮鄉飲酒禮：工四人，二瑟，瑟先。相者二人，皆左何瑟，後首，挎越，内絃，右手相。工入，升自西階，北面坐。相者東面坐，遂授瑟，乃降。

鄉射禮：席工於西階上，少東。工四人，二瑟，瑟先。相者皆左何瑟，面鼓，執越，内絃，右手相。

燕禮：小臣左何瑟，面鼓，執越〔一〕，内絃，右手相。

大射儀：席工於西階上，少東。工六人，四瑟。相者皆左何瑟，後首，内絃，挎越，右手相。

爾雅：大瑟謂之灑。注：長八尺一寸，廣一尺八寸，二十七絃。疏：世本曰：「庖犧氏作五十絃，黄帝使素女鼓瑟，哀不自勝，乃破爲二十五絃，具二均聲。」禮圖舊云：「雅瑟長八尺一寸，廣一尺八寸，二十三絃，其常用者十九絃，其餘四絃謂之番。番，贏也。頌瑟長七尺二寸，廣一尺八寸，二十五絃盡用之。」熊氏云：「瑟兩頭有孔，其在底下者名越。」孫叔然云：「郭云二十七絃，未見所出。」

荀子：瑟易良。

吕氏春秋古樂：昔朱襄氏之治天下也，多風而陽氣畜積，萬物解散，果實不成，故士達作爲五絃瑟，以來陰氣，以定群生。帝堯立，鼓叟乃拌五絃之瑟〔二〕，作爲十

〔一〕「執」，原脱，據味經窩本、乾隆本、光緒本、儀禮注疏卷一五補。

〔二〕「鼓叟」，原作「鼓榎」，據光緒本、吕氏春秋集釋卷五改，下同。

五絃之瑟。舜立，命延乃拌鼓叟之所爲瑟〔一〕，益之八絃，以爲二十三絃之瑟。注：拌，分。

尚書大傳：大瑟，朱絃達越。

白虎通：瑟者，嗇也，閑也，所以懲忿。

聶氏三禮圖：舊圖云：「雅瑟長八尺一寸，廣一尺八寸，二十三絃。其常用者十九絃，其餘四絃謂之番。番，贏也。頌瑟長七尺二寸，廣尺八寸，二十五絃盡用。」

陳氏樂書：古之論者，或謂朱襄氏使士達制爲五絃之瑟，瞽叟又判之爲十五絃，舜益之爲二十三絃；或謂大帝使素女鼓五十絃瑟，帝悲不能禁，因破爲二十五絃；郭璞釋大瑟謂之灑，又有二十七絃之説。以理考之，樂聲不過乎五，則五絃、十五絃，小瑟也；二十五絃，中瑟也；五十絃，大瑟也。漢武之祠太一后土，作二十五絃瑟。今大樂所用，亦二十五絃，蓋得四代中瑟之制也。莊周曰：「夫或改調一絃，

〔一〕「命」，原作「鼓椇」，據光緒本、吕氏春秋集釋卷五改。

於五音無當也。」鼓之二十五絃皆動，其信矣乎？聶崇義禮圖亦師用郭璞二十三絃之説，其常用者十九絃，誤矣。蓋其制，前其柱則清，後其柱則濁，有八尺一寸廣一尺八寸者，有七尺二寸廣尺八寸者，有五尺五寸者，豈三等之制不同歟？然詩曰「椅桐梓漆，爰伐琴瑟」，易通卦驗：「冬日至，鼓黄鍾之瑟，用槐八尺一寸；夏日至，用桑五尺七寸。」是不知美櫝槐桑之木，其中實而不虚，不若桐之能發金石之聲也。

蕙田案：郭無二十三絃之説，陳氏謂聶氏師用郭説，疑有誤。

律吕正義：琴瑟雅樂，古人平居不離於側，近時之瑟，除郊廟大樂外，用之者少。雖相傳有譜，不過并兩絃以取聲，猶笙之合兩管爲一聲耳。詩云「鼓瑟吹笙」，蓋二者理同而聲相和也。記稱大琴、大瑟、中琴、小瑟，爲四代之樂器。爾雅「大瑟謂之灑」，注「長八尺一寸」。又鄉飲酒禮「工四人，二瑟，瑟先。相者二人，皆左荷瑟，後首，挎越，内絃，右手相」，鄉射禮「相者皆荷瑟，面鼓，執越，内絃，右手相」，燕禮、大射儀皆同。夫相者，右手相工而左手荷瑟，又多使童子爲相，使其形制過大，非童子一手之力所能勝，是知爾雅所載大瑟，乃郊廟所用。儀禮所載，則古之小瑟，爲燕飲所用。而今時之箏，或即古小瑟之變制矣乎？今禮部太常所用，長至今尺七尺六寸有奇，廣一尺八寸有奇，高一尺餘，概以時尺度古律數也。夫以時尺律數推定瑟制，其長短厚博必度以時尺之數而後可；若以古尺律數推定瑟制，其長短厚博亦必度以古尺之數而後可。爾雅大瑟之八尺一寸者，乃九倍黄鍾古尺之度，約以今尺爲六尺五寸六分一釐也。以此度爲瑟體通長，適合古今之宜焉。至於首廣則用倍黄鍾之度，得今尺一尺四寸五分八釐。自首至尾分爲四節，以首廣之倍黄鍾數分爲二十分，一節遞減一分，每分即黄鍾之十分之一。以二十分之十九分爲前腰，得一尺三寸八分五釐一毫；二十分之十八分爲後腰，得一尺三寸一分二釐二毫；二十分之十七分爲尾，廣得一尺二寸三分九釐三毫。前梁至首額用黄鍾之分爲七寸二分九釐，後梁至尾末用倍黄鍾之分爲一尺四寸五分八釐，前後梁之廣高，俱用黄鍾之十分之一，爲七分二釐九豪，除首尾共三倍黄鍾之分，二梁以内絃分之長，用六倍黄鍾之分，爲四尺三寸七分四釐。至於瑟體之高，則其前首面以黄鍾之分爲通高，以黄鍾十分之六爲額厚；自邊至足，以黄鍾三分之二爲通高，其後尾面以黄鍾十分之八爲通高，以半黄鍾爲尾厚；自邊面至足，亦以半黄鍾爲通高，以黄鍾四分之一爲邊厚：此瑟之體制也。其全體雖爲宫聲之分，而絃度實得徵聲之分，故爲絲音之正，與律吕得以相和取聲。又據瑟有大小而絃無巨細，總以宫聲之數爲準，用八十一綸三倍之，乃二百四十三綸以爲絃。蓋瑟體比琴爲大，故絃亦加其綸也。瑟有柱而琴無柱，琴絃因巨細以别聲，而瑟絃一制，緣設柱以别聲，柱遠則絃慢而聲以濁，柱近則絃緊而聲以清。絃凡二十有五，中央一絃用黄色以别之，立宫位，爲衆絃之凖，兩傍各朱絃一十有二：此瑟之絃制也。樂工定絃，但酌其遠近以取聲，而柱無定位，大概一絃與十四絃定合字，二絃與十五絃定四字，三絃與十六絃定上字，四絃與十七絃定尺字，五絃與十八絃定工字，六絃與十九絃定六字，七絃與二十絃定五字，八絃與二十一絃定高上字，九絃與二十二絃定高尺字，十絃與二十三絃定高工字，十一絃與二十四絃定高六字，十二絃與二十五絃定高五字，并兩絃而取一聲。此時傳瑟譜之法，仍以頭管合字爲最低聲，而起一絃，亦如琴之一絃定以合字而爲宫聲者也。以旋宫之理考之，夫用合、四、上、尺、工之五字，則乙、凡不用，而爲四字調。今所定黄鍾之宫聲，實爲笛之四字，此即黄鍾之宫聲立下羽位以起調，而姑洗之角聲立宫位以主調，實絃音之正宫調也。案琴與瑟皆以笛之聲字言者，爲頭管之聲字與笛同也。瑟之用絃二十有五者，蓋如古之鳳簫與笙三十六管，或二十四管，務使備用而無更器移柱之煩也。至於合二絃以取音者，使其高下相宣，全半相協，不偏不倚，不咽不攧，翕然得中和之聲也。如果二十餘絃不分清濁，同一宫調，則何事乎二十五絃止用十二絃，或亦如琴之七絃足矣。今約爲定絃施柱之法，以正中黄絃爲界，中分二十四絃，取黄鍾正宫之下徵，以定中絃之散聲，復以中絃全度四分之三設柱以和之，爲黄鍾正宫之聲，爲一瑟之主，而他絃皆取法乎此焉。於是以上十二絃爲濁音一均之分散聲，皆和以黄鍾宫之徵音；下十二絃爲清音一均之分散聲，皆和以大吕宫之徵音，取徵音者，以絲音尚徵之義也。濁音之絃，爲應黄鍾宫之五正聲；清音之絃，爲應大吕宫之五正聲。此二均之分已定，乃隨各宫調設柱，以别度分之遠近焉。宫調絃，則以濁音十二絃之第一絃，定以倍無射之律，變宫合字，爲下徵之分；二絃定以黄鍾之律，宫聲四字，爲下羽之分；三絃定以姑洗之律，角聲上字，爲宫絃之分；四絃定以蕤賓之律，變徵尺字，爲商絃之分；五絃定以夷則之律，徵聲工字，爲角絃之分；六絃仍定以倍無射之律，變宫合字，應於一絃之半音，爲徵絃之分；七絃仍定以黄鍾之律，宫聲四字，應於二絃之半音，爲羽絃之分；八絃取三絃之半音，仍和之姑洗之律，爲半宫之分；九絃取四絃之半音，仍和之蕤賓之律，爲半商之分；十絃取五絃之半音，仍和之夷則之律，爲半角之分；十一絃取六絃之半音，乃和之半黄鍾之律，爲半徵之分；十二絃取七絃之半音，乃和之半太蔟之律，爲半羽之分，此宫調濁音一均之十二絃也。其十三絃，乃黄色之中絃，十四絃，則又爲應清音一均十二絃内之第一絃矣。爰以清音十二絃之第一絃，定以倍應鍾之吕，清變宫高六字，爲下徵之分；二絃定以大吕之吕，清宫高五字，爲下羽之分；三絃定以仲吕之吕，清角高上字，爲宫絃之分；四絃定以林鍾之吕，清變徵高尺字，爲商絃之分；五絃定以南吕之吕，清徵高工字，爲角絃之分；六絃仍定以倍應鍾之吕，清變宫高六字，應於一絃之半音爲徵絃之分；七絃仍定以大吕之吕，清宫高五字，應於二絃之半音爲羽絃之分；八絃取三絃之半音，仍和之仲吕之吕，爲半宫之分；九絃取四絃之半音，仍和之林鍾之吕，爲半商之分；十絃取五絃之半音，仍和之南吕之吕，爲半角之分；十一絃取六絃之半音，乃和之半大吕之吕，爲半徵之分；十二絃取七絃之半音，乃和之半夾鍾之吕，爲半羽之分。此宫調清音一均之十二絃也。若定商調，則以濁音均十二絃内第二絃下羽之分，定以太簇之律；清音均十二絃内第二絃下羽之分，定以夾鍾之吕。其二均之各絃，皆以次遞遷而旋相爲用焉。要之，一調之中濁音之十二絃，其一絃定某律，而六絃、十一絃亦取某律某聲而爲某字；二絃定某律，其七絃、十二絃亦取某律某聲而爲某字；三絃定某律，其八絃亦取某律某聲而爲某字；四絃定某律，其九絃亦取某律某聲而爲某字；五絃定某律，其十絃亦取某律某聲而爲某字，此一均内應二變之律者，無其位焉。清音之十二絃，其一絃定爲某吕，其六絃、十一絃亦取某吕某聲而爲某字；二絃定某吕，其七絃、十二絃亦取某吕某聲而爲某字；三絃定某吕，其八絃亦取某吕某聲而爲某字；四絃定某吕，其九絃亦取某吕某聲而爲某字；五絃定某吕，其十絃亦取某吕某聲而爲某字，此一均内當二變之吕者，亦無其位焉。夫瑟之用絃最多，既取聲於兩均，復於各均内合兩絃以取聲者何也？蓋律吕管音之生聲，低吹則得柔音，高吹則得剛音，是能分剛柔於一管矣。然雖能分剛柔於一管，而不能并聲字於一音，故黄鍾之律低吹之爲濁音宫聲低工字，而高吹之則亦宫聲而音微剛，初不可謂之高工字也。大吕之吕低吹之，即爲清音宫聲高工字，比之黄鍾高吹之聲字，則有上下之分，若以此大吕之吕高吹之，則益高而幾於低凡字矣。是以黄鍾大吕雖同爲宫聲而分清濁，雖同爲工字而分高低，其高吹低吹之間，又分而爲二，實有四音之用。然則絃之一聲，烏能變通之以隨此四音哉？故設二十五絃立爲二均，仍於一均之内取高低二音於全半長短之間，乃得合律吕聲調而備於用焉。如黄鍾之律低吹之，則濁音十二絃内二絃應焉，高吹之則清音十二絃内七絃應焉；如大吕之吕低吹之，則清音十二絃内二絃應焉，高吹之則清音十二絃内七絃應焉；復以姑洗之律低吹之，則濁音十二絃内三絃應焉，高吹之則濁音十二絃内八絃應焉。是則兩絃應於一聲者，分高低於一均之内，而一律一吕各聲之分清濁者，又合二均於一器，上下符湊，高低應和，始爲一樂之大成也。旋宫轉調、改絃移柱之法，總以二絃主調，三絃立宫，其二變之聲字，案其清濁，定於各均之内，避其聲而不用，則一轉移間而自生生於無窮矣。是以改絃移柱，得以旋宫轉調，七調無不可通，律吕莫不爲用。古之聖人制禮作樂極其精微，體用咸得其宜者，正以此也。

蕙田案：以上瑟。

右絲音之屬

五禮通考卷七十七

吉禮七十七

宗廟制度

木音之屬

書益稷：合止柷、敔。注：柷狀如漆筩而有椎。合之者，投椎其中而撞之。敔狀如伏虎，背有刻，所以鼓之以止樂。

詩頌有瞽：鞉磬柷圉。傳：柷，木椌也。圉，楬也。疏：以樂記有椌、楬之文，與此柷、圉爲一，故辯之。言木椌者，明用木爲之。言柷用木，則圉亦用木，以木可知而略之。大師注云：「木柷，敔也。」是二器皆用木也。

周禮春官小師：掌教柷敔。注：鄭司農云：「柷如漆筩，中有椎。敔，木虎也。」

瞽矇：掌播鼗柷敔。

禮記樂記：聖人作爲鼗鼓椌楬。注：椌楬，謂柷敔也。

爾雅釋樂：所以鼓柷謂之止，注：柷如漆桶，方二尺四寸，深一尺八寸，中有椎柄，連底挏之，令左右擊。止者，其椎名。所以鼓敔謂之籈。注：敔如伏虎，背上有二十七鉏鋙，刻以木，長尺擽之，籈者其名。

荀子：鞉柷拊椌楬似萬物。字林云：「籈以竹，長尺也。」

白虎通：柷敔，乾音也。柷敔者，終始之聲，萬物之所生也。陰陽順而復，故曰柷。承順天地，序迎萬物，天下樂之，故樂用柷。柷，始也。敔，終也。

風俗通：禮樂記：「柷，漆桶，方畫木，方三尺五寸，高尺五寸，中有椎，上用柷，止音爲節。」書曰：「合止柷敔。」

陳氏禮書：書曰：「戛擊鳴球，合止柷敔。」明堂位曰：「揩擊。」蓋柷敔以椌楬爲體，椌楬以戛揩擊爲用，故椌楬戛揩擊，先儒皆謂之柷敔也。爾雅曰：「所以鼓柷謂之止，所以鼓敔謂之籈。」蓋鼓柷謂之止，欲戒止於其早也；鼓敔謂之籈，欲修潔於其後也。柷方二尺四寸，陰也。敔二十七鉏鋙，陽也。樂作陽也，以陰數成之。樂止陰也，以陽數成之。固天地自然之理也。聲之所出，以虛爲本。桐虛而不實，故爲琴瑟。糠虛而不實，故爲搏拊。虡以虛，然後可設；椌以空，然後可擊。及其止，則歸於實焉。故敔爲伏虎之形，則實而已。

陳氏樂書：堂下樂器以竹爲本，以木爲末，則管籥本也，柷敔末也。柷之爲器，方二尺四寸，深一尺八寸。陰始于二四，終于八十。陰數四八，而以陽一主之。所以作樂，則於衆樂先之而已，非能成之也，有兄之道焉。此柷所以居宫縣之東，象春物之成始也。敔之爲器，狀類伏虎，西方之陰物也。背有二十七鉏鋙，三九之數也。櫟之長尺，十之數也。陽成於三，變於九，而以陰十勝之。所以止樂，則能以反爲文，非特不至於流而失已，亦有足禁過者焉。此敔所以居宫縣之西，象秋物之成終也。荀卿以拊柷椌楬爲似萬物，柷敔椌楬皆一物而異名，荀卿以柷椌離而二之，誤矣。

蕙田案：書曰「戛擊」，記曰「揩擊」，漢儒皆以爲柷敔。夫戛擊鳴球，堂上之樂。合止柷敔，堂下之樂。何得混而同之？陳氏禮書以戛擊從注，皆爲柷敔，樂書又爲之説曰：「柷，敔器也，卑而在下。戛擊，所以作器也，尊而在上焉。」有所擊者在堂下，而所以擊之者，遠置之堂上乎？蔡傳：「戛擊，考擊也。」其説近是。至于明堂位之玉磬揩擊，猶虞書之戛擊鳴球也，文有順逆焉爾。

律吕正義：八音之中，惟木音最爲質樸。而木之器曰柷，曰敔，則樂曲始終之節。蓋樂勝則流，先王同民心而出治道，始於質，發乎文，仍成於質，而不敢或過焉，故書曰「下管鼗鼓，合止柷敔」。樂之始作，擊柷以合之；樂之將終，擽敔以止之也。爾雅注：「柷，形如漆桶，方二尺四寸，深一尺八寸，中有椎柄，連底挏之，令左右擊。」通考云：「旁開孔，内手於中擊之，以舉樂。」案：柷之制，方二尺四寸，深一尺八寸，若謂今尺度，無乃太大；若爲古尺度，約以今尺方止一尺九寸四分四釐，而深一尺四寸五分八釐而已。較其中空，實積得容十斛，實一萬二千八百龠。據此容積尺度，而柷之制爲有本矣。今禮部太常所用柷，上闊下小，狀如斗然，以深一尺四寸五分八釐爲度，二倍黄鍾之數。則一萬二千八百龠之積，得上方二尺一寸八分七釐，三倍黄鍾之數。下方一尺六寸九分零四豪。斯制雖上下異數，均之即方一尺九寸四分四釐之度也。敔，爾雅注：「如伏虎，背上有二十七鉏鋙，刻以木，長尺櫟之。」通考曰：「碎竹，逆戛之，以止樂。」宋因唐制，用竹長二尺四寸，析爲十二莖，先擊其首，次三戛齟齬而止。案：敔制如伏虎，古人取爲樂器，未知何意。或以木音屬巽，而巽爲風，風從虎，故象形以爲制歟？其背上二十七齟齬者，黄鍾九數爲之本，而東方木數三，三九而二十七，此又以律數兼五行而定制者也。今定尺度，則通體之長爲二尺一寸八分七釐，三倍黄鍾之數。齟齬之分爲七寸二分九釐，黄鍾之數。而敔之制，亦爲有本矣。又禮王制天子賜諸侯樂則以柷將之，賜伯子男樂則以鼗將之，疏曰：「柷節一曲之始，其事寬；鼗節一唱之終，其事狹。」是必金聲玉振，乃爲全樂之大成也哉！

禮記樂記：治亂以相。疏：言治理奏樂之時，先擊相，故云「治亂以相」。

蕙田案：亂樂之卒章，論語所謂「關雎之亂」是也。樂至此則衆音繁會，易至于亂，故以相爲節，所以治之也。相字從木，恐爲木器。今作樂者，必有拍板，疑其遺制。鄭氏以爲即拊，非也。宋陳用之曰：「既曰『會守拊鼓』，又曰『治亂以相』，則相非拊也。」其言是矣。

右木音之屬

匏音之屬

周禮春官笙師：掌教龡竽、笙。注：鄭司農云：「竽，三十六簧。笙，十三簧。」疏：先鄭云「竽三十六簧，笙十三簧」者，案通卦驗「竽長四尺二寸」，注云：「竽，管類，用竹爲之，形參差象鳥翼。鳥，火禽，火數七。冬至之時吹之。冬，水用事，水數六。六七四十二，竽之長蓋取諸此也。」笙十三簧，廣雅云：「笙以匏爲之，十三管，宮管在左方。竽象笙，三十六管，宮管在中央。」禮圖云「竽長四尺二寸」，此竽三十六簧，與禮圖同。

禮記月令：調竽、笙、篪、簧。疏：竽者，鄭注周禮云：「竽，三十六簧。」釋名云：「竽，汙也，其中汙空。」笙者，鄭注周禮云：「十三簧。」釋名云：「笙，生也，象物出地所生。」簧者，竽笙之名也。氣鼓之而爲聲。釋名云：「簧，横也，於管頭横施之。」

陳氏禮書：禮記曰：「女媧之笙簧。」世本曰：「隨作笙。」儀禮曰：「三笙一和而成聲。」周禮笙師：「掌教吹竽、笙。」爾雅曰：「大笙謂之巢，小者謂之和。」先儒謂笙列管匏中，施簧，管端大者十九簧，小者十三簧。竽三十六簧。笙長四尺，竽長四尺二寸。簧，金鍱爲之。蓋衆管在匏，有巢之象，故大笙曰巢。大者唱，小者和，小笙曰和。後世雅樂和皆二十七簧，外設二管，不定置謂之義。管每變，均易調則更用焉，由是定置二管於匏中爲十九簧。書曰：「笙鏞以間。」笙師：「祭祀饗食，共笙鐘之樂。」鄭氏曰：「與鐘相應之笙。」國語曰：「金石以動之，絲竹以行之。」則笙鏞雖間作，其動之於始，則金石而已。韓非曰：「竽者，五聲之長，故竽先。」則鐘瑟皆隨竽唱，則諸樂皆和，蓋後世之樂然也。蕙田案：大者十九簧，和無緣得二十七簧。「二」字乃「于」字之誤耳。

蕙田案：以上竽、笙總。

書益稷：笙鏞以間。

詩小雅賓之初筵：籥舞笙鼓。

周禮春官笙師：凡祭祀，共其鍾笙之樂。注：鍾笙，與鍾聲相應之笙。

儀禮鄉射禮：笙入，立于縣中。

鄉射禮記：三笙一和而成聲。注：三人吹笙，一人吹和。

儀禮鄉飲酒禮：笙入堂下，磬南北面立，樂南陔、白華、華黍。乃間歌魚麗，笙由庚；歌南有嘉魚，笙崇丘；歌南山有臺，笙由儀。

燕禮：笙入，立于縣中。奏南陔、白華、華黍。乃間歌魚麗，笙由庚；歌南有嘉魚，笙崇丘；歌南山有臺，笙由儀。

燕禮記：笙入三成。

詩小雅南陔序：南陔，孝子相戒以養也。

朱子曰：此笙詩也，有聲無辭。

白華序：白華，孝子之潔白也。

朱子曰：笙詩也。

華黍序：華黍，時和歲豐，宜黍稷也。有其義而亡其辭。

朱子曰：亦笙詩也。案儀禮鄉飲酒禮，鼓瑟而歌鹿鳴、四牡、皇皇者華，然後笙入堂下，磬南北面立，樂南陔、白華、華黍。燕禮亦鼓瑟而歌鹿鳴、四牡、皇皇者華，然後笙入立于縣中，奏南陔、白華、華黍。南陔以下，皆無以考其名篇之義。然曰笙，曰樂，曰奏，而不言歌，則有聲而無辭明矣。所以知其篇第在此者，意古經篇題之下必有譜焉，如投壺魯鼓、薛鼓之節而亡之耳。

由庚序：由庚，萬物得由其道也。

朱子曰：此亦笙詩。

崇丘序：崇丘，萬物得極其高大也。

朱子曰：此亦笙詩。

由儀序：由儀，萬物之生各得其宜也。有其義而亡其辭。

朱子魚麗後傳：案儀禮鄉飲酒及燕禮，前樂既畢，皆間歌魚麗，笙由庚；歌南有嘉魚，笙崇丘；歌南山有臺，笙由儀。間，代也，言一歌一吹也。然則此六者，蓋一時之詩，而皆爲燕饗賓客上下通用之樂。

禮記明堂位：女媧之笙簧。疏：帝王世紀云：「女媧氏，風姓。承包犧制作，始作笙簧。」

樂記：弦匏笙簧。

爾雅：大笙謂之巢，小者謂之和。注：列管匏中，施簧，管端大者十九簧。小者謂之和，十三簧者。鄉射記曰：「三笙一和而成聲。」疏：世本云：「隨作笙。」禮記曰：「女媧之笙簧。」釋名曰：「笙，生也。象物貫地而生。」説文云：「笙，正月之音。物生，故謂之笙。有十三簧〔一〕，象鳳之身。」其大者名巢。巢，高也，言其聲高。小者名和，李巡云：「小者聲少，音相和也。」孫炎云：「應和於笙。」瓠，匏也，

〔一〕「十三簧」，諸本脱「十」字，據爾雅注疏卷五補。

以匏爲底，故八音謂笙爲匏。簧者，笙管之中金薄鐷也。笙管必有簧，故或謂笙爲簧。詩王風云「左執簧」是也。大者十九簧，以時驗而言也。云「十三簧」者，鄭司農注周禮亦云「十三簧」，相傳爲然。注鄉射記云「三笙一和而成聲」者，後鄭注云「三人吹笙，一人吹和」是也。

白虎通：笙者，太簇之氣，象萬物之生，故曰笙。有七正之節焉，有六合之和焉，天下樂之，故謂之笙。

陳氏樂書：古者造笙，以曲沃之匏、汶陽之篠列管匏中，而施簧管端，則美在其中。鍾而爲宫，蓋所以道達沖氣，律中太簇，立春之音也，故有長短之制焉，有六合之和焉。故五經析疑曰：「笙者，法萬物始生，道達陰陽之氣，故有長短。」黄鍾爲始，法象鳳凰。蓋笙爲樂器，其形鳳翼，其聲鳳鳴，其長四尺。大者十九簧謂之巢，以衆管在匏有鳳巢之象也。小者十三管謂之和，以大者唱則小者和也。儀禮有之，「三笙一和而成聲」是已。大射儀「樂人宿縣于阼階東，笙磬西面，其南笙鐘」，蓋笙艮音也，於方爲陽；鍾，兑音也，於方爲陰。周官笙師掌教吹笙，共其鍾笙之樂，以教祴樂；書曰「笙鏞以間」，是鼓應笙之鐘而笙亦應之也。眡瞭「掌擊笙磬」，詩曰「笙磬同音」，則磬乾音也，與笙同爲陽聲，是擊應笙之磬而笙亦應之也。笙、磬則異器而同音，笙、鐘則異音而同樂。儀禮有衆笙之名，而簜在建鼓之間，蓋衆笙所以備和奏，洽百禮，豈特應鐘磬而已哉！鹿鳴所謂「鼓瑟鼓琴」、「吹笙鼓簧」，應琴瑟之笙也。賓之初筵曰「籥舞笙鼓」，應鼓之笙也。檀弓「孔子十日而成笙歌」，儀禮「歌魚麗，笙由庚」之類，應歌之笙也。記曰「女媧之笙簧」，世本曰「隨作笙簧」，庸詎知隨非女媧氏之臣乎？黄帝制律，以伶倫造鐘以營援，則女媧作竽笙以隨，不足疑矣。李照作巢笙，合二十四聲以應律呂正倍之聲，作和笙應笙竽，合清濁之聲，又自制大笙上之太樂，亦可謂知復古制矣。

律呂正義：爾雅：「大笙謂之巢，小者謂之和。」注曰：「列管匏中，施簧管端。」風俗通云：「垂作笙，以象鳳。」古稱簫爲鳳簫，而笙亦爲鳳笙，蓋以笙之長短參差亦如排簫然，故並稱耳。笙與排簫，管數之多寡、管體之巨細雖不同，而倍半相資以爲用者，其理則一也。笙于古爲匏器，其制攢衆管于一匏，而共一吹口。每管設簧以取音，簧者于管側貼以薄銅葉，氣至則戰動成音。開出音孔，以別長短之度，而音之高下以生。復設孔于匏外，案某孔則某簧應，故詩曰「吹笙鼓簧」。近世易匏以木，各管但以竹徑相倣者通其節，約略其長短，而無一定之制。至于簧數之多寡，則傳注所紀，其説不一。鄭氏詩注曰：「笙十三簧，或十九簧，而竽三十六簧。」周禮注鄭衆曰：「竽三十六簧，笙十三簧。」又通考載宋李照作巢笙合二十四聲。以理揆之，其三十六簧、二十四簧者，乃兼陽律陰吕之聲，如排簫之備清濁二均也。其十九簧、十三簧者，乃分陽律陰吕之聲，如簫笛之各具一均也。今禮部太常所用俱十七管，有全用者，有空二管或三管不設簧而用十五管或十四管者。俗部所用亦十七管或十五管，而止用十三管，其餘皆不設簧，蓋去其重複，但取一均之聲以備用也。又禮部太常所用笙，體大而空徑亦大，其出音孔至簧度分反短。俗部所用笙，體小而空徑亦小，其出音孔至簧度分反長。蓋因取聲于容積之分，故徑與長相爲贏縮焉。案十七簧大笙，徑約二分，上下每一笙之内，各管空徑不一。其自簧口至出音孔分最長，第一管七寸五分，餘二管七寸餘，三管亦七寸餘，視二管微歉，四管六寸五分餘，五管六寸餘，六管五寸二分餘，七管四寸五分餘，八管四寸二分餘，九管、十管、十一管皆四寸上下，十二管三寸八分餘，十三管三寸六分餘，十四管三寸三分微歉，十五管三寸二分餘，此兩管亦相同，十六管三寸餘，十七管二寸六分餘，此皆工人約略爲之，初未有一定之真度也。審其音，最長一管應笛之尺字，近世皆以笛孔合笙而言，故笙之諸音，皆取笛聲字名之。二管應最低工字，三管應低工字，四管應低凡字，五管應低六字，六管應低五字，七管應最低乙字，八管應低乙字，九管應低上字，十管應高上字，十一管應上字尺字之間爲勾字，十二管應高尺字，十三管應高工字，十四管應高凡字，十五管亦應高凡字，十六管應高六字，十七管應高五字。此高低字音，皆以體之倍半而言，非清濁二均之分。其取聲之法，一管合六管，或一管合十二管爲低尺字，二管合七管爲最低工字，禮部太常樂工省此二管不用，故止十五簧。三管合八管爲低工字，四管合九管爲低凡字，五管合十二管爲低六字，六管合十三管爲低五字，七管合十四管爲最低乙字，禮部太常樂工亦多不用。八管合十五管爲低乙字，九管合十六管爲低上字，十管獨用爲高上字，十一管獨用爲勾字，十二管合十七管爲高尺字，十三管獨用爲高工字，十四管獨用爲高凡字，十六管獨用爲高六字，十七管獨用爲高五字，此十七簧大笙立體取音之大概也。十三簧小笙，徑約一分有餘。每一笙之内，各管徑亦不一。其自簧口至出音孔分最長，第一管八寸餘，二管七寸餘，三管六寸五分餘，四管六寸餘，五管五寸五分餘，六管五寸餘，七管四寸五分餘，八管四寸五分不足，九管四寸餘，十管三寸五分餘，十一管三寸三分餘，十二管三寸餘，十三管三寸不足。審其音，一管低尺字，二管低工字，三管低凡字，四管低六字，五管低五字，六管低乙字，七管低上字，八管高上字，九管高尺字，十管高工字，十一管高凡字，十二管高六字，十三管高五字。其取聲之法，一管合五管或合九管爲低尺字，二管合六管爲低工字，三管合七管爲低凡字，四管合九管爲低六字，五管合十管爲低五字，六管合十一管爲低乙字，七管合十二管爲低上字，八管合十二管爲高上字，九管合十三管爲高尺字，十管獨用爲高工字，十一管獨用爲高凡字，十二管獨用爲高六字，十三管獨用爲高五字，此十三簧小笙立體取音之大概也。大笙之十五簧，于十七簧已爲減二，而小笙又少勾字、凡字二簧，蓋勾爲低，尺可以相代，而凡字重出，嫌其易淆，故復減耳。其一笙之内，管體長者設簧亦大，管體短者設簧亦小，易其簧而更施之，則或咽或揭，皆不成聲。蓋笙之施簧，必隨管體之長短而爲大小，即如絲樂之體大者用絃巨、體小者用絃細之理也。至于簧之硬者，應聲微高，點以蠟珠，則可少下。簧之輭者，應聲微低，不施蠟珠，或易以硬簧，則可以高。然所差不過半音，未若管體長短之分音晰也。今欲明製笙之法，辨笙之體，詳笙之用，必一其徑，覈其積，考其度，正其音，一一本之于律吕，而後笙之理數可明焉。一其徑者，使一笙各管之空徑皆同，如十二律吕之同徑也。覈其積者，定衆管之積，或用律吕之全，或用律吕之半，或用律吕幾分之一也。考其度者，察某管得某律吕相和之分，或得某律吕相和之倍、某律吕相和之半也。正其音者，詳某管之應某律吕某聲字，與某管設簧則應某律吕某聲字也。蓋笙之大小雖殊，而爲用則一。大笙之空徑二分上下者，乃黄鍾八分之一，又如此一分之四分之三之管徑也。此管積以通分約之，乃黄鍾三十二分之七。小笙之空徑一分有餘者，乃黄鍾八分之一之管徑也。其管之長者，用本體律吕之倍；管之短者，用本體律吕之正，或本體律吕之半。其半管比正管每下一音，亦如律吕之正與倍半之理也。其相和取聲，無論體之大小、管之多寡，要皆以本聲立宫而徵聲和之。或以正聲爲主而少聲和之，取二聲相濟，抑揚中聽也。其兩管同一聲字而相和者，乃宫與少宫、商與少商、工與高工、凡與高凡爲兩聲，子母相應者也。其兩管不同聲字而相和者，乃宫與徵、商與羽、工與乙、凡與上之類，是兩聲得其相生之序而相和者也。若夫兩管之斷不可和者，如宫與商、商與角、工與凡、凡與六之類，是兩聲相比，必甚乖謬而不可和者也。是故笙之低尺字以低五字和之者，乃濁變徵立宫，而宫聲爲徵以和之也。低尺字以高尺字和之者，即倍變徵以正變徵和之也。低工字以低乙字和之者，乃下徵立宮，而商聲爲徵以和之也。低凡字以低上字和之者，乃下羽立宮，而角聲爲徵以和之也。低六字以高尺字和之者，乃倍變宮立宮，而正變徵爲徵以和之也。低五字以高工字和之者，乃宮聲立宮，正用徵聲以和之者也。低乙字以高凡字和之者，乃商聲立宮，而羽聲爲徵以和之也。低上字以高六字和之者，乃角聲立宮，而少變宮爲徵以和之也。高上字仍以高六字和之者，亦角聲立宮，而少變宮爲徵以和之也。高尺字以高五字和之者，乃少變徵立宮，而少宮爲徵以和之也。高聲與低聲相和者，乃首音與第八音相和，所謂隔八相生也。徵之可以和宮者，所謂宮生徵也。羽之可以和商者，所謂商生羽也。若夫商之可以和徵者，又爲徵之生少商，皆爲首音，與第五音相和者也。蓋各管之徑既同，則聲字之度分可定，聲字之度分既定，則各管之相旋爲用，自有協和之妙焉。夫簫笛之體，起于黄鍾之加倍，而笙之體，則起于黄鍾之減分。加倍者，或加八倍，或加四倍，其所制之管，皆與黄鍾一均之聲相應。減分者，或用黄鍾四分之一，或用黄鍾八分之一，所制之管，亦皆與黄鍾一均之聲相應。若應大吕一均者，大笙則取黄鍾八分之一，又如此一分之四分之二之管爲本。即三十二分之六也。小笙則取黃鍾六十四分之七之管爲本。或不易其體，但用點簧之法以高其音，亦可備陰呂一均之用。然其聲雖協于大呂，而其數並起于黃鍾。此黃鍾所以尤爲竹音之本也。

蕙田案：以上笙。

禮記樂記：竽瑟以和之。

韓非子：竽者，五聲之長。

風俗通：案禮記，竽管三十六簧也，長四尺二寸。今二十三管。

陳氏樂書：昔女媧氏使隨裁匏竹以爲竽，其形參差以象鳥翼，火類也。火數二，其成數則七焉。冬至吹黃鍾之律而間音以竽，冬則水王，而竽以之，則水器也。水數一，其成數則六焉。因六而六之則三十六者，竽之簧數也。因七而六之，則四十二寸者，竽之長數也。月令仲夏調竽笙，淮南子謂孟夏吹竽笙，蓋不知周官笙師「掌教吹竽笙」，則竽亦笙類也。以笙師教之，雖異器同音，皆立春之氣也。樂記曰：「聖人作爲鞉、鼓、椌、楬、塤、篪，然後爲之鐘、磬、竽、瑟以和之。」是樂之倡始者，在鞉、鼓、椌、楬、壎、篪，其所謂鐘、磬、竽、瑟者，特其和終者而已。韓非子曰：

「竽者，五聲之長。」竽先則鐘瑟皆隨，竽倡則諸樂皆和，豈聖人制作之意哉！說文曰：「竽，管三十六簧。」象笙，以竽宫管在中故也。後世所存多二十三管，具二均聲焉。樂法圖曰：「吹竽有以知法度，竽音調則度數得矣。」

蕙田案：以上竽。

右匏音之屬

竹音之屬

詩小雅鹿鳴：吹笙鼓簧。傳：簧，笙也。

陳氏禮書：詩曰「吹笙鼓簧」，又曰「並坐鼓簧」，又曰「左執簧」，又曰「巧言如簧」，記曰「女媧之笙簧」，觀此，宜若簧非笙也。先儒皆以爲笙中之簧，其說拘矣。漢武内傳鼓振靈之簧，神仙傳王遥有五舌竹簧。然經無明說，豈亦古之遺制歟？

蕙田案：以上簧附。

詩邶風簡兮：左手執籥。傳：籥六孔。

小雅鼓鐘：以籥不僭。

周禮春官籥師：掌教國子歙籥。注：籥，舞者所吹。

笙師：掌教歙籥。注：籥如篴，三孔。

鄭氏鍔曰：籥三孔。其中則中聲，其上下二孔則聲之清濁所由生。

爾雅：大籥謂之産，其中謂之仲，小者謂之箹。注：籥如笛，三孔而短小。廣雅云：「七孔。」疏：籥，樂器名。周禮笙師：「掌教吹籥。」鄭注云：「籥如篴，三孔。」詩邶風云：「左手執籥。」毛傳云：「籥六孔。」所見異也。

風俗通：籥，樂之器，竹管，三孔，所以和衆聲也。

陳氏禮書：籥三孔，主中聲，而上下之律吕於是乎生。命之曰籥，以黍籥之法在是故也。羽舞皆執籥，以聲音之本在是故也。詩曰：「左手執籥。」春秋書：「仲遂卒于垂，壬午猶繹。萬入，去籥。」公羊曰：「去其有聲者，置其無聲者。」則吹籥而舞可知。廣雅曰「籥七孔」，毛萇曰「籥六孔」，鄭康成曰「籥如笛，三孔」，郭璞曰「籥三孔而短」。當從郭、鄭之説爲正也。

陳氏樂書：籥之大者，其聲生出不窮，非所以爲約也。小者，其聲則約而已。若夫大不至於不窮，小不至於太約，此所以謂之仲也。然則鄭、郭三孔之籥，豈其中者歟？毛萇六孔之籥，豈其大者歟？

蕙田案：以上籥。

周禮春官籥章：掌豳籥。注：鄭司農云：「豳籥，豳國之地竹，豳詩亦如之。」玄謂豳籥，豳人吹籥之聲章。疏：先鄭云：「豳籥，豳國之地竹，豳詩亦如之。」後鄭不從者，案下文吹豳詩，吹豳雅，吹豳頌，更不見豳籥，則是籥中吹豳詩及雅、頌，謂之豳籥，何得有豳國之地竹乎？故後鄭云「豳人吹籥之聲章」。聲章，即下文豳詩之等是也。

蕙田案：豳籥，即笙師、籥師所教之籥，後鄭之説是。

又案：以上豳籥。

禮記明堂位：葦籥，伊耆氏之樂也。注：籥如笛，三孔。疏：葦籥，謂截葦爲籥。

方氏慤曰：葦籥者，以葦爲籥，未有截竹之精故也。

陳氏樂書：易曰：「震爲萑葦，爲蒼筤竹。」爾雅曰：「葦醜芀。」郭璞曰：「其類皆有芀秀。」又曰：「葭蘆。」郭璞曰：「葦也。」則葦籥、竹籥，皆震音也。蓋太極元氣，函三爲一，行於十二辰，而律吕具矣。始動於子，參之于丑得三，而籥之爲器，本於黄鍾之籥，竅而三之，所以通中聲，而上下之律吕所由生也。古之人始作樂器，葦籥居其先，震爲六子之首，籥爲衆樂之先，其斯以爲稱。始乎葦，伊耆氏施於索饗也；成乎竹，周人以之本始農事也。或以伊耆爲堯，然堯時八音已具，豈特葦籥土鼓而已哉！

蕙田案：以上葦籥附。

書益稷：簫韶九成。傳：言簫見細器之備。

詩商頌有瞽：簫管備舉。

周禮春官小師：掌教簫。注：簫，編小竹。疏：案通卦驗云：「簫長尺四寸。」注云：「簫，管形，象鳥翼。鳥爲火，火成數七，生數二，二七一十四，簫之長由此。」廣雅云：「簫，大者二十四管，小者十六管，有底。」三禮圖云：「簫長尺四寸，頌簫長尺二寸。」此諸文簫有長短不同，古者有此制也。

瞽矇：掌播簫。注：播謂發揚其聲。

笙師：掌教歙簫。

禮記樂記：從以簫管。

爾雅釋樂：大簫謂之言，小者謂之筊。注：大簫，編二十三管，長尺四寸。小者，十六管，長尺二寸。簫一名籟。疏：此别簫大小之名也。風俗通云：「舜作簫。其形參差，以象鳳翼。十管，長二尺。」博雅曰：「簫大者二十三管，無底。小者十六管，有底。」其大者名言。李巡曰：「大簫，聲大者言言也。」郭云：「編二十三管，長尺四寸。」其小者名筊。李巡曰：「小者，聲揚而小，故言筊。筊，小也。」郭云：「十六管，長尺二寸。簫一名籟。」又通卦驗云：「簫長尺四寸。」其管數長短雖異，要是編小竹管爲之耳。

陳氏禮書：簫，大者二十四管，小者十六管。書於簫言樂成，詩於簫言備舉，禮凡言簫，多在笙竽之後，則簫之奏，蓋後於笙矣。莊周曰：「人籟比竹。」荀卿曰：「鳳凰于飛，其翼若笙，其聲若簫。」蓋簫比竹爲之，其狀鳳翼，其聲鳳聲，言與籟皆其異名也。

陳氏樂書：周官之於簫，教之小師，播之瞽矇，吹之笙師，則簫之爲樂，其器細，其音肅，必待衆職而後致用，堂下之樂備舉之奏也。蔡邕曰：「簫大者二十四管，無底；小者十六管，有底。」古有洞簫，無底，豈其大者歟？然則邕時無洞簫小者矣。蓋簫之爲管，長則濁，短則清，以蠟蜜實其底而增損之，然後其聲和矣。古者造簫之法，或以玉，或以竹。以玉，若梁州記「得玉簫」是也。以竹，若丹陽記「有慈姥山，生簫管竹」是也。今制盡以律管協律取聲，第一管黃鍾，二管大吕，三太簇，四夾鍾，五姑洗，六中吕，七蕤賓，八林鍾，九夷則，十南吕，十一無射，十二應鍾，十三黃鍾清，十四大呂清，十五太簇清，十六夾鍾清。

律呂正義：古稱簫曰「鳳簫」。風俗通曰：「舜作簫，其形參差，以象鳳翼。」然則古之所謂簫者，實排簫也。考排簫之制，其來最古，律呂十二管備具其中。史稱伶倫截管以聽鳳凰之鳴，雌雄各六，金石八音，由此而定，所以簫韶九成，而以簫爲主也。上古排簫之制，寖失其傳者，蓋因近代不用律呂損益倍半之法，故排簫別爲一器，而與律呂不相交涉，惟朝賀郊祀大樂中用之，不過較工尺以備器數耳。其制則十六管爲一具，長者張兩旁，參差漸短若羽翼，然其用單吹，無旁出孔。其管之最長者，得今尺九寸五六分上下，其次八寸四五分上下，遞至最短則四寸餘。十六管之徑亦微不同，樂工相傳，謂最長第一管爲合字，依次漸高，此時用排簫之大略也。近代皆以琴之一絃定笛之合字，得徵分者爲黃鍾之宮。案今尺七寸二分九釐之黃鍾，爲古尺九寸之黃鍾，則今尺九寸之黃鍾，實與今尺九寸一分之倍夷則相近。而今尺九寸之黃鍾，應笛之高凡字，與合字相近，或黃鍾爲合字，又爲此乎？然既不能定黃鍾之真度，其又何以知黃鍾之正聲爲合字也？夫古人制禮作樂，極其精微，斷制裁成，咸有深意。況排簫爲諸管樂之首，彙聲音清濁之大成，豈可不以律呂定其準則耶？論排簫之制，大之亦可，小之亦可。大之則用黄鍾倍積，或二倍，或三倍，或四倍，各具本體所生之十二律吕。小之則用黄鍾半積，或幾分之幾，亦各具本體所生之十二律吕。但同其徑，加二倍律二倍吕共成一十有六，則皆可以取音而備用。然推原古制，必用十二律吕之正，加以二倍律二倍吕始爲適中也。今以十二律吕正聲排簫之制言之，陽律陰吕，平分二翼，左則用黄鍾之律爲濁均之宫，以太簇、姑洗、蕤賓、夷則、無射，爲濁宫之商、角、變徵、徵、羽。右則用太吕之吕爲清均之宫，以夾鍾、仲吕、林鍾、南吕、應鍾，爲清宫之商、角、變徵、徵、羽。其變宫，若用黄鍾大吕之半則音太高，而諸樂難和，故取二變宫于二正宫之前，以倍無射爲黄鍾宫之變宫，以倍應鍾爲大吕宫之變宫，又取二下羽于二變宫之前，以倍夷則爲黄鍾宫之下羽，以倍南吕爲大吕宫之下羽。此所以備旋宫轉調之用，而爲諸樂之綱領也。按五聲二變旋宫之法，以某律吕某聲字立宫位，則當二變者不用，而立羽位者主調。今用黄鍾大吕各立一宫，故取倍夷則、倍南吕爲下羽以主調也。夫夷則、南吕、無射、應鍾，實本均徵、羽之聲，但倍之而用于宫聲之前，則爲變宫下羽，此正古人宫逐羽音之義也。以黄鍾宫之半應變宫之理推之，正夷則乃倍夷則之半，正夷則爲黄鍾宫之徵，而倍夷則爲黄鍾宫之下羽，則是下羽之半變而爲正徵矣。正無射乃倍無射之半，正無射爲黃鍾宮之羽，而倍無射爲黃鍾宮之變宮，則變宮之半亦變而爲正羽矣。此即正黃鍾宮之半變而爲變宮之理也。唐、宋以來，皆以四清聲爲黃鍾、大呂、太簇、夾鍾之半，故陳暘以爲靡靡之音，謂其過高也。今于正律之外，用四倍律，則宮聲居中而無過高之譏矣。同徑之十六管分陰陽二均，徑各二分七釐四豪二絲。凡樂器，皆以今尺言。其左以黃鍾之律宮聲工字立低音均之主爲第三管，長七寸二分九釐；而以倍夷則之律下羽低上字爲第一管，長九寸一分零二豪；以倍無射之律變宮低尺字爲第二管，長八寸零九釐；其第三管則黃鍾之律宮聲工字，次則以太簇之律商聲低凡字爲第四管，長六寸四分八釐；以姑洗之律角聲低六字爲第五管，長五寸七分六釐；以蕤賓之律變徵低五字爲第六管，長五寸一分二釐；以正夷則之律徵聲低乙字爲第七管，長四寸五分五釐一豪；以正無射之律羽聲低上字爲第八管，長四寸零四釐五豪。此排簫左翼之八管也。案正無射之羽聲上字，較之倍夷則羽聲上字，實當爲清羽高上字。但倍南呂較于倍夷則爲清羽高上字，故正無射轉而爲濁均之羽聲高上字，而正應鍾又爲清均羽聲之最高上字也。其右以大呂之呂清宮高工字立高音均之主爲第三管，長六寸八分二釐六豪；而以倍南呂之呂下羽高上字爲第一管，長八寸六分四釐；

以倍應鍾之吕變宫高尺字爲第二管，長七寸六分八釐；其第三管則大吕之吕清宫高工字，次則以夾鍾之吕清商高凡字爲第四管，長六寸零六釐八豪；以仲吕之吕清角高六字爲第五管，長五寸三分九釐三豪；以林鍾之吕清變徵高五字爲第六管，長四寸八分六釐；以正南吕之吕清徵高乙字爲第七管，長四寸三分二釐；以正應鍾之吕清羽高上字爲第八管，長三寸八分四釐。此排簫右翼之八管也。觀此二均，聲字具備，宫調遞遷，正變互易，旋轉用之，無所不可。然黄鍾大吕自統一均，陽律陰吕各從其類，所謂陰陽分用而不相紊者，此也。

又曰：律吕長短，雖見于史志，而簫笛尺寸，未有定制。簫即古之所謂長笛，相傳始于漢丘仲。唐人有謂之尺八者，今之簫或其遺制耶？晉書載荀勗所造長笛用角律，長者八之，短者四之，空中實容長者十六，然所作皆逾二尺五六寸，或至三四尺。若謂如今之簫笛，則吹者手不及按其孔。若謂如十二律吕管，然則又止有長短，而圍徑大小不載焉。及觀今樂簫笛所生聲字，未嘗不備旋宫轉調之義，其長短圍徑，雖工人未案律度，初未有長逾二尺者，蓋必如是而後適于用也。凡樂之大原，出于律吕，況簫笛竹音，尤當以律吕爲本。黄鍾元聲之積，加分減分比例所生同形諸管，既得聲應十二律吕之正矣。其餘律吕之加分減分，仍得應于本律本吕之聲者，惟八倍與八分之一也。八倍黄鍾之管，三分損益，所生同徑之十二管，仍爲各律各吕之八倍。審其音，亦與十二律吕相協，即十二律吕之同形大體管也。若以此八倍黄鍾爲全分之長，從下至上，案本管十二律吕之分各開一孔，乃與律吕本音不甚相協。案清濁二均開孔，其聲亦不相應。蓋八倍律吕之十二管，各應其本律本吕之聲者，其形同而生聲之理又同。如以一管案十二律吕之分開孔，氣自一孔傍出，雖同通管直出之音，故取分雖同，而生聲之理則異也。古人之製簫笛也，備七音于一管，寓十二律吕于其間，分清濁旋宫調，非得其變通，則不可用。若取黄鍾元聲，加分所生同形諸管，以其陽律陰吕各自所得度分，相併折中而設諸孔，始得協音韻之正，而備聲字之用焉。案時用簫通長一尺七寸有餘，徑五分上下，通長之上設出音孔爲低尺字，出音孔上第一爲工字孔，第二爲凡字孔，第三爲六字孔，第四爲五字孔，第五爲乙字孔，第六後出爲高尺字孔。此分得第一工字孔之半，獨上字無孔，其取上字則以後出尺字孔並六字孔爲低上字，以乙字孔併工字孔、凡字孔爲高上字。此時用簫立體取音之大概也。細推其理，其長一尺七寸有餘者，得黄鍾元聲，加分所生管體，律吕相和之倍分也。其徑五分上下者，得黄鍾元聲，加分所生管體之徑度也。其宫調則第一孔立宫位，而通長爲下羽，亦得宫逐羽音之義也。其通長爲下羽，故出音孔得變宫之位。其第一孔立宫位，故第二孔得商位，第三孔得角位，第四孔得變徵位，第五孔得徵位，而第六後出孔仍得變宫之位也。論其音，則出音孔與後出孔相應。論其分，則後出孔得第一孔之半。其本體正分與半分之比，即如律吕正分與半分之比也。其設出音孔者，因出音孔以上，諸孔必得出音孔而音始協也。其不設上字孔者，因簫笛之乙字分〔一〕、上字分、尺字分皆得全體所用律吕位分之半。乙字分得通長之半，上字分得出音孔之半，後出尺字分得第一孔之半。如案此三孔本分取聲，必將本孔獨開，餘孔皆閉，音始不訛。若本孔以下諸孔全開，則音爲以下諸孔所掣，比本分之音俱少下，故歷來簫笛設乙字孔比本分稍上，而在乙字分、上字分之間，蓋爲取音與以下諸孔同例也。乙字孔既開于本分之上，故上字無孔，以其與乙字、尺字位分甚近，生聲易淆，且孔密而慮其難按

〔一〕「乙」，原作「一」，據光緒本改。

也。至于後出尺字仍于本分設孔者，因其取音將以下諸孔皆閉，而獨開此孔也。其取低上字于高尺字併六字者，簫之通長應上字，乃本體羽聲律吕相和倍之之分。今六字孔得本體角聲律吕相和之分，後出高尺字孔得本體宫聲律吕之半相和之分。以此二分相併，適合本體羽聲陽律倍之之分也。其取高上字于工字，凡字合以乙字者，蓋借工字、凡字以代高工、高凡而合以乙字也。簫之工字孔爲本體宫聲律吕相和之分，凡字孔爲本體商聲律吕相和之分，乙字孔爲本體徵聲律吕相和之分。今取高工字，則用商聲律吕相和之半；取高凡字，則用角聲律吕相和之半。以此二分相併折中，復與徵聲律吕相和之分相併折中，適合本體宫聲陽律之半，在後出孔高尺字之下，故爲高上字也。借工字、凡字之正聲者，所以代高工、高凡之用。欲窮其理，必推本于高工、高凡而後明也。夫簫笛之生聲，原在中空容積之分，故開孔取音必合本體律吕之度而音始和。是知古人審音制器，截其有餘以補不足，務取聲調之協與備得以旋宫而變化無窮焉。今制簫以八倍黄鍾之積爲準，則以八倍黄鍾之徑爲徑，其本體黄鍾大吕相和之分立出音孔上第一孔之位，聲應黄鍾之律宫聲工字，其通長得夷則南吕相和倍之之分，聲應倍夷則之律羽聲上字。因其本體黄鍾大吕相和之分，聲應黄鍾之宫，因名之曰黄鍾簫。以四倍黄鍾之積爲準，則以四倍黄鍾之徑爲徑，其本體黄鍾大吕相和之分立出音孔上第三孔之位，聲應姑洗之律角聲六字，其通長得姑洗仲吕相和倍之之分，亦應倍夷則之律羽聲上字。因其本體黄鍾大吕相和之分，聲應姑洗之角律，而通長又爲姑洗仲吕相和倍之之分，因名之曰姑洗簫。黄鍾簫與姑洗簫皆應黄鍾陽律一均之聲，而姑洗簫音韻清和，于新定排簫之黄鍾一均尤爲相協。蓋古長笛皆用角律，今用四倍黄鍾之體，正所以用姑洗角律之音，四倍黄鍾、大吕相和之分，立于角位而生。簫徑實爲一管之主，其通長爲四倍姑洗、仲吕之倍，即八倍角律角吕兩相和以成者，故四倍宫積之音，又成八倍角律之體也。夫八倍四倍黄鍾之管所制簫體，既應排簫之陽律一均矣，然則排簫之陰吕一均，其將何以和之？蓋八倍黄鍾之管得聲應黄鍾之律，四倍黄鍾之管得聲應姑洗之律，其制爲簫也。用本體陽律之分，和以陰吕，皆得應黄鍾一均之聲，則七倍黄鍾之管得聲應大吕之吕，三倍半黄鍾之管得聲應仲吕之吕者，以之爲簫，而用其本體陽律之分，和以陰吕，其得聲應大吕之一均，有必然已。以七倍三倍半黄鍾之積，立一簫之準，其定分取音用正用倍，一如八倍、四倍之法，則排簫之陰吕一均得相和而爲用矣。夫用七倍黄鍾之積，即如用八倍大吕之積，其本體黄鍾大吕相和之分，得應大吕之宫，故名之曰大吕簫。用三倍半黄鍾之積，即如用四倍大吕之積，其本體黄鍾大吕相和之分，得應仲吕之吕，而通長又爲八倍角吕之體，故名之曰仲吕簫。以上諸簫之制，實本于排簫。排簫備二均一十四宫五十六調，而爲管者一十有六簫，亦各具五聲二變，合律吕陰陽之分，而爲管者一，故排簫一律一吕，各爲一聲。簫則一孔一聲，而兼一律一吕之體。其開孔取音，皆有一定之位分，而不得以意爲增損于其間。要之，竹音之樂，必以黄鍾元聲之實積爲主，大者八之，小者四之，而長短周徑隨焉。八之四之，即四倍八倍之謂，皆指其實積而言也。若不知倍其實積，而徒倍律吕之長，則必至于過長而不可用矣。明于此義，然後以之制體，而有其本；以之取聲，而得其全也。

蕙田案：以上簫。

詩小雅何人斯：仲氏吹篪。

周禮春官笙師：掌教吹篪。注：鄭司農云：「篪，七空。」疏：廣雅云：「篪，八空。」禮圖云：「九空。」司農云「七空」，蓋寫者誤。

禮記月令：調竽、笙、箎、簧。音義：箎音池，本又作「篪」，同。

爾雅：大篪謂之沂。注：篪，以竹爲之，長尺四寸，圍三寸，一孔上出寸三分，名翹，橫吹之。小者尺二寸。廣雅云：「八孔。」疏：李巡曰：「大篪，其聲非一也。」孫炎曰：「篪聲悲。沂，悲也。」釋名曰：「篪，啼也，聲如嬰兒啼。」鄭司農注周禮云：「篪，七空。」蓋不數其上出者，故七也。

風俗通：案世本蘇成公作篪，管樂十孔，長尺一寸。

陳氏樂書：篪之爲器，有底之笛也。大者尺有四寸，陰數也。其圍三寸，陽數也。小者尺有二寸，則全於陰數。要皆有翹以通氣，一孔上達，寸有二分，而橫吹之，或容覆，或潛伏，篪爲不齊者也。周官笙師「教吹塤篪」，詩曰「伯氏吹壎，仲氏吹篪」，又曰「天之牖民，如壎如篪」，是壎篪異器而同樂，伯仲異體而同氣，故詩人取以況焉。世本以篪爲管，沈約非之，當矣。

律呂正義：爾雅：「大篪謂之沂。」注：「以竹爲之，長尺四寸，圍三寸，一孔上出寸三分，名翹。橫吹之。小者尺二寸。」廣雅云：「八孔。」周禮注：「篪七空。」宋李宗謂樂纂云：「橫笛，小篪也。」又有觜者，謂之義觜笛。今橫笛皆去義觜，義觜即翹也。是上出孔有翹者名篪，無翹者即笛，二器蓋相似。又湖廣寶慶府學校志載：

「以竹爲之，長尺四寸，闊三寸三分，一孔上出，五孔向外，一孔向内，一孔在末節，共八孔。後一孔黄鍾清律，以六字應凡吹六字，止開此孔，餘皆閉。第二孔南吕，以工字應凡吹工字，此孔與下第三孔底一孔皆開，餘俱閉。第三孔林鍾，以尺字應凡吹尺字，此孔與下第二孔底一孔皆開，餘皆閉。第四孔仲吕，以上字應凡吹上字，此孔與下一孔底一孔俱開，餘皆閉。第六底孔太簇，以四字應凡吹四字，止開此孔，餘皆閉。惟黄鍾律以合字應，六孔皆閉。」案寶慶志所載，孔數爲七，計吹口共八，而用法則遺一。又李文察吹法云：「籥、篪、笛、管，皆一孔兼三音，全在口唇之俯仰，吹氣之緩急。」夫管、籥諸器，一孔之聲尚不能兼清濁，況于口唇俯仰吹氣緩急之間，而謂一孔兼三音，是未探聲律之本，而爲此遷就塗飾之説可知矣。案今禮部太常所用篪徑約九分上下，體長雖一尺四寸，而吹口至管末止九寸餘，其管末設底，底中心開孔，近底又並開二小孔，如簫笛之出音孔。計此孔與吹口共八，自下遞上命之，則底孔爲第一，出音孔爲第二，向外最下一孔爲第三，次上爲第四，次上爲第五，次上爲第六，最上向内一孔爲第七。至于諸孔遠近，則管末第一至出音第二，其分甚近；第二至第三，其分獨遠；第三至第四，第四至第五，第五至第六，其度均；而第六至向内第七，第七至吹口，此二分亦遠。然皆未案律吕相生之度也。詢之樂工，謂底孔爲合字，向外最下一孔爲四字，次二爲上字，次三爲尺字，次四爲工字，向内最上一孔爲六字，自吹口出凡字，獨遺乙字。與寶慶志所載諸孔聲字，率皆不同。至于命孔，又皆以笛言。及較其全半所應，則管末與向外第三孔爲全半之分。審其音，底孔之聲應簫之上字、笛之凡字，實非合字。而向外第三孔亦應簫之上字、笛之凡字，其餘諸孔，與簫笛皆不甚協。案爾雅注，篪長尺四寸，圍三寸。夫圍三寸，則徑爲九分有餘，然篪設底，其中空之圍不易量，此謂三寸者，或篪之外周乎？若篪之外周三寸，則中空徑必小于九分，而在八分九分之間矣。夫四倍黄鍾管之徑四分三釐五豪，倍之得八分七釐，乃與時用篪徑相侔，是爲三十二倍黄鍾管之徑也。三十二倍黄鍾管之徑比四倍黄鍾管之徑大一倍，其長比四倍黄鍾管之長亦大一倍，故得聲與四倍黄鍾管同應姑洗之律。四倍黄鍾管徑四分三釐五豪，長一尺一寸五分七釐二豪，聲應姑洗之律。今三十二倍，則自四倍復加以八倍，故徑與長比四倍之徑與長亦加一倍，而所應聲字爲同也。是故此篪用三十二倍黄鍾管之徑爲徑，而通長與各孔則用三十二倍黄鍾管之律吕相和之分。因其本體所生聲字與四倍黄鍾之管同，故制爲篪亦得與姑洗簫、姑洗笛相應，而協排簫陽律一均之聲字，因名之曰姑洗篪。至于協陰吕一均之篪，則用二十八倍黄鍾管爲體，蓋二十八倍黄鍾管體爲三倍半黄鍾管之八倍，而徑與長皆爲三倍半黄鍾管之倍，故所生聲字與三倍半黄鍾之管同，而與仲吕簫、仲吕笛相應爲用，因名之曰仲吕篪。要之，篪或上古之笛，而笛或爲篪之變制，法皆横吹。然篪尤爲雅樂之要器，必使協于律吕始備旋宫轉調之用，而可以宣大樂之和焉。

蕙田案：以上篪。

周禮春官笙師：掌教龡篴。注：杜子春讀篴爲蕩滌之滌，今時所吹五空竹篴。

風俗通：笛者，滌也，所以蕩滌邪穢，納之于雅正也。

陳氏禮書：周禮笙師「掌教篴」，杜子春曰：「竹篴，五孔。」馬融笛賦稱此器出於羌，笛舊四孔，京房加一孔以備五音。又風俗通曰：「漢武帝時丘仲作笛，長尺四寸。」然漢以前，固有笛矣，但尺四寸者，丘仲所作耳。後世有長笛，世傳蔡邕避難江南，宿於柯庭之館，仰盼竹椽，曰是良竹也，取以爲笛，奇聲獨絶。一説邕經會稽高遷亭見屋椽竹，東間第十六奇，爲笛取用，果有聲。有短笛，今樂府短笛，尺有咫。有横笛，小篪也。梁横吹曲曰「下馬吹橫笛」。有義觜笛；如橫笛而加觜，西涼樂也。有七孔者，今大樂雅笛七孔。有八空者，今有橫笛八空。皆適一時之所造然也。笛一作篴，篪一作䶵。

陳氏樂書：周官笙師「掌教吹籥、簫、篪、篴、管。」五者，皆出於笙師所教，無非竹音之雅樂也。蔡邕曰：「形長尺，圍寸，無底，有穴。」今亡。大抵管、笛一法爾。唐制尺八，取倍黃鍾九寸爲律，得其正也。漢丘仲笛以後一穴爲商聲。晉荀勖笛法以後一穴爲角，謂於九寸穴上開也。今太常笛從下而上，一穴爲太簇，半竅爲大吕；次上一穴爲姑洗，半竅爲夾鍾；次上一穴爲仲吕；次上一穴爲林鍾，半竅爲蕤賓；次上一穴爲南吕，半竅爲夷則，變聲爲應鍾，謂用黃鍾清與仲吕雙發爲變聲。半竅爲無射，後一穴爲黃鍾清，中管起應鍾爲首爲宫，又次上穴大吕爲商，又次上穴夾鍾爲角，又次上穴仲吕爲變徵，又次上穴蕤賓爲正徵，又次上穴夷則爲羽，變宫爲無射，謂後穴與第三穴雙發是也。如此即不用半竅，謂十二律用兩笛成曲也。

律吕正義：今之橫笛，古稱橫吹。樂府有鼓角橫吹曲，亦名短簫鐃歌，蓋軍中馬上之樂，故笛與管皆云起自北方。夫曰橫吹，又曰短簫，則非丘仲之長笛可知矣。宋李宗諤樂纂云：「橫笛，小篪也。有觜者謂之義觜笛。」今之笛皆橫吹而無義觜，是或篪之變制乎？其音每高于簫，由于本體之分短于簫也。夫欲考笛制，必推本于黄鍾，方爲有據。然而舍今時用笛，則亦無所取證焉。今笛空徑四分上下，自吹口至出音孔得一尺少歉，自吹口右盡通長則一尺二寸有餘，出音孔與通長之間復有兩孔，其出音孔之上第一爲工字孔，第二爲凡字孔，第三爲六字孔，第四爲五字孔，第五爲乙字孔，第六爲高尺字孔。其取上字，亦以第三六字孔併第六高尺字孔爲低上字，以第一工字孔、第二凡字孔併第五乙字孔爲高上字。此今笛立體取音之大概也。即其本體而論，出音孔上第一孔爲工字，故出音孔爲尺字。出音孔外兩孔，一應高上字，一應低上字，而通長爲乙字。以其應律吕而言，出音孔上第一孔應夷則之律徵聲乙字，第二孔應無射之律羽聲上字，第三孔應半黄鍾之律變宫尺字，第四孔應黄鍾之律宫聲工字，第五孔應太簇之律商聲凡字，第六孔應蕤賓之律變徵五字，出音孔亦應蕤賓之律變徵五字。出音孔外兩孔，其分長者應姑洗之律角聲六字，其分短者應仲吕之吕清角高六字，而通長應太簇之律商聲凡字。論其相應，則通長與第五孔同聲，出音孔與最上第六孔同聲。論其取分，則第四孔得通長之半，最上第六孔得第一孔之半，其乙字孔亦取于乙字分上字分之間。考其體，正與四倍黄鍾之管相侔。簫之用四倍黄鍾者，實用八倍姑洗、仲吕角音之義，古人所謂長者八之也。今橫笛爲短簫，則所謂短者四之，非用四倍姑洗、仲呂之角音乎？以四倍黃鍾之積爲凖，故以四倍黃鍾之徑爲徑，其諸孔皆以四倍黃鍾所生律呂之分爲本，其本體黃鍾大吕之分，則爲此笛之出音孔外二孔之度。得黃鍾之分者，聲應姑洗之律；得大吕之分者，聲應仲吕之吕。然此二分，雖各設一孔，實皆應于角音之分，亦即一律一吕相和之理也。此笛之體，與姑洗簫同得四倍黃鍾之徑，故生聲取分，得以互相應和爲用。如簫之工字孔，應黃鍾之律，爲四倍黃鍾管夷則、南吕相和倍之之分，其聲即與本體無射、應鍾相和之分相應，而此笛之五字孔，即四倍黃鍾管無射、應鍾相和之分，亦應黃鍾之律，故簫之工字孔與笛之五字孔相應也。簫之凡字孔，爲四倍黃鍾管無射、應鍾相和倍之之分，笛之通長乙字，亦四倍黃鍾管無射、應鍾相和倍之之分，故簫之凡字孔與笛之乙字孔相應也。簫之六字孔爲四倍黃鍾管黃鍾、大吕相和之分，而笛之出音孔外兩孔爲上字者，正四倍黃鍾管之黃鍾、大吕分也。簫之五字孔，笛之出音尺字孔，皆四倍黃鍾管太簇、夾鍾相和之分，故此二聲相應也。至于簫之乙字分應于笛之工字孔，此乙字不言孔而言分者，簫本體取乙字孔于乙字分上字分之間，而乙字分上字分皆爲伏孔，今合于笛而言，必詳明其分而理始著也。皆爲四倍黃鍾管姑洗、仲吕相和之分，故簫之乙字與笛之工字相應。簫之上字分應于笛之凡字孔，皆爲四倍黄鍾管蕤賓、林鍾相和之分，故簫之上字與笛之凡字相應。簫之後出尺字孔應笛之六字孔，皆爲四倍黄鍾管夷則、南吕相和之分，故簫之尺字與笛之六字相應。至此則簫之孔已盡，而笛之五字孔爲四倍黄鍾管之無射、應鍾相和之分者，實又爲簫之高工字分焉。蓋笛之與簫，取音之理本一，但設孔而命名者不同，初不可以名之不同而遂以爲音之異也。此笛與姑洗簫同爲四倍黄鍾所生，故名之曰姑洗笛。其爲用也，亦與姑洗簫同協排簫陽律一均之聲字焉。若夫協排簫陰吕一均之聲字者，亦用三倍半黄鍾之管立體，案法取音，名之曰仲吕笛，與仲吕簫相協爲用。要之，黄鍾加分之同形管，簫體得其本管律吕之倍與正，而笛得其本管律吕之正與半，其倍半正聲相應，一如律吕之倍半正聲相應，蓋緣其徑之同，故得其聲之相應爲凖也。

蕙田案：以上篴。

書益稷：下管。

詩商頌那：嘒嘒管聲。傳：嘒嘒然和也。

周禮春官大司樂：孤竹之管，於地上之圜丘奏之。注：孤竹，竹特生者。疏：云「孤竹，竹特生者」，謂若嶧陽孤桐。**孫竹之管，於澤中之方丘奏之。**注：孫竹，竹枝根之末生者。疏：案詩毛傳云：「枝，幹也。」幹即身也。以其言孫，若子孫然，如枝根末生者。**陰竹之管，於宗廟之中奏之。**注：陰竹，生於山北者。疏：爾雅云：「山南曰陽，山北曰陰。」今言陰竹，故知山北者也。

小師：掌教管。注：鄭司農云：「管如篪，六孔。」疏：案廣雅云：「長尺，圍寸，八孔，無底。」八孔者，蓋傳寫誤，當從六孔爲正也。

瞽矇：掌播管。注：播謂發揚其音。

笙師：掌教龡管。

儀禮燕禮記：下管新宫。

禮記明堂位：下管象。

爾雅釋樂：大管謂之簥，其中謂之篞，小者謂之篎。注：管長尺，圍寸，併漆之，有底。賈氏以爲如篪，六孔。疏：别管小大之名也。李巡云：「聲高大，故曰簥。」小師注云：「管如笛，形小，併兩管而吹之。今大予樂官有之」是也〔一〕。

〔一〕「大予」，諸本作「太常」，據爾雅注疏卷五改。

白虎通：管，艮音也。

風俗通：案詩云：「嘒嘒管聲，簫管備舉。」禮樂記：「管，漆竹長一尺，六孔。十二月之音也。物貫地而牙，故謂之管。」尚書大傳「舜之時，西王母來獻其白玉琯。」昔章帝時，零陵文學奚景於泠道舜祠下得生白玉管，知古以玉爲管，後乃易之以竹耳。夫以玉作音，故神人和、鳳凰儀也。

陳氏禮書：鄭康成曰：「管如篴而小，併兩而吹之，今大予樂官有焉。」廣雅云：「管象簫，長尺，圍寸，八孔，無底。」夫併兩而吹之，固象簫矣。管或作琯，則古者之管，有以玉爲之也。傳稱西王母獻玉琯。

陳氏樂書：樂以木爲末，以竹爲本。古者以候氣律管截而吹之，濁倍其聲，爲堂下之樂，頭管所以和衆樂之聲，以其探本故也。

又曰：禮記文王世子曰：「登歌清廟，下管象武，達有神，興有德。」郊特牲曰：「歌者在上，匏竹在下，貴人聲也。」仲尼燕居曰：「升歌清廟，示德也。下而管象，示事也。」祭義曰：「昔周公有勳勞於天下，成王賜之重祭，升歌清廟，下而管象。」燕禮、大射曰：「升歌鹿鳴、四牡、皇皇者華，下管新宮。」蓋周之升歌，不過清廟、鹿鳴、四牡、皇皇者華，下管不過象、武、新宮。則舞升歌、下管之詩，雖不經見之，歌以示德，管以示事，一也。德成而上歌以詠之於堂上，事成而下管以吹之于堂下。豈非以無所因者爲上、有所待者爲下耶？爾雅「大管謂之簥，中謂之篞，小者謂之篎」，蓋其狀如篪、笛而六孔，併兩而吹之，其所主治，相爲終始，所以道陰陽之聲，十二月之音也。女媧始爲都良管，以一天下之音，爲班管以合日月星辰之會，帝嚳又吹苓展管，則管爲樂器，其來尚矣。至周而大備，教之於小師，播之於瞽矇，吹之于笙師。辨其聲用，則孤竹以禮天神，孫竹以禮地示，陰竹以禮人鬼，凡各從其類故也。管或作筦，詩曰「磬筦將將」是也。或作琯，傳稱「白玉琯」是也。廣雅曰：「管象簫，長八寸，圍寸，八孔，無底。」豈以後世之制爲言歟？

律呂正義：頭管之制，未詳創自何時。或名觱篥，始于蘆管，與橫笛皆起羌中，謂之羌笛、羌管，馬融賦亦有笛從羌起之言。然考長笛，實爲今之簫，而管之見于經書者，未必如今之頭管。詩曰「嘒嘒管聲」，記曰「下管象、武」，蓋古以律呂管音先諸樂，其所謂管即排簫之管也。唐、宋而後，管色之名始見史志。唐人紀琴，以管色定絃。宋乾德中，和峴言樂器中有义手笛，與雅音相應，足以協旋宮之法，亦可通八十四調，長九寸，其竅有六，左四右二，請名拱宸管。是或頭管之制所由起耶？案古之管籥，一管爲一聲，鐘磬亦然。後世一管數孔，則兼數管之用。宋史燕樂志載黄鍾用合字，大吕、太簇用四字，夾鍾、姑洗用乙字，夷則、南吕用工字，無射、應鍾用凡字，各以上下分爲清濁。其仲吕、蕤賓、林鍾不可以上下分，仲吕用上字，蕤賓用勾字，林鍾用尺字，其黄鍾清聲用六字，大吕、太簇、夾鍾清聲用五字，而以上下緊别之。緊五者，夾鍾清聲也。今時用頭管共有九孔，樂工相傳，取音爲合、四、乙、上、勾、尺、工、凡、六、五、高乙、高上。其通長爲合，最下第一孔爲四，第二孔爲乙，第三孔爲上，第四孔後出爲勾，第五孔爲尺，第六孔爲工，第七孔爲六，第八孔後出爲五，第九孔最上爲高乙帶高上，獨無凡字孔分。如取凡字，則借工字第六孔高吹之，或借六字第七孔低吹之。其假聲字之法，則又以哨巧借爲高下，然終不如簫笛之能轉調。其或轉調，則必易哨。蓋哨薄則輭，輭則聲低，哨厚則硬，硬則聲高，哨長而聲亦低，哨短而聲亦高，即如笙簧硬輭長短之分聲字也。審哨之音，哨得笛之上字者，管之通體始得合字；哨得笛之尺字，則管之通體得四字；哨得笛之工字，則管之通體得乙字。宋志所載，與時用管所傳聲律大概相同，惟上三孔有異。又凡附前一律而同出于一孔者名爲中管，故宋仁宗御製樂髓新經于十二宮調内，除太簇、姑洗、蕤賓、南吕、應鍾皆爲中管不用，而定爲七宫二十八調也。今之頭管，實有大小兩種。大者禮部太常並雜樂所用，小者乃吴中所制隨歌曲與笙笛相合爲用者也。大管之徑，三分不足，二分有餘，長六寸稍餘；小管之徑，二分稍餘，長五寸六分餘。夫大管之徑似乎黄鍾之徑，其長則與夾鍾之分相侔；而小管之徑似乎黄鍾半積同形管之徑，其長則又似乎黄鍾半積同形管之黄鍾、大吕相和之分也。大管之孔九，取音爲十二；乃合、四、乙、上、勾、尺、工、凡、六、五、高乙、高上之十二字。小管之孔八，取音爲九。乃合、四、乙、上、尺、工、凡、六、五之九字。蓋因大管有勾字孔，無凡字孔，取凡字于工字、六字兩孔，仍取高乙、高上兩字于最上一孔；而小管無勾字孔，有凡字孔，既取凡字于本孔其最上一孔，又不兼取兩字，故小管聲字之減于大管，即如十三簧小笙之減于十七簧大笙也。諸樂生聲，不過五聲二變之七音，而管色之名至于十者，六、五乃合、四之清聲，即如琴絃之有二清聲，而勾字在上、尺之間，亦如簫笛與笙皆有低上、高上、低尺、高尺之分也。勾字孔下之可借爲高上，上之可借爲低尺。其小管有凡字，而大管無凡字者，因大管最上一孔取高乙復帶高上，慮其孔多難按，故假凡字于工字六字兩孔，即如簫笛之不設上字孔也。但時用各管，其體與孔皆工人約略爲之，而無一定之制，故所得之音，或參雜而不可爲準。今悉案律吕倍半之分，以辨其體，以審其音，然後知頭管之制，固不越乎律吕之範圍，而旋宫轉調之義已默寓于其中矣。

蕙田案：以上管。

儀禮大射儀：簜在建鼓之間。

陳氏樂書：書于淮、海惟揚州，言篠簜既敷，繼之以瑶琨。篠簜，孔安國以竹箭爲篠，大竹爲簜，則簜之爲竹特大於篠，其笙簫之類歟？儀禮大射儀「簜在建鼓之間」，此之謂也。

蕙田案：郊特牲殷人尚聲，滌蕩其聲。朱子於書「教胄子」注曰：樂所以蕩滌邪穢。應劭風俗通曰：「笛，滌也。」以諧聲而言，則簜其蕩歟？樂書援禹貢而擬爲大竹，意實近之，但其制不傳，不能强解耳。

又案：以上簜附。

周禮春官笙師：掌教春牘、應、雅。注：鄭司農云：「春牘，以竹大五六寸，長七尺，短者一二尺，其端有兩空，髹畫，以兩手築地。應，長六尺五寸，其中有椎。雅，狀如漆筩而弇口，大二圍，長五尺六寸，以羊韋鞔之，有兩紐，疏畫。」鄭氏鍔曰：牘之爲言瀆也。賓醉，恐有瀆乎禮，故以牘名。應者，賓歸恐其不應禮，欲其與樂聲相應也。

陳氏樂書：應樂，猶應之應物，其獲也小矣。故小鼓謂之應，所以應大鼓所偶之聲也。小舂謂之應，所以應大舂所偶之節也。周官笙師「掌教牘、應」，牘長七尺，應則如桶而方，六尺五寸，中象柷，有椎，連底，左右相擊，以應柷也，斯不亦大小之辨乎？禮圖其形正圓，而外皆朱。唐樂圖及大周正樂，皆外黑内朱。然以理推之，一在木下爲本，在木上爲末，在木中爲朱，則木之爲物，含陽於内，南方之火，所自而藏也，故應以木爲之，而内外朱焉。固其理也，彼持内黑之説，真臆論歟？

禮記樂記：訊疾以雅。疏：雅，樂器名。舞者訊疾，奏此雅器以節之也。

陳氏禮書：周禮笙師「掌教舂牘、應、雅，以教祴樂」。鄭司農云：「雅，狀如漆筩而弇口，大二圍，長五尺六寸，以羊韋鞔之，有兩紐，疏畫。」此約漢法云然也。鄭康成曰：「雅中有椎。」樂記注。祴樂，祴夏之樂。牘、應、雅教其舂者，謂以築地。笙師教之，則三器在庭可知矣。賓醉而出，奏祴夏，以此三器築地，爲之行節。樂記曰：「訊疾以雅。」孔穎達曰：「舞者訊疾，奏此雅器以應之。」蓋樂者，正也。賓出而春雅，欲其醉而不失正也。工舞而奏雅，欲其迅疾而不失正也。賓出之奏雅，有祴樂，則工舞之奏雅，各以其舞之曲歟？

爾雅釋樂：和樂謂之節。疏：節，樂器名。

蕙田案：樂貴於和，唯有節而後和，故和樂者，謂之節也。節字從竹，當是竹器。邢云謂相，又引鄭氏相即拊之説，誤矣。

又案：以上牘、應、雅、節附。

宗元案：八音之序，國語伶州鳩所言以金、石、絲、竹、匏、土、革、木爲次，周禮大師播之以八音，則以金、石、土、革、絲、木、匏、竹爲次，其不同何也？金、石以紀樂律之綱，孟子所謂「金聲而玉振」之者，故八音總以二者爲首。至琴瑟以應人聲，在堂上。笙、管、塤以用人氣，在堂下。鼓、鼗、柷、敔則祇以節樂而已，故國語以絲、竹次金、石而後及於匏、土、革、木，是以用之輕重爲序也。周禮則以金、石與土皆成於天地，故金、石後即先之以土；而革、絲則成於動物者，故次之；木、匏、竹則成於植物者，故又次之，蓋以體之貴賤爲序也。此編遵周禮，故八音之序異乎國語。

右竹音之屬

五禮通考卷七十八

吉禮七十八

宗廟制度

秦廟制

史記始皇本紀：二世皇帝元年，下詔增始皇寢廟犧牲，令群臣議尊始皇廟。群臣皆頓首言曰：「古者天子七廟，諸侯五，大夫三，雖萬世，世不軼毁。今始皇爲極廟，四海之内，皆獻貢職，增犧牲，禮咸備，毋以加。先王廟，或在西雍，或在咸陽，天子儀當獨奉酌祀始皇廟，自襄公以下軼毁，所置凡七廟。群臣以禮進祠，以尊始皇廟爲帝者祖廟。」

蕙田案：秦群臣七廟之議，與古禮合。

右秦廟制

漢廟制

史記蕭相國世家：漢二年，漢王與諸侯擊楚，何守關中，立宗廟社稷。

蕙田案：漢初，未有追王立廟之事，況是時天下未定耶？相國何所立，當是因秦之舊，而存其規制耳。

漢書高祖本紀：十年秋八月，令諸侯王皆立太上皇廟於國都。

蕙田案：此郡國立廟之始，由是西漢宗廟之禮，紕謬相沿，仍而難正矣。

又案：史不言京師立廟事，豈因蕭何所建而奉主以祠耶？郡國立廟，乃是創見，故特書之耳。

史記高祖本紀：十二年四月，群臣皆曰：「高祖起微細，撥亂世，反之正，平定天下，爲漢太祖，功最高。」上尊號爲高皇帝。令郡國諸侯各立高祖廟，以歲時祠。

孝惠五年，思高祖之悲樂沛，以沛宫爲高祖原廟。高祖所教歌兒百二十人，皆令爲吹樂，後有缺，輒補之。

漢書禮樂志：初，高祖既定天下，過沛，與故人父老相樂，醉酒歡哀，作「風起」之詩，令沛中僮兒百二十人習而歌之。至孝惠時，以沛宫爲原廟，皆令歌兒習吹以相和，常以百二十人爲員。

叔孫通傳：四年，帝爲東朝長樂宫。孟康曰：「朝太后於長樂宫。」及間往，師古曰：「非大朝時，中間小謁見。」數蹕煩民，孟康曰〔一〕：「妨其往來也。」作復道，方築武庫南，如淳曰：「作復道，方始築武庫南也。」師古曰：「復，音方目反。」叔孫通因請間，曰：「陛下何自築復道高帝寢，衣冠月出游高廟？服虔曰：「持高廟中衣，月旦以游于衆廟，已而復之。」應劭曰：「月旦出高帝衣冠，備法駕，名曰游衣冠。」如淳曰：「高祖之衣冠藏在宫中之寢，三月出游，其道正值今之所作復道下，故言乘宗廟道上行也。」晉灼曰：「黄圖高廟在長安城門街東，寢在桂宫北。服言衣藏于廟中，如言宫中，皆非也。」師古曰：「諸家之説，皆未允也。謂從高帝陵寢出衣冠，游于高廟，每月一爲

〔一〕「孟康」，諸本作「師古」，據漢書叔孫通傳改。

之，漢制則然。而後之學者不曉其意，謂以月出之時而夜游衣冠，失之遠矣。」子孫奈何乘宗廟道上行哉！」惠帝懼曰：「急壞之。」通曰：「人主無過舉。今已作，百姓皆知之矣。願陛下爲原廟原，重也。先已有廟，今更立之，故云重也。渭北，衣冠月出游之，益廣宗廟，大孝之本。」上乃詔有司立原廟。

胡氏寅曰：天子七廟，致其誠敬足矣，而又作原廟，云益廣大孝之本，則通之妄也。其言曰「人主無過舉」，有七廟，又作原廟，非過舉乎？且衣冠出游，於禮何據？中庸記宗廟之禮，陳其宗器，設其裳衣，非他所也，謂廟中也，非他時也，謂祭祀之時也。今以死者衣冠月出遊之，於禮褻矣！然則通所以諫帝者無一而當，則不若帝以數蹕煩民而築復道之爲是也。使後世有致隆於原廟而簡於太廟者，則通説啓之矣。

楊氏復曰：叔孫通既諫漢惠帝作複道，又請以複道爲原廟，益廣大孝之本，以一時率爾之言，立千萬世不易之制，其言欲益廣大孝之本，不知宗廟之輕，自此始也！夫宗廟之禮貴乎嚴，而不欲其褻；人主事宗廟之心欲其專，不欲其分。既有宗廟，又有原廟，則事死如事生、事亡如事存之心有所分矣。宗廟之體極乎嚴，原廟之體幾乎褻，人情常憚於嚴而安於褻，則親祀之禮反移於原廟，故宗廟之禮雖重而反爲虚文矣。如李清臣所謂略於七廟之室，而祠於佛老之側，窮工木之巧，殫金碧之彩，作于盛暑，累月而後成，費以十鉅萬，禮官不議而有司不言，及其成也，不爲木主而爲之象，不爲禘祫烝嘗之禮而行一酌之奠之禮。又楊時所謂舍二帝三王之正禮而從一繆妄之叔孫通，是也。抑又有大不安於心者，聖明相繼，仁孝愛敬之至，通乎神明，而宗廟之禮未嘗親祀，祇遣大臣攝行時享，夫豈仁聖之本心哉？蓋既有宗廟，又有原廟，則心分而不專。末既有所重，則本必有所輕，其勢然也。

蕙田案：原廟尤爲不經，啓後世瀆神隳禮之弊者，叔孫實始作俑，胡氏、馬氏論之審矣。

史記正義：括地志云：「高廟在長安縣西北十三里渭南。」

三輔黄圖：高祖廟在長安西北故城中。關輔記曰：「秦廟中鐘四枚，皆在漢高祖廟中。」三輔舊事云：「高廟鐘重十二萬觔。」

文獻通考：漢舊儀：「高廟蓋地六頃三十畝四步，堂上東西五十步，南北三十步。祠日立九旗，堂下撞千石鐘十枚，聲聞百里。寢廟者象生，有衣冠履帶几杖，起居日四上食，臥牀帷帳。原宗廟者，朝廷行大禮封拜，諸侯王酎金。原宗廟在北城外，游衣冠，嘗百果。」

漢書文帝本紀：文帝四年秋九月，作顧成廟。服虔曰：「廟在長安城南，文帝作。還顧見城，故名之。」應劭曰：「文帝自爲廟，制度卑狹，若顧望而成，猶文王靈臺不日成之，故曰『顧成』。」賈誼曰：『使顧成之廟，爲天下太宗，與漢無極。』」如淳曰：「身存而爲廟，若尚書之顧命也。景帝廟號德陽，武帝廟號龍淵，昭帝廟號徘徊，宣帝廟號樂游，元帝廟號長壽，成帝廟號陽池。」師古曰：「以還顧見城，因即爲名，於義無取。又書本不作城郭字，應説近之。」

景帝本紀：元年冬十月，詔曰：「蓋聞古者祖有功而宗有德，制禮樂各有由。歌者，所以發德也；舞者，所以明功也。高廟酎，奏武德、文始、五行之舞。孝惠廟酎，奏文始、五行之舞。孝文皇帝臨天下，通關梁，不異遠方；除誹謗，去肉刑，賞賜長老，收恤孤獨，以遂群生；減嗜慾，不受獻，罪人不孥，不誅亡罪，不私其利也；除宫刑，出美人，重絶人之世也。朕既不敏，弗能勝識。此皆上世之所不及，而孝文皇帝親行之。德厚侔天地，利澤施四海，靡不獲福。明象乎日月，而廟樂不稱，朕甚懼焉。其爲孝文皇帝廟爲昭德之舞，以明休德。然後祖宗之功德，施於萬世，永永無窮，朕甚嘉之。其與丞相、列侯、中二千石、禮官具禮儀奏。」丞相臣嘉等奏曰：「陛下永思孝道，立昭德之舞，以明孝文皇帝之盛德，皆臣嘉等愚所不及。臣謹議：世功莫大於高皇帝，德莫盛於孝文皇帝。高皇帝廟宜爲帝者太祖之廟，孝文皇帝廟宜爲帝者太宗之廟。天子宜世世獻祖宗之廟。郡國諸侯宜各爲孝文皇帝立太宗之廟。諸侯王列侯使者侍祠天子所獻祖宗之廟。請宣布天下。」制曰：「可。」

蕙田案：太祖、太宗議是。

中四年春三月，起德陽宮。

史記正義：括地志：「德陽宮，漢景帝廟，在雍州咸陽縣東北二十九里，自作之，諱不言廟，故言宮。」

武帝本紀：建元六年春二月，遼東高廟災。夏四月，高園便殿火。師古曰：凡言便殿、便坐者，皆非正大之處，所以就便安也。園者，於陵上作之，既有正寢以象平生正殿，又立便殿爲休息閑宴之處耳。説者不曉其意，乃解云便殿、便室皆是正名，斯大惑矣。尋石建、韋玄成、孔光等傳，其義可知。便讀如本字。上素服五日。

文獻通考：董仲舒對曰：「春秋之道，舉往以明來。案春秋魯定公、哀公時，季氏之惡已熟，而孔子之聖方盛，夫以盛聖而易熟惡，季孫雖重，魯君雖輕，其勢可成也。故定公二年兩觀災，哀公三年桓宮、釐宮災，四年亳社災。兩觀、桓釐廟、亳社四者，皆不當立，天皆燔其不當立者，以示魯欲其去亂臣而用聖人也。今高廟不當居遼東，高園殿不當居陵旁，於禮亦不當立，與魯所災同。天災若語陛下，視親戚貴屬在諸侯遠正最甚者，忍而誅之，如吾燔遼東高廟乃可；視近臣在國中處旁仄及貴而不正者，忍而誅之，如吾燔高園殿乃可云爾。在外而不正者，雖貴如高廟，猶災燔之，況諸侯乎！在内而不正者，雖貴如高園殿，猶災燔之，況大臣乎！此天意也。」

真氏德秀曰：仲舒對策言天人相與之際，以爲天心仁愛人君，而欲止其亂，又謂人君所爲美惡之極，與天地流通而往來相應，此皆藥石之至言也。至火災之對，則傅會甚矣。況又導人主以誅殺，與前所謂尚德不尚刑者，何其自相戾耶？夫親戚之驕僭、近臣之專横，夫豈無道以裁制之，豈必誅殺而後快哉？史稱仲舒居家，推説其意，草稾未上，主父偃竊其書奏焉。上召視諸儒，仲舒弟子吕步舒不知其師書，以爲大愚，于是下仲舒吏，當死，詔赦之。仲舒遂不敢復言災異。其後淮南、衡山反，上思仲舒前言，使吕步舒持斧鉞治淮南獄，以春秋誼顓斷於外，不請，既還事，上皆是之。史又言淮南、衡山、江都謀反，迹見公卿，尋端治之竟，其黨與坐死者數萬人。夫謀反不過數人，而坐死者若是其衆，豈非仲舒前言有以發帝之忍心與？

馬氏曰：高廟不當居遼東，高園殿不當居陵旁，此正論也。春秋桓宫、僖宫災，孔子在陳，聞火曰：「其桓、僖乎？」公羊傳亦曰：「毁廟不當復立，故災。」若引是爲對，革正宗廟之重復褻慢不如禮者，以明尊無二上之義，則不至流傳。玄成之時樂因循而憚改作以來，衆議之紛紛矣。今捨所當言而他及，其非所宜，何哉？

宣帝本紀：本始二年夏五月，詔曰：「朕以眇身，奉承祖宗，夙夜惟念孝武皇帝躬履仁義，選明將，討不服，匈奴遠遁，平氐、羌、昆明、南越，百蠻鄉風，款塞來享；建太學，脩郊祀，定正朔，協音律；封泰山，塞宣房，符瑞應，寶鼎出，白麟獲。功德茂盛，不能盡宣，而廟樂未稱，其議奏。」有司奏請宜加尊號。六月庚午，尊孝武廟爲世宗廟，奏盛德、文始、五行之舞，天子世世獻。武帝巡狩所幸之郡國，皆立廟。賜民爵一級，女子百户牛酒。

文獻通考：時詔列侯、二千石、博士議。群臣大議庭中，皆曰宜如詔書。長信少府夏侯勝獨曰：「武帝雖有攘四夷、廣土斥境之功，然多殺士衆，竭民財力，奢泰無度，天下虚耗，百姓流離，物故者半。蝗蟲大起，赤地數千里，或人民相食，畜積至今未復。亡德澤於民，不宜爲立廟樂。」公卿共難勝曰：「此詔書也。」勝曰：「詔書不可用也。人臣之誼，宜直言正論，非苟阿意順旨。議已出口，雖死不悔。」於是丞相義、御史大夫廣明劾奏勝非議詔書，毁先帝不道，及丞相長史黄霸阿縱勝不舉劾，俱下獄，有司遂請尊孝武廟爲世宗廟，奏盛德、文始、五行之舞。天子世世獻納，以明盛德。武帝巡狩所幸郡國，凡四十九，皆立廟，如高祖、太宗焉。

元康元年夏五月，立皇考廟。

元帝本紀：永光四年冬十月乙丑，罷祖宗廟在郡國者。

韋玄成傳：初，高祖時，令諸侯王都皆立太上皇廟。至惠帝尊高祖廟爲太祖廟，景帝尊孝文廟爲太宗廟，行所嘗幸郡國各立太祖、太宗廟。至宣帝本始二年，復尊孝武廟爲世宗廟，行所巡狩亦立焉。凡祖宗廟在郡國六十八，合百六十七所。而京師自高祖下，至宣帝與太上皇、悼皇考各自居陵旁立廟，并爲百七十六。又園中各有寢、便殿，而昭靈后、武哀王、昭哀后、孝文太后、孝昭太后、衛思后、戾太子、戾后各有寢園，與諸帝合，凡三十所。至元帝時，貢禹奏言：「古者天子七廟，今孝惠、孝景廟皆親盡，宜毁。及郡國廟不應古禮，宜正定。」天子是其議，未及施行而禹卒。永光四年，迺下詔先議罷郡國廟，曰：「朕聞明王之御世也，遭時爲法，因事制宜。往者，天下初定，遠方未賓，因嘗所親以立宗廟，蓋建威銷萌，一民之至權也。今賴天地之靈，宗廟之福，四方同軌，蠻夷貢職，久遵而不定，令疏遠卑賤共承尊祀，殆非皇天祖宗之意，朕甚懼焉。傳不云乎？『吾不與祭，如不祭。』其與將軍、列侯、中二千石、二千石、諸大夫、博士、議郎議。」丞相玄成、御史大夫鄭弘、太子太傅嚴彭祖、少府歐陽地餘、諫大夫尹更始等七十人皆曰：「臣聞祭非自外至者也，由中出，生於心也。故惟聖人爲能饗帝，孝子爲能饗親。立廟京師之居，躬親承事，四海之内，各以其職來助祭，尊親之大義，五帝三王所共，不易之道也。詩云：『有來雍雍，至止肅肅，相維辟公，天子穆穆。』春秋之義，父不祭於支庶之宅，君不祭於臣僕之家，王不祭於下士諸侯。臣等愚以爲宗廟在郡國，宜無脩，臣請勿復脩。」奏可。因罷昭靈后、武哀王、昭哀后、衛思后、戾太子、戾后園，皆不奉祠，裁置吏卒守焉。

文獻通考：永光四年，御史大夫貢禹奏罷祖宗皇后位坐，獨祭皇帝而已。

蕙田案：罷郡國廟是。

永光五年冬十二月乙酉，毁太上皇孝惠皇帝寢廟園。

建昭元年冬，罷孝文太后、孝昭太后寢園。

韋玄成傳：罷郡國廟後月餘，復下詔曰：「蓋聞明王制禮，立親廟四，祖宗之廟，萬世不毁，所以明尊祖敬宗，著親親也。朕獲承祖宗之重，惟大禮未備，戰栗恐懼，不敢自顓，其與將軍、列侯、中二千石、二千石、諸大夫、博士議。」玄成等四十四人奏議曰：「禮，王者始受命，諸侯始封之君，皆爲太祖。以下，五廟而迭毁，毁廟之主藏乎太祖，五年而再殷祭，言一禘一祫也。祫祭者，毁廟與未毁廟之主皆合食於太祖，父爲昭，子爲穆，孫復爲昭，古之正禮也。祭義曰：『王者禘其祖所自出，以其祖配之，而立四廟。』言始受命而王，祭天以其祖配，而不爲立廟，親盡也。立親廟四，親親也。親盡而迭毁，親疏之殺，示有終也。周之所以七廟者，以后稷始封，文王、武王受命而王，是以三廟不毁，與親廟四而七。非有后稷始封，文、武受命之功者，皆當親盡而毁。成王成二聖之業〔一〕，制禮作樂，功德茂盛，廟猶不世，以行爲謚而已。禮，廟在大門之内，不敢遠親也。臣愚以爲高帝受命定天下，宜爲帝者太祖之廟，世世不毁，承後屬盡者宜毁。今宗廟異處，昭穆不序，宜入就太祖廟而序昭穆如禮。太上皇、孝惠、孝文、孝景廟皆親盡宜毁，皇考廟親未盡，如故。」大司馬車騎將軍許嘉等二十九人以爲孝文皇帝除誹謗，去肉刑，躬節儉，不受獻，罪人不孥，

〔一〕「聖」，原作「世」，據光緒本、漢書韋玄成傳改。

不私其利，出美人，重絶人類，賓賜長老，收恤孤獨，德厚侔天地，利澤施四海，宜爲帝者太宗之廟。廷尉忠以爲孝武皇帝改正朔，易服色，攘四夷，宜爲世宗之廟。諫大夫尹更始等十八人以爲皇考廟上序于昭穆，非正禮，宜毁。於是上重其事，依違者一年，乃下詔曰：「蓋聞王者祖有功而宗有德，尊尊之大義也；存親廟四，親親之至恩也。高皇帝爲天下誅暴除亂，受命而帝，功莫大焉。孝文皇帝國爲代王，諸吕作亂，海内摇動，然群臣黎庶莫不一意，北面而歸心，猶謙讓固辭而後即位，削亂秦之迹，興三代之風，是以百姓晏然，咸獲嘉福，德莫盛焉。高皇帝爲漢太祖，孝文皇帝爲太宗，世世承祀，傳之無窮，朕甚樂之。孝宣皇帝爲孝昭皇帝後，於義一體。孝景皇帝廟及皇考廟皆親盡，宜正禮儀。」玄成等奏曰：「祖宗之廟世世不毁，繼祖以下，五廟而迭毁。今高皇帝爲太祖，孝文皇帝爲太宗，孝景皇帝爲昭，孝武皇帝爲穆，孝昭皇帝與孝宣皇帝俱爲昭，皇考廟親未盡。太上、孝惠廟皆親盡，宜毁。太上廟主宜瘞園，孝惠皇帝爲穆，主遷於太祖廟，寢園皆無復脩。」奏可。議者又以爲清廟之詩，言交神之禮，無不清静，今衣冠出游，有車騎之衆，風雨之氣，非所謂清静也。「祭不欲數，數則瀆，瀆則不敬。」宜復古禮，四時祭於廟，諸寢園日月間祀皆可，勿復脩。上亦不改也。明年，玄成復言：「古者制禮，別尊卑貴賤，國君之母，非適不得配食，則薦於寢，身没而已。陛下躬至孝，承天心，建祖宗，定迭毁，序昭穆，大禮既定，孝文太后、孝昭太后寢祠園，宜如禮，勿復脩。」奏可。

蕙田案：玄成奏罷寢園是，謂天子五廟非。

五年夏六月庚申，復戾園。秋七月庚子，復太上皇寢廟園、原廟、昭靈后、武哀王、昭哀后、衛思后園。

郊祀志：元帝好儒。貢禹、韋玄成、匡衡等相繼爲公卿。禹建言漢家宗廟祭祀，多不應古禮。上是其言。後韋玄成爲丞相，議罷郡國廟。自太上皇、孝惠帝諸園寢廟皆罷。後元帝寢疾，夢神靈譴罷諸廟祠，上遂復焉。

韋玄成傳：玄成薨，匡衡爲丞相。上寢疾，夢祖宗譴罷郡國廟，上少弟楚孝王亦夢焉。上詔問衡，議欲復之，衡深言不可。上疾久不平，衡惶恐，禱高祖、孝文、孝武廟曰：「嗣曾孫皇帝恭承洪業，夙夜不敢康寧，思育休烈，以章祖宗之盛功。故動作接神，必因古聖之經。往者有司以爲前因所幸而立廟，將以繫海内之心，非爲尊祖嚴親也。今賴祖宗之靈，六合之内，莫不附親，廟宜一居京師，天子親奉，郡國廟可止毋修。皇帝祇肅舊禮，尊重神明，即告於祖宗而不敢失。今皇帝有疾不豫，乃夢祖宗見戒以廟，楚王夢亦有其序。皇帝悼懼，即詔臣衡復修立。謹案上世帝王承祖禰之大義，皆不敢不自親。郡國吏卑賤，不可使獨承。又祭祀之義，以民爲本，間者歲數不登，百姓困乏，郡國廟無以修立。禮，凶年則歲事不舉，以祖禰之意爲不樂，是以不敢復。如誠非禮義之中，違祖宗之心，咎盡在臣衡，當受其殃，大被其疾，隊在溝瀆之中。皇帝至孝肅慎，宜蒙祐福。惟高皇帝、孝文皇帝、孝武皇帝省察，右饗皇帝之孝，開賜皇帝眉壽無疆，令所疾日瘳，平復反常，永保宗廟，天下幸甚！」又告謝毁廟曰：「往者大臣以爲在昔帝王承祖宗之休典，取象於天地，天序五行，人親五屬，天子奉天，故率其意而尊其制。是以禘嘗之制，靡有過五。受命之君，躬接於天，萬世不墮。繼立以下，五廟而遷，上陳太祖，間歲而祫，其道應天，故福禄永終。太上皇非受命而屬盡，義則當遷。又以爲孝莫大於嚴父，故父之所尊，子不敢不承，父之所異，子不敢同。禮，公子不得爲母信，爲後則於子祭，於孫止，尊祖嚴父之義也。寢日四上食，園廟間祠，皆可亡脩。皇帝思慕悼懼，未敢盡從。惟念高皇帝聖德茂盛，受命溥將，欽若稽古，承順天心，子孫本支，陳錫亡疆。

誠以爲遷廟合祭，長久之策，高皇帝之意，乃敢不聽？即以今日遷太上、孝惠廟，孝文太后、孝昭太后寢，將以昭祖宗之德，順天人之序，定無窮之業。今皇帝未受兹福，乃有不能供職之疾。皇帝願復脩立承祀，臣衡等咸以爲禮不得。如不合高皇帝、孝惠皇帝、孝文皇帝、孝武皇帝、孝昭皇帝、孝宣皇帝、太上皇、孝文太后、孝昭太后之意，罪盡在臣衡等，當受其咎。今皇帝尚未平，詔中朝臣具復毀廟之文。臣衡中朝臣咸復以爲天子之祀，義有所斷，禮有所承，違統背制，不可以奉先祖，皇天不佑，鬼神不饗，六藝所載，皆言不當，無所依緣，以作其文。事如失指，罪乃在臣衡，當深受其殃。皇帝宜厚蒙祉福，嘉氣日興，疾病平復，永保宗廟，與天無極，群生百神，有所歸息。」諸廟皆同文。久之，上疾連年，遂盡復諸所罷寢廟園，皆脩祀如故。初，上定迭毀禮，獨尊孝文廟爲太宗，而孝武廟親未盡，故未毀。上於是復申明之，曰：「孝宣皇帝尊孝武廟曰世宗，損益之禮，不敢有與焉。他皆如舊制。」唯郡國廟遂廢云。

容齋隨筆：匡衡平生佞諛，專附石顯，以取大位，而此一節獨據經守禮，其禱廟之文，殆與金縢之祝册相似，而不爲後世所稱述，漢史又不書于本傳，憎而知其善可也。

元帝本紀：竟寧元年春三月癸未，復孝惠皇帝寢廟園，孝文太后、孝昭太后寢園。五月，毁太上皇、孝惠、孝景皇帝廟，罷孝文、孝昭太后、昭靈后、武哀王、昭哀后寢園。

韋玄成傳：匡衡奏言：「前以上體不平，故復諸所罷祠，卒不蒙福。案衛思后、戾太子、戾后園，親未盡。孝惠、孝景廟親盡，宜毁。及太上皇、孝文、孝昭太后、昭靈后、昭哀后、武哀王祠，請悉罷，勿奉。」奏可。

成帝本紀：河平元年秋九月，復太上皇寢廟園。

韋玄成傳：初，高后時，患臣下妄非議先帝宗廟寢園官，故定著令，敢有擅議者棄市。至元帝改制，蠲除此令。成帝時，以無繼嗣，河平元年復太上皇寢廟園，世世奉祠。昭靈后、武哀王、昭哀后并食於太上寢廟如故，又復擅議宗廟之命。

平當傳：平當爲給事中，自元帝時韋玄成爲丞相，奏罷太上皇寢廟園，當上書言：「臣聞孔子言：『如有王者，必世而後仁。』三十年之間，道德和洽，制禮興樂，災害不生，禍亂不作。今聖漢受命而王，繼體承業二百餘年，孜孜不怠，政令清矣。然風俗未和，陰陽未調，災害數見，意者大本有不立與？何德化休徵不應之久也。禍福不虚，必有因而至者焉。宜深迹其道而務脩其本。昔者帝堯南面而治，先『克明峻德，以親九族』，而化及萬國。孝經曰：『天地之性人爲貴，人之行莫大於孝，孝莫大於嚴父，嚴父莫大於配天，則周公其人也。』夫孝子善述人之志，周公既成文、武之業而制作禮樂，脩嚴父配天之事，知文王不欲以子臨父，故推而序之，上及於后稷而以配天。此聖人之德，無以加於孝也。高皇帝聖德受命，有天下，尊太上皇，猶周文、武之追王太王、王季也。此漢之世祖，後嗣所宜尊奉以廣盛德，孝之至也。書云：『正稽古建功立事，可以永年，傳於無窮。』」上納其言，下詔復太上皇寢廟園。

文獻通考：馬氏曰：「太上皇親盡也，以高帝之父而不毁；悼皇考私親也，以宣帝之父而不毁。雖非禮之正，猶云可也。至武哀王則高帝之兄，昭哀后則高帝之姊，自當各有後裔，奉其墳墓祭祀。今乃立寢園與諸帝同，而使天子世世祠之，不經尤甚矣。高帝之姊而稱后，於義尤不通。」

圖書集成：哀帝建平元年，定迭毁之禮，仍以孝武爲世宗廟。

韋玄成傳：哀帝即位，丞相孔光、大司空何武奏言：「永光五年制書，高皇帝爲漢太祖，孝文皇帝爲太宗。建昭五年制書，孝武皇帝爲世宗。損益之禮，不敢有與。臣愚以爲迭毀之次，當以時定，非令所爲擅議宗廟之意也。臣請與群臣雜議。」奏可。於是光禄勳彭宣、詹事滿昌、博士左咸等五十三人皆以爲繼祖宗以下，五廟而迭毀，後雖有賢君，猶不得與祖宗並列。子孫雖欲褒大顯揚而立之，鬼神不饗也。孝武皇帝雖有功烈，親盡宜毀。太僕王舜、中壘校尉劉歆議曰：「臣聞周室既衰，四夷並侵，獫狁最强，於今匈奴是也。至宣王而伐之，詩人美而頌之曰『薄伐獫狁，至於太原』，又曰『嘽嘽推推，如霆如雷，顯允方叔，征伐獫狁，蠻荆來威』，故稱中興。及至幽王，犬戎來伐，殺幽王，取宗器。自是之後，南夷與北夷交侵中國，不絶如綫。春秋紀齊桓南伐楚，北伐山戎，孔子曰：『微管仲，吾其被髮左衽矣。』是故棄桓之過而録其功，以爲伯首。及漢興，冒頓始强，破東胡，禽月氏，并其土地，地廣兵强，爲中國害。南越尉佗總百粤，自稱帝。故中國雖平，猶有四夷之患，且無寧歲。一方有急，三面救之，是天下皆動而被其害也。孝文皇帝厚以貨賂，與結和親，猶侵暴無已。甚者，興師十餘萬衆，進屯京師及四邊，歲發屯備虜，其爲患久矣，非一世之漸也。諸侯郡守連匈奴及百粤以爲逆者非一人也。匈奴所殺郡守都尉，略取人民，不可勝數。孝武皇帝愍中國罷勞無安寧之時，迺遣大將軍、驃騎、伏波、樓船之屬，南滅百粵，起七郡；北攘匈奴，降昆邪十萬之衆，置五屬國，起朔方，以奪其肥饒之地；東伐朝鮮，起玄菟、樂浪，以斷匈奴之左臂；西伐大宛，并三十六國，結烏孫，起燉煌、酒泉、張掖，以鬲婼羌，裂匈奴之右肩。單于孤特，遠遁於幕北。四垂無事，斥地遠境，起十餘郡。功業既定，乃封丞相爲富民侯，以大安天下，富實百姓，其規橅可見。又招集天下賢俊，與協心同謀，興制度，改正朔，易服色，立天地之祠，建封禪，殊官號，存周後，定諸侯之制，永無逆爭之心，至今累世賴之。單于守藩，百蠻服從，萬世之基也，中興之功，未有高焉者也。高帝建大業，爲太祖；孝文皇帝德至厚也，爲文太宗；孝武皇帝功至著也，爲武世宗；此孝宣帝所以發德音也。禮記王制及春秋穀梁傳，天子七廟，諸侯五，大夫三，士二。天子七日而殯，七月而葬；諸侯五日而殯，五月而葬；此喪事尊卑之序也，與廟數相應。其文曰：『天子三昭三穆，與太祖之廟而七；諸侯二昭二穆與太祖之廟而五。』故德厚者流光，德薄者流卑。春秋左氏傳曰：『名位不同，禮亦異數。』自上以下，降殺以兩，禮也。七者，其正法數，可常數者也。宗不在此數中。宗，變也。苟有功德則宗之，不可預爲設數。故於殷，太甲爲太宗，太戊曰中宗，武丁曰高宗。

周公爲無逸之戒，舉殷三宗以勸成王。由是言之，宗無數也，然則所以勸帝者之功德博矣。以七廟言之，孝武皇帝未宜毁；以所宗言之，則不可謂無功德。禮記祀典曰：『夫聖王之制祀也，功施於民則祀之，以勞定國則祀之，能救大災則祀之。』竊觀孝武皇帝，功德兼而有焉。凡在於異姓，猶將特祀之，況於先祖？或説天子五廟無見文，又説中宗、高宗者，宗其道而毁其廟。名與實異，非尊德貴功之意也。詩云：『蔽芾甘棠，勿剪勿伐，召伯所茇。』思其人猶愛其樹，況宗其道而毁其廟乎？迭毁之禮自有常法，無殊功異德，固以親疏相推及。至祖宗之序，多少之數，經傳無明文，至尊至重，難以疑文虚説定也。孝宣皇帝舉公卿之議，用衆儒之謀，既以爲世宗之廟，建之萬世，宣布天下。臣愚以爲孝武皇帝功烈如彼，孝宣皇帝崇立之如此，不宜毁。」上覽其議而從之，制曰：「太僕舜、中壘校尉劉歆議可。」歆又以爲「禮，去事有殺，故春秋外傳曰：『日祭，月祀，時享，歲貢，終王。』祖禰則日祭，曾高則月祀，二祧則時享，壇墠則歲貢，大禘則終王。德盛而游廣，親親之殺也；彌遠則彌尊，故禘爲重矣。孫居王父之處，正昭穆，則孫常與祖相代，此遷廟之殺也。聖人於其祖，出於情矣，禮無所不順，故無毁廟。自貢禹建迭毁之議，惠、景及太上寢園廢而爲虚，失禮意矣。」

貢禹傳：禹奏欲罷郡國廟，定漢宗廟迭毁之禮，皆未施行。爲御史大夫數月，卒。禹卒後，上追思其議，竟下詔罷郡國廟，定迭毁之禮。

漢書平帝本紀：元始四年夏，尊孝宣廟爲中宗，孝元廟爲高宗，世世獻祭。

蕙田案：漢承秦敝，七廟之典不修，昭穆之禮不備。其尤不經者，原廟也，寢園也，郡國廟也，瀆亂繁雜，三代之禮，於焉盡矣。元帝鋭意復古，貢禹始有毁廟及罷郡國廟之議，而韋玄成等卒成之。至劉歆，建宗不在七廟數中之説，而後三昭三穆之序乃定。漢廷經術之效，於斯鉅矣。乃或可而不行，或廢而再復，終使宗廟大禮竟漢代莫之能正，惜哉！

觀承案：秦、漢之際，古今一大變也。唐、虞、三代之禮制，幾掃盪無餘。然秦有天下不過十有餘年，而漢遂承之。其時去古尚近，若能考尋遺迹，以復三代之制，亦不難。原廟、寢園、郡國廟，固不應經典，然宗廟之制尚存，但去其不合立者，而廟制自可復也。匡、貢、韋、劉之徒，議論鑿鑿，已漸有復古之兆，惜乎東京明、章二帝，正當經學大盛之時，而新主升祔不别立廟，相沿爲同廟異室之制，而七廟自此而未能復矣。

右漢廟制

漢廟附

文獻通考：時王莽爲安漢公，欲諂太皇太后，以斬郅支功奉尊元帝廟爲高宗，太后晏駕後，當以禮配食云。及莽改號，太后爲新室文母，絶之於漢，不令得體元帝。墮壞孝元廟，更爲文母太后起廟，獨置孝元廟故殿以爲文母篹食堂，既成，名曰長壽宮。以太后在，故未謂之廟。莽置酒長壽宮，請太后，既至，見孝元廟廢撤塗地，太后驚泣曰：「此漢家宗廟，皆有神靈與，何治而壞之！且使鬼神無知，又何用廟爲？如令有知，我乃人之妃妾，豈宜辱帝之堂以陳饋食哉？」飲酒不樂而罷。

漢兵起，莽惡高廟神靈，遣虎賁武士入高廟，拔劍四面提擊，斧壞户牖，桃湯赭鞭，鞭灑屋壁。令輕車校尉居其中。

王莽傳：莽地皇元年，望氣爲數者多言有土功象，莽又見四方盜賊多，欲視爲自安能建萬世之基者，乃下書曰：「予受命遭陽九之戹，百六之會，府帑空虛，百姓匱乏，宗廟未修，且祫祭於明堂太廟，夙夜永念，非敢寧息。深惟吉昌莫良於今年，予乃卜波水之北，郎池之南，惟玉食。予又卜金水之南，明堂之西，亦惟玉食。予將親築焉。」於是遂營長安城南，提封百頃。九月甲申，莽立載行視，親舉築三下。司徒王尋、大司空王邑持節，及侍中常侍執法杜林等數十人將作。崔發、張邯説莽曰：「德盛者文縟，宜崇其制度，宣視海内，且令萬世之後，無以復加也。」莽乃博徵天下工匠諸圖畫，以望法度算，及吏民以義入錢穀助作者，絡繹道路。壞徹城西苑中建章、承光、包陽、大臺、儲元宫及平樂、當路、陽禄館，凡十餘所，取其材瓦，以起九廟。是月，大雨六十餘日。令民入米六百斛爲郎，其郎吏增秩賜爵至附城。九廟：一曰黄帝太初祖廟，二曰帝虞始祖昭廟，三曰陳胡王統祖穆廟，四曰齊敬王世祖昭廟，五曰濟北愍王王祖穆廟，凡五廟不墮云；六曰濟南伯王尊禰昭廟，七曰元城孺王尊禰穆廟，八曰陽平頃王戚禰昭廟〔一〕，九曰新都顯王戚禰穆廟。殿皆重屋。太初祖廟東西南北各四十丈，高十七丈，餘廟半之。爲銅薄櫨，飾以金銀琱文，窮

〔一〕「陽平」，原誤倒，據光緒本、漢書王莽傳乙正。

極百工之巧。帶高增下，功費數百鉅萬，卒徒死者萬數。地皇三年正月，九廟蓋構成，納神主。莽謁見，大駕乘六馬，以五采毛爲龍文衣，著角，長三尺。華蓋車，元戎十乘在前。因賜治廟者司徒、大司空錢各千萬，侍中、中常侍以下皆封。封都匠仇延爲邯淡里附城。

右漢廟附

東漢廟制

後漢書世祖本紀：建武二年正月壬子，起高廟於洛陽。是月，赤眉焚西京宫室，發掘園陵。大司徒鄧禹入長安，遣府掾奉十一帝神主，納於高廟。

祭祀志：建武二年正月，立高廟於雒陽。

鄧禹傳：禹南至長安，軍昆明池，大饗士卒。率諸將齊戒，擇吉日，脩禮謁祠高廟，收十一帝神主，遣使奉詣洛陽，因循行園陵，爲置吏士奉守焉。

三輔故事：光武至長安，宫闕燒盡，徙都洛陽，取十二陵合爲高廟，作十二室。太常卿一人別治長安，主知祭事，謂之高廟。

中元元年四月〔一〕，以吉日刻玉牒書函，藏金匱，璽印封之。乙酉，使太尉行事，以特告至高廟。太尉奉匱以告高廟，藏於廟室西壁石室高主室之下。

明帝本紀：中元二年，有司奏上光武皇帝尊號，曰世祖。

祭祀志：明帝即位，以光武帝撥亂中興，更爲起廟，尊號曰世祖廟。以元帝於光武爲穆，故雖非宗，不毁也。後遂爲常。

文獻通考：東漢制，高廟令一人，六百石，守廟，掌案行掃除，無丞。世祖廟令一人，六百石，如高廟。

漢儀：帝之主九寸，前方後圓，圍一尺。后主七寸，圍九寸，木用栗。

明帝本紀：永平十八年八月，遺詔無起寢廟，藏主於光烈皇后更衣別室。過百日，惟四時設奠，置吏卒數人，供給灑掃，弗開脩道。敢有所興作者，以擅議宗廟法從事。

章帝本紀：永平十八年八月即皇帝位。十二月癸巳，有司奏言：「孝明皇帝聖德

〔一〕「四月」，原脱，據光緒本、後漢書祭祀志上補。

淳茂，劬勞日昃，身御浣衣，食無兼珍。澤臻四表，遠人慕化，僬僥、儋耳，款塞自至。克伐鬼方，開道西域，威靈廣被，無思不服。以烝庶爲憂，不以天下爲樂。備三雍之教，躬養老之禮。作登歌，正雅樂，博貫六藝，不舍晝夜。聰明淵塞，著在圖讖。至德所感，通於神明。功烈光於四海，仁風行於千載。而深執謙讓，自稱不德，無起寢廟，掃地而祭，除日祀之法，省送終之禮，遂藏主於光烈皇后更衣別室。天下聞之，莫不悽愴。陛下至孝蒸蒸，奉順聖德。臣愚以爲更衣在中門之外，處所殊別，宜尊廟曰顯宗，其四時禘祫，於光武之堂，間祀悉還更衣，共進武德之舞，如孝文皇帝祫祭高廟故事。」制曰：「可。」

祭祀志：明帝臨終遺詔，遵儉無起寢廟，藏主於世祖廟更衣。孝章即位，不敢違，以更衣有小別，上尊號曰顯宗廟，間祠於更衣，四時合祭於世祖廟。語在章紀。

東觀書：章帝初即位，賜東平憲王蒼書曰：「朕夙夜伏思，念先帝躬履九德，對於八政勞謙克己終始之度，比放三宗，誠有其美。今迫遺詔，誠不起寢廟，臣子悲結，僉以爲雖於更衣，猶宜有所宗之號，以克配功德。宗廟至重，朕幼無知，寤寐憂懼。先帝每有著述典義之事，未嘗不延問王〔一〕，以定厥中。願王悉明處，乃敢安之。公卿議駁，今皆并送。及有可以扶危持顛，宜勿隱。思有所承，公無困哉！」太尉熹等奏：「禮，祖有功，宗有德。孝明皇帝功德茂盛，宜上尊號曰顯宗，四時祫食於世祖廟，如孝文皇帝在高廟之禮，奏武德、文始、五行之舞。」蒼上言：「昔者孝文廟樂曰昭德之舞，孝武廟樂曰盛德之舞，今皆合食於高廟〔二〕，昭德、盛德之舞不進，與高廟同樂。今孝明皇帝主在世祖廟，當同樂，盛德之樂無所施；如自立廟，當作舞樂者，不當與世祖廟盛德之舞同名，即不改作舞樂，當進武德之舞。」上復報曰：「有司奏上尊號曰顯宗，藏主更衣，不敢違詔。祫食世祖，廟樂皆如王議。以正月十八日始祠。仰見榱桷，俯視几筵，眇眇小子，哀懼戰慄，無所奉承。愛而勞之，所望於王也。」

章帝本紀：章和二年春正月壬辰，遺詔無起寢廟，一如先帝法制。

〔一〕「問」，原脱，據光緒本補。
〔二〕「合」，東觀漢紀校注卷五作「祫」；「高廟」，原作「高祖」，據光緒本改。

和帝本紀：章和二年二月壬辰，即皇帝位。三月辛酉，有司上奏：「孝章皇帝崇弘鴻業，德化普洽，垂意黎民，留念稼穡。文加殊俗，武暢方表，戒惟人面，無思不服。巍巍蕩蕩，莫與比隆。周頌曰：『於穆清廟，肅雝顯相。』請上尊廟曰肅宗，共進武德之舞。」制曰：「可。」四月丙子，謁高廟。丁丑，謁世祖廟。

祭祀志：章帝遺詔，無起寢廟，廟如先帝故事。和帝即位，不敢違，上尊號曰肅宗。後帝承尊，皆藏主於世祖廟。

朱子曰：漢承秦弊，不能深考古制。諸帝之廟，各在一處，不容合爲都宫，以序昭穆。貢禹、韋玄成、匡衡之徒，雖欲正之，而終不能盡合古制，旋亦廢罷。後漢明帝又欲遵儉自抑，遺詔無起寢廟，但藏其主於光武廟中更衣別室。章帝復如之，後世遂不敢加，而公私廟皆爲同堂異室之制。自是以來，更歷魏、晉、隋、唐，其間非無奉先思孝之君，據經守禮之臣，而皆不能有所裁正，至使太祖之位下同孫子，而更僻處於一隅，既無以見其爲七廟之尊，群廟之神，則又上厭祖考，而不得自爲一廟之主。以人情論之，則生居九重，窮極壯麗，而没祭一室，不過尋丈之間，甚或無地以容鼎俎，而陰損其數。孝子順孫之心，宜亦有所不安矣。

之千百餘年，一旦革之，以復古制，蓋亦難矣。必欲酌古今之制，果何如而可適今之宜，而不失古人之意乎？臣竊以謂宜如周人宗廟都宫之制，七廟各爲一室，太祖之廟居中，分爲三昭三穆，其中有功德者别出之以爲世室。如劉歆之説，兄弟相繼者合爲一世，而各自爲室。每歲四祭，如周禮所謂祠禴嘗烝者，春祠則犆祭，夏秋冬則祫祭。如王制之説，春祠，每歲孟春自初一齋戒爲始，四日祭太祖廟，間一日祭一廟，前一日省視，祭畢即繹，歷十有四日徧七室，每室各祭，則群廟之主各得自伸其尊，而不厭於太祖矣。至於夏之禴、秋之嘗、冬之烝，則先期各於其廟告以時祫之意，至日各迎其主合食於太祖之廟而已，祧者不與焉，則主祭者不勞，而行之不難矣。所謂大祫大禘者，説者謂五年一禘，三年一祫，非古制。大儒程頤有言，立春祭先祖，冬至祭始祖；朱熹謂先祖之祭似祫，始祖之祭似禘。二儒之言，雖爲人臣而發，然揆之於義，而合推而上之，似亦可行。請於每歲立春之日行大祫之禮，凡毁廟未毁廟之主，皆合食於太祖之廟。大禘之禮則於冬至之日行之於始祖之廟，而又推始祖所自出之帝，而以始祖配之焉。後世人主多是崛起，未必皆如三

丘氏濬曰：古者天子七廟，各自爲室。自漢明帝以後，始爲同堂異室之制。行

代世系有所據依，功業有所積累。所謂始祖者，創業之君也。始祖所自出之帝，據其所可知者也。請以宋朝爲比，而即光宗之世論之，所謂始祖者，太祖也。太祖者，宋創業之君也。太宗、仁宗二帝有功德不祧，以爲兩世室。神宗、哲宗、徽宗、欽宗、高宗、孝宗六室爲親廟，前此順、翼、宣三祖，真、英二宗，皆在三昭三穆之外，親盡而祧。所謂僖祖者，太祖之高祖，開國之初，即追封以爲親廟，其所知者止此。自此以上，更不可考。是爲太祖所自出之帝，宜别爲一廟以藏其主，而以順、翼、宣三祖祔其中，遇行禘禮，則請僖主出，就太祖之廟祀之，而以太祖配焉。大祫則太祖正東向之位，而凡毁廟未毁廟之主皆合食於太祖，如常儀。如此則太祖名號既與廟相稱，而亦不失其所以追王崇祀僖祖之心矣。若夫祭天享帝，則惟以太祖配焉。夫然，則尊尊親親各得其宜，而古禮庶幾可行之今乎？是雖不盡合古人之制，而古人之意或亦略得其彷彿矣。傳曰：「非天子不議禮。」顧臣何人輒敢妄議？蓋述所聞，以比擬前代之制，非敢以爲今日可行也。臣昧死謹言。

蕙田案：東漢明、章廟制，古今一大更易也。五帝不相沿樂，三王不相襲禮。時移事異，實有不能盡合古人之勢。由後觀之，殆如封建井田之難復矣。朱子據經以立論，乃尊祖敬宗之大義。丘氏權宜以定規，亦準今酌古之深心也。

宗元案：禮，時爲大，但要根本不失制度，即稍稍從時，亦不妨。朱子亦謂後有聖賢出，必别有規模，不用前人硬本子也。然廟制不比封建井田，封建井田必合天下以定規，則古今異勢，一時誠有所難挽。若廟制，只就一方營搆，雖不免勞民動衆，而所費尚非不訾，後世如景靈、玉清宫之類，不惜金錢千百萬，只移一宫之費，以建七廟而有餘矣。

殤帝本紀：延平元年三月甲申，尊孝和皇帝廟曰穆宗。

安帝本紀：延平元年八月，即皇帝位。九月庚子，謁高廟。辛丑，謁光武廟。

祭祀志：殤帝生三百餘日，鄧太后攝政，以尚嬰孫，故祀不立於廟，就陵寢祭之而已。

安帝本紀：延光四年四月己酉，葬孝安皇帝於恭陵，廟曰恭宗。

祭祀志：安帝以讒害大臣，廢太子，及崩，無上宗之奏。後以自建武以來無毁者，故遂常祭，因以其陵號稱恭宗。

順帝本紀：建康元年八月，遺詔無起寢廟。

祭祀志：上順帝尊號曰敬宗。

東觀書曰：有司奏言：「孝順皇帝弘秉聖哲，隆興統業，稽乾則古，欽奉鴻烈。寬裕晏晏，宣恩以極，躬自菲薄，以崇玄默。遺詔貽約，顧念萬國，衣無製新，玩好不飾。塋陵損狹，不起寢廟，遵履前制，敬敕慎終，有始有卒。孝經曰：『愛敬盡於事親，而德教加於百姓。』詩云：『敬慎威儀，維民之則。』臣請上尊號曰敬宗廟。天子世世獻奉，藏主祫祭，進武德之舞，如祖宗故事。」露布奏可。

質帝本紀：永嘉元年正月，迎帝入南宮，即皇帝位。甲申，謁高廟。乙酉，謁光武廟。五月丙辰，詔曰：「孝殤皇帝即位踰年，君臣禮成。孝安皇帝承襲統業，而前世遂令恭陵在康陵之上，先後相踰，失其次序，非所以奉宗廟之重，垂無窮之制。昔定公追正順祀，春秋善之。其令恭陵次康陵，憲陵次恭陵，以序親秩，爲萬世法。」

周舉傳：舉徵爲大鴻臚，及梁太后臨朝，詔以殤帝廟次宜在順帝下。太常馬訪奏宜如詔書，諫議大夫呂勃以爲應依昭穆之序，先殤帝後順帝，詔下公卿。舉議曰：「春秋魯閔公無子，庶兄僖公代立，其子文公遂躋僖於閔上，孔子譏之，書曰：『有事於太廟，躋僖公。』傳曰：『逆祀也。』及定公正其序，經曰『從祀先公』，爲萬世法也。今殤帝在先，於秩爲父，順帝在後，於親爲子，先後之義不可改，昭穆之序不可亂。吕勃議是也。」太后下詔從之。

桓帝本紀：本初元年，迎帝入南宮，即皇帝位。秋七月辛巳，謁高廟、光武廟。

祭祀志：沖、質帝皆小，梁太后攝政，以殤帝故事，就陵寢祭。凡祠廟訖，三公分祭之。

靈帝本紀：建寧元年二月辛酉，上孝桓帝廟曰威宗。庚午，謁高廟。辛未，謁世宗廟。

祭祀志：桓帝無嗣，靈帝以河間孝王曾孫解瀆侯即位。靈帝時，京都四時所祭高廟五主，世祖廟七主，少帝三陵，追尊后三陵。凡牲用十八太牢，皆有副倅。故高廟三主親毁之後，亦但殷祭之歲奉祠。

決疑要注：毁廟主藏廟外户之外，西牖之中。有石函，名曰宗祏。函中有笥，以盛主。親盡則廟毁，毁廟之主藏於世祖之廟。一世爲祧，祧猶四時祭之。二世爲壇，三世爲墠，四世爲鬼，祫乃祭之，有禱亦祭之。祫於世祖之廟，禱則迎主出，陳於壇墠而祭之，事訖還藏故室。迎送皆蹕，禮也。

蕙田案：壇、墠之禮，仍祭法之訛也。

獻帝本紀：初平元年冬十一月，有司奏，和、安、順、桓四帝無功德，不宜稱宗，又恭懷、敬隱、恭愍三皇后並非正嫡，不合稱后，皆請除尊號。制曰：「可。」注：和帝號穆宗，安帝號恭宗，順帝號敬宗，桓帝號威宗。和帝尊母梁貴人曰恭懷皇后，安帝尊祖母宋貴人曰敬隱皇后，順帝尊母李氏曰恭愍皇后。

祭祀志：靈帝崩，獻帝即位。初平中，相國董卓、左中郎將蔡邕等以和帝以下，功德無殊，而有過差，不應爲宗，及餘非宗者追尊三后，皆奏毀之。四時所祭，高廟一祖二宗，及近帝四，凡七廟。注：袁山松書載邕議曰：「漢承亡秦滅學之後，宗廟之制不用周禮。每帝即世，輒立一廟，不止於七，不列昭穆，不定迭毀。元皇帝時，丞相匡衡、御史大夫貢禹始建大義，請依典禮。孝文、孝武、孝宣皆以功德茂盛，爲宗不毀。孝宣追崇孝武，歷稱世宗。中正大臣夏侯勝等猶執異議，不應爲宗。至孝成皇帝，議猶不定。太僕王舜、中壘校尉劉歆據經傳義，謂不可毀，上從其議。古人考據慎重，不敢私其君父，若此其至也。後遭王莽之亂，光武皇帝受命中興，廟稱世祖。孝明皇帝聖德聰明，政參文、宣，廟稱顯宗。孝章皇帝至孝烝烝，仁恩博大，廟稱肅宗。比方前世，得禮之宜。自此以下，政事多釁，權移臣下，嗣帝殷勤，各欲襃崇至親而已。臣下懦弱，莫能執夏侯之直。今聖朝尊古復禮，以求厥中，誠合禮議。元帝世在第八，光武世在第九，故以元帝爲考廟，尊而奉之。孝明尊述，亦不敢毀。

孝和以下，穆宗、威宗之號皆省去。五年而再殷，祫食於太祖，以遵先典。」議遂施行。

文獻通考：馬氏曰：「西都郊祀之制，因秦五時，未嘗有祭天之禮。東都宗廟之制，代代稱宗，未嘗有祧遷之法。此二失者，因循既久，不能革正。然郊天之禮，至王莽而後定；七廟之法，至董卓而後定。蓋權姦擅國，意所欲行，不復依違顧忌，故反能矯累代之失。然禮雖稍正，而國且亡矣，可勝慨哉！」又曰：「蔡邕所定高祖廟一祖二宗及近帝四爲七廟，其説似矣。但以和、安、順、桓四帝功德無殊，而有過差，奏毁之，則所謂近帝四者，乃光武、明帝、章帝、靈帝也。案古之所謂天子七廟者，自太祖及祖功宗德之後，其下四世，則當代人主之高、曾、祖、父也。此四代者，不以有功而存，不以有過而廢。今以獻帝言之，靈其父也，桓其祖也，安其曾祖也，和其高祖也。今捨其高、曾、祖三世，而以其父繼五世之祖，於義何所當乎？當時此議雖一出董卓，帝無所預。然東漢自和帝而後，皇統屢絶，安帝以清河王之子入繼和帝，順、桓二帝以河間王之孫入繼安帝，靈帝以河間王之曾孫入繼桓帝。至靈帝方有親子爲獻帝，是則獻帝之所謂父者親父，所謂高祖、曾祖及祖者，乃所繼之大宗也。自安、順以來，既入嗣大位，即以非禮崇其私親之父母，而昧兩統二父之義，往往於大宗私親，陰有厚薄，伯喈豈亦習聞時指，陰有諂附耶？不然，何所祧毀者皆所嗣之大宗，而竟以靈帝上繼章帝，初不問其世次之懸隔，是豈得爲知禮者乎！」

蔡邕獨斷：宗廟之制，古學以爲人君之居，前有廟，後有寢，終則前制廟以象朝，後制寢以象寢。廟以藏主列昭穆，有衣冠、几杖象生之具，總謂之宫。月令曰「先薦寢廟」，詩云「公侯之宫」，頌曰「寢廟奕奕」，言相連也，是皆其文也。古不墓祭，至秦始皇出寢起居於墓側，漢因而不改，故今陵上稱寢殿，有起居衣冠象生之備，皆古寢之意也。居西都時，高帝以下每帝各别立廟，月備法駕遊衣冠，又未定迭毀之禮。元帝時，丞相匡衡、御史大夫貢禹乃以經義處正，罷遊衣冠，毀先帝親盡之廟。高帝爲太祖，孝文爲太宗，孝武爲世宗，孝宣爲中宗，祖宗廟皆世世奉祀。其餘惠、景以下皆毀，五年而稱殷祭，猶古之禘祫也。殷祭則及諸毀廟，非殷祭則祖宗而已。光武中興，都洛陽，乃合高祖以下至平帝爲一廟，藏十一帝主於其中。元帝於光武爲禰，故雖非宗而不毀也。後嗣遵承，遂常奉祀。光武舉天下以再受命，復漢祚，更起廟，稱世祖。孝明遺詔，遵儉毋起寢廟，藏主於世祖廟。孝章不敢違，是後遵承藏主於世祖廟，皆如孝明之禮，而園陵皆自起寢廟。孝明曰顯宗，孝章曰肅宗，自後踵前，孝和曰穆宗，孝安曰恭宗，孝順曰敬宗，孝桓曰威宗，惟殤、沖、質三少帝皆以未踰年，不列於宗廟，四時就陵上祭寢而已。今洛陽諸陵皆以晦、望、二十四氣、伏、社、臘及四時日上飯〔一〕，太官送用。園令食監典省其親陵所。宫人隨鼓漏理被枕，具盥水，陳嚴具。天子以正月五日畢供後上原陵，以次周徧。公卿百官皆從。四姓小侯、諸侯家婦，凡與先帝、先后有瓜葛者，及諸侯王、大夫、郡國計吏、匈奴朝者、西國侍子皆會。尚書官屬陛西，除下先帝神座後。大夫、計吏皆當軒下，占其郡穀價，四方災異，欲皆使先帝魂神具聞之，遂於親陵各賜計吏而遣之。正月上丁，祠南郊禮畢，次北郊、明堂、高祖廟、世祖廟，謂之五供。五供畢，以次上陵也。四時宗廟用牲十八，太牢皆有副倅。西廟五主，高帝、文帝、武帝、宣帝、元帝也。高帝爲高祖，文帝爲太宗，武帝爲世宗，宣帝爲中宗，其廟皆不毁，孝元功薄當毁。光武復天下，屬第於元帝爲子，以元帝爲禰廟，列於祖宗，後嗣

〔一〕「日」，原作「四」，據光緒本、蔡邕獨斷卷下改。

因承，遂不毁也。東廟七主，光武、明帝、章帝、和帝、安帝、順帝、桓帝也。光武爲世祖，明帝爲顯宗，章帝爲肅宗，和帝爲穆宗，安帝爲恭宗，順帝爲敬宗，桓帝爲威宗，廟皆不毁。少帝未踰年而崩，皆不入廟。以陵寢爲廟者三，殤帝康陵、沖帝懷陵、質帝静陵是也。追號爲后者三，章帝宋貴人曰敬隱后，葬北陵，安帝祖母也。清河孝德皇后，安帝母也。章帝梁貴人曰恭懷后，葬西陵，和帝母也。安帝張貴人曰恭愍后，葬北陵，順帝母也。兩廟，十二主、三少帝、三后，故用十八太牢也。漢家不言禘祫，五年而再殷祭，則西廟惠帝、景、昭皆别祠，成、哀、平三帝以非光武所後，藏主長安，故高廟四時祠於東廟。京兆尹侍祠衣冠車服，太常祠行陵廟之禮。順帝母，故云姓李，或姓張。

蕙田案：伯喈獨斷序兩漢帝后廟寢最悉，附存以備考。

右東漢廟制

五禮通考卷七十九

吉禮七十九

宗廟制度

三國廟制

三國蜀志先主傳：章武元年夏四月，大赦改元，立宗廟，祫祭高皇帝以下。

注：臣松之以爲，先主雖云出自孝景，而世數悠遠，昭穆難明，既紹漢祚，不知以何帝爲元祖以立親廟。于時英賢作輔，儒生在官，宗廟制度，必有憲章，而記載闕略，良可恨哉！

通鑑綱目：昭烈帝章武元年夏四月，立宗廟，祫祭高皇帝以下。

尹氏起莘曰：昭烈始得蜀漢正位繼統，又適當屬繫人心之始，綱目書此，蓋與光武即位二年書立宗廟社稷于洛陽同意。

蕙田案：宋書禮志云：「昭烈代紹而起，未辨繼何帝爲禰，亦無祖宗之號。劉禪面縛降魏，北地王諶哭于昭烈之廟，則昭烈廟别立也。」愚謂諸葛亮云「將軍帝室之胄」，是昭烈爲漢帝後無疑，祫祭高皇帝以下，則實有祖宗之號可稱，非朱子綱目正名定分，則大統何自而明哉？一統志云：昭烈帝廟在成都府城南二里。

又案：以上蜀漢。

晉書禮志：王制「天子七廟」，諸侯以下，各有等差，禮文詳矣。漢獻帝建安十八年五月，以河北十二郡封魏武帝爲魏公。是年七月，始建宗廟于鄴，自以諸侯禮立五廟也。後雖進爵爲王，無所改易。延康元年，文帝繼王位，七月，追尊皇祖爲太王，夫人曰太王后。黄初元年十一月受禪，又追尊太王曰太皇帝，皇考武王曰武皇帝。

三國魏志「文帝黄初四年」注：魏書曰：「辛酉，有司奏造二廟，立太皇帝廟，大長秋特進侯與高祖合祭，親盡以次毁；特立武皇帝廟，四時享祀，爲魏太祖，萬載不毀也。」

三國魏志明帝本紀：太和三年初，洛陽宗廟未成，神主在鄴廟。十一月，廟始成，使太常韓暨持節迎高皇帝、太皇帝、武帝、文帝神主于鄴。十二月己丑至，奉安神主于廟。

晉書禮志：明帝太和三年，追尊高祖大長秋曰高皇，夫人吴氏曰高皇后，並在鄴廟。廟所祠，則文帝之高祖處士、沛國譙人曹萌。曾祖高皇、萌之子騰。祖太皇帝共一廟，考太祖武皇帝特一廟，百代不毀，然則所祠止於親廟四室也。其年十一月，洛京廟成，則以親盡遷處士主置園邑，使行太傅太常韓暨、宗正曹恪持節迎高祖以下神主，共一廟，猶爲四室而已。

三國魏志明帝本紀：景初元年夏六月，有司奏：武皇帝撥亂反正，爲魏太祖，樂用武始之舞。文皇帝應天受命，爲魏高祖，樂用咸熙之舞。帝制作興治，爲魏烈祖，樂用章武之舞。三祖之廟，萬世不毀。其餘四廟，親盡迭毀，如周后稷、文、武廟祧之制。

晉書禮志：景初元年六月，群公有司始更奏定七廟之制，曰：「大魏三聖相承，以成帝業。武皇帝肇建洪基，撥亂夷險，爲魏太祖。文皇帝繼天革命，應期受禪，爲魏高祖。上集成大命，清定華夏，興制禮樂，宜爲魏烈祖。于太祖廟北爲二祧，其左爲文帝廟，號曰高祖昭祧；其右擬明帝，號曰烈祖穆祧。三祖之廟，萬世不毁。其餘四廟，親盡迭遷。一如周后稷、文、武廟祧之禮。」

三國魏志明帝紀注：孫盛曰：「夫謚以表行，廟以存容，皆于既没，然後著焉，所以原始要終，以示百世也。未有當年而逆制祖宗，未終而豫自尊顯。昔華樂以厚斂致譏，周人以豫凶違禮，魏之群司，于是乎失正。」

蕙田案：以上魏。

三國吴志孫亮傳「太平元年春」注：吴歷曰：「正月，爲權立廟，稱太祖廟。」

宋書禮志：孫權不立七廟，以父堅嘗爲長沙太守，長沙臨湘縣立堅廟而已。權既不親祠，直是依後漢奉南頓故事，使太守祠也。堅廟又見尊曰始祖廟，而不在京師。又以民人所發吴芮冢材爲屋，未之前聞也。于建業立兄長沙桓王策廟，于朱雀橋南。權卒，子亮代立。明年正月，于宫東立權廟曰太祖廟，既不在宫南，又無昭穆之序。

蕙田案：以上吴。

右三國廟制

晉廟制

晉書武帝本紀：泰始二年春正月丁亥，有司請建七廟，帝重其役，不許。秋七月辛巳，營太廟，致荆山之木，采華山之石；鑄銅柱十二，塗以黄金，鏤以百物，綴以明珠。冬十一月己丑，追尊景帝夫人夏侯氏爲景懷皇后。辛卯，遷祖禰神主於太廟。

禮志：泰始元年十二月丙寅，受禪。丁卯，追尊皇祖宣王爲宣皇帝，伯考景王爲景皇帝，考文王爲文皇帝，宣王妃張氏爲宣穆皇后。二年正月，有司奏置七廟。帝重其役，詔宜權立一廟。於是群臣議奏：「上古清廟一宫，尊遠神祇。逮至周室，制爲七廟，以辨宗祧。聖旨深弘，遠迹上世，敦崇唐虞，舍七廟之繁華，遵一宫之遠旨。昔舜承堯禪，受終于文祖，遂陟帝位，蓋三十載，月正元日，又格于祖，遂陟帝位，此則虞氏不改唐廟，因仍舊宫。可依有虞氏故事，即用魏廟。」奏可。於是追祭征西將軍、豫章府君、潁川府君、京兆府君，與宣皇帝、景皇帝、文皇帝爲三昭三穆。是時宣皇未升，太祖虛位，所以祠六世，與景帝爲七廟，其禮則據王肅説也。七月，又詔曰：「主者前奏，就魏舊廟，誠亦有準。然於祇奉明主，情猶未安，宜更營造。」於是改創宗廟。十一月，追尊景帝夫人夏侯氏爲景懷皇后。任茂議以爲夏侯初嬪之時，未有王業。帝不從。

蕙田案：唐虞禪讓，舜宗堯廟，承其統緒，而别立親廟于虞國，所以公天下也。晉之篡魏，豈可倫擬？群臣據以爲比，妄矣！況虞氏不改唐廟，宗堯也。晉用魏廟，乃自祭其祖，亦不同矣。

通典：晉武帝即位，權立一廟，後用魏廟，追祭征西將軍、章郡府君、名鈞，字升平。鈞之子，名景，章郡太守，字公度。「章郡」上一字爲代宗廟諱除也。潁川府君、景之子，名儁，潁川太守，字元異。京兆府君，儁之子，名防，京兆尹，字建公，生宣帝。與宣帝、景帝、文帝爲三昭三穆。

文獻通考：廟制，于中門外之左，通爲屋，四阿。殿制，堂高三尺，隨見廟數爲室，代滿備遷毁。神主尺二寸，后主一尺與尺二寸中間，木以栗。

通典：太常博士孫毓議云：「考工記『左祖右社』，孔子曰：『周人敬鬼神而遠之，近人而忠焉。』禮，諸侯三門，立廟宜在中門外之左。宗廟之制，外爲都宫，内各有寢廟，别有門垣。太祖在北，左昭右穆，次而南。今宜爲殿，皆如古典。」

蕙田案：孫毓議是。

晉書武帝本紀：咸寧元年冬十二月丁亥，追尊宣帝廟曰高祖，景帝曰世宗，文帝曰太祖。

禮志：太康元年，靈壽公主修麗祔於太廟，周漢未有其準。魏明帝則别立平原主廟，晉又異魏也。

蕙田案：公主祔廟，尤非禮矣。

武帝本紀：太康八年春正月，太廟殿陷。九月，改營太廟。

禮志：太康八年，因廟陷，當改修創，群臣又議奏曰：「古者七廟異所〔一〕，自宜如禮。」又曰：「古雖七廟，自近代以來，皆廟七室，於禮無廢，於情爲敘，亦隨時之宜也，其便仍舊。」

〔一〕「異」，諸本脱，據晉書禮志上補。

蕙田案：同廟異室之制，定于此矣。

晉初仍魏，無所損益，至太康九年，始建宗廟。

武帝本紀：太康十年夏四月，太廟成。乙巳，遷神主於新廟，帝迎於道左，遂祫祭。大赦，文武增位一等，作廟者二等。

禮志：太康十年，改築於宣陽門内，窮極壯麗，然坎位之制，猶如初耳。廟成，帝用摯虞議，率百官遷神主於新廟，自征西以下，車服導從，皆如帝者之儀。

賀循傳：有司奏琅琊恭王宜稱皇考，循議云：「禮，子不敢以己爵加父。」帝納之。

元帝本紀：太興三年八月戊午，尊敬王后虞氏爲敬皇后。辛酉，遷神主於太廟。

禮志：武帝崩，則遷征西。及惠帝崩，又遷豫章。而惠帝世，愍懷、太子二子哀太孫臧、沖太孫尚並祔廟。元帝世，懷帝殤太子又祔廟，號爲陰室四殤。懷帝初，又策謚武帝楊后曰武悼皇后〔一〕，改葬峻陽陵側，别祠弘訓宫，不列於廟。元帝既即尊位，

〔一〕「武帝」，原作「武後」，據光緒本、晉書禮志上改。

上繼武帝〔一〕，於元爲禰，如漢光武上繼元帝故事也。是時，西京神主，湮滅虜庭，江左建廟，皆更新造。尋以登懷帝之主，又遷潁川，位雖七室，其實五世，蓋從刁協以兄弟爲世數故也。於時百度草創，舊禮未備，毁主權居側室。至太興三年正月乙卯，詔曰：「吾雖上繼世祖，然於懷、愍皇帝，皆北面稱臣。今祠太廟，不親執觴酌，而令有司行事，於情理不安。可依禮更處。」太常恒言：「今聖上繼武皇帝，宜準漢世祖故事，不親執觴爵。」又曰：「今上承繼武帝，而廟之昭穆，四世而已，前太常賀循、博士傅純，並以爲惠、懷及愍宜別立廟。然臣愚謂廟室當以容主爲限，無拘常數。殷世有二祖三宗，若拘七室，則當祭禰而已。推此論之，宜還復豫章、潁川，全拘七廟之禮。」驃騎長史溫嶠議：「凡言兄弟不相入廟，既非禮文，且光武奮劍振起，不策名於孝平，務神其事，以應九世之讖，又古不共廟，故別立焉。今上以策名而言，殊於光武之事，躬奉烝嘗，於經既正〔二〕，於情又安矣。太常恒欲還二府君，以全七世，嶠爲是宜。」驃騎將軍

〔一〕「武帝」，諸本脱「帝」字，據晉書禮志上補。
〔二〕「經」，諸本作「繼」，據晉書禮志上改。

王導從嶠議。嶠又曰：「其非子者，可直言皇帝敢告某皇帝。又若以一帝爲一世，則不祭禰，反不及庶人。」帝從嶠議，悉施用之。於是乃更定制，還復豫章、潁川於昭穆之位，以同惠帝嗣武故事，而惠、懷、愍三帝，自從春秋尊卑之義，在廟不替也。

通典兄弟相繼藏主室議：晉太常華恒被符，宗廟宜時有定處。恒案前議，以爲：「七代，制之正也。若兄弟旁及，禮之變也。則宜爲神主立室，不宜以室限神主。今有七室，而神主有十，宜當別立。臣爲聖朝已從漢制，今聖上繼武帝，廟之昭穆，四代而已。前太常賀循等，並以爲惠、懷、愍三帝別立寢廟，臣以爲廟當以容主爲限，亦無常數。據殷祭六廟，而有二祖三宗不毁〔一〕；又漢之二祖，寢廟各異。明功德之君，自當特立。若繫之七室，則殷之末代，當祭禰而已。準之前議，知以七爲正，不限之七室。故雖有兄弟旁及，至禘祫不越昭穆，則章郡、潁川宜全七代之禮。案周官有先公先王之廟，今宜爲京兆以上，別立三室於太廟西廂，宣皇帝得正始祖之位，惠、懷二帝不替，而昭穆不闕，於禮爲安。」驃騎長史温嶠議：「惠、懷、愍于聖上，以春秋而言，因

〔一〕「二」，諸本作「三」，據通典卷四八改。

定先後之禮。夫臣子一例，君父敬同，故可以準於祖禰，然非繼體之數也。案太常恒所上，故還章郡、潁川以全七代，愚謂是恒又求京兆以上三代在廟之西廂〔一〕，臣竊不安。」温嶠爲王導答薛太常書曰：「省示并博士議，今明尊尊不復得繫本親矣。先帝平康北面而臣愍帝，及終而升上，懼所以取議於春秋。今所論太廟坎室足容神主不耳，而下愍帝於東序，若案尊尊之旨〔二〕，愍帝猶子之列，不可爲父，與兄弟之不可一耳。案閔公，僖公之弟也，而傳云『子雖齊聖，不先父食』。如此無疑，愍帝不宜先帝上也。今唯慮廟窄，更思安處，宜令得並列正室。」又荀崧與王導書曰：「三年當大禘。愍帝以居子位，復居父位，且『子雖齊聖，不先父食』，此君即父也。此爲愍帝是先帝之父，懷帝是愍帝之父，惠帝是懷帝之父，二代便重四代，所以爲疑處也。」答曰：「意謂君位永固，無復蹔還子位之理。惠帝至先帝雖四君，今亦不以一君爲一代，何嫌二代之中重四君耶？今廟尚居上，祀何得居下？若蹔下，則逆祀也。」孔衍議：「別廟有非正之

〔一〕「恒」，諸本作「宜」，據通典卷四八改。
〔二〕「若案尊尊之旨」，通典卷四八作「此爲違尊尊之旨」。

嫌，似若降替不可行也。」博士傅純議云：「議者既欲據傳疑文，又欲安之陰室。據傳則所代爲禰，陰室非禰所處，此矛盾之説。夫陰室以安殤主，北向面陰，非人君正位。而議者謂卑於陰更衣者，帝王入廟便殿，當歸盛位，漢明以存所常居，故崩以安神。室，實所未喻。惠、懷、愍宜更别立廟。」元帝崩，温嶠答王導書云：「近詔以先帝前議所定，唯下太常安坎室數。今坎室窄，其意不過欲定先神主，存正室，故下愍帝也。廟窄之與本體，各是一事，何以廟窄而廢本體也？」明帝崩，祠部以廟過七室，欲毁一廟，又正室窄狹，欲權下一帝。温嶠議：「今兄弟同代，已有七帝。若以一帝爲一代，則當不得祭於禰，乃不及庶人之祭也。夫兄弟同代，於恩既順，於義無否。至於廟室已滿，大行皇帝神主當登正室，又不宜下正室之主，遷之祧位。自宜增廟，權於廟上設幄坐，以安大行之主。若以今增廟違簡約之旨，或可就見廟直增坎室乎？此當問廟室之寬窄。」其廟室寬窄，亦所未詳。

晉書賀循傳：循拜太常，時宗廟始建，舊儀多闕，或以惠、懷二帝，應各爲世，則潁川世數過七，宜在迭毁。事下太常，循議以爲：「禮，兄弟不相爲後，不得以承代爲世。殷之盤庚不序陽甲，漢之光武不繼成帝，别立廟寢，使臣下祭之，此前代之明典，而承繼之著義也。惠帝無後，懷帝承統，弟不後兄，則懷帝自上繼世祖，不繼惠帝，當同殷之陽甲、漢之成帝。議者以聖德沖遠，未便改舊。兹如此禮，通所未論。是以惠帝尚在太廟，而懷帝復入，數則盈八。盈八之理，由惠帝不出，非上祖宜遷也。下世既升，上世乃遷，遷毁對代，不得相通，未有下升一世而上毁二世者也。惠、懷二帝俱繼世祖，兄弟旁親，同爲一世，而上毁二爲一世。今以惠帝之崩已毁豫章，懷帝之入復毁潁川，如此則一世再遷，祖位横折，求之古義，未見此例。惠帝宜出，尚未輕論，况可輕毁一祖而無義例乎？潁川既無可毁之理，則見神之數居然自八，此蓋有由而然，非謂數之常也。既有八神，則不得不於七室之外權安一位也。至尊於惠、懷俱是兄弟，自上後世祖，不繼二帝，則二帝之神行應别出，不爲廟中恒有八室也。又武帝初成太廟時，正神止七，而楊元后之神，亦權立一室。永熙元年，告世祖謚於太廟八室，此是苟有八神，不拘於七之舊例也。又議者以景帝俱已在廟，則惠、懷一例。景帝盛德元功，王基之本，義著祖宗，百世不毁，故所以特在本廟，且亦世代尚近，數得相容，安神而已，無逼上祖，如王氏昭穆既滿，終應别廟也。以今方之，既輕重義異，又七廟七世之親；昭穆，父子位也。若當兄弟旁滿，輒毁上祖，則祖位空懸，世數不足，何足於三昭三穆與太祖之廟然後成七哉？今七廟之義，出於王氏。從禰以上至於高祖，親廟四世，高祖以上復有五世六世無服之祖，故爲三昭三穆并太祖而七也。故世祖初定廟禮，京兆、潁川曾、高之親，豫章五世，征西六世，以應此義。今至尊繼統，亦宜有五六世之祖，豫章六世，潁川五世，俱不應毁。今既云豫章先毁，又當重毁潁川，此爲廟中之親惟從高祖已下，無復高祖以上二世之祖，於王氏之義，三昭三穆廢闕其二，甚非宗廟之本所據承，又違世祖祭征西、豫章之意，於一王定禮所闕不少。」時尚書僕射刁協與循異議，循答義深備，辭多不載，竟從循議焉。

通典天子兄弟不合繼位昭穆議：東晉元帝建武中，尚書符云：「武帝崩，遷征西府君。惠帝崩，遷章郡府君。懷帝入廟，當遷潁川府君。」賀循議：「古者帝各異廟，廟之有室，以象常居，未有二帝共處之義也。如惠、懷二主，兄弟同位，於禘祫之禮，會於太祖，自應同列異坐而正昭穆。至於常居之室，則不可共以尊卑之分，義不可黷故也。昔魯夏父弗忌躋僖公於閔上，春秋謂之逆祀。僖公，閔之庶兄。閔公先立，嘗爲君臣故也。左氏傳曰：『子雖齊聖，不先父食。』懷帝之在惠帝世，居藩積年，君臣之分也；正位東宫，父子之義也。雖同歸昭穆，尊卑之分與閔、僖不異。共室褻黷，非殊尊卑之禮。以古義論之，愚謂未必如有司所列。惠帝之崩，當已遷章郡府君，又以懷帝入廟，當遷潁川府君，此是兩帝兄弟各遷一祖也。又主之迭毁，以代爲正，下代既升，則上代稍遷，代序之義也。若兄弟相代，則共是一代，昭穆位同，不得兼毁二廟，禮之常例也。又殷之盤庚，不序陽甲之廟，而上繼先君，以弟不繼兄故也。既非所繼，則廟應别立。由此言之，是惠帝應别立，上祖宜兼遷也。故漢之光武不入成帝之廟，而上繼元帝，義取於此。今惠、懷二帝，不得不上居太廟，潁川未遷，見位餘八，非祀之常，不得於七室之外假立一神位。」

庾蔚之謂：爾時愍帝尚在關中，元帝爲晉王，立廟猶以愍帝爲主，故上至潁川爲六代。懷、景二帝，雖非昭穆之正數，而廟不合毁，是以見位餘八也。

循又議曰：「殷人六廟，比有兄弟四人襲爲君者，便當上毁四廟乎？如此，四代之親盡，無復祖禰之神矣。又案殷紀，成湯以下，至於帝乙，父子兄弟相繼爲君，合十二代，而正代唯六。易乾鑿度曰：『殷帝乙，六代王也。』以此言之，明不數兄弟爲正代。」

禮志：元帝崩，則豫章復遷。然元帝神位猶在愍帝之下，故有坎室者十也。明帝崩，而潁川又遷，猶十室也。於時續廣太廟，故三遷主並還西儲，名之曰祧，以準遠廟。

荀崧傳：元帝崩，群臣議廟號。王敦遣使謂曰：「豺狼當道，梓宫未反，祖宗之號，宜别思詳。」崧議以爲：「禮，祖有功，宗有德。元皇帝天縱聖哲，光啓中興，德澤侔于太戊，功惠邁于漢宣。臣敢依前典，上號曰中宗。」既而與敦書曰：「承以長蛇未剪，别詳祖宗。先帝應天受命，以隆中興；中興之主，寧可隨世數而遷毁！敢率丹直，詢之朝野，上號中宗。卜日有期，不及重請，專輒之愆，所不敢辭。」

宋書禮志：咸和三年，蘇峻覆亂京都，温嶠等立行廟於白石，復行其典，告先帝先后曰：「逆臣蘇峻，傾覆社稷，毁棄三正，汙辱海内。臣亮等手刃戎首，龔行天罰。惟中宗元皇帝、肅祖明皇帝、明穆皇后之靈，降鑒有罪，勦絶其命，翦此群凶，以安宗廟。臣等雖殞首摧軀，猶生之年。」

穆帝永和二年七月，有司奏：「十月殷祭，京兆府君當遷祧室。昔征西、豫章、潁川三府君毁主，中興之初，權居天府，在廟門之西。咸康中，太常馮懷表續太廟奉還於西儲夾室，謂之爲祧，疑亦非禮。今京兆遷入，是爲四世遠祖，長在太祖之上。昔周室太祖世遠，故遷有所歸。今晉廟宣皇爲主，而四祖居之，是屈祖就孫也。殷祫在上，是代太祖也。」領司徒蔡謨議：「四府君宜改築別室，若未展者，當入就太廟之室。人莫敢卑其祖，文、武不先不窋。殷祭之日，征西東面，處宣皇之上。其後遷廟之主，藏於征西之祧，祭薦不絕。」護軍將軍馮懷議：「禮，『無廟者，爲壇以祭』。可立別室藏之，至殷禘，則祭於壇也。」輔國將軍譙王司馬無忌等議曰：「諸儒謂太王、王季遷主藏於文、武之祧，如此，府君遷主宜在宣帝廟中。然今無寢室，宜變通而改築。又殷祫太廟，征西東面。」尚書郎孫綽與無忌議同，曰：「太祖雖位始九五，而道以從暢，替人爵之尊，篤天倫之道，所以成教本而光百代也。」尚書郎徐禪議：「禮，『去祧爲壇，去壇爲墠，歲祫則祭之』。今四祖遷主，可藏之石室。有禱則祭於壇墠。」又遣禪至會稽訪處士虞喜，喜答曰：「漢世韋玄成等以毀主瘞於園。魏朝議者云應埋兩階之間。且神主本在太廟，若今側室而祭，則不如永藏。又四君無追號之禮，益明應毀而無祭。」是時簡文爲撫軍，與尚書郎劉邵等奏：「四祖同居西祧，藏主石室，禘祫乃祭，如先朝舊儀。」時陳留范宣兄子問此禮，宣答曰：「舜廟所以祭，皆是庶人。其後世遠而毀，不居舜廟上，不序昭穆。今四君號猶依本，非以功德致祀也。若依虞主之瘞，則猶藏子孫之所；若依夏主之埋，則又非本廟之階。宜思其變，則築一室，親未盡則禘祫，處宣帝之上；親盡則無緣下就子孫之列。」其後太常劉遐等同蔡謨議。博士張憑議〔一〕：「或疑陳於太祖者，皆其後之毁主。憑案古義，無别前後之文也。禹不先鯀，則遷主居太祖之上，亦何疑也。」於是京兆遷入西儲，同謂之祧。如前三祖遷主之禮，故正室猶十一也。穆帝崩，而哀帝、海西並爲兄弟，無所登除。咸安之初，簡文皇帝上繼元皇，世秩登進，於是潁川、京兆二主，復還昭穆之位。至簡文崩，潁川又遷。

文獻通考：馬氏曰：「漢光武既即帝位，以昭穆當爲元帝後，遂祀昭、宣、元于太廟，躬執祭禮，而别祀成、哀以下于長安，使有司行事，此禮之變也。然其時漢已爲王莽所篡，光武起自匹夫，誅王莽，夷群盜，以取天下，雖曰中興，事同創業。又其祖長沙定王與武帝同出景帝，則于元、成服屬已爲疎遠，先儒胡致堂謂雖遠祖高帝而不紹元帝，自帝其舂陵侯以下四親而祠之，于義亦未爲大失者，此也。則成、

〔一〕「張憑議」三字，原脱，據光緒本、宋書禮志三補。

哀而下，行既非尊，屬又已遠，姑不廢其祀可矣。至于晉元帝以琅琊王而事惠、懷、愍，簡文以會稽王而事成帝以下諸君，君臣之義，非一日矣。一旦入繼大統，即以漢世祖爲比，遽欲自尊，而於其所嘗事之君，於行爲姪者即擯之，而不親祀，此何禮耶？況又取已祧之遠祖復入廟，還昭穆之位，則所以嚴事宗廟者，不幾有同兒戲乎？」

蕙田案：馬氏此説，頗合情理。

觀承案：禮以得中爲貴。光武之於大宗，蓋過於厚者，然與其過於薄也，無寧過於厚。觀晉元帝、簡文帝及明世宗、興獻王事，乃知前人恪守舊防，必不肯破壞阡陌者，蓋非無謂。

晉書禮志：太元十二年五月壬戌，詔曰：「昔建太廟，每事從儉，太祖虚位，稽古之制闕然，便可詳議。」祠部郎中徐邈議：「武皇帝建廟六世，三昭三穆。宣皇帝創基之主，實惟太祖，而親則王考。四廟在上，未及遷世，故權虚東向之位也。兄弟相及，義非二世。故當今廟祀，世數未足，而欲太祖正位，則違事七之義矣〔二〕。又禮曰：『庶

〔二〕「七」，原作「亡」，據光緒本、晉書禮志上改。

子王，亦禘祖立廟。』蓋謂支胤授立，則親迎必復。京兆府君於今六世，宜復立此室，則宣皇未在六世之上，須前世既遷，乃太祖位定耳。京兆遷毁，宜藏主石室，雖禘祫猶弗及。何者？傳稱毁主升合乎太祖，升者自下之名，不謂可降尊就卑也。太子太孫，陰室四主，儲嗣之重，升祔皇祖，所託之廟，世遠應遷，然後從食之孫，與之俱毁。」

孝武帝本紀：太元十六年春正月庚申，改築太廟。秋九月癸未，新廟成。

禮志：太元十六年，始改作太廟殿，正室十四間，東西儲各一間，合十六間，棟高八丈四尺。備法駕遷神主於行廟，征西至京兆四主及太孫，各用其位之儀服。四主不從帝者儀，是與太康異也。諸主既入廟，設脯醢之奠。及新廟成，神主還室，又設脯醢之奠。

孝武崩，京兆又遷，如穆帝之世四祧故事。義熙元年四月，將殷祠，詔博士議遷毁之禮。大司馬琅琊王德文議：「泰始之初，虚太祖之位，而緣情流遠，上及征西，故世盡則宜毁，而宣帝正太祖之位。又漢光武移十一帝主於洛邑，則毁主不設，理可推矣。宜築室，以居四府君之主，永藏而弗祀也。」大司農徐廣議：「四府君嘗處廟堂之首〔一〕，歆率土之祭，若埋之幽壤，於情理未必咸盡。謂可遷藏西儲，以爲遠祧，而禘饗永絶也。」太尉諮議參軍袁豹議：「仍舊無革，殷祠猶及四府君，情理爲允。」時劉裕作輔，意與大司馬議同，須後殷祠行事改制。

宋書臧燾傳：晉孝武帝時，太廟鴟尾災。燾謂著作郎徐廣曰：「昔孔子在齊，聞魯廟災，曰：『必桓、僖也。』今征西、京兆四府君，宜在毁落，而猶列廟饗〔二〕，此其徵乎？」乃上議曰：「臣聞國之大事，在祀與戎，將營宮室，宗廟爲首。禮，天子七廟，三昭三穆，與太祖而七。自考廟以至祖考五廟，皆月祭之。遠廟爲祧，有二祧，享嘗乃止。去祧爲壇，去壇爲墠，有禱然後祭之。此宗廟之次，親疏之序也。鄭玄以爲祧者文王、武王之廟，王肅以爲五世六世之祖。尋去祧之言，則祧非文、武之廟矣。周之祖宗，何云去祧爲壇乎？明遠廟爲祧者，無服之祖也。又遠廟則有享嘗之禮，去祧則有壇墠之殊，明世遠者，其義彌疎也。若祧是文、武之廟，宜同月祭于太祖，雖推后稷

〔一〕「嘗」，原作「堂」，據光緒本、晉書禮志上改。
〔二〕「猶列」，原作「别」，據光緒本、宋書臧燾傳改。

以配天，由功德之所始，非尊崇之義每有差降也。又禮有以多爲貴者，故傳稱『德厚者流光，德薄者流卑』。此尊卑等級之典，上下殊異之文。而云天子諸侯祭五廟，何哉？又云『自上以下，降殺以兩，禮也』。又王祭嫡殤，下及來孫，而上祀之禮，不過高祖。推隆恩于下流，替誠敬于尊屬，非聖人制禮之意也。是以泰始建廟，從王氏議，以禮『父爲士，子爲天子諸侯，祭以天子諸侯，其尸服以士服』。故上及征西，以備六世之數。宣王雖爲太祖，尚在子孫之位，至於殷祭之日，未申東向之禮，所謂『子雖齊聖，不先父食』者矣。今京兆以上既遷，太祖始得居正，議者以昭穆未足，欲屈太祖于卑坐，臣以謂非禮典之旨。所謂與太祖而七，自是昭穆既足，太祖在六世之外，非爲須滿七廟，乃得居太祖也。議者又以四府君神主宜永同于殷祫，臣又以爲不然。傳所謂毁廟之主，陳乎太祖，謂太祖以下先君之主也。故白虎通云：『禘祫祭遷廟者，以其繼君之體，持其統而不絶也。』豈如四府君在太祖之前？非繼統之主，無靈命之瑞，非王業之基，昔以世近而及，今則情禮已遠，而當長饗殷祫，永虚太祖之位，求之禮籍，未見其可。昔永和之初，大議斯禮，于時虞喜、范宣並以淵儒碩學，咸謂四府君神主，無緣永存于百世，或欲瘞之兩階，或欲藏之石室，或欲爲之改築，雖所執小異，而大歸是同。若宣王既居群廟之上，而四主禘祫不已，則大晉殷祭，長無太祖之位矣。夫禮貴有中，不必過厚，禮與世遷，豈可順而不斷？故臣子之情雖篤，而靈厲之謚彌彰；追遠之懷雖切，而遷毀之禮爲用。豈不有心于加厚，顧禮制不可踰耳。石室則藏于廟北，改築則未知所處。虞主所以依神，神移則有瘞埋之禮。四主若饗祀宜廢，亦神之所不依也。準傍事例，宜同虞主之瘞埋。然經典難詳，群言紛錯，非臣卑淺所能折中。」時學者多從熹議，竟未施行。

晉書桓玄傳：玄簒位，既不追尊祖曾，疑其禮儀，問于群臣。散騎常侍徐廣據晉典宜追立七廟，又敬其父則子悦，位彌高者情禮得申，道愈廣者納敬必普也。玄曰：「禮云三昭三穆與太祖爲七，然則太祖必居廟之主也，昭穆皆自下之稱，則非逆數可知也。禮，太祖東向，左昭右穆。如晉室之廟，則宣帝在昭穆之列，不得在太祖之位。昭穆既錯，太祖無寄，失之遠矣。」玄曾祖以上名位不顯，故不欲序列，且以王莽九廟見譏于前史，遂以一廟矯之，郊廟齋二日而已。祕書監卞承之曰：「祭不及祖，知楚德之不長也。」又毀晉小廟以廣臺榭。其庶母烝嘗，靡有定所，忌日見賓客遊晏，唯至亡時一哭而已。朞服之内，不廢音樂。

蕙田案：晉享國一百五十餘年，宗廟昭穆祧遷之禮，屢議而未得其當者，其失有三：一在建國之初，未定太祖之位，而于一廟之中備三昭三穆之數。夫有太祖，而後有昭穆。今晉未立太祖之廟，並祭文帝以上至征西，是但有親廟而無祖廟，其失一也。景帝與文帝，兄弟也，宜爲一世，乃分文、景爲二世，以充七廟之數，其失二也。武帝崩而遷征西，懷帝登而遷潁川，室則七而世維五，皆由不知兄弟同昭穆之義，其失三也。惟賀循建議廟室以容主爲限，無拘常數，並祭惠、懷、愍而復豫章、潁川于昭穆之位，坎室有十，蓋古人異廟，晉則同廟而異室，世不可缺，不得不加坎室。穆帝時祧四府君于西儲夾室，而正室猶存十一，祫則四祖居太祖之上。臧燾謂昭穆既足，太祖在六世之外，四祖長享殷祫，則永虚太祖之位，斯言雖正而未施行，是晉始終太祖之祭未正，而昭穆祧遷之數未定也，能不爲當時議禮諸臣惜哉？

右晉廟制

宋齊梁陳廟制

宋書武帝本紀：永初元年夏六月，即皇帝位。追尊皇考爲孝穆皇帝，皇妣爲穆皇后。秋七月戊申，遷神主於太廟，車駕親奉。

禮志：武帝初受晉命爲宋王，建宗廟於彭城，依魏、晉故事，立一廟。初，祀高祖開封府君、曾祖武原府君、皇祖東安府君、皇考處士府君、武敬臧后，從諸侯五廟之禮也。既即尊位，乃增祀七世右北平府君、六世相國掾府君爲七廟。永初初，追尊皇考處士爲孝穆皇帝，妣趙氏爲穆皇后。

隋書禮儀志：晉江左以後，乃至宋、齊相承，始受命之主皆立六廟，虛太祖之位。宋武初，爲宋王立廟於彭城，但祭高祖已下四世。

宋書禮志：高祖崩，神主升廟，猶從昭穆之序，如魏、晉之制，虛太祖之位也。廟殿亦不改構，又如晉初之因魏也。元嘉十年十二月癸酉，太祝令徐閏刺署：「典宗廟祠祀薦五牲，牛羊豕雞並用雄。其一種市買，由來送雌。竊聞周景王時，賓起見雄雞自斷其尾，曰：『雞憚犧，不祥。』今何以用雌，求下禮官詳正。」敕太學依禮詳據。博士徐道娱等議稱：「案禮孟春之月，『是月也，犧牲無用牝』。如此，是春月不用雌爾，秋冬無禁。雄雞斷尾，自可是春月。」太常丞司馬操議：「尋月令孟春『命祀山林川澤，犧牲無用牝』。若如學議，春祀三牲以下，便應一時俱改，以從月令，何以偏在一雞。」重更敕太學議答。博士徐道娱等又議稱：「凡宗祀牲牝不一，前惟月令不用牝者，蓋明在春必雄，秋冬可雌，非以山林同宗廟也。四牲不改，在雞偏異，相承來久，義或有由，誠非末學所能詳究。求詳議告報，如所稱令。」參詳閏所稱，粗有證據，宜如所上。自今改用雄雞。

蕙田案：據月令，是古人犧牲，牝牡並用，特春月不用者，恐妨其孕字傷生氣耳。當時議者，何以不及此意。

又案：以上宋。

南齊書高帝本紀：高帝建元元年六月庚辰，七廟主備法駕即於太廟。

禮志：太祖爲齊王，依舊立五廟。即位，立七廟。廣陵府君、大中府君、淮陰府君、即丘府君、太常府君、宣皇帝、昭皇后爲七廟。

文獻通考：高帝追尊父爲宣皇帝，右軍將軍承之。母爲昭皇后，七廟。

蕭子顯曰：晉用王肅之議，以文、景爲共代，上至征西，其實六也。尋此意，非以兄弟爲後，當以立主之義，可容于七室。及楊元后崩，征西之廟不毁，則知不以元后爲代數。廟有七室，數盈八主。晉太常賀循立議以後，弟不繼兄，故代必限七，主無定數。宋臺初立五廟，以臧后爲代室，就禮而求，亦親廟四矣。若據伊尹之言，必及七代，則子昭孫穆，不列婦人。若依鄭玄之説，廟有親稱，妻者言齊，豈或濫享。且閟宫之德，周七非數〔一〕，楊元之祀〔二〕，晉八無傷。今謂之七廟，而止唯六祀，使受命之君，流光之典不足。若謂太祖未登〔三〕，則昭穆之數何繼，斯故禮官所宜詳也。

南齊書禮志：永明六年，太常丞何諲之議：「今祭有生魚一頭，干魚五頭。少牢饋食禮云：『司士升魚、腊、膚，魚用鮒，十有五。』上既云『腊』，下必是『鮮』，其數宜同。稱『膚』足知鱗革無毁。記云『槀魚曰商祭，鮮曰脡祭』。鄭注：『商，量。脡，直也。』尋『商』旨裁截，『脡』義在全。賀循祭義猶用魚十五頭。今鮮頓删約，槀皆全

〔一〕「周」，原作「用」，據光緒本、南齊書禮志上改。
〔二〕「楊元」，原作「開元」，據光緒本、文獻通考卷九三改。
〔三〕「未」，諸本作「齊」，據文獻通考卷九三改。

用，謂宜鮮稾各二頭，稾微斷首尾，示存古義。」國子助教桑惠度議：「記稱尚玄酒而俎腥魚。玄酒不容多，鮮魚理宜約。干魚五頭者，以其既加人功，可法於五味，以象酒之五齊也。今欲鮮稾各雙，義無所法。」謜之議不行。

蕙田案：以上齊。

梁書武帝本紀：天監元年夏四月，即皇帝位。追尊皇考爲文皇帝，廟曰太祖。十一月己未，立小廟。

隋書禮儀志：中興二年，梁武初爲梁公。曹文思議：「天子受命之日，便祭七廟。諸侯始封，即祭五廟。」祠部郎謝廣等並駁之，遂不施用。乃建臺，於東城立四親廟，并妃郗氏而爲五廟〔一〕。告祠之禮，並用太牢。其年四月，即皇帝位。謝廣又議，以爲初祭是四時常祭，首月既不可移易，宜依前剋日於東廟致齋。帝從之，遂於東城時祭訖，遷神主於太廟。始自皇祖太中府君、皇祖淮陰府君、皇高祖濟陰府君、皇曾祖中從事史府君、皇祖特進府君，并皇考，以爲三昭三穆。凡六廟，追尊皇考爲文皇帝，皇

〔一〕「郗氏」，諸本作「郄氏」，據隋書禮儀志二改。

妣爲德皇后，廟號太祖。皇祖特進以上，皆不追尊。擬祖遷於上，而太祖之廟不毁，與六親廟爲七，皆同一堂，共庭而別室。又有小廟，太祖太夫人廟也。非嫡，故別立廟。皇帝每祭太廟訖，乃詣小廟，亦以一太牢，如太廟禮。

天監七年，舍人周捨以爲：「禮『玉輅以祀，金輅以賓』，則祭日應乘玉輅。」詔下其議。左丞孔休源議：「玉輅既有明文，而儀注金輅，當由宋、齊乖謬，宜依捨議。」帝從之。

天監九年，詔簠簋之實，以籍田黑黍。

梁書武帝本紀：天監十二年夏四月，京邑大水。六月癸巳，新作太廟，增基九尺。

隋書禮儀志：天監十二年，詔曰：「祭祀用洗匜中水盥，仍又滌爵。爵以禮神，宜窮精潔，而一器之内，雜用洗手，外可詳議。」於是御及三公應盥及洗爵，各用一匜。

蕙田案：以上梁。

陳書高祖本紀：永定元年十月乙亥，即皇帝位。辛巳，追尊皇考曰景皇帝，廟號太祖，皇妣董太夫人曰安皇后。戊子，遷景皇帝神主祔于太廟。

隋書禮儀志：陳制，立七廟。初，文帝入嗣，而皇考始興昭烈王廟在始興國，謂之東廟。天嘉四年，徙東廟神主，祔於梁之小廟，改曰國廟。祭用天子儀。

蕙田案：以上陳。

右宋齊梁陳廟制

北魏北齊北周廟制

北魏書太祖本紀：道武帝天興二年冬十月，太廟成，遷神元、平文、昭成、獻明皇帝神主於太廟。

禮志：魏先之居幽都也，鑿石爲祖宗之廟於烏洛侯國西北。自後南遷，其地隔遠。真君中，烏洛侯國遣使朝獻，云石廟如故，民常祈請，有神驗焉。其歲，遣中書侍郎李敞詣石室，告祭天地，以皇祖先妣配。祝曰：「天子燾謹遣敞等用駿足、一元大武敢昭告於皇天之靈。自啓闢之初，祐我皇祖，於彼土田。歷載億年，聿來南遷。惟祖惟父，光宅中原。克翦凶醜，拓定四邊。沖人纂業，德聲弗彰。豈謂幽遐，稽首來王。具知舊廟，弗毀弗亡。悠悠之懷，希仰餘光。王業之興，起自皇祖。綿綿瓜瓞，時惟多祜。敢以丕功，配饗於天。子子孫孫，福禄永延。」敞等既祭，斬樺木立之，以置牲體而還。後所立樺木，生長成林，其民益神奉之。咸謂魏國感靈祇之應也。石室南距代京四千餘里。

永興四年，立太祖廟於白登山。歲一祭，具太牢，帝親之，無常月。是歲，詔郡國於太祖巡幸行宮之所，各立壇，祭以太牢，歲一祭，皆牧守侍祀。又立太祖別廟於宮中，歲四祭，用牛馬羊各一。

蕙田案：此與漢郡國廟同意。

太宗本紀：永興五年秋七月己巳，還幸薄山。帝登觀太祖遊幸刻石頌德之處，乃於其旁起石壇而薦饗焉，賜從者大酺於山下。

神瑞二年二月甲辰，立太祖廟於白登之西。

禮志：神瑞二年，於白登西太祖舊遊之處，立昭成、獻明、太祖廟，常以九月、十月之交，帝親祭，牲用馬牛羊，及親行貙劉之禮。又於雲中、盛樂、金陵三所，各立太廟，四時祀官侍祀。

高宗本紀：太安元年春正月辛酉，奉世祖、恭宗神主於太廟。三月己亥，詔曰：「今始奉世祖、恭宗神主於太廟，又於西苑遍秩群神，朕以大慶饗賜百寮，而犯罪之人獨即刑戮，非所以子育群生，矜及衆庶。夫聖人之教，自近及遠，是以周文『刑于寡妻，至于兄弟，以御家邦』，化苟從近，恩亦宜然。其曲赦京師死囚已下。」

高祖本紀：太和十五年夏四月己卯，改太廟。秋七月己卯，詔議祖宗，道武爲太祖。十月，太廟成。十有一月丁卯，遷七廟神主於新廟。

禮志：太和十五年夏四月，改營太廟。詔曰：「祖有功，宗有德。自非功德厚者，不得擅祖宗之名，居二祧之廟。仰惟先朝舊事，舛駁不同，難以取準。今將述遵先志，具詳禮典，宜制祖宗之號，定將來之法。烈祖有創基之功，世祖有開拓之德，宜爲祖宗，百世不遷。而遠祖平文功未多於昭成，然廟號爲太祖；道武建業之勳高於平文，廟號爲烈祖。比功校德，以爲未允。朕今奉尊道武爲太祖，與顯祖爲二祧，餘者以次而遷。平文既遷，廟唯有六，始今七廟，一則無主。唯當朕躬此事，亦臣子所難言。夫生必有終，人之常理。朕以不德，忝承洪緒，若宗廟之靈，獲全首領以没於地，爲昭穆之次，心願畢矣。必不可預設，可垂之文，示後必令遷之。」司空公、長樂王穆亮等奏言：「升平之會，事在於今。推功考德，實如明旨。但七廟之祀，備行日久，無宜闕一，虚有所待。臣等愚謂依先尊祀，可垂文示後。理衷如此，不敢不言。」詔曰：「理或如此。比有間隙，當爲文相示。」丁卯，遷廟，陳列冕服，帝躬省之。既而帝袞冕，辭太和廟，之太廟，百官陪從。奉神主於齋車，至新廟。有司升神主於太廟。

孫惠蔚傳：先是，七廟以平文爲太祖。高祖議定祖宗，以道武爲太祖。祖宗雖定，然昭穆未改。及高祖崩，祔神主於廟。時侍中崔光兼太常卿，以太祖既改，昭穆以次而易。兼御史中尉、黄門侍郎邢巒，以爲太祖雖改，昭穆仍不應易，乃立彈草，欲案奏光。光謂惠蔚曰：「此乃禮也，而執法欲見彈劾，思獲助于碩學。」惠蔚曰：「此深得禮變。」尋爲書以與光，讚明其事。光以惠蔚書呈宰輔，乃召惠蔚與巒庭議得失。尚書令王肅又助巒，而巒理終屈，彈事遂寢。

肅宗本紀：熙平二年七月己巳，車駕有事於太廟。

禮志：熙平二年七月戊辰，侍中、領軍將軍、江陽王繼表言：「臣功緦之内，太祖道武皇帝之後，於臣始是曾孫。然道武皇帝傳業無窮，四祖三宗，功德最重，配天郊祀，百世不遷。而曾玄之孫，烝嘗之薦，不預拜於廟庭；霜露之感，闕陪奠於階席。今七廟之後，非直隔歸胙之靈；五服之孫，亦不霑出身之叙[一]。校之墳史則不然，驗之人情則未允。何者？禮云：『祖遷於上，宗易於下。』臣曾祖是帝，世數未遷，便疎同庶族，而孫不預祭。斯之爲屈，今古罕有。昔堯敦九族，周隆本枝，故能磐石維城，禦侮於外。今臣之所親，生見隔棄，豈所以楨幹根本，隆建公族者也。伏見高祖孝文皇帝著令銓衡，取曾祖之服，以爲資蔭，至今行之，相傳不絶。而況曾祖爲帝，而不見録。伏願天鑒，有以昭臨，令皇恩洽穆，宗人咸叙。請付外博議，永爲定準。」靈太后令曰：「付八座集禮官議定以聞。」四門小學博士王僧奇等議：「案孝經曰：『郊祀后稷以配天，宗祀文王於明堂，以配上帝。』然則太祖不遷者，尊王業之初基；二祧不毁者，旌不朽之洪烈。其旁枝遠胄，豈得同四廟之親哉？故禮記婚義曰：『古者婦人先嫁三月，祖廟未毁，教於公宫。祖廟既毁，教於宗室。』又文王世子曰：『五廟之孫，祖廟未毁，雖庶人冠娶必告，死必赴，不忘親也。親未絶而列於庶人，賤無能也。』鄭注云：『赴告於君也。實四廟，言五者，容顯考爲始封君子故也。』鄭君别其四廟，理協

[一]「不」，原脱，據光緒本、魏書禮志二補。

二祭。而四廟者，在當世服屬之内，可以與於子孫之位，若廟毁服盡，豈得同於此例乎？敢竭愚昧，請以四廟爲斷。」國子博士李琰之議：「案祭統曰：『有事太廟，群昭群穆咸在。』鄭氏注：『昭穆咸在，謂同宗父子皆來。』古禮之制，如是其廣，而當今儀注，唯限親廟四，愚竊疑矣。何以明之？設使世祖之子男於今存者，既身是戚蕃，號爲重子，可得賓於門外，不預碑鼎之事哉？又因宜變法，禮有其説。記言：『五廟之孫，祖廟未毁，爲庶人，冠娶必告，死必赴。』注曰：『實四廟而言五者，容顯考始封之君子。』今因太祖之廟在，仍通其曾玄侍祠，與彼古記甚相符會，且國家議親之律，指取天子之玄孫，乃不旁準於時后。至於助祭，必謂與世主相論，將難均一。壽有短長，世有延促，終當何時可得齊同？謂宜入廟之制，率從議親之條；祖祧之裔，各聽盡其玄孫。使得駿奔堂壇，肅承禘祫，則情理差通。不宜復各爲例，令事事舛駁。」侍中司空公、領尚書令、任城王澄，侍中、尚書左僕射元暉奏：「臣等參量琰之等議，雖爲始封君子，又祭統曰：『有事於太廟，群昭群穆咸在，而不失其倫。』鄭注云：『昭穆，謂同宗父子皆來也。』言未毁及同宗，則其共四廟之辭。云：『未絶於父子，明崇五屬之稱。』天子諸侯，繼立無殊，吉凶之赴，同止四廟。祖祧雖存，親級彌遠，告赴拜薦，典記無文。斯由祖遷於上，見仁親之義疏；宗易於下，著五服之恩斷。江陽之於今帝也，計親而枝宗三易，數世則廟應四遷，吉凶尚不告聞，拜薦寧容輒預。高祖孝文皇帝聖德玄覽，師古立政，陪拜止於四廟，哀恤斷自緦宗。即之人情，冥然符一，推之禮典，事在難違。此所謂明王相沿，今古不革者也。」太常少卿元端議：「禮記祭法云：『王立七廟，曰考廟，曰王考廟，曰皇考廟，曰顯考廟，曰祖考廟。遠廟爲祧，有二祧。』而祖考以功重不遷，二祧以盛德不毁。迭遷之義，其在四廟也。祭統云：『祭有十倫之義，六曰見親疎之殺焉。』夫祭有昭穆者，所以別父子遠近長幼親疎之序而無亂也，是故有倫。注云：『昭穆咸在，同宗父子皆來。』指謂當廟父子爲群，不繫於昭穆也。若一公十子，便爲群公子，豈待數公而立稱乎？文王世子云：『五廟之孫，祖廟未毁。』雖爲有所援引，然與朝議不同。如依其議，匪直太祖曾玄，諸廟子孫，悉應預列。既無正據，竊謂太廣。臣等愚見，請同僧奇等議。」靈太后令曰：「議親律注云：『非唯當世之屬籍，歷謂先帝之五世。』此乃明親親之義篤，骨肉之恩重。尚書以遠及諸孫，太廣致疑。百僚助祭，何得言狹也。祖廟未毁，曾玄不預壇堂之敬，便是宗人之昵，反外於附庸，王族之近，更疎於群辟。先朝舊儀，草創未定，刊制律憲，垂之不朽。琰之援據，甚允情理。可依所執。」

蕙田案：三議以琰之爲得情理，與宗廟叙昭穆之禮合，靈太后從之，是也。

孝莊帝本紀：永安二年二月甲午，尊皇考爲文穆皇帝，廟號肅祖。皇妣爲文穆皇后。四月癸未，遷肅祖文穆皇帝及文穆皇后神主於太廟。

臨淮王譚傳：昌子彧，字文若，少有才學。莊帝踐祚，累除位尚書令、大司馬，兼録尚書。莊帝追崇武宣王爲文穆皇帝，廟號肅祖，母李妃爲文穆皇后，將遷神主於太廟，以高祖爲伯考。彧表諫曰：「漢祖創業，香街有太上之廟；光武中興，南頓立春陵之寢。元帝之于光武，疏爲絶服，猶尚身奉子道，入繼大宗。高祖之于聖躬，親實猶子，陛下既纂洪緒，豈宜加伯考之名？且漢宣之繼孝昭，斯乃上後叔祖，豈忘宗承考妣？蓋以大義斯奪。及金德將興，宣王受寄，自兹而降，世秉威權。景王意存毁冕，文王心規裂冠，雖祭則魏王，而權歸晉室。昆之與季，實傾曹氏。且子元，宣王冢嗣，文王成其大業，故晉武繼文祖宣，景王有伯考之稱。以今類古，恐或非儔。又臣子一例，義彰舊典。禘祫失序，著譏前經。高祖德溢寰中，道超無外。肅祖雖勳格宇宙，猶曾奉贄稱臣。穆皇后稟德坤元，復將配享乾位。此乃君臣並筵，嫂叔同室，歷觀墳籍，未有其事。」時莊帝意鋭，朝臣無敢言者，唯彧與吏部尚書李神儁並有表聞〔一〕。詔報曰：「文穆皇帝勳格四表，道邁百王，是用考循舊規，恭上尊號。王表云漢太上於香街，南頓於春陵。漢高不因瓜瓞之緒，光武又無世及之德，皆身受符命，不由父祖，別廟異寢，於理何差？文穆皇帝天瞻人宅，歷數有歸。朕忝承下武，遂主神器。既帝業有統，漢氏非倫。若以昔況今，不當移寢，則魏太祖、晉景帝雖王迹已顯，皆以人臣而終，豈得與餘帝別廟，有闕餘序？漢郡國立廟者，欲尊高祖之德，使饗徧天下，非關太廟神主，獨在外祠薦。漢宣之父，亦非勳德所出，雖不追尊，不亦可乎？伯考之名，自是尊卑之稱，何必準古而言非類也？復云君臣同列，嫂叔共室，當以文穆皇帝昔遂臣道，以此爲疑。禮『天子元子猶士』，禘祫豈不得同室乎？且晉文、景共爲一代，議者云世限七，主無定數。昭穆既同，明有共室之理。禮既有祔，嫂叔何嫌？禮，士祖、禰一廟，豈無婦舅共室也？若專以共室爲疑，容可更議遷毁。」莊帝既逼諸妹之請，此辭意黄門侍郎常景、中書

〔一〕「李神儁」，諸本作「李坤儁」，據魏書臨淮王譚傳改。

侍郎邢子才所贊成也。又追尊兄彭城王爲孝宣皇帝。或又面諫曰：「陛下中興，意欲憲章前古，作而不法，後世何觀？歷尋書籍，未有其事。願割友于之情，使名器無爽。」帝不從。及神主入廟，復敕百官悉陪從，一依乘輿之式。或上表以爲：「爰自中古，迄於下葉，崇尚君親，褒明功懿，乃有皇號，終無帝名。今若去帝，直留皇名，求之古義，少有依準。」又不納。

蕙田案：彧之言甚正，惜莊帝不納也。

又案：以上北魏。

北齊書文宣帝本紀：天保元年，詔追尊皇祖文穆王爲文穆皇帝，妣爲文穆皇后，皇考獻武王爲獻武皇帝，兄文襄王爲文襄皇帝，祖宗之稱，付外速議以聞。甲戌，遷神主於太廟。

隋書禮儀志：後齊文襄嗣位，猶爲魏臣，置王高祖泰州使君、王曾祖太尉武貞公、王祖太師文穆公、王考相國獻武王，凡四廟。文宣帝受禪，置六廟：曰皇祖司空公廟、皇祖吏部尚書廟、皇祖泰州使君廟、皇祖文穆皇帝廟、太祖獻武皇帝廟、世宗文襄皇帝廟，爲六廟。獻武已下不毁，已上則遞毁。並同廟而别室。既而遷神主於太廟。

北齊書文宣帝本紀：天保二年冬十月丁卯，文襄皇帝神主入於廟。

隋書禮儀志：文襄、文宣，並太祖之子，文宣初疑其昭穆之次，欲別立廟。衆議不同。至二年秋，始祔太廟。

北齊書孝昭帝本紀：皇建元年九月壬申，詔議定三祖樂。冬十一月癸丑，有司奏太祖獻武皇帝廟宜奏武德之樂，舞昭烈之舞；世宗文襄皇帝廟宜奏文德之樂，舞宣政之舞；顯祖文宣皇帝廟宜奏文正之樂，舞光大之舞。詔曰：「可。」

蕙田案：以上北齊。

北周書孝閔帝本紀：元年正月辛丑，即天王位。追尊皇考文公爲文王，皇妣爲文后。壬寅，詔曰：「始祖獻侯，啓土遼海，肇有國基，配南北郊。文考德符五運，受天明命，祀於明堂，以配上帝，廟爲太祖。」

隋書禮儀志：後周之制，思復古之道，乃左宗廟而右社稷。置太祖之廟，并高祖已下二昭二穆，凡五。親盡則遷。其有德者謂之祧，廟亦不毁。閔帝受禪，追尊皇祖爲德皇帝，文王爲文皇帝，廟號太祖。擬已上三祖遞遷，至太祖不毁。其下相承，置二昭二穆爲五焉。

蕙田案：以上北周。

右北魏北齊北周廟制

隋廟制

隋書高祖本紀：開皇元年二月甲子，即皇帝位。乙丑，追尊皇考爲武元皇帝，廟號太祖，皇妣爲元明皇后。丙寅，修廟社。

禮儀志：高帝既受命，遣兼太保宇文善、兼太尉李詢，奉策詣同州，告皇考桓王廟，兼用女巫，同家人之禮。上皇考桓王尊號爲武元皇帝，皇妣尊號爲元明皇后，奉迎神主，歸於京師。犧牲尚赤，祭用日出。是時，帝崇建社廟，改周制，左宗廟而右社稷。宗廟未言始祖，又無受命之祧，自高祖以下，置四親廟，同殿異室而已。一曰皇高祖太原府君廟，二曰皇曾祖康王廟，三曰皇祖獻王廟，四曰皇考太祖武元皇帝廟。擬祖遷於上，而太祖之廟不毁。

大業元年，煬帝欲遵周法，營立七廟，詔有司詳定其禮。禮部侍郎、攝太常少卿許善心，與博士褚亮等議曰：謹案禮記：「天子七廟，三昭三穆，與太祖之廟而七。」鄭玄注曰：「此周制也。七者，太祖及文王、武王之祧與親廟四也。殷則六廟，契及湯與二昭二穆也。夏則五廟，無太祖，禹與二昭二穆而已。」玄又據王者禘其祖之所自出，而立四廟。案鄭玄義，天子唯立四親廟，並始祖而爲五。周以文、武爲受命之祖，特立二祧，是爲七廟。王肅注禮記：「尊者尊統上，卑者尊統下。故天子七廟，諸侯五廟。其有殊功異德，非太祖而不毁，不在七廟之數。」案王肅以爲天子七廟，是通百代之言，又據王制之文「天子七廟，諸侯五廟，大夫三廟」，降二爲差。是則天子立四親廟，又立高祖之父、高祖之祖，並太祖而爲七。周有文、武、姜嫄，合爲十廟。漢諸帝之廟各立，無迭毁之義，至元帝時，貢禹、匡衡之徒，始建其禮，以高帝爲太祖，而立四親廟，是爲五廟。唯劉歆以爲天子七廟，諸侯五廟，降殺以兩之義。七者，其正法，可常數也。宗不在數内，有功德則宗之，不可預爲設數也〔一〕。是以班固稱，考論諸儒之議，劉歆博而篤矣。光武即位，建高廟於雒陽，乃立南頓君以上四廟，就祖宗而爲七。至魏初，高堂隆爲鄭學，議立親廟四，太祖武帝猶在四親之内，乃虚置太祖及二祧，以

〔一〕「爲設」，隋書禮儀志二作「設爲」。

待後代。至景初間，乃依王肅，更立五世六世祖，就四親而爲六廟。晉武受禪，博議宗祀，自文帝以上六世祖征西府君，而宣帝亦序於昭穆，未升太祖，故祭止六也。江左中興，賀循知禮，至於寢廟之儀，皆依魏、晉舊事。宋武帝初受晉命爲王，依諸侯立親廟四。即位之後，增祠五世祖相國掾府君、六世祖右北平府君，止於六廟。逮身没，主升從昭穆，猶太祖之位也。降及齊、梁，守而弗革，加崇迭毁，禮無違舊。臣等又案姬周自太祖以下，皆别立廟，至於禘祫，俱合食於太祖。是以炎漢之初，諸廟各立，歲時嘗享，亦隨處而祭。所用廟樂，皆象功德而歌舞焉。至光武，乃總立一堂，而群主異室，斯則新承寇亂，欲從約省。自此以來，因循不變。伏惟高祖文皇帝，睿哲玄覽，神武應期，受命開基，垂統聖嗣，當文明之運，定祖宗之禮。且損益不同，沿襲異趣，時王所制，可以垂法。自歷代以來，雜用王、鄭二義，若尋其指歸，校以優劣，康成止論周代，非謂經通，子雍總貫皇王，事兼長遠。今諸依據古典，崇建七廟。受命之祖，宜别立廟祧，百代之後，爲不毁之法。至於鑾駕親奉，申孝享於高廟，有司行事，竭誠敬於群主，俾夫規模可則，嚴祀易遵，表有功而彰明德，大復古而貴能變。臣又案周人立廟，亦無處置之文。據冢人處職而言之，先王居中，以昭穆爲左右。阮忱撰禮圖，亦從此議。漢京諸廟既遠，又不序禘祫。今若依周制，理有未安，雜用漢儀，事難全採。謹詳立别圖，附之議末。其圖，太祖、高祖各一殿，准周文、武二祧，與始祖而三。餘並分室而祭。始祖及二祧之外，從迭毁之法。詔可，未及創制。既營建洛邑，帝無心京師，乃於東都固本里北，起天經宫，以遊高祖衣冠，四時致祭。於三年，有司奏，請准前議，於東京建立宗廟。帝謂祕書監柳䛒曰：「今始祖及二祧已具，今後子孫，處朕何所？」又下詔，唯議别立高祖之廟，屬有行役，遂復停寢。

蕙田案：自漢以後，唯此議爲合禮。

唐書褚亮傳：亮入隋，爲東宫學士，遷太常博士。煬帝議改宗廟之制，亮請依古七廟，而太祖、高祖各一殿，法周文、武二祧，與世祖而三，餘則分室而祭，始祖二祧，不從迭毁。

隋書煬帝本紀：大業三年六月丁亥，詔曰：「聿追孝享，德莫至焉，崇建寢廟，禮之大者。然而質文異代，損益殊時，學滅坑焚，經典散逸，憲章湮墜，廟堂制度，師説不同。所以世數多少，莫能是正，連室異宫，亦無準定。朕獲奉祖宗，欽承景業，永惟嚴配，思隆大典，於是詢謀在位，博訪儒術，咸以爲高祖文皇帝受天明命，奄有區夏，拯群飛於四海，革凋敝於百王。恤獄緩刑，生靈皆遂其性；輕徭薄賦，比屋各安其業。恢夷宇宙，混一車書。東漸西被，無思不服；南征北怨，俱荷來蘇。駕毳乘風，歷代所弗至；辮髮左衽，聲教所罕及。莫不厥角關塞，頓顙闕庭。譯靡絶時，書無虚月，韜戈偃武，天下晏如。嘉瑞休徵，表裏禔福，猗歟偉歟，無得而名者也。朕又聞之，德厚者流光，治辨者禮縟。是以周之文、武，漢之高、光，其典章特立，謚號斯重，豈非緣情稱述，即崇顯之義乎？高祖文皇帝宜别建廟宇，以彰巍巍之德，仍遵月祭，用表烝嘗之懷。有司以時創造，務合典制。又名位既殊，禮亦異等。天子七廟，事著前經；諸侯二昭，義有差降；故其以多爲貴。王者之禮，今可依用，貽厥後昆。」

右隋廟制

五禮通考卷八十

吉禮八十

宗廟制度

唐廟制

唐書高祖本紀：武德元年六月己卯，追謚皇高祖曰宣簡公，皇曾祖曰懿王，皇祖曰景皇帝，廟號太祖；皇考曰元皇帝，廟號世祖。

禮樂志：書曰：「七世之廟，可以觀德。」而禮家之説，世數不同。然自禮記王制、祭法、禮器，大儒荀卿、劉歆、班固、王肅之徒，以爲七廟者多。蓋自漢、魏以來，創業之君特起，其上世微，而無功德，以立四廟，故其初皆不能立七廟。武德元年，始立四廟，曰宣簡公、懿王、景皇帝、元皇帝。

舊唐書禮儀志：武德元年五月，備法駕迎宣簡公、懿王、景皇帝、元皇帝神主，祔於太廟，始享四室。

于志寧傳：貞觀三年，志寧爲中書侍郎，加散騎常侍，太子左庶子，黎陽縣公。是時議立七廟，群臣皆請以涼武昭王爲始祖，志寧以涼非王業所因，獨建議違之。

唐書禮樂志：貞觀九年，高祖崩，太宗詔有司定議。諫議大夫朱子奢請立七廟，虚太祖之室以待。於是尚書八座議曰：「禮，『天子三昭三穆，與太祖之廟而七』。晉、宋、齊、梁皆立親廟六，此故事也。」制曰：「可。」於是祔弘農府君及高祖爲六室。

舊唐書禮儀志：貞觀九年，高祖崩，將行遷祔之禮，太宗命有司詳議廟制。諫議大夫朱子奢建議曰：「案漢丞相韋玄成奏立五廟，諸侯亦同五。劉子駿議開七祖，邦君降二。鄭司農踵玄成之轍，王子雍揚國師之波，分塗並驅，各相師祖，咸翫其所習，好同惡異。遂令歷代祧祀，多少參差，優劣去取，曾無畫一。傳稱『名位不同，禮亦異數』。易云『卑高以陳，貴賤位矣』。豈非别嫌疑，慎微遠，防陵僭，尊君卑佐，升降無舛，所貴禮者，義在茲乎！若使天子諸侯俱立五廟，便是賤可以同貴，臣可以濫主，名器無準，冠履同歸，禮亦異數，義將安設？戴記又稱：『禮有以多爲貴者，天子七廟，諸侯五廟。』若天子五廟，纔與子男相埒，以多爲貴，何所表乎？愚以爲諸侯立高祖以下，并太祖五廟，一國之貴也。天子立高祖以上，并太祖七廟，四海之尊也。降殺以兩，禮之正焉。前史所謂『德厚者流光，德薄者流卑』，此其義也。伏惟聖祖在天，山陵有日，祔祖嚴配，大事在斯。宜依七廟，用崇大禮。若親盡之外，有王業之所基者，如殷之玄王，周之后稷，尊爲始祖〔一〕。倘無其例，請三昭三穆，各置神主，太祖一室，考而虛位。將待七百之祚，遞遷方處，庶上依晉、宋，旁愜人情。」於是八座奏曰：「臣聞揖讓受終之后，革命創制之君，何嘗不崇親親之義，篤尊尊之道，虔奉祖宗，致敬郊廟？自義乖闕里，學滅秦庭，儒雅既喪，經籍湮殄。雖兩漢纂脩絶業，魏、晉敦尚斯文，而宗廟制度，典章散逸，習所傳而競偏説，執淺見而起異端。自昔迄茲，多歷年代，語其大略，兩家而已。祖鄭玄者則陳四廟之制，述王肅者則引七廟之文，貴賤混

〔一〕「始」，原作「世」，據光緒本、舊唐書禮儀志五改。

而莫辨，是非紛而不定。陛下至德自然，孝思罔極，誠宜定一代之弘規，爲萬世之彝則。臣奉述睿旨，討論往載，紀七廟者實多，稱四祖者蓋寡。較其得失，昭然可見。春秋穀梁傳及禮記王制、祭法、禮器、孔子家語並云：『天子七廟，諸侯五廟，大夫三廟，士二廟。』尚書曰：『七世之廟，可以觀德。』至于孫卿、孔安國、劉歆、班彪父子、孔晁、虞喜、干寶之徒，或學推碩儒，或才稱博物，商較今古，咸以爲然。故其文曰：『天子三昭三穆，與太祖之廟而七。』晉、宋、齊、梁，皆依斯義，立親廟六，豈非有國之茂典、不刊之休烈乎？若使違群經之明文，從累代之疑議，背子雍之篤論，尊康成之舊學，則天子之禮下偪於人臣，諸侯之制上僭於王者，非所謂尊卑有序、名位不同者也。況復禮由人情，自非天墜，大孝莫重於尊親，厚本莫先於嚴配。數盡四廟，非貴多之道；祀逮七世，得加隆之心。是知德厚者流光，乃可久之高義；德薄者流卑，實不易之令範。臣等參議，請依晉、宋故事，立親廟六，其祖宗之制，式遵舊典。庶承宗之道，興於禮定之辰；尊祖之義，成於孝治之日。」制從之。

蕙田案：子奢論七廟，是。

貞觀二十三年，太宗崩，將行崇祔之禮。禮部尚書許敬宗奏言：「弘農府君廟應迭毀。案舊儀，漢丞相韋玄成以爲毀主瘞埋。但萬國宗享，有所從來，一旦瘞埋，事不允愜。晉博士范宣意欲別立廟宇，奉征西等主，安置其中。方之瘞埋，頗協情理。事無典故，亦未足依。又議者或言毀主藏於天府，祥瑞所藏，本非斯意。今謹準量，去祧之外，猶有壇墠，祈禱所及，竊謂合宜。今時廟制，與古不同，共基別室，西方爲首。若在西夾之中，仍處尊位，祈禱則祭，未絶祇享，方諸舊儀，情實可知。弘農府君廟遠親殺，詳據舊章，禮合迭毀。臣等參議，遷奉神主，藏於夾室，本情篤教，在禮爲弘。」從之。其年八月庚子，太宗文皇帝神主祔於太廟。

文明元年八月，奉高宗神主祔於太廟中，始遷宣皇帝神主於夾室。

唐書武后本紀：垂拱四年正月甲子，增七廟，立高祖、太宗、高宗廟於神都。

舊唐書禮儀志：垂拱四年正月，又於東都立高祖、太宗、高宗三廟，四時享祀，如京廟之儀。別立崇先廟以享武氏祖考。則天尋又令所司議立崇先廟室數，司禮博士、崇文館學士周悰希旨，請立崇先廟爲七室，其皇室太廟減爲五室。春官侍郎賈大隱奏曰：「臣竊準秦、漢皇太后臨朝稱制，并據禮經正文，天子七廟，諸侯五廟，蓋百王不易之義，萬代常行之法，未有越禮違古而擅裁儀注者也。今周悰別引浮議，廣述異文，直崇臨朝權儀，不依國家常度，升崇先之廟而七，降國家之廟而五。臣聞皇圖廣闢，實崇宗社之尊；帝業弘基，實等山河之固。伏以天步多艱，時逢遏密，代天理物，自古有之。伏惟皇太后親承顧托，憂勤黎庶，納孝慈之請，垂矜撫之懷，實所謂光顯大猷，恢崇聖載。其崇先廟室，合同諸侯之數，國家宗廟，不合輒有移變。臣之愚直，並依正禮，周悰之請，實乖古儀。」則天由是且止。

蕙田案：賈議辭嚴義正，卓然不可磨。

唐書武后本紀：嗣聖七年，即武后天授元年。九月丙戌，立武氏七廟於神都，十月改唐太廟爲享德廟，以武氏七廟爲太廟。

禮樂志：天授二年，則天既革命稱帝，於東都改制太廟爲七廟室，奉武氏七代神主，祔於太廟。改西京太廟爲享德廟，四時唯享高祖已下三室，餘四室令所司閉其門，廢其享祀之禮。又改西京崇先廟爲崇尊廟，其享祀如太廟之儀。

蕙田案：武氏之罪，此爲最大。

中宗本紀：神龍元年正月丙午，復於位。五月壬午，遷武氏神主於崇恩廟。乙酉立太廟於東都。八月乙亥，祔孝敬皇帝於東都太廟，皇后見於廟。十一月壬午，及皇后享於太廟，大赦。壬寅，皇太后崩，廢崇恩廟。

禮樂志：初，唐建東西二都，而東都無廟。則天皇后僭號稱周，立周七廟於東都以祀武氏，改西京唐太廟爲享德廟。神龍元年，中宗復位，遷武氏廟主於西京，爲崇尊廟，而以東都武氏故廟爲唐太廟，祔光皇帝以下七室而親享焉。由是東西二都皆有廟，歲時並享。

蕙田案：東西二都立廟並享，非禮也。

舊唐書禮儀志：神龍元年正月，改享德廟依舊爲京太廟。五月，遷武氏七廟神主於西京之崇尊廟，東都創置太廟。太常博士張齊賢建議曰：「昔孫卿子云：『有天下者事七代，有一國者事五代。』則天子七廟，古今達理。故尚書稱『七世之廟，可以觀德』，祭法稱『王立七廟，一壇一墠』，王制云『天子七廟，三昭三穆，與太祖之廟而七』，莫不尊始封之君，謂之太祖。太祖之廟，百代不遷。祫祭之禮，毁廟之主，陳於太祖；未毁廟之主，皆升合食於太祖之室。太祖東向，昭南向，穆北向。商之玄王、周之后稷是也。太祖之外，更無始祖。但商自玄王已後，十有四代，至湯而有天下。周自后稷以後，十有七代，至武王而有天下。其間代數既遠，遷廟親廟，皆出太祖之後，故合食有序，尊卑不差。其後漢高受命，無始封祖，即以高皇帝爲太祖。太上皇，帝之父，立廟享祀，不在昭穆合食之列，爲尊於太祖故也。魏武創業，文帝受命，亦即以武帝爲太祖。其高祖、太皇、處士君等並爲屬尊，不在昭穆合食之列。晉宣創業，武帝受命，亦即以宣帝爲太祖。其征西、豫章、潁川、京兆府君等並爲屬尊，不在昭穆合食之列。歷兹以降，至於周、隋，宗廟之制，斯禮不改。故宇文氏以文皇帝爲太祖，隋室以武元皇帝爲太祖。國家誕受天命，累葉重光。景皇帝始封唐公，實爲太祖。中間代數既近，列在三昭三穆之内，故皇家太廟，唯有六室。其弘農府君、宣、光二帝，尊於太祖，親盡則遷，不在昭穆合食之數。今皇極再造，孝思匪寧。奉二月十九日敕：『七室以下，依舊號尊崇。』又奉三月一日敕：『既立七廟。須尊崇始祖。速令詳定』者。伏尋禮經，始祖即是太祖，太祖之外，更無始祖。周朝太祖之外，以周文王爲始祖，不合禮經。或有引白虎通議云『后稷爲始祖，文王爲太祖，武王爲太宗』，及鄭玄注詩雍序云『太祖謂文王』以爲説者，其義不然。何者？彼以禮『王者祖有功，宗有德，周人祖文王而宗武王』，故謂文王爲太祖耳，非祫祭群主合食之太祖。今之議者，或有欲立涼武昭王爲始祖者，殊爲不可。何者？昔在商、周，稷、卨始封，湯、武之興，祚由稷、卨，故以稷、卨爲太祖，即皇家之景皇帝是也。涼武昭王勳業未廣，後主失國，土宇不傳。景皇始封，實基明命。今乃捨封唐之盛烈，崇西涼之遠構，考之前古，實乖典禮。魏氏不以曹參爲太祖，晉氏不以殷王卬爲太祖，宋氏不以楚元王爲太祖，齊、梁不以蕭何爲太祖，陳、隋不以胡公、楊震爲太祖，則皇家安可以涼武昭王爲太祖乎？漢之東京，大議郊祀，多以周郊后稷，漢當郊堯。制下公卿議，議者多同，帝亦然之。杜林正議，獨以爲『周室之興，祚由后稷。漢業特起，功不緣堯。祖宗故事，所宜因循』。竟從林議。又傳稱，『欲知天上，事問長人』，以其近之。武德、貞觀之時，主聖臣賢，其去涼武昭王，蓋亦近於今矣。當時不立者，必不可立故也。今既年代寖遠，方復立之，是非三祖二宗之意。實恐景王失職而震怒，武昭虛位而不答，非社稷之福也。宗廟事重，禘祫禮崇，先王以之觀德。或者不知其說，既灌而往，孔子不欲觀之。今朝命惟新，宜應慎禮，祭如神在，理不可誣。請準敕加太廟爲七室，享宣皇以備七代，其始祖不合別有尊崇。」太常博士劉承慶、尹知章又議云：「謹案王制：『天子七廟，三昭三穆，與太祖之廟而七。』此載籍之明文，古今之通制。皇唐稽考前範，詳採列辟，崇建宗靈，式遵斯典。但以開基之王，受命之君，王迹有淺深，太祖有遠近。湯、文祚基稷、禼，太祖代遠，出乎昭穆之上，故七廟可全。若夏繼唐、虞，功非由鯀；漢除秦、項，力不因堯。及魏、晉經圖，周、隋撥亂，皆勳隆近代，祖業非遠，受命始封之主，不離昭穆之親，故肇立宗祊，罕聞全制。夫太祖以功建，昭穆以親崇，有功百代而不遷，親盡七葉而當毁。或以太祖代淺，廟數非備，更於昭穆之上，遠立合遷之君，曲從七廟之文，深乖迭毁之制。皇家千齡啓旦，百葉重光。景皇帝濬德基唐，代數猶近，號雖崇於太祖，親尚列於昭穆，且臨六室之位，未申七代之尊。是知太廟當六，未合有七。故先朝唯有宣、光、景、元、神堯、文武六代親廟。文帝登遐，神主升祔於廟室，以宣皇帝代數當滿，準禮復遷。今止有光皇帝已下六代親廟，非是天子之廟數不當有七，本由太祖有遠近之異，故初建有多少之殊。敬惟三后臨朝，代多儒雅，神祊事重，禮豈虚存，規模可沿，理難變革。宣皇既非始祖，又廟無祖宗之號，親盡既遷，其廟不合重立。若禮終運往，建議復崇，實違王制之文，不合先朝之旨。請依貞觀之故事，無革三聖之宏規，光崇六室，不虧古義。」時有制令宰相更加詳定，禮部尚書祝欽明等奏言：「博士三人，自分兩議：張齊賢以始同太祖，不合更祖昭王；劉承慶以王制三昭三穆，不合重崇宣帝。臣等商量，請依張齊賢以景皇帝爲太祖，依劉承慶尊崇六室。」制從之。尋有制以孝敬皇帝爲義宗，升祔於太廟。其年八月，崇祔光皇帝、太祖景皇帝、世祖元皇帝、高祖神堯皇帝、太宗文武聖皇帝、皇考高宗天皇大帝、皇兄義宗孝敬皇帝於東都之太廟，躬行享獻之禮。

蕙田案：張齊賢論唐太祖之説極是，而以尊於太祖之祖爲不在合食之列，則未審也。蓋時享所奉七廟之定制也，太祖而外，三昭三穆，論親而不論功德。祫祭之禮，毁廟所合食也。太祖而外，凡爲祖者，無拘太祖前後，皆得與食，亦論親而不論功德。蓋世數有近遠，古今有時宜，禮以義起者當如是，若如漢、魏以後屬尊不合食之例，安得謂之祫祭乎？劉承慶等六廟之説，自亦權宜，至以孝敬帝升祔足數，則非禮矣。

觀承案：屬尊不合食之例，殊謬，蓋不知禮以義起故也，故唐人禘祫紛紜，當以昌黎之議爲得情理之中。

唐書中宗本紀〔一〕：景龍元年正月丙戌，復武氏廟陵，置令、丞、守户。

〔一〕「唐書中宗本紀」六字，原脱，據光緒本補。

舊唐書禮儀志：神龍二年，駕還京師，太廟自是亦崇享七室，仍改武氏崇恩廟。明年二月，復令崇恩廟一依天授時享祭。時武三思用事，密令安樂公主諷中宗，故有此制。尋又特令武氏崇恩廟齋郎取五品子充。太常博士楊孚奏言：「太廟齋郎，承前只七品以下子。今崇恩廟齋郎既取五品子，即七廟齋郎作何等級？」上曰：「太廟齋郎亦準崇恩廟置。」孚奏曰：「崇恩廟爲太廟之臣，太廟爲崇恩廟之君，以臣準君，猶爲僭逆，以君準臣，天下疑懼。孔子曰：『名不正則言不順，言不順則事不成，事不成則禮樂不興，禮樂不興則刑罰不中，刑罰不中則民無所措手足，故君子名之必可言也。』伏願無惑邪言，以爲亂始。」其事乃寢。

蕙田案：楊孚之奏，與賈大隱可稱二絶。

唐書睿宗本紀：景雲元年七月乙亥，廢崇恩廟。十月癸卯，出義宗於太廟。

禮樂志：中宗崩，中書令姚元之、吏部尚書宋璟以謂「義宗，追尊之帝，不宜列昭穆，而其葬在洛州，請立別廟於東都，而有司時享，其京廟神主藏於夾室」。由是祔中宗，而光皇帝不遷，遂爲七室矣。

舊唐書禮儀志：景雲元年，中書令姚元之、吏部尚書宋璟奏言：「準禮，大行皇帝山陵事終，即合祔廟。其太廟第七室，先祔皇兄義宗孝敬皇帝、哀皇后裴氏神主。伏以義宗未登大位，崩後追尊。神龍之初，乃特令遷祔。春秋之義，國君即位未踰年者，不合列叙昭穆。又古者祖宗各别立廟，孝敬皇帝恭陵既在洛州，望於東都别立義宗之廟，遷祔孝敬皇帝、哀皇后神主，命有司以時享祭，則不違先旨，又協古訓，人神允穆，進退得宜。在此神主，望入夾室安置。伏願陛下以禮斷恩。」制從之。及既葬，祔中宗孝和皇帝、和思皇后趙氏神主於太廟。其義宗即於東都從善里建廟享祀。

韋湊傳〔一〕：開元初，遷將作大匠，詔復孝敬皇帝廟號義宗，湊奏曰：「傳云：『必也正名。』禮，祖有功，宗有德。其廟百世不毁，商有三宗，周宗武王，漢文帝爲太宗，武帝爲世宗。歷代稱宗者，皆方制海内，德澤可尊，列于昭穆，是謂不毁。孝敬皇帝未嘗南面，且别立寢廟，無稱宗之義。」遂罷。

蕙田案：廢崇恩廟，出義宗，皆極是。

唐書玄宗本紀：開元四年六月，太上皇崩。十一月丁亥，遷中宗於西廟。

〔一〕「韋湊傳」，此條引自新唐書，秦氏失載。

舊唐書禮儀志：開元四年，睿宗崩。及行祔廟之禮，太常博士陳貞節、蘇獻等奏議曰：「謹案孝和皇帝在廟，七室已滿。今睿宗大聖真皇帝是孝和之弟，甫及仲冬，禮當祔遷。但兄弟入廟，古則有焉。遞遷之禮，昭穆須正。謹案禮論，太常賀循議云：『兄弟不相爲後也。故殷之盤庚，不序於陽甲，而上繼於先君；漢之光武，不嗣於孝成，而上承於元帝。』又曰：『晉惠帝無後，懷帝承統，懷帝自繼於世祖，而不繼於惠帝。其惠帝當同陽甲、孝成，别出爲廟。』又曰：『若兄弟相代，則共是一代，昭穆位同。至其當遷，不可兼毁二廟。』此蓋禮之常例也。荀卿子曰『有天下者事七代』，謂從禰已上也。尊者統廣，故恩及遠祖。若旁容兄弟，上毁祖考，此則天子有不得全事於七代之義矣。孝和皇帝有中興之功，而無後嗣，請同殷之陽甲、漢之成帝，出爲别廟，時祭不虧，大祫之辰，合食太祖。奉睿宗神主升祔太廟，上繼高宗，則昭穆永貞，獻祼長序。」制從之。初令以儀坤廟爲中宗廟，尋又改造中宗廟於太廟之西。

蕙田案：兄弟不相爲後者，謂兄弟昭穆等倫，同堂異室，祔則並祔，祧則同祧，不紊世次之序耳。非謂不相爲後，則不可同享於廟也。陳貞節等迺有出爲别廟之議，可謂未達於禮矣。

唐書玄宗本紀：開元五年正月癸卯，太廟四室壞，遷神主於太極殿，素服避正殿，輟視朝五日。己酉，享於太極殿。十月戊寅，祔神主於太廟。

禮樂志：開元五年，太廟四室壞，奉其神主於太極殿，天子素服避正殿，輟朝三日。時將行幸東都，遂謁神主於太極殿而後行。

陳貞節傳：開元五年，太廟壞，天子舍神主太極殿，營新廟，素服避正寢，三日不朝，猶幸東都。伊闕男子孫平子上書曰：「乃正月太廟毁，此躋二帝之驗也。春秋：『君薨，卒哭而祔，祔而作主，特祀於主，烝嘗禘於廟。』今皆違之。魯文公之二年，躋僖於閔上。後太室壞，春秋書其災，説曰：『僖雖閔兄，嘗爲之臣，臣居君上，是謂失禮，故太室壞。』且兄臣於弟，猶不可躋；弟嘗臣兄，乃可躋乎？莊公薨，閔公二年而禘，春秋非之。況大行夏崩，而太廟冬禘，不亦亟乎？太室尊所，若曰魯自是陵夷，墮周公之祀。太廟今壞，意者其將陵夷，墮先帝之祀乎？陛下未祭孝和，先祭太上皇，先臣後君。昔躋兄弟上，今弟先兄祭。昔太室壞，今太廟毁，與春秋正同，不可不察。武后簒國，孝和中興有功，今内主别祠，不得列於世，亦已薄矣。夫功不可棄，君不可下，長不可輕。且臣繼君，猶子繼父。故禹不先鯀，周不先不窋，宋、鄭不以帝乙、厲王不肖，猶尊之也，況中興耶？晉太康時，宣帝廟地陷梁折，又三年，太廟殿陷而及泉，更營之，梁又折。天之所譴，必非朽而壞也。晉不承天，故及於亂。臣謂宜遷孝和還廟，何必違禮，下同魯、晉哉？」帝異其言，詔有司復議。貞節、獻與博士馮宗質之曰：「天子七廟，三昭三穆，與太祖而七。父昭子穆，兄弟不與焉。殷自成湯至帝乙十二君，其父子世六。易乾鑿度曰：『殷之帝乙六世王。』則兄弟不爲世矣。殷人六廟：親廟四，并湯而六。殷兄弟四君，若以爲世，方上毁四室，乃無祖禰，是必不然。古者由禰極祖，雖迭毁迭遷，而三昭穆未嘗闕也。禮，大宗無子，則立支子。又曰：『爲人後者爲之子。』無兄弟相爲後者，故捨至親，取遠屬。父子曰繼，兄弟曰及，兄弟不相入廟，尚矣。借有兄弟代立承統〔二〕，告享不得稱嗣子、嗣孫，乃言伯考、伯祖，何統緒乎？殷十二君，惟三祖、三宗，明兄弟自爲別廟。漢世祖列七廟，而惠帝不與。文、武子孫昌衍，文爲漢太宗。晉景帝亦文帝兄，景絶世，不列於廟。及告謚世祖，稱景爲從祖。今謂晉武帝越崇其父，而廟毁及亡，何漢出惠帝而享世長久乎？七廟、五

〔二〕「立」，原作「歷」，據光緒本、新唐書陳貞節傳改。

廟，明天子、諸侯也。父子相繼，一統也；昭穆列序，重繼也。禮，兄弟相繼，不得稱嗣子，明睿宗不父孝和，必上繼高宗者。偶室於廟，則爲二穆，於禮可乎？禮所不可，而使天子旁紹伯考，棄己親正統哉？孝和中興，别建園寢，百世不毁，尚何議哉？平子猥引僖公逆祀爲比，殊不知孝和升新寢，聖真方祔廟，則未嘗一日居上也。」帝語宰相召平子與博士詳論。博士護前言，合軋平子。平子援經辯數分明，獻等不能屈。蘇頲右博士，故平子坐貶都城尉。然諸儒以平子孤挺，見迮於禮官，不平。帝亦知其直，久不決，然卒不復中宗於廟。

蕙田案：平子之議，漢、魏以來儒者論禮，皆未之及也。史稱其援經辨數分明，人莫能屈，豈非理足者可以特立，而諸儒爲之不平，又以見人心之大公耶？乃卒坐貶，而中宗不得復廟，惜哉！

姚崇傳：帝將幸東都，而太廟屋自壞，帝問宰相，宋璟、蘇頲同對曰：「三年之喪未終，不可以行幸。壞壓之變，天所以示教戒，陛下宜停東巡，脩德以答至譴。」帝以問崇，對曰：「臣聞隋取苻堅故殿以營廟，而唐因之。且山有朽壞乃崩，況木積年而木自當蠹乎？但壞與行會，不緣行而壞。且陛下以關中無年，輸餉告勞，因以幸東都，所以爲人不爲己也。百司已戒，供擬既具，請車駕如行期。舊廟難復完，奩奉神主舍太極殿？更作新廟，申誠奉大孝之德也。」帝曰：「卿言正契朕意。」賜絹二百匹，詔所司如崇言。

舊唐書禮儀志：開元十年正月，下制曰：「朕聞王者乘時以設教，因事以制禮，沿革以從宜爲本，取舍以適會爲先。故損益之道有殊，質文之用斯異。且夫至德之謂孝，所以通乎神明；大事之謂祀，所以虔乎宗廟。國家握紀命曆，重光累盛，四方由其繼明，七代可以觀德。朕嗣守丕業，祗奉睿圖，聿懷昭事，罔不恤祀。嘗覽古典，詢諸舊制，遠則夏、殷事異，近則晉、漢道殊，雖禮文之不一，固嚴敬之無二。朕以爲立愛自親始，教人睦也；立敬自長始，教人順也。是知朕率於禮，緣於情，或教以道存，或禮從時變，將因宜以創制，豈沿古而限今。況恩以降殺而疎，廟以毀遷而廢。雖式瞻古訓，禮則不違；而永言孝思，情所未足。享嘗則止，豈愛崇而禮備；有禱而祭，非德盛而流永。其祧室宜別爲正室，使親而不盡，遠而不祧，廟以貌存，宗由尊立。俾四時式薦，不間於毀主；百代靡遷，匪唯於始廟。所謂變以合禮，動而得中，嚴配之典克崇，肅雍之美茲在。又兄弟繼及，古有明文。今中宗神主，猶居別處，詳求故實，當宁不安，移就正廟，用章大典。仍創立九室，宜令所司擇日告遷。」

通志：開元十年，加置九廟，移中宗神主就正廟，仍創立九室。其後制，獻祖、懿祖、太祖、世祖、高祖、太宗、高宗、中宗、睿宗，太廟九室也。

唐書玄宗本紀：開元十一年五月乙丑，復中宗於太廟。八月戊申，追號宣皇帝曰獻祖，光皇帝曰懿祖。

禮樂志：開元十一年，詔宣皇帝復祔於正室，謚爲獻祖，并謚光皇帝爲懿祖，又以中宗還祔太廟，於是太廟爲九室。將親祔之，而遇雨不克行，乃命有司行事。案：禮樂志一段，係十年事，但與本紀十一年事同，故並列。

舊唐書玄宗本紀：開元十一年四月丙辰〔一〕，遷祔中宗祔主於太廟。八月，尊八代祖宣皇帝廟號獻祖，光皇帝廟號懿祖，始祔於太祖之九廟。

禮儀志：開元十一年春，玄宗還京師，下制曰：「崇建宗廟，禮之大者；聿追孝享，德莫至焉。今宗以立尊，親無遷序，永惟嚴配，致用蠲潔，棟宇式崇，祼奠斯受。顧兹

〔一〕「丙辰」，原脱，據味經窩本、乾隆本、光緒本、舊唐書玄宗本紀補。

薄德，獲承禋祀，不躬不親，曷展誠敬？宜用八月十九日祗見九室。」於是追尊宣皇帝爲獻祖，復列於正室，光皇帝爲懿祖，并遷中宗神主於太廟。及將親祔，會雨而止。乃令所司行事。其京師中宗舊廟，便拆毁之。東都舊廟，始移孝敬神主祔焉。其從善里孝敬舊廟，亦令拆毁。

蕙田案：周制七廟，兼文、武兩世室而九，故有九廟之説。然稱之曰世室，猶非廟也。復中宗於廟是矣，而加以九廟之名奚爲者耶？況所謂九廟者，止九室耳，實一廟也。混親廟與功德而一之，紊昭穆與世次而九之，揆之古禮，失之遠矣。

文獻通考：胡氏寅曰：「范祖禹有言，書云『七世之廟，可以觀德』，則天子七廟，自古而然也。其祖宗有功德，而其廟不毁，則無世數，商之三宗，周之文、武是也。然則三昭三穆之外，猶足以祖有功而宗有德矣。明皇始爲九廟，何所取乎？夫先覺君子，皆以漢儒祖有功宗有德之論爲非，曰：『子孫於祖考，無選擇而事之之義，是故天子七廟而已矣。有祧焉，不患其數盈也；有禘焉，不患其乏享也。』今既以九廟爲非，而有功德之廟不毁，則九亦安足以盡之？文、武固造周者，以功而論，則成、康身致太平，刑措不用，亦豈可毁耶？是故宗廟之禮，由子孫不忘而建。不忘者，仁也。或七廟，或五廟，或三廟者，禮也。其有功德、無功德，非子孫所當祔祧而隆殺之也。名之曰幽、厲，非子孫所當回隱而遷改之也。一斷以先王之禮，無敢損益於其間，是則禮之盡也。七世之廟可以觀德者，吉凶善惡皆以是觀之云耳。」

朱子曰：古人七廟，恐是祖宗功德者不遷，胡氏謂如此，則是子孫得以去取其祖宗，然其論續謚法〔一〕，又謂謚乃天下之公義，非子孫得以私之。如此，則廟亦然。

唐書韋縚傳：開元時，縚遷太常。唐興，禮文雖具，然制度時時繆缺不倫。至顯慶中，許敬宗建言：「籩豆以多爲貴，宗廟乃踰於天，請大祀十二、中祀十、小祀八。大祀、中祀，簠、簋、㽅、俎皆一，小祀無㽅。」詔可。二十三年，敕令以籩豆之薦，未能備物，宜詔禮官學士並議以聞。縚請「宗廟籩豆皆加十二」。又言「郊奠，爵容止一合，容小則陋，宜增大之」。兵部侍郎張均、職方郎中韋述議曰：「禮：『天之所生，地之所長，苟可薦者，莫不咸在。』聖人知孝子之情深，而物類無限，故爲之節，使物有品，器

〔一〕「論」，諸本作「於」，據朱子語類卷九〇改。

有數，貴賤差降，不得相越。周制：王，食用六穀，膳用六牲，飲用六清，羞用百有二十品，珍用八物，醬用百有二十甕，而以四籩、四豆供祭祀。此祀與賓客豐省不得同舊矣。且嗜好燕私之饌，與時而遷，故聖人一約以禮。雖平生所嗜，非禮則不薦；所惡，是禮則不去。屈建命去祥祭之芰曰：『祭典有之，不羞珍異，不陳庶侈。』此則禮外之食，前古不薦。今欲以甘旨肥濃皆充於祭，苟踰舊制，其何極焉。雖籩豆有加，不能備也。若曰以今之珍，生所嗜愛，求神無方，是簠、簋可去，而盤、盂、桮、案當御矣；韶、濩可抵，而箜篌、筝、笛應奏矣。且自漢以來，陵有寢宫，歲時朔望，薦以常饌，固可盡孝子之心。至宗廟法享，不可變古從俗。有司所承，一升爵，五升散。禮，凡宗廟，貴者以爵，賤者以散，此貴小賤大，以示節儉。請如故。」

文獻通考：二十三年正月，敕文：「宗廟致享，務在豐潔，禮經沿革，必本人情，籩豆之薦，或未能備物，宜令禮官學士詳議具奏。」太常卿韋縚奏：「宗廟之奠，每座籩豆各加十二，又酒爵制度全小，僅無一合，執持甚難，請稍令廣大。」付尚書省集衆官詳議。太子賓客崔沔議曰：「祭祀之興，肇於太古。人所飲食，必先嚴獻，未有火化，茹毛飲血，則有毛血之薦；未有麴蘖，污樽抔飲，則有玄酒之奠。施及後王，禮物漸備，作爲酒醴，嚴其犧牲，以致馨香，以極豐潔，故有三牲八簋之盛，五齊九獻之殷。然以神道至玄，可存而不能測也。祭禮至敬，可備而不可廢也。是以毛血腥爓，玄樽犧象，靡不畢登於明薦矣。然而薦貴於新，味不尚褻，雖則備物，猶存節制，故禮云：『天之所生，地之所長，苟可薦者，莫不咸在。』備物之情也。又曰：『三牲之俎，八簋之實，美物備矣。昆蟲之異，草木之實，陰陽之物備矣。』此節制之文也。鉶俎籩豆，簠簋罇罍之實〔一〕，皆周人之時饌也，其用通於讌享賓客，而周公制禮，咸與毛血玄酒同薦於先。晉中郎盧諶，近古知禮者也，著家廟祭禮，皆晉時常食，不復純用舊文。然則當時飲食不可闕於祀祭明矣，是變禮文而通其情也。我國家由禮立訓，因時制範，考圖史於前典，稽周、漢之舊儀。清廟時享，禮饌畢陳，用周制也，而古式存焉。園寢上食，時膳具設，遵漢法也，而珍味極焉。職貢來祭，致遠物也。有新必薦，順時令也。苑囿之內，躬稼所收；蒐狩之時，親發所中，莫不割鮮擇美，薦而後食，盡誠敬也。若此至矣，復何加焉？但當申敕，祭如神在，

〔一〕「之」諸本脱，據文獻通考卷九七補。

無或簡怠，增勗虔誠。其進珍饈，或時鮮美，考諸祠典，有所漏略。皆詳擇名目，編諸甲令，因宜而薦，以類相從，則新鮮肥醲，盡在是矣，不必加於籩豆之數也。至於祭器，隨物所宜，故大羮，古食也，盛於㽅。㽅，古器也。和羮，時饌也，盛於鉶。鉶，時器也。亦有古饌而盛於時器，故毛血盛於盤，玄酒盛於罇，未有薦時饌而追用古器者。古質而今文，便於事也。雖加籩豆十二，未足以盡天下美物，而措諸清廟，有兼倍之名，近於侈矣。又據漢書藝文志墨家之流，出於清廟，是以貴儉，由此觀之，清廟之不尚於奢，舊矣。太常所請，恐未可行。又稱酒爵全小，須加廣大，竊據禮文有以小爲貴者，獻以爵，貴其小也。小不及制，敬而非禮，是有司之失其傳也。固可隨失釐正，無待議而後革。未知今制，何所依準？請兼詳古式，據文而行。」上曰：「享祀實思豐潔，不應法制者，亦不可用。」於是更令太常加品味。韋縚又請每室加籩豆各六，每四時異品，以當時新果及珍羞同薦，制可之。又酌獻酒爵，上令用藥升一升〔二〕，合於古義，而多少適中，自是常依行焉。二十四年敕：「宗

〔二〕「藥升」，諸本作「藥汁」，據文獻通考卷九七改。

廟祭享，籩豆宜加獐、鹿、鶉、兔、野雞等料，夏秋供腊，春冬供鮮，仍令所司祭前十日，具數申省，准料令殿中供送。」

唐書玄宗本紀：開元二十九年正月丁酉〔一〕，立玄元皇帝廟。天寶二載，加號玄元皇帝曰大聖祖，咎繇曰德明皇帝，涼武昭王曰興聖皇帝。改西京玄元宮曰太清宮，東宮曰太微宮。八載閏六月丙寅，謁大清宮，加上玄元皇帝號曰聖祖大道玄元皇帝，增祖宗帝后謚。

肅宗本紀：至德二載九月癸卯，復京師。至自靈武。十一月庚子，作九廟神主告享於長樂殿。

禮樂志：安禄山之亂，宗廟爲賊所焚。肅宗復京師，設次光順門外，向廟而哭，輟朝三日。

嚴郢傳：郢補太常協律郎，守東都太廟。禄山亂，郢取神主祕於家，至德初，定洛陽，有司得以奉迎還廟，擢大理司直。

〔一〕「正月丁酉」四字，原脱，據光緒本、新唐書玄宗本紀補。

乾元元年四月辛亥，祔神主於太廟。

禮樂志：代宗寶應二年，祧獻祖、懿祖，祔玄宗、肅宗。自是之後，常爲九室矣。

代宗本紀：大曆十四年，遷元皇帝於夾室，祔代宗於太廟。

禮樂志：代宗崩，禮儀使顔真卿議：「太祖、高祖、太宗皆不毁，而代祖元皇帝當遷。」於是遷元皇帝而祔代宗。

舊唐書禮儀志：大曆十四年十月，代宗神主將祔，禮儀使顔真卿奏議曰：「王制：『天子七廟，三昭三穆，與太祖之廟而七。』又禮器云：『有以多爲貴者，天子七廟。』又伊尹曰：『七代之廟，可以觀德。』此經典之明證也。七廟之外，則曰『去祧爲壇，去壇爲墠』。故歷代儒者，制迭毁之禮，皆親盡宜毁。伏以太宗文皇帝，七代之祖；高祖神堯皇帝，國朝首祚，萬葉所承；太祖景皇帝，受命於天，始封於唐，元本皆在不毁之典。代祖元皇帝，地非開統，親在七廟之外。代宗皇帝升祔有日，元皇帝神主，禮合祧遷。或議者以祖宗之名，難於迭毁。昔漢朝近古，不敢以私滅公，故前漢十二帝，爲祖宗者四而已。至後漢漸違經意，子孫以推美爲先。自光武已下，皆有廟號，則祖宗之名，莫不建也。安帝信讒，害大臣，廢太子，及崩，無上宗之奏，後自建武以來無毁者，因以陵號稱宗。至桓帝失德，尚有宗號。故初平中，左中郎蔡邕以和帝以下，功德無殊，而有過差，不應爲宗。餘非宗者，追尊三代，皆奏毁之。是知祖有功，宗有德，存至公之義，非其人不居，蓋三代立禮之本也。自東漢以來，則此道衰矣。魏明帝自稱烈祖，論者以爲逆自稱祖宗。故近代此名悉爲廟號，未有子孫踐祚而不祖宗先王者。以此明之，則不得獨據兩字而爲不合祧遷之證。假令傳祚百代，豈可上崇百代以爲孝乎？請依三昭三穆之義，永爲通典。」

日知録顧氏炎武曰：漢惠帝從叔孫通之言，郡國多置原廟。元帝時，貢禹以爲不應古禮。永光四年，下丞相韋玄成等議，以春秋之義，父不祭于支庶之宅，君不祭於臣僕之家，王不祭於下土諸侯，請勿復脩。奏可。因罷昭靈后、武哀王、昭哀后、衛思后、戾太子、戾后園，皆不奉祠。後魏明元貴嬪杜氏，魏郡鄴人，生世祖，及即位，追尊爲穆皇后，配享太廟。又立后廟於鄴。高宗時，相州刺史高閭表脩后廟，詔曰：「婦人外成，理無獨祀，陰必配陽，以成天地，未聞有莘之國，立太姒之饗。此乃先王所立，一時之至感，非經世之遠制，便可罷祀。」是古人罷祖宗之廟，而不以爲嫌也。王莽尊元帝廟號高宗，成帝號統宗，平帝號元宗，中興皆去之。後漢和帝號穆宗，安帝號恭宗，順帝號敬宗，桓帝號威宗，桓帝尊母梁貴人曰恭懷皇后，安帝尊祖母宋貴人曰敬隱皇后，順帝尊母李氏曰恭愍皇后。獻帝初平元年，左中郎將蔡邕議：「孝和以下，政事多釁，權移臣下，嗣帝殷勤，各欲襃崇至親而已。臣下懦弱，莫能執正據禮。和、安、順、桓四帝不宜稱宗，又恭懷、敬隱、恭愍三皇后並非正嫡，不合稱后，皆請除尊號。」制曰：「可。」唐高宗太子弘追謚孝敬皇帝，廟號義宗。開元六年，將作大匠韋湊上言，準禮不合稱宗，於是停義宗之號。是古人除祖宗之號，而不以爲忌也。後世浮文日盛，有增無損。德宗初立，禮儀使吏部尚書顔真卿上言：「上元中，政在宮壼，始增祖宗之謚。玄宗末，姦臣竊命，列聖之謚有加至十一字者。案周之文、武，言文不稱武，言武不稱文，豈盛德所不優乎？蓋稱其至者故也。故謚多不爲襃，少不爲貶。今列聖謚號太廣，有踰古制，請自中宗以上，皆從初謚。睿宗曰聖真皇帝，玄宗曰孝明皇帝，肅宗曰孝宣皇帝〔一〕，以省文尚質，正名敦本。」上命百官集議，儒學之士皆從真卿議，獨兵部侍郎袁傪官以兵進奏，言陵廟玉册木主皆已刊勒，不可輕改，事遂寢。不知陵中玉册所刻，乃初謚也。自此宗廟之廣，謚號之繁，沿至後世，遂成故典，而人臣不敢議矣。稱宗之濫，始於王莽之三宗；稱祖之濫，始於曹魏之三祖，唐王彦威所謂不可以訓者也。

文獻通考：德宗建中元年三月，禮儀使上言東都太廟闕木主，請造以祔。初，武后於東都立高祖、太宗、高宗三廟，至中宗以後，兩京太廟四時並享，至德亂後，木主

〔一〕「孝宣皇帝」，原脱「孝」字，據光緒本、日知録集釋卷一四補。

多亡缺，未祔。於是議者紛然，而大旨有三：其一曰，必存其廟，遍立群主，時享之；其二曰，建廟立主，存而不祭，若皇輿時巡，則就享焉；其三曰，存其廟，瘞其主，駕或東幸，則飾齋車奉京師群廟之主以往。議皆不決而罷。

舊唐書禮儀志：貞元十五年四月，膳部郎中歸崇敬上疏：「東都太廟不合置木主。謹案典禮，虞主用桑，練主用栗，重作栗主，則埋桑主。所以神無二主，猶天無二日，土無二王也。今東都太廟，是則天皇后所建，以置武氏木主。中宗去其主而存其廟，蓋將以備行幸遷都之所也。且殷人屢遷，前八後五，前後遷都一十三度，不可每都而別立神主也。議者或云：『東都神主已曾虔奉而禮之，豈可以一朝而廢之乎？』且虞祭則立桑主而虔祀，練祭則立栗主而埋桑主，豈桑主不曾虔祀，而乃埋之？又所闕之主不可更作，作之不時，非禮也。」

唐會要：天寶末，兩都傾陷，神主亡失。肅宗既克復，但建廟作主於上都，其東都太廟，毁爲軍營，九室神主失亡。大曆間，始於人間得之，遂寓於太微宫，不復祔享。自建中至於會昌，議者不一，或以爲東西二京宜皆有廟，而舊主當瘞，虚其廟，以俟巡幸則載主而行，或謂宜藏神主於夾室。或曰周豐、洛有廟者，因遷都乃立廟耳，今東都不因遷而立廟，非也。又曰：古者載主以行者，唯新遷一室之主耳，未有載群廟之主者也。至武宗時，悉廢群議，詔有司擇日修東都廟。已而武宗崩，宣宗竟以太微神主祔東廟焉。

蕙田案：歸崇敬神無二主之説，可決千古之疑。若依此制，唐室安有東都之主亡失而寓太微哉？既已廟毁，則瘞主可矣。當時諸臣鮮知禮者，是以群言淆惑。迨於宣宗訖復修廟祔主，惜哉！

唐書禮樂志：貞元十七年，太常卿裴郁議，以太祖百代不遷，獻、懿二祖親盡廟遷而居東向，非是。請下百寮議，工部郎中張薦等議與真卿同。太子左庶子李嶸等七人曰：「真卿所用，晉蔡謨之議也，謨爲『禹不先鯀』之説，雖有其言，當時不用。獻、懿二祖，宜藏夾室，以合祭法『遠廟爲祧，而壇、墠有禱則祭，無禱則止』之義。」吏部郎中柳冕等十二人曰：「周禮有先公之祧，遷祖藏於后稷之廟，其周未受命之祧乎？又有先王之祧，其遷主藏於文、武之廟，其周已受命之祧乎？今獻祖、懿祖，猶周先公也，請築别廟以居之。」司勳員外郎裴樞曰：「建石室於寢園以藏神主，至禘、祫之歲則祭之。」考功員外郎陳京、同官縣尉仲子陵皆曰〔二〕：「遷神主於德明、興聖廟。」京兆少尹韋武曰：「祫則獻祖東向，禘則太祖東向。」左司郎中陸淳曰：「議者多矣，不過三而已：一曰復太祖之正位，二曰並列昭穆而虚東向，三曰祫則獻祖，禘則太祖，迭居東向。而復正太祖之位爲是。然太祖復位，則獻、懿之主宜有所歸。一曰藏諸夾室，二曰置之别廟，三曰遷於園寢，四曰祔於興聖。然而藏諸夾室，則無享獻之期；置之别廟，則非禮經之文；遷於園寢，則亂宗廟之儀。唯祔於興聖爲是。」至十九年，左僕射姚南仲等獻議五十七封，付都省集議。户部尚書王紹等五十五人請遷懿祖祔興聖廟，議遂定，由是太祖始復東向之位。

舊唐書禮儀志：貞元十九年三月十五日，遷獻祖、懿祖神主權祔德明、興聖廟之幕殿。二十四日，享太廟。自此，景皇帝始居東向之尊。元皇帝已下，依左昭右穆之列矣。二祖新廟成，敕曰：「奉遷獻祖、懿祖神主，正太祖景皇帝之位，虔告之禮，當任重臣。宜令檢校司空平章事杜佑攝太尉，告大清宫；門下侍郎平章事崔損攝太尉，告

〔二〕「皆」，原作「對」，據光緒本、新唐書禮樂志三改。

太廟。」又詔曰：「國之大事，式在明禋。王者孝享，莫重於禘祭，所以尊祖而正昭穆也。朕承列聖之休德，荷上天之睠命，虔奉牲帛，二十五年。永惟宗廟之位，禘嘗之序，夙夜祇慄，不敢自專。是用延訪公卿，稽參古禮，博考群議，至於再三。敬以令辰，奉遷獻祖宣皇帝神主、懿祖光皇帝神主，祔於德明、興聖皇帝廟。太祖景皇帝正東向之位。宜令所司循禮，務極精嚴，祇肅祀典，載深感惕，咨爾中外，宜悉朕懷。」

蕙田案：獻、懿二祖祔興聖廟，事詳見「禘祫」門。因有關廟制，附載其略。

唐書禮樂志：德宗崩，禮儀使杜黄裳議：「高宗在三昭三穆外，當遷。」於是遷高宗而祔德宗，蓋以中、睿爲昭穆矣。

蕙田案：兄弟不得爲昭穆也。

舊唐書禮儀志：永貞元年十一月，德宗神主將祔，禮儀使杜黄裳與禮官王涇等請遷高宗神主於西夾室。其議曰：「自漢、魏以降，沿革不同。古者祖有功，宗有德，皆不毁之名也。自東漢、魏、晉，迄於陳、隋，漸違經意，子孫以推美爲先，光武以下，皆有祖宗之號。故至於迭毁親盡，禮亦迭遷。國家九廟之尊，皆從周制。伏以太祖景皇帝受命於天，始封元本，德同周之后稷也。高祖神堯皇帝國朝首祚，萬葉所承，德同周之文王也。太宗文皇帝應天靖亂，垂統立極，德同周之武王也。周人郊后稷而祖文王、宗武王，聖唐郊景皇帝、祖高祖而宗太宗，皆在不遷之典。高宗皇帝今在三昭三穆之外，謂之親盡，新主入廟，禮合迭遷，藏於西第一夾室，每至禘祫之月，合食如常。」於是祧高宗神主於西夾室，祔德宗神主焉。

元和元年七月，順宗神主祔，有司疑於遷毀，太常博士王涇建議曰：「禮經『祖有功，宗有德』，皆不毁之名也。惟三代行之。漢、魏已降，雖曰祖宗，親盡則遷，無功亦毁，不得行古之道也。昔夏后氏十五代，祖顓頊而宗禹。殷人十七代〔一〕，祖契而宗湯。周人三十六王，以后稷爲太祖，祖文王而宗武王。聖唐德厚流廣，遠法殷、周，奉景皇帝爲太祖，祖高祖而宗太宗，皆在百代不遷之典。故代宗升祔，遷代祖也。德宗升祔，遷高宗也。今順宗升祔，中宗在三昭三穆之外，謂之親盡，遷於太廟夾室，禮則然矣。或諫者以則天太后革命，中宗復而興之，不在遷藏之例，臣竊未諭也。昔者高宗晏駕，中宗奉遺詔，自儲副而陟元后，則天太后臨朝，廢爲廬陵王。聖曆元年，太后

〔一〕「十」，諸本脱，據舊唐書禮儀志五補。

詔復立爲皇太子。屬太后聖壽延長，御下日久，奸臣擅命，紊其紀度。敬暉、桓彦範等五臣，俱唐舊臣，匡輔王室，翊中宗而承大統。此乃子繼父業，是中宗得之而且失之；母授子位，是中宗失之而復得之。二十年間，再爲皇太子，復踐皇帝位，失之在己，得之在己，可謂革命中興之義殊也。又以周、漢之例推之，幽王爲犬戎所滅，平王東遷，周不以平王爲中興不遷之廟，其例一也。漢吕后專權，産、禄秉政，文帝自代邸而立之，漢不以文帝爲中興不遷之廟，其例二也。霍光輔宣帝，再盛基業，而不以宣帝爲不遷之廟〔一〕，其例三也。伏以中宗孝和皇帝，於聖上爲六代伯祖，尊非正統，廟亦親盡。爰及周、漢故事，是與中興功德之主不同，奉遷夾室，固無疑也。」是月二十四日，禮儀使杜黄裳奏曰：「順宗皇帝神主已升祔太廟，告祧之後，即合遞遷。中宗皇帝神主，今在三昭三穆之外，準禮合遷於太廟從西第一夾室〔二〕，每至禘祫之日，合食如常。」於是祧中宗神主於西夾室，祔順宗神主焉。有司先是以山陵將畢，議遷廟之

〔一〕「宣帝再盛基業而不以宣帝爲不」十三字，原脱，據光緒本、舊唐書禮儀志五補。
〔二〕「遷」，原脱，據光緒本、舊唐書禮儀志五補。

禮。有司以中宗爲中興之君，當百代不遷之位。宰相召史官蔣武問之，武對曰：「中宗以弘道元年於高宗柩前即位，時春秋已壯矣。及母后篡奪，神器潛移。其後賴張柬之等同謀，國祚再復。此蓋同於反正，恐不得號爲中興之君。凡非我失之，自我復之，謂之中興，漢光武、晉元帝是也。自我失之，因人復之，晉孝惠、孝安是也。今中宗與惠、安二帝事同，即不可爲不遷之主也。」有司又云：「五王有再安社稷之功，今若遷中宗廟，則五王永絶配享之例。」武曰：「凡配享功臣，每至禘祫年，方合食太廟，居常即無享禮。今遷中宗神主，而禘祫之年，毁廟之主並陳於太廟，此則五王配食，與前時如一也。」有司不能答。

元和十五年四月，禮部侍郎李建奏上大行皇帝謚曰聖神章武孝皇帝，廟號憲宗。先是淮南節度使李夷簡上議曰〔一〕：「王者祖有功，宗有德。大行皇帝戡剪寇逆，累有武功，廟號合稱祖。陛下正當決在宸斷，無信齷齪書生也。」遂詔下公卿與禮官議其可否。太常博士王彦威奏議：「大行廟號，不宜稱祖，宜稱宗。」從之。其月，禮部奏：

〔一〕「淮南」，味經窩本、乾隆本、光緒本、舊唐書禮儀志五作「河南」。

「準貞觀故事，遷廟之主，藏於夾室西壁南北三間。第一間代祖室，第二間高宗室，第三間中宗室。伏以山陵日近，睿宗皇帝祧遷有期，夾室西壁三室外，無置室處。準江都集禮：『古者遷廟之主，藏於太室北壁之中。』今請於夾室北壁，以西爲上，置睿宗皇帝神主石室。」制從之。

唐書王彦威傳：彦威拜博士。憲宗崩，淮南李夷簡上言：「大行皇帝功高宜稱祖。」穆宗下其議，彦威奏：「古者始封爲太祖，由太祖而降，則又祖有功，宗有德。故夏人祖顓頊而宗禹，商人祖契而宗湯，周人祖文王而宗武王。魏、晉而下，務欲推美，自始祖外，並建列祖之議，叔世亂象，不可以爲訓。唐本周禮，以景皇帝爲太祖，祖神堯而宗太宗，自高宗後咸稱宗，以爲成法。不然，太宗致升平，玄宗清内難，肅宗收復兩都，皆撥亂反正，猶不稱祖。今當本三代之制，黜魏、晉亂法，大行廟號宜稱宗。」制可。

舊唐書禮儀志：長慶四年正月，禮儀使奏：「謹案周禮：『天子七廟，三昭三穆，與太祖之廟而七。』荀卿子曰：『有天下者祭七代，有一國者祭五代。』則知天子上祭七廟，典籍通規。祖功宗德，不在其數。國朝九廟之制，法周之文。太祖景皇帝，始爲唐公，肇基天命，義同周之后稷。高祖神堯皇帝，創業經始，化隋爲唐，義同周之文王。太宗文皇帝，神武應期，造有區夏，義同周之武王。其下三昭三穆之外，是親盡之祖，雖有功德，禮合祧遷，禘祫之歲，則從合食。」制從之。

冊府元龜：太和四年四月，禮儀使奏：「拆修太廟西夾室，遷移神主五位，得大卜署令狀，擇用四月二十四日吉。其日先出室内，先祧遷神主五位入幕殿，便起首拆修，至五月五日畢功，六日移神主入室。」詔依。

開成五年，禮儀使奏：「謹案天子七廟，祖功宗德，不在其中。國朝制度，九廟九室。伏以太祖景皇帝受封於唐，高祖、太宗，創業受命，有功之主，百代不遷。今文宗元聖昭獻皇帝升祔有時，代宗睿文孝武皇帝是親盡之祖，禮合祧遷，每至禘祫，合食如常。」從之。

唐書武宗本紀：會昌五年十月，作昭武廟於虎牢關。

唐會要：會昌五年七月，中書門下李德裕奏：「孟州汜水縣武牢關，太宗擒王、竇之地。關城東峰，有高祖、太宗像在一堂，威靈皆畏於軒臺，風雲疑還於豐、沛。請如漢郡國立廟故事更造一廟，號昭武廟。」制可。

蕙田案：昭武廟，非禮也。

舊唐書禮儀志：會昌五年八月，中書門下奏：「東都太廟九室神主，共二十六座，自禄山叛後，取太廟爲軍營，神主棄於街巷，所司潛收聚，見在太微宫内新造小屋之内。其太廟屋並在，可以脩崇。太和中，太常博士議，以爲東都不合置神主，車駕東幸，即載主而行。至今因循，尚未脩建。望令尚書省集公卿及禮官、學官詳議。如不要更置，須有收藏去處。如合置，望以所拆大寺材木脩建。既是宗室官居守，便望令充脩東都太廟使，勾當脩繕。」奉敕宜依。

會昌六年三月，太常博士鄭路等奏：「東都太微宫神主二十座，去年三月二十九日禮院分析聞奏訖。伏奉今月七日敕，『此禮至重，須遵典故，宜令禮官、學官同議聞奏』者。臣今與學官等詳議訖，謹具分析如後：獻祖宣皇帝、宣莊皇后、懿祖光皇帝、光懿皇后、文德皇后、高宗天皇大帝、則天皇后、中宗大聖大昭孝皇帝、和思皇后、昭成皇后、孝敬皇帝、孝敬哀皇后已前十二座，親盡迭毁，宜遷諸太廟，祔於興聖廟。禘祫之歲，乃一祭之。東都無興聖廟可祔，伏請且權藏於太廟夾室。未題神主十四座，前件神主既無題號之文，難申祝告之禮。今與禮官等商量，伏請告遷之日，但瘞於舊太微宫内空閒之地。恭酌事理，庶協從宜。」制可。太常博士段瓌等三十九人奏議曰：「禮之所立，本於誠敬；廟之所設，實在尊嚴。既曰薦誠，則宜統一。昔周之東西有廟，亦可徵其所由。但緣卜洛之初，既須營建，又以遷都未決，因議兩留。酌其事情，匪務於廣，祭法明矣。伏以東都太廟，廢已多時，若議增修，稍乖前訓。何者？東都始制寢廟於天后、中宗之朝，事出一時，非貞觀、開元之法。前後因循不廢者，亦踵鎬京之文也。記曰：『祭不欲數，數則煩。』天寶之中，兩京悉爲寇陷，西都廟貌如故，東都因此散亡。是知九廟之靈，不欲歆其煩祀也。自建中不葺之後，彌歷歲年。今若廟貌維新，即須室别有主。舊主雖在，大半合祧，必几筵而存之，所謂宜祧不祧也。孔子曰：『當七廟五廟，無虚主也。』謂廟不得無主者也。舊主如有留去，新廟便合創添。謹案左傳云：『祔練作主。』又戴聖云〔一〕：『虞而立几筵。』如或過時成之，便是以凶干吉。創添既不典，虚廟又非儀。考諸禮文，進退無守。或曰『漢於郡國置宗廟凡百餘所，今止東西立廟，有何不安』者。當漢氏承秦焚燒之餘，不識典故，至於廟

〔一〕「戴聖」，原作「戴載」，據光緒本、舊唐書禮儀志六校勘記改。

制，率意而行。比及元、成二帝之間，貢禹、韋玄成等繼出，果有正論，竟從毀除。足知漢初不本於禮經，又安可程法也？或曰『几筵不得復設，寢廟何妨修營，候車駕時巡，便合於所載之主』者。究其始終，又得以論之。昨者降敕參詳，本爲欲收舊主，主既不立，廟何可施？假令行幸九州，一一皆立廟乎？愚以爲廟不可修，主宜藏瘞，或就瘞於焰室，或瘞於兩階間，此乃萬代常行不易之道也。」

○其年九月敕：「段瓌等詳議，東都不可立廟。李福等別狀，又有異同。國家制度，須合典禮，證據未一，則難建立。宜並令赴都省對議，須歸至當。」工部尚書薛元賞等議：「伏以建中時，公卿奏請修建東都太廟，當時之議，大旨有三〔一〕：其一曰必有其廟，備立其主，時享之日，以他官攝行；二曰建廟立主，存而不祭，皇輿時巡，則就享焉；三曰存其廟，瘞其主。臣等立其三議，參酌禮經，理宜存廟，不合置主。謹案禮祭義曰：『建國之神位，右社稷而左宗廟。』禮記云：『君子將營宫室，宗廟爲先。』是知王者建邦設都，必先宗廟、社稷，况周武受命，始都於豐，成王相宅，又卜於洛，烝祭歲

〔一〕「旨」，諸本作「者」，據舊唐書禮儀志六改

於新邑，册周公於太室。故書曰：『戊辰，王在新邑，烝祭歲，王入太室祼。』成王厥後復立於豐，雖成洛邑，未嘗久處。逮於平王，始定東遷。則周之豐、鎬，皆有宗廟明矣。又案曾子問『廟有二主』，夫子對以『天無二日，土無二王，嘗、禘、郊、社，尊無二上，未知其爲禮』者。昔齊桓作二主，夫子譏之，以爲僞主。是知二主不可並設，亦明矣。夫聖王建社以厚本，立廟以尊祖，所以京邑必有宗社。今國家定周、秦之兩地，爲東西之兩宅，闢九衢而立宫闕，設百司而嚴拱衛，取法玄象，號爲京師。既嚴帝宅，難虚神位，若無宗廟，何謂皇都？然依人者神，在誠者祀，誠非外至，必由中出，理合親敬，用交神明。位宜存於兩都，廟可偕立；誠難專於二祭，主不並設。或以禮云『七廟五廟無虚主』，是謂不可無主。所以天子廵狩，亦有所尊，尚飾齋車，載遷主以行。今若修廟瘞主，則東都太廟，九室皆虚，既違於經，須徵其説。臣復探賾禮意，因得盡而論之。所云『七廟五廟無虚主』，是謂見享之廟不可虚也。今之兩都，雖各有廟，禘祫享獻，斯皆親奉於上京，神主几筵，不可虚陳於東廟。且禮云『唯聖人爲能享帝，孝子爲能享親。』漢韋玄成議廢郡國祀，亦曰：『立廟京師，躬親承事，四海之内，各以其職來祭。』人情禮意，如此較然。二室既不並居，二廟豈可偕祔？但所都之國，見享之廟，既無虚室，則叶通經議者，又欲置主不享，以俟巡幸。昔魯作僖公之主，不於虞、練之時，春秋書而譏之。合祔之主，作非其時，尚爲所譏。今若置不合祔之主，不因時而作，違經越禮，莫甚於此。豈有九室合享之主，而有置而不享之文？兩廟始創於周公，二主獲譏於夫子。自古制作，皆範周、孔，舊典猶在，足可明徵。臣所以言東都廟則合存，主不合置。今將修建廟宇，誠不虧於典禮。其見在太微宫中六主，請待東都修建太廟畢，具禮迎置於西夾室，閟而不享，式彰陛下嚴祀之敬，以明聖朝尊祖之義。」

○吏部郎中鄭亞等五人議：「據禮院奏，以爲東都太廟既廢，不可復修，見在太微宫神主，請瘞於所寓之地。有乖經訓，不敢雷同。臣所以別進議狀，請修祔主，並依典禮，兼與建中元年禮儀使顔真卿所奏事同。臣與公卿等重議，皆以爲廟固合修，主不可瘞，即與臣等別狀意同。但衆議猶疑，東西二廟，各設神主，恐涉廟有二主之義，請修廟虚室，以太微宫所寓神主藏於夾室之中。伏以六主神位，内有不祧之宗，今用遷廟之儀，猶未合禮。臣等猶未敢署衆狀，蓋爲闕疑。」太學博士直弘文館鄭遂等七人議曰：「夫論國之大事，必本乎正而根乎經，以臻於中道。聖朝以廣孝爲先，以得禮爲貴。求於典訓，考乎大中，廟有必修之文，主無可置之理。何則？正經正史，兩都之廟可徵。禮稱『天子不卜處太廟』，『擇日卜建國之地，則宗廟可知』。廢廟之説，恐非所宜。謹案詩、書、禮三經及漢朝正史，兩都並設廟，而載主之制，久已行之。敢不明徵而去文飾，援據經文，不易前見。東都太廟，合務修崇，而舊主當瘞，請於太微宫所藏之所，皇帝有事於洛，則奉齋車載主以行。」

○太常博士顧德章議曰：「夫禮雖緣情，將明厥要，實在得中，必過禮而多求，則反虧於誠敬。伏以神龍之際，天命有歸，移武氏廟於長安，即其地而置太廟，以至天寶初復，不爲建都。而設議曰：『中宗立廟於東都，無乖舊典。』徵其意，不亦謬乎？又曰『東都太廟，至於睿宗、玄宗，猶奉而不易』者。蓋緣嘗所尊奉，不敢輒廢也。今則廢已多時，猶循莫舉之典也。又曰『雖貞觀之始，草創未暇，豈可謂此事非開元之法』者。謹案定開元六典敕曰：『聽政之暇，錯綜古今，法以周官，作爲唐典。覽其本末，千載一朝。春秋謂考古之法也，行之可久，不曰然歟？』此時東都太廟見在，六典序兩都宫闕，西都具太廟之位，東都則序而不論，足明事出一時，又安得曰『開元之法』也？又三代禮樂，莫盛於周。昨者論議之時，便宜細大，取法於周，遷而立廟。今立廟不因遷，何美之而不能師之也？又曰『遷國神位，右社稷而左宗廟，君子將營宫室，宗廟爲先』者。謹案六典，永昌中，則天以東都爲神都。爾後漸加構宫室，百司於是備矣。今之宫室百司，乃武氏改命所備也。上都已建國立宗廟，不合引言。又曰『東都洛陽祭孝宣等五帝，長安祭孝成等三帝』，以此爲置廟之例，則又非也。當漢兩處有廟，所祭之帝各别。今東都建廟作主，與上都盡同，概而論之，失之甚者。又曰『今或東洛復太廟，有司同日侍祭，以此爲數，實所未解』者。謹案天寶三載詔曰：『頃四時有事於太廟，兩京同日。自今已後，兩京各宜别擇日。』載於祀典，可得而詳。且立廟造主，所以祭神，而曰存而勿祀，出自何經？『當七廟五廟無虚主』，而欲立虚廟，法於何典？前稱廟貌如故者，即指建中之中，就有而言，以爲國之先也。前以非時不造主者，謂見有神主，不得以非時而造也。若江左至德之際，主並散亡，不可拘以例也。或曰『廢主之瘞，請在太微宫』者。謹案天寶二年敕曰：『古之制禮，祭用質明，義兼取於尚幽，情實緣於既没。我聖祖澹然常在，爲道之宗，既殊有盡之期，宜展事生之禮。自今以後，每至聖祖宫有昭告，宜改用卯時』者。今欲以主瘞於宫所，即與此敕全乖。又曰『主不合瘞，請藏夾室』者。謹案前代藏主，頗有異同。至如夾室，宜用以序昭穆也〔一〕。今廟制既不中禮，則無禘祫之文。又曰『君子將營宮室，以宗廟爲先』。則建國營宮室而宗廟必設。東都既有宮室，而太廟不合不營。凡以論之，其義斯勝。而西周、東漢並曰兩都，其各有宗廟之證，經史昭然，又得以極思於揚搉。詩曰：『其繩則直，縮板以載，作廟翼翼。』大雅『瓜瓞』，言豐廟之作也。又曰：『於穆清廟，肅雍顯相。』洛邑既成，以率文王之祀，此詩言洛之廟也。書曰：『成王既至洛，烝祭歲，文王騂牛一，武王騂牛一。』又曰『祼於太室』，康王又居豐，『命畢公保釐東郊』。豈有無廟而可烝祭，非都而設保釐？則書東西之廟也。逮於後漢卜洛，西京之廟亦存。建武二年，於洛陽立廟，而成、哀、平三帝祭於西京。一十八年，親幸長安，行禘禮。當時五室列於洛都，三帝留於京廟，行幸之歲，與合食之期相會，不奉齋車，又安可以成此禮？則知兩廟周人成法，載主以行，漢家通制。或以當虛一都之廟爲不可，而引『七廟無虛主』之文。禮言一都之廟，室不虛主，非爲兩都各廟而不可虛也。聯出征之辭，更明載主之意，因事而言，禮實相統，非如詩人更可斷章以取義也。

〔一〕「宜」，諸本作「儀」，據舊唐書禮儀志六改。

古人求神之所非一，奉神之意無二，故廢桑主，重作栗主，既事理之以明其一也〔一〕。或又引左氏傳築郿凡例，謂『有宗廟先君之主曰都』，而立建主之論。案魯莊二十八年冬，築郿，左傳爲築發凡例，穀梁譏因藪澤之利，公羊稱避凶年造邑之嫌。三傳異同，左氏爲短。何則？當春秋二百年間，魯凡城二十四邑，唯郿一邑稱築，城其二十三邑，豈皆宗廟先君之主乎？執此爲建主之端，又非通論。或又曰：『廢主之瘞〔二〕，何以在於太微宮所藏之所？宜舍故依新，前已列矣。』案瘞主之位有三：或於北牖之下，或在西階之間，廟之事也。其不當立之主，但隨其所以瘞之。夫主瘞乎當立之廟，斯不然矣。以所在而言，則太微宮所藏之所，與漢之寢園無異。歷代以降，建一都者多，兩都者少。今國家崇東西之宅，極嚴奉之典，而以各廟爲疑，合以建都故事，以相質正，即周、漢是也。今詳議所徵，究其年代，率皆一都之時，豈可以擬議，亦孰敢獻酬於其間？詳考經旨，古人謀寢必及於廟，未有設寢而不立廟者。國家承隋氏

〔一〕「以」，諸本作「易」，據舊唐書禮儀志六改。
〔二〕「廢主之瘞」，原作「廢之瘞之」，據光緒本、舊唐書禮儀志六改。

之弊，草創未暇，後雖建於垂拱，而事有所合。其後當干戈寧戢之歲，文物大備之朝，歷於十一聖，不議廢之。豈不以事出於一時，廟有合立之理，而不可一一革也？今洛都之制，上自宫殿樓觀，下及百辟之司，與西京無異。鑾輿之至也，雖廝役之賤，必歸其所理也。豈先帝之主，獨無其所安乎？時也，虞主尚瘞，廢主宜然。或以馬融、李舟二人稱『寢無傷於偕立，廟不妨於暫虚』，是則馬融、李舟可法於宣尼矣。以此擬議，乖當則深。或稱『凡邑有宗廟先君之主曰都，無曰邑，邑曰築，都曰城』者。謹案二百四十年間，惟郿一邑稱築。如城郎、費之類，各有所因，或以他防，或以自固，謂之盡有宗廟，理則極非。或稱『聖主有復古之功，簡策有考文之美，五帝不同樂，三王不同禮，遭時爲法，因事制宜』。此則改作有爲，非有司之事也。如有司之職，但合一一據經；變禮從時，則須俟明詔也。凡不修之證，略有七條：廟立因遷，一也；已廢不舉，二也；廟不可虚，三也；非時不造主，四也；合載遷主行，五也；尊無二上，六也；六典不書，七也。謹案文王遷豐立廟，武王遷鎬立廟，成王遷洛立廟。今東都不因遷而欲立廟，是違因遷立廟也。謹案禮記曰：『凡祭，有其廢之，莫敢舉也。有其舉之，莫敢廢也。』今東都太廟，廢已八朝，若果立之，是違已廢不舉也。謹案禮記曰：『當七廟五廟無虛主。』今欲立虛廟，是違廟不可虛也。謹案左傳：『丁丑，作僖公主。書不時也。』記又曰：『過時不祭，禮也。合禮之祭，過時猶廢，非禮之主，可以作乎？』今欲非時作主，是違非時不作主也。謹案曾子問：『古者師行以遷廟主行乎？』孔子曰：『天子巡狩，必以遷廟主行，載於齋車，言必有尊也。今也取七廟之主以行，則失之矣。』皇氏云：『遷廟主者，載遷一室之主也。』今欲載群廟之主以行，是違載遷之主也。謹案禮記曰：『天無二日，土無二王。嘗、禘、郊、社，尊無二上也。』今欲兩都建廟作主，是違尊無二上也。謹案六典序兩都宮闕及廟宇，此時東都有廟不載，是違六典不書也。遍考書傳，並不合修。寖以武德、貞觀之中，作法垂範之日，文物大備，儒彥畢臻，若可修營，不應議不及矣。記曰：『樂由天作，禮以地制。天之體，動也。地之體，止也。』此明樂可作，禮難變也。伏惟陛下誠明載物，莊敬御天，孝方切於祖宗，事乃求於根本。合再集議，俾定所長。臣實職司，敢不條白以對。」

○德章又有上中書門下及禮院詳議兩狀，並同載於後。其一曰：「伏見八月六日，敕欲修東都太廟，令會議事。此時已有議狀，準禮不合更修。尚書丞郎已下三十八人，皆同署狀。德章官在禮寺，實忝司存，當聖上嚴禋敬事之時，會相公尚古黜華之日，脱國之祀典，有乖禮文，豈唯受責於曠官，竊懼貽羞於明代。所以懃懃懇懇，將不言而又言也。昨者異同之意，盡可指陳。一則以有都之名，便合立廟；次則欲崇修廟宇，以候時巡。殊不知廟不合虛，主惟載一也。謹案貞觀九年詔曰：『太原之地，肇基王業，事均豐、沛，義等宛、譙，約禮而言，須議立廟。』時秘書監顏師古議曰：『臣旁觀祭典，遍考禮經，宗廟皆在京師，不於下土別置。昔周之豐、鎬，實爲遷都，乃是因事便營，非云一時別立。』太宗許其奏，即日而停。由是而言，太原豈無都號，太廟爾時猶廢〔一〕，東都不立可知。且廟室惟新，即須有主，主既藏瘞，非虛而何？是有都立廟之言，不攻而自破矣。又案曾子問曰：『古者師行，必以遷廟主行乎？』孔子曰：『天子巡狩，必以遷廟主行，載於齋車，言必有尊也。今也取七廟之主以行，則失矣。』皇氏云：『遷廟主者，唯載新遷一室之主也。』未祧之主，無載行之文。假使候時巡，自可修營一室，議構九室，有何依憑？夫宗廟，尊事也，重事也，至尊至重，安得以疑文定論？言苟不經，則爲擅議。近者敕旨，凡以議事，皆須一一據經。若無經

〔一〕「廟」，原作「原」，據光緒本、舊唐書禮儀志六改。

文，任以史證。如或經史皆無據者，不得率意而言。則立廟東都，正經史無據，果從臆説，無乃前後相違也。」其二曰：「夫宗廟之設，主於誠敬，旋觀典禮，二則非誠，是以匪因遷都，不可别立廟宇。記曰：『天無二日，土無二王，嘗、禘、郊、社，尊無二上。』又曰：『凡祭，有其廢之，莫敢舉也。有其舉之，莫敢廢也。』則東都太廟，廢已多時，若議增修，稍違前志。何者？聖曆、神龍之際，武后始復明辟，中宗取其廟易置太廟焉，本欲權固人心，非經久之制也。伏以所存神主，既請祧藏，今廟室維新，即須有主。神主非時不造，廟寢又無虚議，如修復以俟時巡，唯載一主，備在方册，可得而詳。又引經中義有數等，或是弟子之語，或是他人之言。今廟不可虚，尊無二上，非時不造主，合載一主行，皆大聖祖及宣尼親所發明者，比之常據，不可同塗。又丘明修春秋，悉以君子定褒貶，陳泄冶以忠獲罪，晉文以臣召君，於此數條，復稱君子，將評得失，特以宣尼斷之。傳曰：『危疑之理，須聖言以明也。』或以東都不同他都，地有壇社宫闕，欲議構葺，似是無妨。此則酌於意懷，非曰經據也。但以遍討今古，無有壇社立廟之證，用以爲説，實所未安。謹上自殷、周，旁稽故實，除因遷都之外，無别立廟之文。」制曰：「自古議禮，皆酌人情。必稷嗣知幾，賈生達識，方可發揮大政，潤色皇猷，其他管窺，蓋不足數。公卿之議，實可施行。德章所陳，最爲淺近，豈得苟申獨見，妄有異同？事貴酌中，禮宜從衆。宜令有司擇日修崇太廟，以留守李石充使勾當。」六年三月，擇日既定，禮官既行，旋以武宗登遐，其事遂寢。

蕙田案：德章之議，詳盡確實，可謂深於禮矣。

會昌六年五月，禮儀使奏：「武宗昭肅皇帝祔廟，并合祧遷者。伏以自敬宗、文宗、武宗兄弟相及，已歷三朝。昭穆之位，與承前不同。所可疑者，其事有四：一者兄弟昭穆同位〔一〕，不相爲後；二者已祧之主，復入舊廟；三者廟數有限，無後之主，則宜出置別廟；四者兄弟既不相爲後，昭爲父道，穆爲子道，則昭穆同班，不合異位。據春秋『文公二年躋僖公』，何休云：『躋，升也，謂西上也。惠公與莊公當同南面西上〔二〕，隱、桓與閔、僖當同北面西上。』孔穎達亦引此義釋經。又賀循云：『殷之盤庚，不序陽甲；漢之光武，上繼元帝。晉元帝、簡文，皆用此義毁之，蓋以昭穆位同，不可兼毁

〔一〕「者」，原作「曰」，據光緒本、舊唐書禮儀志五改。
〔二〕「面」，原脱，據光緒本、舊唐書禮儀志五補，下「北面」同。

二廟故也。尚書曰：『七代之廟，可以觀德。』且殷家兄弟相及，有至四帝，不及祖禰，何容更言七代，於理無矣。今已兄弟相及，同爲一代，矯前之失，則合復祔代宗神主於太廟。或疑已祧之主，不合更入太廟者。案晉代元、明之時，已遷豫章、潁川矣，及簡文即位，乃元帝之子，故復豫章、潁川二神主於廟。又國朝中宗已祔太廟，至開元四年，乃出置別廟，至十年，置九廟，而中宗神主復祔太廟。則已遷復入，亦可無疑。三者廟有定數，無後之主，出置別廟者。案魏、晉之初多同廟，蓋取上古清廟一宫，尊遠神祇之義。自後晉武所立之廟，雖云七主，而實六代，蓋景、文同廟故也。又案魯立姜嫄、文王之廟，不計昭穆，以尊尚功德也。晉元帝上繼武帝，而惠、懷、愍三帝，時賀循等諸儒議，以爲別立廟，親遠義疏，都邑遷異，於理無嫌也。今以文宗棄代纔六七年，武宗甫邇復土，遽移別廟，不齒祖宗，在於有司，非所宜議。四者添置廟之室，案禮論，晉太常賀循云：「廟以容主爲限，無拘常數。」故晉武帝時，廟有七主六代。至元帝、明帝，廟皆十室。及穆、簡二帝，皆至十一室。自後雖遷故祔新，大抵以七代爲準，而不限室數。伏以江左大儒，通賾都奧，事有明據，固可施行。今若不行是議，更以迭毀爲制，則當上不及高、曾未盡之親，下有忍臣子恩義之道。今備討古今，參校經史，上請復代宗神主於太廟，以存高、曾之親。下以敬宗、文宗、武宗同爲一代，於太廟東間添置兩室，爲九代十一室之制，以全臣子恩敬之義，庶協大順之宜，得變禮之正，折古今之紛互，立群疑之杓指。俾因心廣孝，永燭於皇明，昭德事神，無虧於聖代。」敕曰：「宗廟事重，實資參詳。宜令尚書省、兩省、御史臺四品以上官、大理卿、京兆尹等集議以聞。」尚書左丞鄭涯等奏議曰：「夫禮經垂則，莫重於嚴配，必參損益之道，則合典禮之文。況有明徵，是資折衷。伏自敬宗、文宗、武宗三朝嗣位，皆以兄弟，考之前代，理有顯據。今謹詳禮院所奏，並上稽古文，旁摭史氏，協於通變，允爲得宜。臣等商議，請依禮官所議。」從之。

蕙田案：古者七廟，兄弟同廟而異室；後世一廟，兄弟異室而同昭穆，所謂禮以義起，九代十一室不得非之者也。

十一月，太常博士任疇上言：「去月十七日，享德明、興聖廟，得廟直候論狀〔一〕，稱懿祖室在獻祖室之上，當時雖以爲然，便依行事，伏審獻祖爲懿祖之昭，懿祖爲獻祖

〔一〕「得」，原作「德」，據光緒本、舊唐書禮儀志五改。

之穆，昭穆之位，天地極殊。今廟至尊倫，不即陳奏，尚爲苟且，罪不容誅。仍敕修撰朱儔、檢討王皡研精詳覆，得報稱：『天寶二年，制追尊咎繇爲德明皇帝，涼武昭王爲興聖皇帝。十載，立廟。至貞元十九年，制從給事中陳京、右僕射姚南仲等一百五十人之議，以爲禘、祫是祖宗以序之祭，凡有國者必尊太祖。今國家以景皇帝爲太祖，太祖之上，施於禘、祫，不可爲位。請接德明、興聖廟共成四室，祔遷獻、懿二祖。』謹尋儔等所報，即當時表奏，並獻居懿上。是歲以還，不當失序。四十餘載，理難尋詰。伏祈聖鑒，即垂詔敕，具禮遷正。」其月，儔又奏曰：「伏奉今月十三日敕，以臣所奏獻、懿祖二室倒置事，宜令禮官集議聞奏者。臣去月十七日，緣遇太廟祫享太祖景皇帝以下群主，準貞元十九年所祔獻祖、懿祖於德明廟，共爲四室。準元敕，各於本室行享禮。審知獻祖合居懿祖之上，昭穆方正。其時親見獻祖之室，倒居懿祖之下。於後遍校圖籍，實見差殊，遂敢聞奏。今奉敕宜令禮官集議聞奏者。臣得奉禮郎李岡、太祝柳仲年、協律郎諸葛畋、李潼、檢討官王皡、修撰朱儔、博士閔慶之等七人狀稱：『謹案高祖神堯皇帝本紀及皇室圖譜，并武德、貞觀、永徽、開元已來諸禮著在令甲者，並云獻祖宣皇帝是神堯之高祖，懿祖光皇帝是神堯之曾祖，以高、曾辨之，則獻祖是懿祖之父，懿祖是獻祖之子。即博士任疇所奏倒祀不虛。臣等伏乞即垂詔敕，具禮遷正。』」其事遂行。

宣宗即位，迎太微宫神主祔東都太廟，祫、禘之禮盡出神主，合食於太祖之前。

唐書禮樂志：宣宗已復河、湟二州七關，歸其功順宗、憲宗而加謚號。博士李稠請改作神主，易書新謚。右司郎中楊發等議，以謂：「古者已祔之主無改作，加謚追尊，非禮也。始於則天，然猶不改主易書，宜以新謚寶册告於陵廟可也。」是時，宰相以謂士族之廟，皆就易書，乃就舊主易書新謚焉。

册府元龜：楊發爲左司郎中。大中三年十二月，宣宗追尊順宗、憲宗謚號。禮院奏：「廟中神主已題舊號，請改造及重題。」詔禮官議。發與都官郎中盧搏獻議曰：「臣等伏尋舊典，栗主升祔之後，在禮無改造之文，亦無重加尊謚改題神主之例。求之曠古，敻無其文。周加太王、王季、文王之謚，但以得合王周，遂加王號，未聞改謚易主。且文物大備，禮法可稱，最在兩漢，並無其事。光武中興，都洛陽，遣大司馬臣鄧禹入關，奉高祖已下十一帝后神主祔洛陽宗廟，蓋神主不合新造故也。自魏、晉迄於周、隋，雖代有放恣之君，亦有知禮講學之士，不聞加謚追尊改主重題，書之史册，可以覆視〔一〕。今議者唯引東晉重造鄭太后神主事爲證。伏以鄭太后本琅琊王妃，薨後已祔琅琊邸廟，其後母以子貴，將升祔太廟。賀循請重造新主，改題皇后之號，備禮告祔，當時用之。伏以諸侯廟主與天子廟主長短不同，若以王妃八寸之主，上配至極，禮似不同。時諂臣貪君私，用此謬禮改造神主，比量晉事，義絶非宜。且宣懿非穆宗之后，實武宗之母，以子之貴也，祔别廟正爲得禮，享薦無虧。今若從祀至尊，題主稱爲太后，因子正得其宜。今若改造新主，題去『太』字，即穆宗上僊之後，臣下追致作嬪之禮，瀆亂正經，實驚有職。臣當時並列朝行，知其謬戾。以漢律，擅論宗廟者以大不敬論，又其時無詔下議，遂默塞不敢出言。今又欲重用東晉謬禮，穢媟聖朝大典，猥蒙下問，敢不盡言。謹案國朝例，甚有明文。武德元年五月，備法駕於長安，迎宣簡公、懿王、景皇帝神主祔太廟。既言於舊廟奉迎，足明必奉舊主。其加謚追尊之禮，自古本無其事，則天太后攝政之後，纍纍有之。自此之後，數用其禮。歷檢國史，並無改造重題之文。若故事有之，無不書於簡册。臣等愚見，宜但告新謚於廟，

〔一〕「可以覆視」四字，原脱，據册府元龜卷五九三補。

止其改造神主。故事，有開元初，太常卿韋縚以高宗廟題武后神主云天后聖帝武氏，縚奏請削去天后聖帝之號，别題云則天順聖皇后武氏〔二〕。詔從之。即不知其時削舊題耶？重造主耶？亦不知用何代典禮。禮之疑者，決在宸衷。以臣所見，但以新謚寶册告陵廟，正得其宜，改造重題，恐乖禮意。」時宰臣覆奏就神主改題，而知禮者非之。

舊唐書禮儀志：中和元年夏四月，有司請享太祖已下十一室，詔公卿議其儀。太常卿牛叢與儒者同議其事。或曰：「王者巡狩，以遷廟主行。如無遷廟之主，則祝奉幣帛皮珪告於祖禰，遂奉以出，載於齋車，每舍奠焉。今非巡狩，是失守宗廟。夫失守宗廟，則當罷宗廟之事。」叢疑之。將作監王儉、太子賓客李匡乂、虞部員外郎袁皓建議同異。及左丞崔厚爲太常卿，遂議立行廟。以玄宗幸蜀時道宫玄元殿之前，架幕爲十一室。又無神主，題神版位而行事。達禮者非之，以爲止之可也。明年，乃特造神主以祔行廟。

〔二〕「則天順聖皇后」，「皇」下原衍「帝」字，據光緒本、册府元龜卷五九三删。

光啓三年二月，車駕自興元還京，以宫室未備，權駐鳳翔。禮院奏：皇帝還宫，先謁太廟。今宗廟焚毁，神主失墜，請準禮例修奉者。禮院獻議曰：「案春秋：『新宫災，三日哭。』傳曰：『新宫，宣公廟也。三日哭，禮也。』案國史，開元五年正月二日，太廟四室摧毁，時神主皆存，迎奉於太極殿安置，玄宗素服避正殿。寶應元年，肅宗還京師，以宗廟爲賊所焚，於光順門外設次，向廟哭。歷檢故事，不見百官奉慰之儀。然上既素服避殿，百官奉慰，亦合情禮。竊循故事〔一〕，比附參詳，恐須宗正寺具宗廟焚毁及神主失墜事由奏，皇帝素服避殿，受慰訖，輟朝三日，下詔委少府監擇日依禮新造列聖神主，如此方似合宜。伏緣採栗須十一月，漸恐遲晚。」修奉使宰相鄭延昌具議，中書門下奏曰：「伏以前年冬再有震驚，俄然巡幸，主司宗祝，迫以倉皇。伏緣移蹕鳳翔，未敢陳奏。今則將回鑾輅，皆舉典章，清廟再營，孝思咸備。伏請降敕，命所司參詳典禮修奉。」敕曰：「朕以涼德，祗嗣寶圖，不能上承天休，下正人紀，兵革競興於寓縣，車輿再越於藩垣，宗廟震驚，烝嘗廢闕。敬修典禮，倍切哀摧。宜付所

〔一〕「竊」，原作「切」，據光緒本、舊唐書禮儀志五改。

司。」又修太廟使宰相鄭延昌奏：「太廟大殿十一室、二十三間、十一架，功績至大，計料支費不少。兼宗廟制度有數〔二〕，難爲損益。今不審依元料修奉，爲復更有商量？請下禮官詳議。」太常博士殷盈孫奏議言：「如依元料，難以速成，況帑藏方虚，須資變禮。竊以至德二年，以新修太廟未成，其新造神主，權於長安殿安置，便行享告之禮，如同宗廟之儀，以俟廟成，方爲遷祔。今京城除充大内及正衙外，别無殿宇。伏聞先有詔旨，欲以少府監大廳權充太廟。其廳五間，伏緣十一室於五間之中陳設隘狹，請更接續修建，成十一間，以備十一室薦享之所。其三太后廟，即於少府監取西南屋三間，以備三室告享之所。」敕旨從之。

右唐廟制

五代廟制

五代史梁本紀：太祖開平元年，追尊皇高祖黯廟號肅祖，曾祖茂琳廟號敬祖，祖

〔二〕「數」，諸本作「素」，據舊唐書禮儀志五改。

信廟號憲祖，考誠廟號烈祖。

蕙田案：以上後梁。

唐本紀：莊宗同光元年，追尊曾祖執宜廟號懿祖，祖國昌廟號獻祖，考廟號太祖。自唐高祖、太宗、懿宗、昭宗爲七廟。

同光二年正月丁卯，七廟神主至自太原，祔於太廟。

文獻通考：同光二年，太常禮院奏：「國家興建之初，已於北都置廟，今剋復天下，遷都洛陽，却復本朝宗廟。案禮無二廟之文，其北都宗廟請廢。」從之。

蕙田案：禮無二廟之説，甚是。

應順元年，中書門下奏：「太常以太行山陵畢祔廟。今太廟見享七室，高祖、太宗、懿宗、昭宗、獻祖、太祖、莊宗，太行升祔，禮合祧遷獻祖，下尚書集議。」從之。時議者以懿祖賜姓于懿宗，以支庶繫大宗例，宜以懿爲始祖，次昭宗可也，不必祖神堯而宗太宗。若依漢光武，則宜于代州立獻祖而下親廟，其唐廟依舊禮行之可也。而議謚者忘咸通之懿宗，又稱懿祖，父子俱懿，于理可乎？將朱邪三世與唐室四廟連叙昭穆，非禮也。議祧者不知受氏於唐懿宗而祧之，今又及獻祖。以禮論之，始祧昭宗、次祧懿祖可也。而懿祖如唐景皇帝，豈可祧乎？

蕙田案：以上後唐。

晉本紀：天福二年，追尊高祖璟廟號靖祖，曾祖郴廟號肅祖，祖昱廟號睿祖，考紹雍廟號獻祖。

文獻通考：天福二年，中書門下奏：「皇帝到京，未立宗廟，所司請立高祖以下四親廟。其始祖一廟，未敢輕議。」令都省百官集議。御史中丞張昭議曰〔一〕：「臣讀十四代史書，見二千年故事，觀諸家宗廟，都無始祖之稱，唯殷、周二代以稷、契爲太祖。禮記曰：『天子七廟，三昭三穆，與太祖之廟而七。』鄭玄注云：『此周制也。七者，太祖后稷及文王、武王與四親廟。』又曰：『殷人六廟，契及成湯與二昭二穆也。夏后氏立五廟，不立太祖，唯禹與二昭二穆而已。』據王制鄭玄所釋，即殷、周以稷、契爲太祖，夏后氏無太祖，亦無追謚之廟。自殷、周以來，時更十代，皆於親廟之中，以有功者爲太祖，無追崇始祖之例。具引今古，即恐詞煩，事要證明，須陳梗概。漢以高祖

〔一〕「張昭」，文獻通考卷九三改作「張昭遠」。

父太上皇無社稷功，不立廟號，高帝自爲高祖。魏以曹公相漢垂三十年，始封于魏，故爲太祖。晉以宣王輔魏有功，立爲高祖；以景帝始封于晉，故爲太祖。宋世先世官閥卑微，雖追崇帝號，劉裕自爲高祖。南齊高帝之父，位至右將軍，生無封爵，不得爲太祖，高帝自爲太祖〔一〕。梁武帝父順之，佐佑齊室，封侯，位至領軍、丹陽尹，雖不受封于梁，亦爲太祖。陳武帝父文讚生無名位，以武帝有功梁室，贈侍中，封義興公，及武帝即位，亦追爲太祖。周閔帝以父泰相西魏，經營王業，始封于周，故爲太祖。隋文帝父忠輔周室有大功〔二〕，始封于隋，故爲太祖。唐高祖神堯祖父虎爲周大柱國，隋氏追封唐公，故爲太祖。唐末，梁室朱氏有帝位，亦立四廟，朱氏先世無名位，雖追册四廟，不立太祖，朱公自爲太祖。此則前代追册太祖，不出親廟之成例也。王者祖有功，而宗有德，漢、魏之制，非有功德不得立爲祖宗。殷、周受命，以稷、契有大功於唐、虞之際，故追尊爲太祖。自秦、漢之後，其禮不然，雖祖有功，仍須親廟。今粗言

〔一〕「高帝自爲太祖」六字，原脱，據光緒本、文獻通考卷九三補。
〔二〕「父忠」，諸本脱，據文獻通考卷九三補。

往例，以取證明。秦稱造父之後，不以造父爲始祖。漢稱唐堯、劉累之後，不以堯、累爲始祖；魏稱曹參之後，不以參爲始祖；晉稱趙將司馬卬之後，不以卬爲始祖；宋稱漢楚元王之後，不以元王爲始祖；齊、梁皆稱蕭何之後，不以蕭何爲始祖；陳稱太丘長陳寔之後，不以寔爲始祖；元魏稱李陵之後，不以陵爲始祖；後周稱神農之後，不以神農爲始祖；隋稱楊震之後，不以震爲始祖；唐稱皋陶、老子之後，不以皋陶、老子爲始祖。唯唐高宗則天武后臨朝，革唐稱周，便立七廟，仍追册周文王姬昌爲始祖，此蓋當時附麗之徒，不諳故實，武立姬廟，乖越已甚。曲臺之人，到今嗤誚。臣遠觀秦、漢，下至周、隋，禮樂衣冠，聲明文物，未有如唐室之盛。武德議廟之初，英才間出，如温、魏、顏、虞通今古，封、蕭、薛、杜達禮儀，制度憲章，必有師法。夫追先王、先母之儀，起於周代，據史記及禮經云『武王纘太王、王季、文王之緒，一戎衣而有天下，尊爲天子，宗廟享之。周公成文、武之德，追王太王、王季，祀先公以天子之禮。』又曰：『郊祀后稷以配天。』據此言之，周武雖祀七世，追爲王號者但四世而已。故自東漢以來，有國之初，多崇四廟，從周制也。況殷因夏禮，漢習秦儀，無勞博訪之文，宜約已成之制。請依隋、唐有國之初，創立四廟，推四世之中名位高者爲太祖。謹議以聞。」敕令尚書省集議奏聞。乃倣唐朝舊制，追尊四廟。

蕙田案：張昭之議，頗達古今事變，非禮制也。

五代史晉本紀：出帝天福七年十一月庚子，祔高祖神主于太廟。

蕙田案：以上後晉。

漢本紀：天福十二年，漢雖建國，而追續天福爲十二年。追尊高祖湍廟號文祖，曾祖昂廟號德祖，祖僎廟號翼祖，考琠廟號顯祖。以漢高皇帝爲高祖，光武皇帝爲世祖，皆不祧。

文獻通考：天福十二年，時漢高祖已即位，尚仍天福之號。太常博士段顒奏：「請立高、曾、祖、禰四廟，更上追遠祖光武皇帝爲百代不遷之廟，居東向之位。」吏部尚書竇正固等議〔一〕：「古者四親廟之外，祖功宗德，不拘定數。今除四親廟外，更請追尊高皇帝、光武皇帝共立六廟。」從之。

宋史竇貞固傳：貞固在晉，拜刑部尚書。漢祖入汴，貞固與禮部尚書王淞率百官

〔一〕「竇正固」，文獻通考卷九三改作「竇貞固」。

見于滎陽西[一]，漢祖駐馬，勞問久之。初營宗廟，帝以姓自漢出，遂襲國號，尊光武爲始祖[二]，并親廟爲五。詔群臣議，貞固上言曰：「案王制：『天子七廟，諸侯五，大夫三，士一。』正義曰：『周之制七廟者，太祖及文王、武王之祧與親廟四也。』又曰：『七廟者，據周也。有其人則七，無其人則五。』至光武中興，及魏、晉、宋、齊、隋、唐，或立六廟，或立四廟，蓋建國之始，未盈其數也。禮曰『德厚者流光』，此天子可以祀六世之義也。今陛下大定寰區，重興漢祚，旁求典禮，用正宗祧，伏請立高、曾、祖、禰四親廟。及自古聖王祖有功、宗有德，更立始祖在四廟之外，不拘定數，所以或五廟或七廟。今請尊高帝、光武皇帝爲始祖[三]，法文王、武王不遷之制，用歷代六廟之規，庶合典禮。」漢祖從之。論者以天子建國，各從其所起，堯自唐侯，禹生大夏是也。立廟皆祖其功，商之契，周之后稷，漢之武帝，晉之三廟是也。高祖起于晉陽，而追嗣兩漢，徒以同姓爲遠祖，甚非其義。貞固又以四親匹庶，上合高、光，失之彌遠矣。但援

〔一〕「王淞」，宋史竇貞固傳作「王松」。
〔二〕「始」，原作「世」，據光緒本、宋史竇貞固傳改。
〔三〕「始」，原作「世」，據光緒本、宋史竇貞固傳改。

立親廟可也，餘皆非禮。

文獻通考：馬氏曰：「後唐、晉、漢皆出于夷狄者也。莊宗、明宗既捨其祖而祖唐之祖矣，及敬瑭、知遠崛起而登帝位，俱欲以華胄自詭，故于四親之外，必求所謂始祖者而祖之。張昭之言，議正而詞偉矣。至漢初，則段顒、竇正固之徒曲爲諂附，乃至上祖高、光以爲六廟。然史所載出自沙陀部之說，固不可掩也，竟何益哉！」

蕙田案：以上後漢。

五代史周本紀：廣順元年五月辛未，追尊祖考爲皇帝，妣爲皇后：高祖璟謚曰睿和，廟號信祖，祖妣張氏謚曰睿恭；曾祖諶謚曰明憲，廟號僖祖，祖妣申氏謚曰明孝；祖蘊謚曰翼順，廟號義祖，祖妣韓氏謚曰翼敬；考謚曰章肅，廟號慶祖，妣王氏謚曰章德。

文獻通考：廣順元年，有司議立四親廟，從之。

五代史周本紀：廣順三年十二月戊申，四廟神主至自西京，迎之於西郊，祔於太廟。乙亥，享於太廟。

宋史聶崇義傳：崇義周顯德中，累遷國子司業兼太常博士。先是，世宗以郊廟祭器止由有司相承製造，年代浸久，無所規式，乃命崇義檢討摹畫以聞。四年，崇義上之，乃命有司改造焉。

五代史周本紀：顯德五年夏四月庚申，祔五室神主於新廟。

蕙田案：以上後周。

右五代廟制

五禮通考卷八十一

吉禮八十一

宗廟制度

宋廟制上

宋史禮志：太祖建隆元年，有司請立宗廟，詔下其議。兵部尚書張昭等奏：「謹案堯、舜、禹皆立五廟，蓋二昭二穆與其始祖也。有商建國，改立六廟，蓋昭穆之外，祀契與湯也。周立七廟，蓋親廟之外，祀太祖與文王、武王也。漢初立廟，悉不如禮。魏、晉始復七廟之制，江左相承不改。然七廟之室，隋文但立高、曾、祖、禰四廟而已。

唐因隋制，立四親廟，梁氏而下，不易其法。稽古之道，斯爲折衷。伏請追尊高、曾四代，崇建廟室。」奏可。判太常寺竇儼奏上皇高祖文安府君曰文獻皇帝，廟號僖祖；皇曾祖中丞府君曰惠元皇帝，廟號順祖；皇祖驍衛府君曰簡恭皇帝，廟號翼祖〔一〕；皇考武清府君曰昭武皇帝，廟號宣祖；皇高祖妣崔氏曰文懿皇后；皇曾祖妣桑氏曰惠明皇后；皇祖妣京兆郡太夫人劉氏曰簡穆皇后。太祖御崇元殿，備禮册四親廟，奉安神主，行上謚之禮。

太宗太平興國二年正月，有司言：「唐制，長安太廟，凡九廟，同殿異室。其制：二十一間皆四柱，東西夾室各一，前後面各三階，東西各二側階。本朝太廟四室，室三間。今太祖升祔，共成五室，請依長安之制，東西留夾室外，餘十間分爲五室，室二間。」從之。四月己卯，奉神主祔廟。

玉海：至道三年五月，有司言：「唐郊祀録廟各一屋三間，華飾，連以罘罳，同殿異室，無别設庫屋明文，請東西各增修一間，以藏寶册。」從之。

〔一〕「翼祖」，原作「翌祖」，據光緒本、宋史禮志九改，下同。

宋史禮志：真宗咸平元年，判太常禮院李宗訥等言：「伏見僖祖稱曾高祖，太祖稱伯，文懿、惠明、簡穆、昭憲皇后並稱祖妣，孝明、孝惠、孝章皇后並稱伯妣。案爾雅有考妣、王父母、曾祖王父母、高祖王父母及世父之別，以此觀之，唯父母得稱考妣。今請僖祖止稱廟號，順祖而下即依爾雅之文。」事下尚書省議。户部尚書張齊賢等言：「王制：『天子七廟，謂三昭三穆與太祖之廟而七。』前代或有兄弟繼及，亦移昭穆之列，是以漢書爲人後者爲之子，所以尊本祖而重正統也。又禮云：『天子絶朞喪。』安得宗廟中有伯氏之稱乎？其唐及五代有所稱者，蓋禮官之失，非正典也。請自今有事于太廟，則太祖并諸祖室稱孝孫孝曾孫嗣皇帝，太宗室稱孝子嗣皇帝，其爾雅考妣王父之文，本不謂宗廟言也。歷代既無所取，于今亦不可行。」詔下禮官議，議曰：「案春秋正義『躋魯僖公』云：『禮，父子異昭穆，兄弟昭穆同。』此明兄弟繼統，同爲一代。又魯隱、桓繼及，皆當穆位。又尚書盤庚有商及王，史記云，陽甲至小乙兄弟四人相承，故不稱嗣子，而曰及王，明不繼兄之統也。又唐中、睿皆處昭位，敬、文、武昭穆同爲一世。伏請僖祖室止稱廟號，后曰祖妣。順祖室曰高祖，后曰高祖妣。翼祖室曰曾祖，后曰曾祖妣，祝文稱孝曾孫。宣祖室曰皇祖考，后曰皇祖妣，祝文稱孝孫。太祖室曰皇伯考妣，太宗室曰皇考妣。每大祭，太祖、太宗昭穆同位，祝文並稱孝子。其別廟稱謂，亦請依此。」詔都省復集議，議曰：「古者祖有功宗有德，皆先有其實，而後正其名。今太祖受命開基，太宗纘承大寶，則百世不祧之廟矣。豈有祖宗之廟已分二世，昭穆之位翻爲一代？如臣等議，禮，爲人後者爲之子，以正父子之道，以定昭穆之義，則無疑也。必若同爲一代，則太宗不得自爲世數，而何以得爲宗乎？不得爲宗，又何以得爲百世不祧之主乎？春秋正義亦不言昭穆不可異，此又不可以爲證也。今若序爲六世，以一昭一穆言之，則上無毁廟之嫌，下有善繼之美，于禮爲大順，于時爲合宜，何嫌而謂不可乎？」翰林學士宋湜等言：「三代而下，兄弟相繼，則多昭穆異位，未之見也。今詳都省所議，皇帝于太祖室稱孫，竊有疑焉。」詔令禮官再議，禮官言：「案祭統曰：『祭有昭穆者，所以别父子、遠近、長幼、親疎之序而無亂也。』公羊傳：『公孫嬰齊爲兄歸父之後，春秋謂之仲嬰齊。』何休云：『弟無後兄之義，爲亂昭穆之序，失父子之親，故不言仲孫。』明不以子爲父孫。晉賀循議兄弟不合繼位昭穆云：『商人六廟，親廟四，並契、湯而六。比有兄弟四人相襲爲君者，便當上毁四廟乎？如此四世之親盡，無復祖禰之神矣。』温嶠議兄弟相繼藏主室之事云：

『若以一帝爲一世，則當不得祭于禰，乃不及庶人之祭也。夫兄弟同世，于恩既順，于義無否。』玄宗朝禘祫，皇伯考中宗、皇考睿宗，同列於穆位，德宗亦以中宗爲高伯祖。晉王導、荀崧等議：『大宗無子，則立支子。』又曰：『爲人後者爲之子。』無兄弟相爲後之文，所以舍至親取遠屬者，蓋以兄弟一體，無父子之道故也。竊以七廟之制，百王是尊，至于祖有功宗有德，則百世不遷之廟也。父爲昭，子爲穆，則萬世不刊之典也。今議者引漢書曰『爲人後者爲之子』，殊不知弟不爲兄後，子不爲父孫，春秋之深旨；父謂之昭，子謂之穆，禮記之明文也。又案太宗享祀太祖二十有二載，稱曰孝弟，此不易之制，又安可追改乎？唐元宗謂中宗爲皇伯考，德宗謂中宗爲高伯祖，則伯氏之稱，復何不可？臣等參議，自今合祭日，太祖、太宗依典禮同位異坐，皇帝于太祖仍稱孝子，餘並遵舊制。」

蕙田案：兄弟同昭穆，此不易之理，禮官之言是也。不稱伯父，齊賢之議似爲近之。禮，兄弟之子猶子，伯仲叔季，皆有父道，則皆有子道焉。

文獻通考：景德三年，龍圖閣待制陳彭年言：「案漢書高平侯魏洪坐酎宗廟騎至司馬門，削爵一級。此則騎不過廟司馬門之明文也。伏見太廟别有偏門及東門，祀官入齋宫，去殿廷尚遠，其後廟雖有一門，每遇禘祫，神主由之出入，兼有齋宫正與殿門相對，數步而已，祀官皆乘馬而入，實非恭恪。望自今中書門下行事，許乘馬入太廟東門，自餘並不得乘入，庶彰寅奉，以廣孝思。」詔祀官遇雨許乘馬入東門，導從止門外，餘如所請。

宋史真宗本紀：景德四年二月癸酉，詔西京建太祖神御殿。

蕙田案：此宋神御殿之始。

禮志：景德四年，奉安太祖御容應天禪院，以宰臣向敏中爲奉安聖容禮儀使，權安於文德殿，百官班列，帝行酌獻禮，鹵簿導引，升綵輿進發，帝辭於正陽門外，百官辭於瓊林苑門外，遣官奏告昌陵畢，群臣稱賀。

蕙田案：此御容安奉禪院之始。

文獻通考：大中祥符元年六月，以將封禪，詔有司議，加上太祖、太宗尊謚，後又詔太廟六室各奉上尊謚二字。中書門下請加僖祖謚曰文獻睿和皇帝，順祖曰惠元睿明皇帝，翼祖曰簡恭睿德皇帝，宣祖曰昭武睿聖皇帝，太祖曰啓運立極英武睿文神德聖功至明大孝皇帝，太宗曰至仁應道神功聖德文武睿烈大明廣孝皇帝，遣宰相王旦等奉上册寶。

蕙田案：此因封禪上尊號。

宋史真宗本紀：大中祥符三年十二月乙卯，告太廟。詔自今謁廟入東偏門。

文獻通考：大中祥符三年十二月，詔曰：「朕以親祀后祇，昭告祖考，詳觀定儀，有所未安，入廟則步武正門，至庭則迴班東向。且躬申祇見，禮尚尊虔，當罄寅恭，庶申誠慤。自今謁廟，朕當由東偏門入至殿庭，不得令百官迴班。」

蕙田案：東偏門入有阼階之義，近于禮矣。

宋史真宗本紀：大中祥符五年閏十月己巳，上聖祖尊號。辛未，謝太廟。乙亥，詔上聖祖母懿號，加太廟六室尊謚。十二月戊辰，作景靈宫。

禮志：景靈宫，創於大中祥符五年，聖祖臨降，爲宫以奉之。

蕙田案：此景靈宫之始，爲聖祖臨降而建誕矣。

真宗本紀：乾興元年二月，帝崩。十月，祔太廟。

禮志：乾興元年十月，奉真宗神主祔廟。

仁宗天聖五年，詔修景靈宫之萬壽殿，以奉真宗，署曰奉真。

蕙田案：萬壽殿奉真宗，此景靈宫第二殿也。

仁宗本紀：景祐二年五月庚子，議太祖、太宗、真宗廟並萬世不遷。

玉海：景祐二年五月甲申朔，詔：「王者奉祖宗，尚功德，禋天祀地，則侑神作主，審禘合食，則百世不遷。其令禮官辨崇配之序，定二祧之位。」庚子，禮院言：「王者建廟祏之嚴，合昭穆之綴，祖一而已，始受命也。宗無豫數，待有德也。太祖誕受寶命，付畀四海，鋪敦燮伐，潛黜不端，夷澤潞之畔，兼淮海之昧，東焚吴輿，右因蜀壘，湘、楚、番禺，請吏入朝。當此之時，天下去凋殘，蒙更生，此萬世之業也。太宗提神略，席下武，龔行天討，底定太原，由是謹九刑之辟，藝四方之貢，信賞類能，重食勸農，官無煩苛，人無怨恫。又引搢紳諸儒，講道興學，炳然與三代同風。真宗乾粹日昭，執競維烈，遂考夏諺，紹虞巡，祕牒岱宗，育穀冀壤，翕受瑞福，普浸黎元，肖翹跂行，民無不寧，百度已備，眷授明辟。洪維一祖二宗之烈，歷選墳誥未有高焉者也。請以太祖爲定配，二宗爲迭配，其將來皇帝親祠，請以三聖皆侑，上顯對越之盛，次申遹追之感。」詔恭依。

蕙田案：迭配從唐制也。

宋史禮志：康定元年，直祕閣趙希言奏：「太廟自來有寢無廟，因堂爲室，東西十六間，内十四間爲七室，兩首各一夾室。案禮，天子七廟，親廟五、祧廟二。據古則僖、順二祖當遷。國家道觀佛寺，並建别殿，奉安神御，豈若每主爲一廟一寢。或前立一廟，以今十六間爲寢，更立一祧廟，逐室各題廟號。釦寶神御物，宜銷毁之。」同判太常寺宋祁言：「周制有廟有寢，以象人君前有朝後有寢也。廟藏木主，寢藏衣冠。至秦乃出寢於墓側，故陵上更稱寢殿，後世因之。今宗廟無寢，蓋本於兹。鄭康成謂周制立二昭二穆，與太祖、文、武共爲七廟，此一家之説，未足援正。自荀卿、王肅等皆云天子七廟，諸侯五，大夫三，士一，降殺以兩。則國家七世之數，不用康成之説也。僖祖至真宗方及六世，不應便立祧廟。自周、漢每帝各立廟，晉、宋以來多同殿異室，國朝以七室代七廟，相承已久，不可輕改。周禮：『天府掌祖廟之守藏。』寶物世傳者皆在焉。其神御法物、寶盝、釦牀，請别爲庫藏之。」自是室題廟號，而建神御庫焉。

蕙田案：僖、順有當祧之義，尚非應祧之時。

仁宗本紀：皇祐五年三月癸亥，遣使奉安太祖御容於滁州，太宗御容於并州，真宗御容於澶州。六月乙亥，御紫宸殿，案太安樂，觀宗廟祭器。十一月戊辰，饗太廟、奉慈廟。

禮志：皇祐中，以滁州通判王靖請，滁、并、澶三州建殿奉神御，乃宣諭曰：「太祖擒皇甫暉於滁州，是受命之端也，即大慶寺殿名曰端命，以奉太祖。太宗取劉繼元於并州，是太平之統也，即崇聖寺殿名曰統平，以奉太宗。真宗歸契丹於澶州，是偃武之信也，即舊寺殿名曰信武，以奉真宗。」既而統平殿災，諫官范鎮言：「并州素無火災，自建神御殿未幾而輒焚，天意若曰祖宗御容非郡國所宜奉安者。近聞下并州復加崇建，是徒事土木，重困民力，非所以答天意也。自并州平七十七年，故城父老不入新城，宜寬其賦輸，緩其徭役，以除其患，使河東之民不忘太宗之德，則陛下孝思，豈特建一神御殿比哉？」先是，睦親、廣親二宅並建神御殿，翰林學士歐陽修言神御非人臣私家之禮，下兩制、臺諫、禮官議，以爲「漢用春秋之義，罷郡國廟。今睦親宅、廣親宅所建神御殿，不合典禮，宜悉罷。」詔以廣親宅置已久，唯罷修睦親宅。

蕙田案：范氏、歐陽氏之言甚透。

英宗本紀：嘉祐八年十月甲午，葬仁宗於永昭陵。十一月丙午，祔於太廟。

禮志：仁宗將祔廟，修奉太廟使蔡襄上八室圖，爲十八間。初，禮院請增廟室，孫抃等以爲：「七世之廟，據父子而言，兄弟則昭穆同，不得以世數之。廟有始祖，有太祖，有太宗，有中宗，若以一君爲一世，則小乙之祭不及其父。故晉之廟十一室而六世，唐之廟十一室而九世。國朝太祖之室，太宗稱孝弟，真宗稱孝子，大行稱孝孫。而禘祫圖：太祖、太宗同居昭位，南向；真宗居穆位，北向。蓋先朝稽用古禮，著之祀典。大行神主祔廟，請增爲八室，以備天子事七世之禮。」盧士宗、司馬光以爲：「太祖已上之主，雖屬尊於太祖，親盡則遷。故漢元之世，太上廟主瘞於寢園；魏明之世，處士廟主遷於園邑；晉武祔廟，遷征西府君；惠帝祔廟，遷豫章府君。自是以下，大抵過六世則遷。蓋太祖未正東向，故止祀三昭三穆；已正東向，則并昭穆爲七世。唐初祀四世，太宗增祀六世。及太宗祔廟，則遷弘農府君；高宗祔廟，又遷宣帝。皆祀六世，前世成法也。玄宗立九室祀八世，事不經見。若以太祖、太宗爲一世，則大行祔廟，僖祖親盡，當遷夾室，祀三昭三穆，於先王典禮及近世之制，無不符合。」抃等復議曰：「自唐至周，廟制不同，而皆七世。自周以上，所謂太祖，非始受命之主，特始封之君而已。今僖祖雖非始封之君，要爲立廟之祖，方廟數未過七世，遂毀其廟，遷其主，考之三代，禮未有此。漢、魏及唐一時之議，恐未合先王制禮之意。」乃存僖祖室以備七室。

蕙田案：三議皆可行。

文獻通考：仁宗嘉祐時，集賢校理邵必言：「周禮小宗伯之職，凡王之會同、甸役禱祠，肄儀爲位。鄭氏注云：『若今時肄儀司徒府。』今習宮廟儀而啓室登殿，拜則小揖，奠則虛爵，樂舉柷敔，舞備行綴，慢褻神靈，莫斯爲甚。夫習儀者，本以防失禮而瀆神也，奈何天子未行親祠，而有司先瀆之？宜習于尚書省，以比漢司徒府。」下禮院兩制定而從之。

嘉祐七年六月〔一〕，時英宗已即位。仁宗將祔廟，修奉太廟使蔡襄上八室圖，廣廟室并夾室爲十八間，神主奉安齋殿，數月而成。舊廟室前楹狹隘，每禘祫陳序昭穆，南北不相對，左右祭器填委不中儀式。嘉祐親祫，增築土階，張幄帟，乃可行禮。宗正丞趙觀請廣檐陛，如親祫時，凡二丈七尺。

〔一〕「七年」，文獻通考卷九三改作「八年」。

宋史神宗本紀：治平四年正月，英宗崩。九月壬午，祧僖祖及文懿皇后。乙酉，祔英宗神主於太廟。

禮志：治平四年，英宗將祔廟，太常禮院請以神主祔第八室，祧藏僖祖神主於西夾室。自仁宗而上，以次遞遷。翰林承旨張方平等議：「同堂八室，廟制已定，僖祖當祧，合於典禮。」乃以九月奉安八室神主，祧禧祖及后，祔英宗，罷僖祖諱及文懿皇后忌日。

神宗本紀：熙寧二年春正月甲午，奉安英宗神御於景靈宫英德殿。

禮志：熙寧二年，奉安英宗御容景靈宫。

神宗本紀：熙寧四年七月庚子，詔宗室不得祀祖宗神御。

禮志：知大宗正丞事李德芻言：「禮法諸侯不得祖天子，公廟不設於私家。今宗室邸第並有帝后神御，非所以明尊卑崇正統也，望一切廢罷。」下禮官詳定，請如所奏。詔諸宗室宫院祖宗神御迎藏天章閣。自是，臣庶之家凡有御容，悉取藏禁中。

蕙田案：李德芻此奏，差强人意。

神宗本紀：熙寧六年春正月辛亥，復僖祖爲太廟始祖，以配感生帝。祧順祖於夾室。

禮志：熙寧五年，中書門下言：「僖祖以上世次，不可得而知，則僖祖有廟，與商、周契、稷疑無以異。今毁其廟而藏主夾室，替祖考之尊而下祔於子孫，殆非所以順祖宗孝心、事亡如存之義。請以所奏付兩制議，取其當者。」時王安石爲相，不主祧遷之説，故復有是請。翰林學士元絳等上議曰：「自古受命之王，既以功德享有天下，皆推其本統以尊事其祖。故商、周以契、稷有功於唐、虞之際，故謂之祖有功，若必以有功而爲祖，則夏后氏不郊鯀矣。今太祖受命之初，立親廟，自僖祖以上世次，既不可知，則僖祖之爲始祖無疑矣。儻謂僖祖不當比契、稷爲始祖，是使天下之人不復知尊祖，而子孫得以有功加其祖考也。傳曰：『毁廟之主，陳於太祖；未毁廟之主，皆升，合食於太祖。』今遷僖祖之主，藏於太祖之室，則是四祖祫祭之日，皆降而合食也。請以僖祖之廟爲太祖，則合於先王禮意。」翰林學士韓維議曰：「昔先王有天下，迹其基業之所起，奉以爲太祖。故子夏序詩，稱文、武之功起於后稷。後世有天下者，特起無所因，故遂爲一代太祖。太祖皇帝功德卓然，爲宋太祖，無少議者。僖祖雖爲高祖，然仰迹功業，未見所因，上尋世系，又不知所以始，若以所事契、稷奉之，竊恐於古無考，而於今亦所未安。今之廟室與古殊制，古者每廟異宫，今祖宗同處一室，而西夾室在順祖之右，考之尊卑之次，似亦無嫌。」天章閣待制孫固請：「特爲僖祖立室，由太祖而上，親盡迭毁之主皆藏之。嘗禘祫時以僖祖權居東向之位，太祖順昭穆之列而從之，取毁廟之主而合食，則僖祖之尊自有所申。以僖祖立廟爲非，則周人别廟姜嫄，不可謂非禮。」祕閣校理王介請：「依周官守祧之制，創祧廟以奉僖祖，庶不下祔子孫夾室，以替遠祖之尊。」帝以維之説近是，而安石以維言夾室右爲尊爲非理，帝亦然之。又安石以尊僖祖爲始祖，則郊祀當以配天，若宗祀明堂，則太祖、太宗當迭配帝；又疑明堂以英宗配天，與僖祖爲非始祖之説。遂下禮官詳定。同判太常寺兼禮儀事張師顔等議：「昔商、周之興，本於契、稷，故奉之爲太祖。後世受命之君，功業特起，不因先代，則親廟迭毁，身自爲祖。鄭玄云：『夏五廟無太祖，禹與二昭二穆而已。』張薦云：『夏后以禹始封，遂爲不遷之祖。』是也。若始封近世，上有親廟，則遠祖上遷，而太祖不毁。魏祖武帝則處士迭毁，唐祖景帝則弘農迭毁，此前世祖其始封之君，以法契、稷之明例也。唐韓愈有言：『事異商、周，禮從而變。』晉瑯琊王德文曰：『七廟之義，自由德厚流光，享祀及遠，非是爲太祖申尊祖之祀。』其説是也。禮，天子七廟，而太祖之遠近不可以必，但云三昭三穆與太祖之廟而七，未嘗言親廟之首必爲始祖也。國家以僖祖親盡而祧之，奉景祐之詔，以太祖爲帝者之祖，是合於禮矣。張昭、任徹之徒，不能遠推隆極之制，因緣近比，請建四廟，遂使天子之禮下同諸侯。若使廟數備六，則更當上推兩世，而僖祖次在第三，亦未可謂之始祖也。謹案建隆四年，親郊崇配不及僖祖。開國以來，大祭虚其東向，斯乃祖宗已行之意。請略倣周官守祧之制，築别廟以藏僖祖神主，大祭之歲，祀於其室。太廟則一依舊制，虚東向之位。郊配之禮，則仍其舊。」同知太常禮院蘇棁請〔一〕：「即景靈宫祔僖祖，即與唐祔獻、懿二祖於興聖、明德廟，禮意無異。」同判禮院周孟陽等言：「自僖祖而上，世次莫知，則僖祖爲始祖無疑，宜以僖祖配感生帝。」章衡請：「尊僖祖爲始祖，而次祧順祖，以合子爲父屈之義。推僖祖侑感生之祀，而罷宣祖配位，以合祖以孫尊之義，餘且如舊制。」而馮京欲以太祖正東向之位，安石力主元絳初議，遂從之。帝問：「配天孰是？」安石曰：「宣祖見配感生帝，欲改以僖祖配。」帝然之。於是請奉僖祖神主爲始祖，遷

〔一〕「蘇棁」，諸本作「蘇税」，據宋史禮志九校勘記改。

順祖神主夾室，以僖祖配感生帝祀。詔下太常禮院詳定儀注。安石本議以僖祖配天，帝不許，故更以配感生帝焉。

孫固傳：固領銀臺，時議尊僖祖爲始祖，固議曰：「漢高以得天下與商、周異，故太上皇不得爲始封。光武中興，不敢祖春陵而祖高帝。宋有天下，傳之萬世，太祖功也，不當替其祀。請以爲始祖，而爲僖祖别立廟。禘祫之日，奉其祧主東向以申其尊，合所謂祖以孫尊、孫以祖屈之意。」韓琦見而歎曰：「孫公此議，足以不朽矣。」

韓維傳：維判太常寺。初，僖祖主已遷，及英宗祔廟，中書以爲僖祖與稷、契等，不應毁其廟。維言：「太祖勘定大亂，子孫遵業，爲宋太祖，無可議者。僖祖雖爲高祖，然仰迹功業，非有所因，若以所事稷、契事之，懼有所未安，宜如故便。」王安石方主初議，持不行。

蕙田案：韓維、張師顔議自不可易，安石堅僻之性，壞及祖廟，異哉！

文獻通考[一]：中書門下議不祧僖祖。祕閣校理王介上議曰：「夫物有無窮，而

[一]「文獻通考」，下文引自續資治通鑑長編卷二三六，秦氏誤載。

禮有有限，以有限制無窮，此禮之所以起，而天子所以七廟也。今夫自考而上，何也？必曰祖。自祖而上，何也？必曰曾祖。自曾祖而上，何也？必曰高祖。自高祖而上，又何也？必曰不可及見則聞而知之者矣。今欲祖其祖而追之不已，祖之上又有祖，則固有無窮之祖矣。聖人制爲之限，此天子七廟，所以自考廟而上至顯祖之外而必祧也。自顯祖之外而祧，亦猶九族至高祖而止也。皆以禮爲之界也，五世而斬故也。喪之三年也，報罔極之恩也。以罔極之恩爲不足報，則固有無窮之服乎〔一〕？何以異于是？故喪之罔極而三年也，族之久遠而九也，廟之無窮而七也，昔先王之制弗敢過焉者也。記曰：『品節斯，斯之謂禮。』易于節之象曰：『君子以制度數議德行。』」

蕙田案：王介所言，頗得禮意。

神宗本紀：熙寧十年五月戊午，詔修仁宗、英宗廟。

元豐元年正月戊午，命詳定郊廟禮儀。

〔一〕「服」，諸本作「報」，據續資治通鑑長編卷二三六改。

禮志：元豐元年，詳定郊廟禮文所圖上八廟異宮之制，以始祖居中，分昭穆爲左右。自北而南，僖祖爲始祖，翼祖、太祖、太宗、仁宗爲穆，在右；宣祖、真宗、英宗爲昭，在左；皆南面北上。陸佃言：「太祖之廟百世不遷，三昭三穆，親盡則迭毁。如周以后稷爲太祖，王季爲昭，文王爲穆，武王爲昭，成王爲穆，康王爲昭，昭王爲穆，其後穆王入廟，王季親盡而遷，則文王宜居昭位，武王宜居穆位，成王、昭王宜居昭位，康王、穆王宜居穆位，所謂父昭子穆是也。説者以昭常爲昭，穆常爲穆，則尊卑失序。」復圖上八廟昭穆之制，以翼祖、太祖、太宗、仁宗爲昭，在左；宣祖、真宗、英宗爲穆，在右；皆南面北上。何洵直圖上八廟異宫，引熙寧儀：僖祖正東向之位，順祖、宣祖、真宗、英宗南面爲昭，翼祖、太祖、太宗、仁宗北面爲穆，正得祖宗繼序、德厚流光之本意。又以晉孫毓、唐賈公彦言：始祖居中，三昭在左，南面西上；三穆在右，南面東上，爲兩圖上之。又援祭法，言：「翼祖、宣祖在二祧之位，猶同祖禰之廟，皆月祭之，與親廟一等，無親疏遠近之殺。順祖實去祧之主，若有四時祈禱，猶當就壇受祭。請自今二祧神主，殺于親廟，四時之祭，享嘗乃止，不及大烝，不薦新物。去祧神主，有禱則爲壇而祭，庶合典禮。」又請建新廟於始祖之西，略如古方明壇制。有詔，俟廟制成日取旨。

文獻通考：馬氏曰：晦菴嘗言太祖昭穆廟制一事，千五六百年無人整理，且以爲神宗嘗討論舊典，將復古制，而惜其未及營建。愚以爲後王之失禮者，豈獨廟制一事？而廟制之説，自漢以來，諸儒講究非不詳明，而卒不能復古制者，蓋有由矣。如天子七廟，三昭三穆并太祖之廟而七。太祖百世不遷，一昭一穆爲宗亦如之，餘則親盡迭毁。其制則外爲都宫，内各有寢廟，别有門垣，太祖在北，東向，左昭右穆，以次而南。夫人而能知之也。然此乃殷、周之制，殷以契爲太祖，而成湯及三宗則爲有功德不毁之廟；周以稷爲太祖，而文、武則爲有功德不毁之廟，其餘則親盡而毁。夫契、稷皆有大功于生民，以此受封傳世，至于湯、武受命興王，推其所自，本于契、稷，故奉之以爲太祖，舉無異詞。若後之有天下者，則皆功業特起，不因前代，然既即帝位，必以天子之禮事其祖考。如漢之太公，晉之征西、豫章，唐之獻、懿、景、元，宋之僖、順、翼、宣，皆帝者之祖宗，享七廟之嚴奉可也。若推以爲太祖，而比之稷、契，則固不侔矣。是以韋玄成、劉歆諸人講論廟制備矣，而終不能復殷、周之制者，蓋太祖之位未定故也。古之祫祭，蓋奉太祖與毁廟未毁廟之主而合祀之，其制則太祖東向，左昭右穆，以次爲位而祭之。然唐世以景帝爲太祖，唐公李虎，高祖之祖。祖列於昭穆。當中、睿間，則景帝世近，在三昭三穆之内，故禘祫則虚東向之位，而太祖列於昭穆。至代宗以後，景帝方居第一室，禘祫得以正位；然獻、懿二祖，景帝之祖父。親盡已毁，而禘祫則合祭，故當時建議者，請景帝禘祫之時暫居昭穆，屈己以奉祖宗，而以獻祖東向。然則唐世之祫祭，如太祖東向之位，其始也虚之，其末也則景、獻二帝迭處之矣。然祭祀乃一時之禮，虚其位可也，迭處其位亦可也。宗廟有百世之規，既立太祖之廟，不可復虚；既入太祖之廟，不可復遷。姑以熙寧之事言之，當時以僖祖爲太祖，而自翼祖以下至英宗爲三昭三穆是矣。然僖祖本無功德，非宋所以興而肇造區夏光啓後裔者，藝祖、太宗也。今僖祖爲百世不遷之太祖，而藝祖、太宗則親盡而毁之，可乎？藉曰以二祖同文、武世室，亦百世不毁，然周之文、武，其功德未嘗居后稷之右，今以僖祖爲太祖，而藝祖、太宗僅同世室，終不足以厭人心。蓋宋太祖之廟，非藝祖不足以當之，而神宗之世，纔及五代，以藝祖爲太祖，則七廟未可立也。漢以來崛起而有天下者，必合以天子之禮，事其祖考，于是尊爲始祖，或推以配天，固不容論其功業之有無也。逮其傳世既久，子孫相承，則自當以建邦啓土創業垂統者爲太祖，而創業者所祖之祖，固未可以言百世不遷矣。蓋後世太祖之位隨世而遷，太祖之議，世各異論，不能如殷契、周稷之定于有天下之初，而後世子孫竟無以易也。然則歷代所以不能復殷、周七廟之制者，非不知古禮也，正以追尊之祖無一人可以擬稷、契者。是以太祖之議難決，而太祖之位未定故耳。

蕙田案：馬氏説極爲明暢。

神宗本紀：元豐三年三月乙酉，祔慈聖光獻皇后神主於太廟〔一〕。九月乙酉，詔即景靈宫作十一殿，以時王禮祀祖宗。

禮志：元豐三年，禮文所言：「古者宗廟爲石室以藏主，謂之宗祏。夫婦一體，同几共牢。一室之中，有左主、右主之别，正廟之主，各藏廟室西壁之中；遷廟之主，藏於太祖太室北壁之中。其埳去地六尺一寸。今太廟藏主之室，帝后異處，遷主仍藏西夾室，求之於禮，有所未合。請新廟成，並遵古制。」從之。

〔一〕「主」，諸本脱，據宋史神宗本紀補。

神宗本紀：元豐五年十一月壬午，景靈宫成，遷祖宗神御。癸未，初行酌獻禮。乙酉，以奉安神御赦天下，官與享大臣子若孫一人〔一〕。庚寅，紫宸殿宴侍祠官。

禮志：元豐五年，作景靈宫十一殿，而在京宫觀寺院神御，皆迎入禁中，所存惟萬壽觀延聖、廣愛、寧華三殿而已。

凡七十年間，神御在宫者四，寓寺觀者十有一。元豐五年，始就宫作十一殿，悉迎在京寺觀神御入内，盡合帝后，奉以時王之禮。十一月，百官班於集英殿廷，帝詣蘂珠、凝華等殿，行告遷廟禮，禮儀使奉神御升綵輿出殿。明日，復行薦享如禮，禮儀使奉神輿行，帝出幄導至宣德門外，親王、使相、宗室正任以上前引，望參官及諸軍都虞候、宗室副率以上陪位，内侍省押班整儀衛以從，奉安神御於十一殿。明日，帝詣宫朝獻，先謁天興殿，以次行禮，並如四孟儀。詔自今朝獻孟春用十一日，孟夏擇日，孟秋用中元日，孟冬用下元日，天子常服行事。薦聖祖殿以素饌，神御殿以膳羞，器服儀物，悉從今制。天興殿門以奉天神不立戟，諸神御門置親事官五百人，立戟二十

〔一〕「與享」，原作「在京」，據光緒本、宋史神宗本紀改。

四。累朝文武執政官、武臣節度使以上並圖形於兩廡。凡執政官除拜，赴宮恭謝。其後南郊先詣宮行薦享禮，並如太廟儀。

文獻通考：元豐時，修定儀注所言：「先王之制，設廟于前，以象生之有朝；設寢於後，以象生之有寢。廟以藏木主，列昭穆之序；寢有衣冠几杖，象平生之居。先儒謂薦其血毛，腥其俎，爲薦上古之食；退而合享，體其犬豕牛羊，爲薦今世之食。儀禮曰：『燕養饋羞，湯沐之饌，如他日』者，鄭氏云：『孝子不忍一日廢其事親之禮故也。』後世因之。故方其薦上古之食于廟，則時王之制有所不行；薦今世之饌于寢，則先王之禮有所不用。有唐追尊老氏，立太清宮于西都，凡將郊祀，必先朝焉，歲四孟月，亦先薦焉。天寶詔曰：『我祖淡然常在，爲道之宗，既殊有盡之期，須依事生之禮。』以祭用質明乃尚陰之義，故改以卯。初冕服策祝，非事生之謂，故停而不用。章聖皇帝席厚德之流光，推璿源之自出，乃崇琳館以事聖祖，雖採太清之儀，實兼原廟之制。聖聖纂承，益昭前烈。然而如在之容，或寓于浮圖之祠；朝拜之日，尚因于道家之禮。至于儀物，雜以古今，義或未稱，時亦有待。陛下純孝自天，至誠繼志，肆宏屋宇，裒合仙聖，規摹恢廓，咸出睿畫。旬歲之間，其功大就，將期落成之始，聿嚴親享之事。爰敕有司，議其典式。伏案原廟雖出于近世，餘意乃祖乎先王。夫孝子之于親也，事亡如事其生，思之欲見其人，齋三日，必見其所爲齋者。不敢以生事之，故有廟焉，示不忘古，所以神之也。不敢以亡事之，故有寢焉，以象其平生所以親之也。多方以求之，而其肸蠁如在左右，故曰『唯孝子爲能享親』。陛下比詔禮官講明太廟之禮，斷之以古，其非先王之法者去而弗用，則今日設原廟之禮，宜酌今制，猶前日之詔意也。周官四時之祭，春曰祠，夏曰禴，秋曰嘗，冬曰烝，皆于首時，蓋君子感時物之變，而思其親，得疏數之中者也。伏請以四孟月告廟，獻景靈宮。天子常服行事，薦聖祖殿以素饌，神御殿以饍羞，器服儀物，悉從今制，登降薦獻，參酌朝謁之儀。凡古之事，一切不違，以合先王事亡如存之義，緣享儀注。乞下本所詳定。」從之。時祖宗帝后神御皆寓于宮觀寺院，在京師者十有五。神宗作景靈宮，而在京寺觀神御悉迎奉入內，所存者唯萬壽觀延聖、廣愛、寧華三殿焉。

神宗本紀：元豐八年十一月丁酉，祧翼祖，祔神宗於太廟，廟樂曰大明之舞。

禮志：元豐八年，太常寺言：「詔書定七世八室之制。今神宗皇帝崇祔，翼祖在七世之外，與簡穆皇后祧藏於兩夾室，置石室中。」十一月丁酉，祔神宗神主於第八室。自英宗上至宣祖，以次升遷。

哲宗本紀：元祐元年正月丙辰，立神宗原廟。

潛確類書：元祐元年，太皇太后立神宗原廟，詔：原廟之立，所從來已久。前日神宗皇帝即位，祠宇並建寢殿，以崇嚴祖考，其孝可謂至矣。今神宗既已升祔，於故事當營神御以奉神靈，而宫垣之東，密接民里，欲加開展，則懼成煩擾。欲採縉紳之議，皆合帝后爲一殿，則無以稱神宗欽奉祖考之意。聞治隆殿後有園地，以殿後推之，本留以待未亡人也，可即其地立神宗原廟。吾萬歲後，當從英宗皇帝於天，上以寧神明，中以成吾子之志，下以安居民之心，不亦善乎！

二年三月癸酉，奉安神宗神御於景靈宫宣光殿。十月壬午，奉安神宗御容於會聖宫及應天院。

徽宗本紀：元符三年八月庚子，作景靈西宫，奉安神宗神御，建哲宗神御殿於其西。庚戌，詔以仁宗、神宗廟永世不祧。癸亥，祔哲宗神主於太廟，樂曰大成之舞。

禮志：元符三年，禮部太常寺言：「哲宗升祔，宜如晉成帝故事，於太廟殿增一室，候祔廟日，神主祔第九室。」詔下侍從官議，皆如所言。蔡京議：「以哲宗嗣神宗大統，父子相承，自當爲世。今若不祧遠祖，不以哲宗爲世，則三昭四穆與太祖之廟而八。宜深考載籍，遷祔如禮。」陸佃、曾肇等議：「國朝自僖祖而下始備七廟，故英宗祔廟，則遷順祖；神宗祔廟，則遷翼祖。今哲宗於神宗，父子也，如禮官議，則廟中當有八世。況唐文宗即位則遷肅宗，以敬宗爲一世，故事不遠。哲宗祔廟，當以神宗爲昭，上遷宣祖，以合古三昭三穆之義。」先是，李清臣爲禮部尚書，首建增室之議，侍郎趙挺之等和之。會清臣爲門下侍郎，論者多從其議，唯京、佃等議異。二議既上，清臣辨説甚力，帝迄從焉。六月，禮部請用太廟東夾室奉安哲宗神主。太常少卿孫傑言：「先帝神主錯之夾室，即是不得祔於正廟，與前詔增建一室之議不同。昨用嘉祐故事，專置使修奉，請以夾室奉安神主，亦與元置使之意相違。請如太常前議，增建一室。」尚書省以廟室未備，行禮有期，權宜升祔，隨即增修，比之前代設幄行事者，不爲不至。詔依初旨行之，迺祔哲宗神主於夾室。

徽宗即位，宰臣請特建景靈西宮，奉安神宗於顯承殿，爲神御之首，昭示萬世尊異之意。建哲宗神御殿於西，以東偏爲齋殿，乃給度僧牒、紫衣牒千道爲營造費，户牖工巧之物並置荆湖北路。已而右正言陳瓘言五不可，且論蔡京矯誣。不從。

文獻通考：右正言陳瓘言：「近修建景靈西宮，拆移元豐庫、大理寺、軍器監、儀鑾司等處，以其地奉安神考、哲宗神御，然可得而議者有五事焉。夫國之神位，左宗廟右社稷，今廟據社位不合經旨，此其可議者一也。刑獄之地，必有殺氣，今乃擇此以建宮廟，此其可議者二也。西宮之地，雖云只移官舍，不動民居，而一寺一庫一監一司移於他處，遷此就彼，亦有居民，此其可議者三也。昔者奉安祖宗帝后神御散於寺觀之内，神考合集諸殿，會於一宮，今乃析而爲二，歲時酌獻，鑾輿分詣，禮既繁矣，事神則難，此其可議者四也。顯承殿奉安以來，一祖五宗神靈協會既久，何用遷徙，宗廟重事豈宜輕動，此其可議者五也。望別行詳議。」瓘又言：「陛下所以不敢輕議者，謂神考素有修西宮之意。蔡京親聞先訓，而實録備載其語，故不可以不恭依也。以臣觀之，此乃蔡京矯誣神考之訓，無足信者。元豐中，神考於治隆殿後留基以待宣仁，後因御史有請，宣仁以其地爲神考廟宮，而紹聖，大臣反謂宣仁輕蔑神考，裁損廟制，於是重建顯承殿以爲奉安之地。當哲宗之時，蔡京最用事，凡可以毀宣仁者，無所不至，豈有親聞神考之言，可以證元祐之失而乃隱忍不聞於哲宗者乎？臣以是知其爲矯誣也。」不從。

詔仁宗、神考廟永祀不祧，詔曰：「蓋聞有天下者事七世，則迭毁之制有常。祖有功而宗有德，則不遷之廟非一。伏以藝祖應天順人，肇造區夏；太宗受命繼代，底定寰宇；真宗以聖繼聖，撫全盛之運，故仁祖並尊爲百世不祧之廟。恭惟仁宗皇帝躬天地之度，以仁爲治，在位四十二年，利澤施于四海，早定大策，授英宗以神器，功隆德厚，孰可擬議。英宗皇帝享祚日淺，未究施設。神宗皇帝以聖神不世出之資，慨然大有爲于天下，政令法度莫不革而新之，功業盛大，謙抑不居，而廟祏之制，未議尊崇。宜令禮官稽參故事，考定仁祖、神考廟制，詳議以聞。」十一月，權太常少卿盛次仲等言：「仁宗、神考請如聖詔，尊崇廟祏，永祀不祧，與天無極。」于是三省表請，付外施行，有詔恭依。

宋史禮志：建中靖國元年，名哲宗神御殿曰觀成。尋改重光。詔自景靈宫並分三日朝獻。崇寧元年三月丁巳，奉安哲宗神御於景靈西宫寶慶殿。閏月甲寅朔，更名哲宗神御曰重光。

徽宗本紀：二年二月癸亥〔一〕，奉安哲宗御容於西京會聖宫及應天院。十二月癸亥，祧宣祖皇帝、昭憲皇后。

禮志：崇寧二年，祧宣祖與昭憲皇后神主藏西夾室，居翼祖、簡穆皇后石室之次。

文獻通考：崇寧二年，詔祧宣祖，以哲宗神主祔太廟第八室。詔曰：「欽惟哲宗實繼神考，傳序正統，十有六年。升祔之初，朕方恭默，乃增一室於七室之外，遂成四穆於三昭之間。考禮與書，曾靡有合，比閱近疏，特詔從臣并與禮官，博盡衆見，列奏來上，援據甚明。謂本朝自僖祖至仁宗始備七世，當英宗祔廟，上祧順祖，暨神考祔廟，又祧翼祖，則哲宗祔廟。父子相承，自當爲世，祧遷之序，典禮可稽，覽之惕然，敢不敬聽。其合行事件，令禮部太常寺詳議聞奏。」十二月，禮部太常寺言：「祧遷之序，當祧宣祖昭武睿聖皇帝、昭獻皇后杜氏神主藏於西夾室，居翼祖簡恭睿德皇帝、簡穆皇后劉氏石室之次。當遷之主，每遇祫享，即依典禮。其祧遷祭告，興工擇日，學士院撰祝文，望依故事。」詔恭依。

〔一〕「癸亥」，原作「癸酉」，據光緒本、宋史徽宗本紀改。

宋史徽宗本紀：崇寧三年十月己巳，立九廟，復翼祖、宣祖。

禮志：崇寧三年，詔曰：「去古既遠，諸儒之説不同。鄭氏謂：『太祖及文、武不祧之廟與親廟四，爲七。』王氏謂：『非太祖而不毁，不爲常數。』是不祧之宗，在七廟之内。本朝今已五宗，則七廟當祧者，二宗而已。遷毁之禮，近及祖考，殆非先王尊祖之意，宜令有司復議。」禮官言：「先王之制，廟止於七，後王以義起禮，乃有增置九廟者。」禮部尚書徐鐸又言：「唐之獻祖、中宗、代宗與本廟僖祖，皆嘗祧而復。今存宣祖於當祧之際，復翼祖於已祧之後，以備九廟，禮無不稱。」乃命鐸爲修奉使，增太廟殿爲十室。

玉海：東京太廟舊十六楹，爲七室，東西二楹爲夾室。康定元年冬，趙希賢請倣古制，每主爲一廟一寢。不從。及元符三年，哲宗祔廟，七室已滿，僖祖至神宗。乃祔哲宗主于東夾室。

文獻通考：崇寧三年九月，詔曰：「有天下者事七世，古之道也。惟我治朝，祖功宗德，賢聖之君六七作，休烈之盛軼於古。先尊爲不祧者，至於五宗，遷毁之禮，近及祖考。永惟景祐欽崇之詔，已行而不敢踰。暨我元符尊奉之文，既隆而不可殺，雖欲如古，莫可得也。博考諸儒之説，詳求列辟之宜，顧守經無以見其全，而適時當必通其變。爰稽衆議，肇作彝倫，惟恩以稱情而爲宜，則禮以義起而無愧。是用酌鄭氏四親之論，取王肅九廟之規，參合二家之言，著爲一代之典。自我作古，垂之將來，庶安宗廟之靈，以承邦家之福。其合行典禮，令禮部太常寺詳議聞奏。」十月，詔曰：「仰惟翼祖在天，毓璿源而濬發；安陵有衍，粲皇武於始基。然循七世八室之規，則數踰於古；遵九廟五宗之法，則禮未應遷。是用仰奉二祧之靈，復還列聖之次，雖豐不昵，雖遠當隆，豈惟稽三代之徽猷，蓋亦用本朝之故事。其已祧翼祖，當祧宣祖廟並復。」

玉海：崇寧四年正月，奉僖祖爲太廟始祖。

文獻通考：崇寧四年三月，詔以復翼祖、宣祖廟，增太廟殿爲十室，尋以吏部侍郎王寧爲修奉使〔一〕。六月，九廟奉禮畢，宰臣蔡京率百官拜表稱賀。

宋史禮志：崇寧四年十二月，復翼祖、宣祖廟，行奉安禮，惟不用前期誓戒及亞、終獻之樂舞焉。

〔一〕「修」，原作「佇」，據光緒本、文獻通考卷九四改。

蕙田案：禮，天子七廟，本無九廟之文，即周亦云文世室、武世室，未嘗言廟也。且世室乃親盡之祖有功德者不毁，在親廟之上。宋以有功德之祖居昭穆之位，反以親盡之祖充九廟之數，何其與古戾也？

徽宗本紀：大觀元年九月己酉，加上僖祖謚。

禮志：政和三年，奉安哲宗神御於重光殿。昭懷皇后神御殿成，詔名正殿曰柔儀，山殿曰靈娭。於是兩宫合爲前殿九，後殿八，山殿十六，閣一，鐘樓一，碑樓四，經閣一，齋殿三，神厨二，道院一，及齋宫廊廡共爲二千三百二十區。

文獻通考：凡神御殿者，古之原廟。天聖初，禮儀使言：「正月朝拜啓聖院，神御在諒闇，請差輔臣酌獻。」知制誥張師德奉安太祖、太宗御容于鴻慶宫，迎景靈宫真宗御容，奉安于西京應天院，曲赦西京。自是多以宰相若近臣爲禮儀使。入内都知押班、御藥管勾、儀衛先迎御容至文德或會慶、長春殿，宿齊奉辭，輔臣、宗室前導，既而酌獻。出則百官辭于近郊。景靈舊晉邸，真宗所生修萬壽殿，名曰奉真。二年，奉安塑像，又建殿于上清太平宫，奉安御容，改玉清昭應宫集靈殿爲安聖殿，奉安玉石像。出御容奉安洪福院。四年，出御容奉安鴻慶宫。五年，天章閣迎御容奉安慈孝寺崇真殿，御飛白書額，太后塑像侍側，外無知者。明年，手詔宣示，皆真宗神御也。八年，啓聖院太宗神御爲永隆殿，迎天章閣太祖御容，奉安于太平興國寺開先殿。九年，永安縣建會聖宫，奉安三聖。明道二年，慈孝寺莊獻神御爲彰德殿，景靈宫莊懿神御爲廣孝殿，奉安御容，恭謝禮成。迎龍圖閣太宗御容奉安壽寧堂景福殿，真宗御容奉安福聖殿。景祐二年，改長寧宫爲廣聖宫，前殿有道家天神之像，後起觀閣，奉真宗神御。占宫城西北隅普安院元德、莊穆神御爲重徽殿。四年，萬壽觀修莊、惠真容，殿名曰廣愛。禮賓使白仲達、入内東頭供奉官蘇紹榮，奉安太祖御容于揚州建隆寺，即南征駐蹕之地。景德中，置殿繪御容，而其制卑陋，會占者言東南有王氣，乃别構殿，易以塑像，爲章武殿。是歲，開先殿火。康定初，鴻慶宫神御殿又火。罷修神御，即舊基構齋殿，每醮則旋設三聖位，舊像瘞宫側。慶曆六年，重修開先殿，御飛白書榜，迎天章閣太祖御容奉安。七年，鴻慶宫復修三聖神御，曲赦南京。八年，自萬壽觀奉宣祖、太祖、太宗御容于睦親宅，真宗御容于天章閣。皇祐五年，會靈觀火，權奉三聖于景靈宫。滁州通判王靖請滁、并、澶三州建殿以奉神御，即芳林園。命工寫三聖御容，車駕詣萬壽觀辭。

翌日，奉太祖于滁州天慶觀端命殿，太宗于并州資聖院統平殿，真宗于澶州開福院信武殿。各以輔臣爲迎奉使、副，具儀仗導至近郊，内臣管勾奉安，百官辭觀門外。帝謂輔臣曰：「并州言四月二十二日奉安太宗御容，仍以平晉記來上。」蓋紀太平興國四年征討之事。是時，車駕亦以四月二十二日至太原城下，何其異也。葺重徽、隆福殿，奉安明德、元德、章穆皇后。至和元年，重修開先殿，奉神御于天章閣萬壽觀延聖殿。神御帳損，權徙别殿。二年，帳成，奉安真宗金像天章閣，迎太祖、孝明皇后御容奉安開先殿。數日，又迎太宗、元德皇后御容奉安永隆殿。英宗治平初，景靈宫西園作仁宗神御殿曰孝嚴，别殿曰寧真，齋殿曰迎釐，景靈西門曰廣祐。明年奉安，次日，太后酌獻，大臣分獻天興諸殿，特支在京諸軍班錢。初，真宗大中祥符五年，以聖祖臨降，作景靈宫。至天聖元年二月，詔修宫之萬壽殿，以奉真宗皇帝，殿成，榜曰奉真。明道二年，又建廣孝殿。十月二十九日，奉安章懿皇后神御，儀衛迎導祭告皆如天聖二年奉真殿禮。治平元年三月，又詔就宫之西園建殿，以奉仁宗皇帝。八月殿成，榜曰孝嚴。二年四月十七日，奉安御容，帝親行酌獻，命大臣分詣諸神御代行禮。翌日，皇太后酌獻，皇后〔一〕、大長公主以下内外命婦陪位于廷。詔每歲下元朝謁如奉真殿儀。九月，詔名齋殿曰迎釐。十二月，名宫之西門曰廣祐。凡七十年間，神御在宫者四，其他寓諸寺觀者十一所。元豐五年，神宗皇帝始就景靈宫作十一殿，在京宫觀寺院神御悉皆迎奉入内，盡合帝后，而奉以時王之禮。元祐元年，作宣光殿。後改爲徽音殿。紹聖二年，作顯承殿。元符三年，作西宫，以顯承殿爲館御之首，易名曰大明。又作坤元殿、重光殿。政和四年，作柔儀殿。于是兩宫合爲前殿九，後殿八，山殿十六，閣一，鐘樓一，碑樓四，經閣一，齋殿三，神厨二，道院一。東宫：正南門曰景靈宫門，門内有東西横門，其北曰天興殿門，門内曰天興殿，以奉聖祖九天司命天尊大帝玉石像，刻真宗皇帝聖容侍立。大中祥符五年作。及奉僖祖皇帝、順祖皇帝、翼祖皇帝版位〔二〕。元豐五年作。東西廊門曰左右正元殿，後門曰保寧，以奉元天大聖后像，大中祥符五年作。及文懿皇后、惠明

〔一〕「后」上，原衍「太」字，據光緒本、文獻通考卷九四删。
〔二〕「翼祖」，原作「翌祖」，據光緒本、文獻通考卷九四改。

皇后版位〔一〕。元豐五年祔。閣上奉聖祖及六仙官。大中祥符五年作。自西横門西出，凡前後殿各三，曰天元殿，以奉宣祖皇帝，山殿曰來寧；其後曰太始殿，以奉昭憲皇后，山殿曰宴娭；次西皇武殿，以奉太祖皇帝，山殿曰靈游；其後曰儷極殿，以奉孝明皇后，山殿曰凝神；又西曰大定殿，以奉太宗皇帝，山殿曰天游；其後曰輝德殿，以奉懿德皇后、明德皇后、元德皇后，山殿曰泠風。自東横門東出，凡前後殿各三，曰熙文殿，以奉真宗皇帝，山殿曰太虚；其後曰衍慶殿，以奉孝穆皇后、章獻明肅皇后、章懿皇后，山殿曰丹臺；次西曰美成殿，以奉仁宗皇帝，山殿曰晨霄；其後曰繼仁殿，以奉慈聖光獻皇后，山殿曰靈崐；又西曰治隆殿，以奉英宗皇帝，山殿曰昭清；其後曰徽音殿，以奉宣仁聖烈皇后，山殿曰寧真。齋殿，在天興殿之東曰明福，西曰迎釐。神厨道院皆在宫之西南。西宫：正南門曰燕昌門，其北曰大明殿門，門内曰大明殿，以奉神宗皇帝，山殿曰靈德。其後曰坤元殿，以奉欽聖憲肅皇后、欽成皇后、欽慈皇后，山殿曰顯光。其西曰世德門，其北曰重光殿門，門内曰重光殿，

〔一〕「惠明皇后」下，光緒本、文獻通考卷九四有「簡明皇后孝惠皇后孝章皇后淑德皇后章懷皇后」二十字。

以奉哲宗皇帝，山殿曰靈臺。其後曰柔儀殿，以奉昭懷皇后，山殿曰靈娭。齋宫在宫之東，偏正南曰昭德門，門内曰潔誠殿。神厨，正宫之東南。殿閣齋宫及廊廡共爲屋二千三百二十區。凡累朝文臣執政官、武臣節度使以上，並圖形于兩廡。

蕙田案：漢立原廟，議者非之。宋廼復襲其名，建立神御殿，至不可數，而以帝王之尊，雜處于浮屠道家之宇，先王之禮掃地盡矣。通考總叙始末最詳，存之可以爲戒也。

揮麈前録：祖宗神御像，設在南京則鴻慶宫，西京則奉先寺之興元、會聖宫之降真殿，揚州曰彰武，滁州曰端命，河東曰統平，鳳翔曰上清太平宫。真宗親征北郊，封泰山，祀汾陰，則有澶淵之信武、嵩山崇福之保祥、華陰雲臺之集真。乾德六年，即都城南安陵之舊城，建奉先、資福院爲慶基殿，以奉宣祖、藝祖，則太平興國之開先，太宗則啓聖之永隆。至大中祥符中，建景靈宫天興殿，以奉聖祖。其後，真宗之奉真，仁宗之孝嚴，英宗之英德，皆在其側也。又有慈孝之崇真，萬壽之延聖，崇先之永崇，以奉真宗母后。章顯、明肅在崇真之旁，曰章德。章懿在奉先之後，曰廣孝。章惠在延聖之後，曰廣愛。在普安者，二元德曰隆福、明德，章穆曰重徽。元豐中，神宗以獻享先後失序，地偏且遠，有曠世不及親祀者，廼詔有司，神御之在京師寓于佛祠者，皆廢撤而遷之禁中。由英德而上五世合爲一宫，凡十一殿，以世次列東西序，帝殿一門列戟七十二，殿之西廡繪畫容，衛王公名將羅立左右，内有燕寢温清之室，玩好畢陳。而母后居其北，改慶基曰天元，后曰太始；開先曰皇武，后曰儷極；永隆曰大定，后曰輝德；奉真曰熙文，后曰衍慶；孝嚴曰美成，后曰繼仁；英德曰治隆。其便殿十一，曰來寧，曰燕娭，曰靈遊，曰凝神，曰天遊，曰泠風，曰太靈，曰丹臺，曰靈崐，曰昭清。以五年十一月奉安帝后塑像于新宫，大赦天下，繪像侍臣于後。元祐初，即治隆之後，宣光殿以奉神宗。紹聖初闢宫之東隅爲顯承殿，以宣光殿故址爲徽音殿，以奉宣、仁、聖、烈。建中靖國元年，詔以顯承介于一偏，廟號未稱，于是度馳道之西東，直大定南北廣袤地勢，併撤府寺創爲西宫，建大明宫以奉神宗，爲館御之首，涓日遷奉親祠，永爲不祧之廟，以示推崇之意。曲赦四畿，録功臣後，如元豐故事云。

右宋廟制上

五禮通考卷八十二

吉禮八十二

宗廟制度

宋廟制下

宋史高宗本紀：建炎元年九月壬寅，遣徽猷閣待制孟忠厚迎奉太廟神主赴揚州。

禮志：建炎二年，奉太廟神主於揚州壽寧寺。東京神御殿在宮中，舊號欽先孝思殿，建炎二年閏四月，詔迎温州神御赴闕。先是，神御于温州開元寺暫行奉安，章聖皇帝與后像皆以金鑄，置外方弗便，因愀然謂宰輔曰：「朕播遷至此，不能以時薦享，祖宗神御越在海隅，念之坐不安席。」故有是命。

建炎以來朝野雜記：郡國廟，國朝唯祖宗所嘗幸則有之。建炎初，金人圍西京急，留守孫昭遠遣其將王仔奉啓運宫神御間道走揚州，後遷于福州，而永安軍會聖宫、揚州章武殿之御容則遷于温州天慶觀。紹興十三年，復奉温州神御還臨安，奉安于萬壽觀之後殿，唯啓運留福州，以守臣提舉。成都府新繁縣御容殿者，始在重光寺藥師院。雍熙間，僧道輝畫太祖皇帝御容于佛屋之後壁。熙寧六年，趙清獻爲成都守，請建殿奉安，神宗不許，但令設板屋欄楯，以扃護之。元豐七年，走馬承受趙選者更具奏，得旨修建殿宇，創置門鑰，宦官監守，朝謁以時。紹興元年，終南山上清太平宫道士訾全真等復持太宗、真宗御容，自岐下抵宣撫使張忠獻，忠獻即遣使奉安于太祖之側。四年，宣撫副使吴玠更自武興送仁宗、英宗、神宗御容至殿奉安。二十七年，楊椿爲兵部侍郎，言於朝，有旨别加營繕，始更爲殿門外門，二十九年，乃成。時王時亨知府事請賜宫額及殿名，不報。淳熙中，胡長文入蜀，始議即府之聖壽寺創殿以奉御容，殿宇甚華，供奉之物亦浸備，乃復乞宫額于朝。

高宗本紀：建炎三年正月己丑，奉安西京會聖宫累朝御容于壽寧寺。二月癸丑，游騎至瓜州，太常少卿季陵奉太廟神主行，金兵追之，失太祖神主。四月己酉，詔訪求太祖神主。六月，請太后率宗室迎奉神主如江表。十一月癸未，主管步軍司閻勍自西京奉累朝御容至行在，詔奉安於天慶觀。

禮志：建炎三年二月，上覽禁中神御薦享禮物，謂宰臣曰：「朕自省閲神御，每位各用羊胃一，須二十五羊。祖宗仁厚，豈欲多害物命，謹以别味代之，在天之靈亦必歆享。」呂頤浩曰：「陛下寅奉宗廟，罔不盡禮，而又仁愛及物，天下幸甚。」

高宗本紀：四年二月乙亥，奉安祖宗神御於福州。

禮志：建炎四年，奉安神主於温州，權用酒脯。

文獻通考：建炎四年，自海道還，神主留温州，十月十四日奉安。

宋史禮志：紹興五年，吏部員外郎董棻言：「臣聞戎、祀，國之大事，而宗廟之祭，又祀之大者也。大祀，禘祫爲重，祫大禘小，則祫爲莫大焉。今戎事方殷，祭祀之禮未暇徧舉，然事有違經戾古，上不當天地神祇之意，下未合億兆黎庶之心，特出於一時大臣好勝之臆説，而行之六十年未有知其非者。顧雖治兵禦戎之際，正厥違誤，宜不可緩。仰惟太祖受天明命，混一區宇，即其功德所起，宜祫享以正東向之尊。逮至仁宗，親行祫享，嘗議太祖東向，用昭正統之緒。當時在廷之臣，僉謂自古必以受命之祖乃居東向之位，本朝太祖乃受命之君，若論七廟之次，有僖祖以降四廟在上，當時大祫，止列昭穆而虚東向〔一〕，蓋終不敢以非受命之祖而居之也。曁熙寧之初，僖祖以世次當祧，禮官韓維等據經有請，適王安石用事，奮其臆説，乃俾章衡建議，尊僖祖爲始祖，肇居東向。馮京奏謂士大夫以太祖不得東向爲恨，安石肆言以折之。已而又欲罷太祖郊配，神宗以太祖開基受命，不許，安石終不以爲然。元祐之初，翼祖既祧，正合典禮。至於崇寧，宣祖當祧，適蔡京用事，一遵安石之術，乃建言請立九廟，自我作古，其已祧翼祖、宣祖並即依舊。循沿至今，太祖尚居第四室，遇大祫處昭穆之列。今若正太祖東向之尊，委合禮經。」太常寺丞王普又言：「棐所奏深得禮意，而其言尚有未盡。臣竊以古者廟制異宫，則太祖居中，而群廟列其左右；後世廟制同堂，則太祖居右，而諸室皆列其左。古者祫享，朝踐於堂，則太祖南向，而昭穆位於東西；饋食於室，則太祖東向，而昭穆位於南北。後世祫享於一堂上，而用室中之位，故

〔一〕「止」，諸本作「上」，據宋史禮志十改。

唯以東向爲太祖之尊焉。若夫群廟迭毁，而太祖不遷，則其禮尚矣。臣故知太祖即廟之始祖，是爲廟號，非謚號也。惟我太宗嗣服之初，太祖廟號已定，雖更累朝，世次猶近，每於祫享，必虛東向之位，以其非太祖必不可居也。迨至熙寧，又尊僖祖爲廟之始祖，百世不遷，祫享東向，而太祖嘗居穆位，則名實舛矣。儻以熙寧之禮爲是，僖祖當稱太祖，而太祖當改廟號。然則太祖之名不正，前日之失大矣。今宜奉太祖神主居第一室，永爲廟之始祖。每歲五享、告朔、薦新，止於七廟。三年一祫，則太祖正東向之位，太宗、仁宗、神宗南向爲昭，真宗、英宗、哲宗北向爲穆。五年一禘，則迎宣祖神主享於太廟，而以太祖配焉。如是，則宗廟之事盡合禮經，無復前日之失矣。」上曰：「太祖皇帝開基創業，始受天命，祫享宜居東向之位。」宰相趙鼎等奏曰：「三昭三穆，與太祖之廟而七，載在禮經，無可疑者。」又司封郎中林待聘言：「太廟神主，宜在國都。今新邑未奠，當如古行師載主之義，遷之行闕，以彰聖孝。」於是始建太廟於臨安，奉迎安置。

高宗本紀：紹興七年夏四月癸巳，築太廟於建康，以臨安府太廟爲聖祖殿〔一〕。十二月丁卯，祔徽宗皇帝、顯肅皇后於太廟。十三年正月己亥，親享太廟，奉上册寶。二月乙酉，建景靈宮，奉安累朝神御。八月丙戌，遣吏部侍郎江邈奉迎累朝神御於温州。十月乙未，奉安累朝帝后神御於景靈宮。

禮志：紹興十三年二月，臣僚言：「竊見元豐五年，神宗始廣景靈宮以奉祖宗衣冠之遊，即漢之原廟也。自艱難以來，庶事草創，始建宗廟，而原廟神遊猶寄永嘉。乃者權時之宜，四孟薦獻，旋即便朝設位以享，未副廣孝之意。乞命有司擇爽塏之地，倣景靈宮舊規，隨宜建置。俟告成有日，迎還晬容，奉安新廟，庶幾四孟躬行獻禮，用副罔極之恩。」從之。初築三殿，聖祖居前，宣祖至祖宗諸帝居中殿，元天大聖后與祖宗諸后居後。掌宮内侍七人，道士十人，吏卒二百七十六人。上元結燈樓，寒食設鞦韆，七夕設摩睺羅。簾幕歲時一易，歲用酌獻二百四十羊。凡帝后忌辰，用

〔一〕「聖祖殿」，原作「啓祖殿」，據光緒本、宋史高宗本紀改。

道、釋作法事。

蕙田案：七廟，禮也。景靈宮，非制也。南渡以後，尚不悟其非，而重建景靈宮，何耶？

文獻通考：自渡江後，行在靡有定所，神御奉安它州，朝獻則遣官分詣。至紹興十二年，和議成，駐蹕臨安，始備太廟、原廟之制。

建炎以來朝野雜記：自休兵後，太廟創册寶殿〔一〕，凡帝后寶册洎郊廟金玉禮器皆藏焉。始時，令太常寺官一員季點，然第省閲文曆而已。乾道五年春，因有盜竊禮器者，中書門下始奏令每季取索赤曆點檢足備，用印封鎖，具有無損失申省。二月己丑，降旨。慶元五年夏，太常寺奏太廟遺失皇后金寶二，命大理寺治之，六月庚寅，降旨。既而廟之衛卒赴有司自首，坐獄死。蓋故事，册寶以中人領其工作，及盜去鑿而售之〔二〕，中乃鐵胎也，由是事敗。自後朝廷益謹其事，月以察官、禮官、中官各一

〔一〕「廟」，諸本作「祖」，據建炎以來朝野雜記乙集卷四改。
〔二〕「及」，諸本脱，據建炎以來朝野雜記乙集卷四補。

員檢視，謂之點寶。禮器中瑶爵、玉瓚二事絶佳，人間所未見，其他圭璧，大抵多水漿色也。册寶中，惟昭慈聖憲皇后謚册以象牙，餘皆珉玉。又有徽宗皇帝謚寶，玉色尤温粹。

宋史禮志：紹興十五年秋，復營建神御殿於崇政殿之東，朔望節序、帝后生辰，皇帝皆親酌獻行香，用家人禮。其殿名：徽宗曰承元，欽宗曰端慶，高宗曰皇德，孝宗曰系隆，光宗曰美明，寧宗曰垂光，理宗曰章熙，度宗曰昭光。

建炎以來朝野雜記：國朝宗廟之制，太廟以奉神主，一歲五享，朔祭而月薦新。五享以宗室諸王，朔祭以太常卿行事景靈宫，以奉塑像。歲四孟享，上親行之。帝后大忌，則宰相率百官行香，僧、道士作法事，而后妃六宫，皆亦繼往天章閣以奉畫像。時節朔望、帝后生辰日，皆徧薦之，内臣行事。欽先孝思殿亦奉神御，上日焚香，而諸陵之上宫，亦有御容，時節酌獻，如天章閣。每歲寒食及十月朔，宗室内人各往朝拜。春秋二仲，太常行園陵。季秋，監察御史檢視。太廟之祭以俎豆，景靈宫用牙盤，而天章閣等以常饌，用家人禮云，迄今不改。

高宗本紀：紹興十六年三月乙未，增建太廟。五月癸未，初作太廟祏室。

文獻通考：十六年，太常寺言：「契勘在京廟制，每室東設户，西設牖，西牆作祏室，藏祖宗帝后神主。又有東西夾室，其夾室止設户。見今行在太廟，係隨宜修，蓋未曾安設祏室。今既創行修蓋，即合體倣在京廟制，同殿異室修蓋，及將殿東西作兩夾室，其兩夾室止設户。十一室，即依廟制設户牖，其殿南北深七丈，每室於西壁從北以南一丈二尺，作厚牆，隨宜安設祏室，其西夾室，亦合設祏室，藏順祖室神主。」詔從之，乃廣太廟。

玉海：中興太廟在瑞石山之左，紹興四年創始。高宗在維揚，寓神主于壽寧寺。建炎四年，自海道還，神主留温州。紹興三年十月二十七日，禮官江端友請建太廟，正殿七楹，分爲十三室。五年，迎温州神主及福州啓運宫神御。七年四月二日，更築太廟于建康。十二月十一日，復奉神主還臨安。十二年五月二十六日，以奉徽宗主，修建别廟，殿室三間。十三年秋，增修宿齋所。十六年，新祭器將成，而室隘不能陳列。三月乙未，禮官巫伋請增建，于是從西增六楹，通舊十三楹，每楹爲一室，東西二楹爲夾室。五月，作祏室藏主。

建炎以來朝野雜記：太廟自仁宗以來，皆祀七世。崇寧初，蔡京秉政，始取王肅說，謂二祧在七世之外，乃建九廟，奉翼祖、宣祖咸歸本室焉。然王莽已營九廟，唐明皇又用之，非始於蔡京也。紹興中，徽宗祔廟，以與哲宗同爲一世，故無所祧及升祔。欽宗始祧翼祖，高宗與欽宗同爲一世，亦不祧。由是淳熙末年，太廟祀九世十二室。及阜陵復土，趙子直爲政，遂祧僖、宣二祖而祔孝宗。時朱元晦在經筵，獨以九廟爲正。子直不從元晦議，遂格。及光宗祔廟復不祧，今又祀九世矣。

高宗本紀：紹興三十二年正月丙子，祧翼祖主於夾室。

禮志：禮部太常寺言：「欽宗祔廟，翼祖當遷。於正月九日，告遷翼祖皇帝神主奉藏於夾室。」

孝宗本紀：淳熙十五年四月丙戌，祔高宗神主於太廟。七月戊戌，上高宗廟樂曰大勳，舞曰大德。

寧宗本紀：紹熙五年，時寧宗已即位。閏十月庚申，以吏部尚書鄭僑等奏請祧僖、宣二祖，正太祖東向之位，尋立僖祖別廟，以藏順、翼、宣三祖之主。十二月癸酉，上孝宗廟樂曰大倫之舞。甲戌，祔孝宗神主於太廟。

禮志：紹熙五年九月，太常少卿曾三復亦言請祧宣祖，就正太祖東向之位，其言甚切。既而吏部尚書鄭僑等亦乞因大行祔廟之際，定宗廟萬世之禮，慰太祖在天之靈，破熙寧不經之論。今太祖爲始祖，則太宗爲昭，真宗爲穆，自是而下以至孝宗，四昭四穆與太祖之廟而九。上參古禮，而不廢崇寧九廟之制，於義爲允。又言：「治平四年，僖祖祧遷，藏在西夾室。至熙寧五年，王安石以私意使章衡等議，乃復祔僖祖以爲始祖，又將推以配天，欲罷太祖郊配。韓維、司馬光等力爭，而安石主其説愈堅。孫固慮其罷太祖配天，建議以僖祖權居東向之位。既曰權居，則當釐正明矣。」詔從之。閏十月，權禮部侍郎許及之言：「僖、順、翼、宣四祖，爲太祖之祖考，所遷之主，恐不得藏於子孫之廟。今順、翼二祖藏於西夾室，實居太廟太祖之右。遇祫享，則於夾室之前，設位以昭穆焉。」於是詔有司集議，吏部尚書兼侍讀鄭僑等言：「僖祖當用唐興聖之制，立爲別廟，順祖、翼祖、宣祖之主皆祔藏焉。如此，則僖祖自居別廟之尊，三祖不祔子孫之廟。自漢、魏以來，太祖而上，毁廟之主皆不合食，今遇祫，則即廟而享，於禮尤稱。」諸儒如樓鑰、陳傅良皆以爲可，詔從之。時朱熹在講筵，獨入議狀，條其不可者四，大略云：「準尚書吏部牒，集議四祖祧主宜有所歸。今詳群議雖多，而皆有可疑。若曰藏之夾室，則是以祖宗之主下藏於子孫之夾室。至於祫祭，設幄於夾室之前，則亦不得謂之祫。欲別立一廟，則喪事即遠，有毁無立。欲藏之天興殿，則宗廟、原廟不可相雜。議者皆知其不安，特以其心欲尊奉太祖三年一祫時暫東向之故，其實無益於太祖之尊，而徒使僖祖、太祖兩朝威靈，相與校强弱於冥冥之中。今但以太祖當日追尊帝號之命而默推之，則知今日太祖在天之靈，必有所不忍而不敢當矣。又況僖祖祧主遷於治平，不過數年，神宗復奉以爲始祖，以爲得禮之正而合於人心，所謂『有其舉之，莫敢廢者』。」又言：「當以僖祖爲始祖，如周之后稷，太祖如周之文王，太宗如周之武王，與仁宗之廟，皆萬世不祧；昭穆而次，以至高宗之廟亦萬世不祧。」又言：「元祐大儒程頤以爲王安石言『僖祖不當祧』，復立廟爲得禮。竊詳頤之議論與安石不同，至論此事則深服之，足以見義理人心之所同，固有不約而合者。特以司馬光、韓維之徒皆是大賢，人所敬信，其議偶不出此，而安石乃以變亂穿鑿得罪於公議，欲堅守二賢之説，并安石所當取者而盡廢之。今以程頤之説考之，則是非可判矣。」議既上，召對，令細陳其説。熹先以所論畫爲圖本，貼説詳盡，至是出以奏陳久之，上再三稱善。且曰：「僖祖自不當祧，高宗即位時不曾祧，壽皇即位，太上即位，亦不曾祧，今日豈可容易？可於榻前撰數語，徑自批出。」熹方懲内批之弊，因乞降出劄子，再令臣僚集議，上亦然之。熹既退，即進擬詔意，以上意諭廟堂，則聞已毁四祖廟而遷之矣。時宰臣趙汝愚既以安石之論爲非，異議者懼其軋己，藉以求勝，事竟不行。熹時以得罪，遺汝愚書曰：「相公以宗子入輔王室，而無故輕納妄議，拆祖宗之廟以快其私，欲望神靈降歆，垂休錫美，以永國祚於無窮，其可得乎？」時太廟殿已爲十二室，故孝宗升祔，而東室尚虚。熹以爲非所以祝延壽康之意，深不然之，因自劾不堪言語侍從之選，乞追奪待制，不許。及光宗祔廟，遂復爲九世十二室。蓋自昌陵祔廟，踰二百年而後正太祖之位。

文獻通考：紹熙五年閏十月，時寧宗已即位。詔别建四祖殿于太廟大殿之西，奉祧主僖、順、翼、宣四祖神主，歲令禮官薦獻。宋朝自太祖追王僖、順、翼、宣四祖以來，每遇禘祫，祖宗以昭穆相對，而虚東向之位。王安石用事，以爲僖祖以上世次不可知，則僖祖之有廟，疑與后稷無以異。當時諸儒韓維輩辨之〔一〕，不從。時程頤爲布衣，爲人言亦以安石之言爲是。熙寧八年夏，禘於太廟，以僖祖東向，自是無敢議者。

〔一〕「韓維」，文獻通考卷九四作「韓絳」。

紹興後，董棻、王普、尤袤俱請正太祖東向之位，未克行。先是，英宗祔廟，已祧順祖，至欽宗祔廟，又祧翼祖，及高宗升祔，遂爲九世十二室。至是，孝宗將升祔，趙汝愚當國，欲并祧僖、宣二祖，事下侍從、臺諫、禮官議。于是吏部尚書鄭僑等請祧二祖，而正太祖東向之位，諸儒如樓鑰、陳傅良輩皆以爲可，詔從之。僑等尋又請立僖祖別廟，以順、懿、宣三祖祔藏。自是年冬，始而別建一殿以奉祧主于大殿之西隅，歲命禮官薦獻焉，今謂「四祖殿」者是也。

馬氏曰：案太祖東向之位，或以爲僖祖當居之，或以爲藝祖當居之，自熙寧以來，議者不一矣。蓋自治平四年，英宗已祔廟，張安道等以爲宜遵七世之制，合祧僖祖，詔從其說。熙寧初，王介甫當國，每事務欲紛更，遂主議以爲僖祖，宋之太祖，不當祧，而韓持國輩爭之，以爲太祖合屬之昌陵。諸賢爭之愈力，而介甫持之愈固，遂幾至欲廢藝祖配天之祀，以奉僖祖。蓋其務排衆議，好異遂非，與行新法等，固無怪也。然愚嘗考之，張安道建隨世祧遷之議，韓持國執藝祖當居東向之説，論則正矣，而揆之當時，則未可。蓋古之所謂天子七廟者，三昭三穆與太祖之廟而七，三昭三穆則自父祖而上六世，太祖則始封受命以有功德而萬世不祧遷者，本非第七世之祖也。今神宗之世，而獨祧僖祖，則順、翼、宣、太、謂太祖、太宗共爲一世。真、仁、英猶七世也。是將祧僖祖而以順祖爲太祖乎？不可也。僖、順俱無功德，非商契、周稷之倫。今當時之議，其欲祧僖祖者，特以其已在七世之外，其不祧順祖者，特欲以備天子七廟之數，然不知親盡而祧者，昭穆也；萬世不祧者，太祖也。今以三昭三穆言，則僖、順皆已在祧遷之數；以萬世不祧言，則二祖俱未足以當之，是姑以當祧之祖而權居太祖之位耳。若不以順祖爲太祖，則所謂七世者，乃四昭三穆矣，非所謂三昭三穆與太祖之廟而七也。若必曰虚太祖之位，而只祀三昭三穆，則當併僖、順二祖而祧之，又否，則姑如唐人九廟之制，且未議祧遷，雖于禮經不合，而不害其近厚。今獨祧僖祖，則順祖隱然居太祖之位矣，此其未可一也。如藝祖之合居東向，爲萬世不祧之太祖，其説固不可易，然神宗之時，上距藝祖纔四代五廟耳，若遽以爲太祖，則僖、順以下四帝皆合祧，而天子之廟下同於諸侯矣。此其未可者二也。諸賢之説，大概只以爲不可近捨創業之藝祖，而遠取追尊之僖祖，介甫務欲異衆，則必欲以其所以尊藝祖者尊僖祖，而于當時事體皆未嘗審訂。若以前二節者反復推之，則尊僖祖者固失矣，而遽尊藝祖者亦未爲得也。

至寧宗之初年，則不然矣。自藝祖創業以來，已及八世十二廟，則僖、順、翼、宣之當祧，無可疑者。于此時奉藝祖正東向之位，爲萬世不祧之祖，更無拘礙，而董棻、王普等所言，乃至當之論矣。晦菴獨以伊川曾是介甫之説，而猶欲力主僖祖之議，則幾於膠柱鼓瑟而不適于時，黨同伐異而不當于理，愚固未敢以爲然也。

蕙田案：宋紹熙中，從廷臣鄭僑、樓鑰、陳傅良等議，祧僖、順、翼、宣四祖，正藝祖太祖東向之位，此不易之經也。儀禮喪服傳曰：「諸侯之子稱公子，公子不得禰先君，公子之子稱公孫，公孫不得祖諸侯，此自卑別于尊者也。若公子之子孫有封爲國君者，則世世祖是人也，不祖公子，此自尊別于卑者也。」鄭注謂：「後世爲君者，祖此受封之君，不得祀別子，公子若在高祖以下，則如其親服，後世遷之，乃毁其廟耳。」賈疏：「始封君得立五廟者，太祖一廟，與高祖以下四廟。今始封君，後世乃不毁其廟，爲太祖。于此始封君未有太祖廟，惟有高祖以下四廟，則公子爲別子者，得入四廟之限，故云『公子若在高祖以下，則如其親』，謂自禰以上至高祖，以次立四廟。云『後世遷之乃毁其廟』者，謂始封君死，其子立，即以父爲禰廟，前高祖者爲高祖之父，當遷之，又至四世之後，始封君爲高祖父，當遷之時，轉爲太祖，通四廟爲五廟，定制也。」據此，則太祖之義明矣。經所言者，諸侯也。推而上之，自尊别于卑，天子亦當如是，無二理也。祖諸侯者，不祖公子，公子若在高祖以下，則如其親服，此則僖、順、翼、宣四親廟之禮也。後世遷之，乃毁其廟，則四祖當祧之明證也。四世之後，始封君爲高祖父，當遷轉爲太祖，此藝祖當正太祖之位之確據也。考之往古，驗之方來，無不當以是爲準。乃宋之廷臣孫固、韓維、司馬公等建議于前，鄭僑、樓鑰、陳傅良等主持於後，大禮雖卒定，而遲久不決，是皆不知以此經斷之之過也。王荆公之偏僻無論矣，乃程子從而是之，朱子更堅主其説，至於面折廷爭，而決以去就，究其説亦終不行，可見義理之正，人心之安，雖諸大儒非之而不可易。特不解朱子何以不察乎此，致馬氏有膠柱鼓瑟、黨同伐異之譏。易曰：「精義入神，以致用也。」蓋義之難精，而經學之難講也久矣。

又曰：有天下者，必推其祖以配天，既立宗廟，必推其祖爲太祖，禮也。自孝經有「郊祀配天、明堂配帝」之説，祭法有「禘郊祖宗」之説，鄭氏注以爲禘郊即郊也，鄭氏以禘爲祀天于圜丘，然圜丘亦郊也。祖宗即明堂也。于是後之有天下者，配天配帝必各以一祖，推其創業之祖，以擬文王以爲未足也，而必求其祖之可以擬后稷者而推以配天焉。夫文王受命作周者也。漢之高帝、唐之神堯、宋之藝祖，庶乎其可擬矣。曹孟德、司馬仲達以下諸人，逞其奸雄詐力，取人之天下國家以遺其子孫，上視文王，奚啻瓦釜之與黄鍾？然其爲肇造區夏，光啓王業，事迹則同，爲子孫者，雖以之擬文王可也，獨擬后稷之祖，則歷代多未有以處。于是或取之遥遥華胄，如曹魏之祖帝舜，宇文周之祖神農，周武氏之祖文王是也。此三聖人者，其功德固可配天矣，而非魏與二周之祖也。是以當時議之，後代哂之，以爲不類。至于唐，既以神堯擬文王矣，而求其所以擬后稷者，則屬之景帝。宋既以藝祖擬文王矣，而求其所以擬后稷者，則屬之僖祖。夫景、僖二帝，雖唐、宋之始祖，然其在當時，則無功業之庸夫也。上視周室，僅可比不窋之流，而以后稷尊之，過矣。是以不特後世議其非，而當時固譁然以爲不可，蓋無以厭服人心故也。夫知其祖之未足以厭服人心，而推崇尊大之意未慊也，于是獻議者始爲導諛附會之説以中之。老聃亦人耳，道家者流，假託其名，以行其教，遂至推而尊之，列坐上帝之右，而爲其徒習其教者，則曰此天帝也，非復周之柱下史也。而聃姓適同乎唐，乃推聃以爲始祖，尊之曰玄元皇帝，蓋雖祖聃，而其意謂吾祖固天之貴神也。於是崇建太清宫，每禘祫並于玄元皇帝前設位序正，是蓋以玄元爲太祖，擬周之后稷，而其祖宗則俱爲昭穆矣。至宋大中祥符間，天書封禪之事競興，遂復效唐人之爲，推所爲司命保生天尊大帝以爲聖祖，建立景靈宫，聖祖殿居中，而僖祖以下各立一殿，分置左右，是蓋以聖祖爲太祖，擬周之后稷，而祖宗則俱爲昭穆矣。晦菴嘗言：景靈之建，外爲都宫而内各有寢廟，門垣乃爲近古，蓋以其規制宏壯，每帝各居一殿，不如太廟之共處一堂，稍類古人立廟之制，而足以稱天子所以嚴奉祖宗之意，是則然矣。然不知所謂聖祖者，固有功德之可稱如后稷，譜系之可尋如稷之于文、武、成、康乎？祭法言虞、夏、商、周禘郊祖宗之制，鄭氏注謂「有虞氏以上尚德，禘郊祖宗配用有德而已，自夏以下，稍用其姓氏之先後爲次」。項平甫亦言，此經作祭法者，已於篇末自解其意，先序帝嚳、堯、舜、鯀、禹之功，次序黄帝、顓頊、契、冥、湯、文、武之功，以爲此皆有功烈於民者，故聖王祀之，非此族也，不在祀典，則其意蓋謂郊禘祖宗皆擇有功烈者祀之耳。而後之有天下者，欲稽此以祀其祖先，則固與其説大異矣。愚嘗因是而究論之，虞、夏、商之事遠矣，周人郊祀后稷，宗祀明堂，此後世所取法也。以詩考之，言后稷配郊者，爲生民、思文；言文王配明堂者，爲我將。我將之詩，其所稱頌者，受命興周而已。而生民、思文二詩，則皆言教民播種樹藝五穀之事。然則文王有功於興周，而后稷則有功于天下萬世者也。傳曰：「烈山氏之子柱爲稷，自夏以上祀之；周棄亦爲稷，自商以來祀之。」夫社，五土之神；稷，五穀之神，皆地之異名也。古之聖人能建天地所不及之功，則其道可以擬天地，故後世祀之，推以配天地。棄自商祀以爲稷，則周爲諸侯之時固已配食地祇矣。周有天下，棄開國之祖也，文王受命，禮合配天，而實棄之子孫也。周公制禮作樂，既舉嚴父配天之禮以祀文王矣，而棄之祀仍商之舊，列于社稷，是尊禰而卑祖也。故復創爲明堂之禮，而以是二聖人者，各配一祀焉。晦菴亦言，古惟郊祀、明堂之祀，周公以義起。自秦以來，文王配天之禮廢矣，而稷之祀至今未嘗廢，蓋稷之配食地祇，周未興而已然，周已亡而不替，所謂有功烈于民者，祀之萬世如一日也。後之有天下者，豈復有此祖也哉？而必欲效周之禮，推其遠祖，上擬后稷，或本無譜系可考，而强附會於古之帝王，如曹魏、二周之祖舜、神農與文王是也。或姑推其上世之遠祖，而不問其人品功德之何如，如唐之景帝、宋之僖祖是也。又否則推而神之，託之天帝之杳冥，如唐之玄元、宋之聖祖是也。而上視周家祀后稷之意，則不類甚矣。曷若只推其創業之祖，上擬文王郊祀明堂俱以配侑，而上世之祖既未有可以擬后稷者，則不必一遵周人之制可也。

蕙田案：馬氏二論，可謂長于理而善于辭矣，而猶有未盡者。以愚推之，三代以後，始祖之位，移易不定，而議亦莫歸于一者，一在附會不可知之華胄，以失之誣；一在姑取親廟之第一世爲祖，而失之昵。二者自漢及宋，迭爲乖謬，而卒以創業開國之君當之，則人心安而典禮正焉。夫以創業之君爲太祖，人知之；所祀之親廟功德不可擬商、周之稷、契，人亦知之，然往往不足以堅其説而決其非者，咎在持議之人無有以別子爲祖之説斷之也。傳曰：「別子爲祖。」別子，公子也。大夫不得祖諸侯，故以公子爲始祖。諸侯不得祖天子，故以初封受國之君爲始祖。因生以賜姓，胙之土而命之氏，則以胙土受命之君爲始祖，故夏之世不祖顓頊而祖禹。顓頊，天子也，不可祖。禹，則始封于夏之君也。殷、周之世，不祖帝嚳而祖契與稷。帝嚳，天子也，不可祖。稷與契，始封于商于邰之君也。此乃胙土受命不可易之制，而非專爲其盛德之可百世祀而報之，是之謂祖有功。

功者，始封有國之謂也。如專以德，則百世祀者，不獨其子孫矣。後世之君，或奮起布衣，或業由篡竊，既無有國始封之祖，即高、曾以上之世系，尚茫昧不可尋，而姑以其所能記憶者立爲親廟，遂以親廟之最遠者爲始祖。夫親廟，宜也，是仁率親之義也。以爲不遷之祖，不可也，非祖有功之義也。如唐之獻祖、宋之僖祖，皆始祀而卒遷，假使當時議者不徒以稷、契功德之說較之，而以稷、契始封有國之說斷之，則雄才大略之主，或不至任情以掩義，何也？功德比擬，迹涉貶抑，而情之所篤，孝子仁人必有歉於心而不肯從者。若以始封別子之說決之，則親廟之數窮，而祧遷之論定矣。然當議時雖不及此，即加崇奉，而數世後卒歸于遷改而後定者，義理得而人心安也。故三代以後，總當以創業開國之君爲太祖。凡追尊之廟，皆親盡而遞遷，蓋祖之名一而太祖不同，祖考之祖有遠近隆殺之分，太祖之祖乃萬世不易之號。明乎此，而始祖太祖之號確有所歸無可疑矣。厥後，明孝宗時，憲宗升祔，時九廟已備，定議祧遷，當時禮臣周洪謨、倪岳等，乃謂國家自德祖以上，莫推世次，遂以德祖視周后稷，蓋沿王安石僖祖之謬說，失職甚矣。有一楊守陳爭之而不從。世宗時，卒祧德祖，豈非與宋僖祖之議同一轍哉？

宋史禮志：慶元二年四月，禮部太常寺言：「已於太廟之西，别建僖祖廟。及告遷僖、順、翼、宣帝后神主詣僖祖廟奉安。」

寧宗本紀：慶元四年十二月癸卯，祔光宗皇帝神主於太廟。

續文獻通考：寧宗嘉定四年三月，臨安大火，將及太廟，詔遷神主於壽慈寺，三日火息，乃還太廟。陳傅良上僖祖、太祖廟議曰：「以經傳考之，自商而上，以受命之君爲宗，而祖其所始生之帝，故虞、夏以舜、禹爲宗而祖顓頊，商人則以受命之君爲宗，而祖契。周監二代，於是以受命之君爲祖，繼祖爲宗，而郊其所始封之君，故周人郊稷祖文王而宗武王。文王未稱王，何以得爲受命之君？周公爲之也。其在詩『受命作周』，言文王有明德，故天復命武王，此周公推受命於文王，祖文而宗武之事也。其在詩思文，后稷配天，則稷之郊樂也。清廟，祀文王，則文王廟樂也。執競，祀武王，則武王廟樂也。我將，祀文王於明堂，則又文王配帝之樂也。文、武每廟各有樂章，而后稷廟無專樂，則見周祖文王而后稷不在七廟之列，於是有先王先公之廟祧。先王謂太王而下，先公謂后稷而下，其在詩天作，祀先王先公，則后稷以至太王、王季之廟樂也。文、武每廟各樂章，文王配帝又别有樂，假如后稷爲太祖，則不應但有郊樂而無廟樂，今天作一詩通用之。先公先王則由王季而上，其遷主皆藏於后稷而合享之明矣。在書洛誥『秬鬯二卣，禋於文王、武王。烝祭歲文王騂牛一，武王騂牛一』，不及后稷，不應每事皆遺太祖，又明驗也。由此言之，后稷固先公之廟也。天保之詩曰：『禴祠烝嘗，于公先王。』時祀固同，而周禮享先王，禮甚備享，先公但用鷩冕，或亦有隆殺之等。記曰：『武王末受命，周公成文、武之德，追王太王、王季，上祀先公以天子之禮。』當武王之末，追尊三世。周公金縢之卜，但告三王，則太王爲祖而文王猶爲穆，考酒誥所謂穆考文王是也。成王制禮作樂，更定廟制，於是推稷爲始祖，文王爲太祖。閔予小子之詩曰：『於乎皇考，永世克孝。念兹皇祖，陟降庭止。』則武王祔廟，成王時也。雝禘太祖，謂文王也。其詩曰：『既右烈考，亦右文母。』則是以文王爲祖，武王爲昭考矣。武王爲昭考，故文王之子皆遞稱昭，富辰所謂文之昭、武之穆是也。周禮天府『掌祖廟之守藏』，注云：『祖廟爲后稷始祖之廟。』詩『禘太祖』，注云『太祖爲文王』，王肅亦曰：『文王自是祖廟。』孝經云：『宗祀文王。』宗字訓尊，則以后稷爲始祖，文王爲太祖，王、鄭同此說也。喪服傳曰：『諸侯及其太祖，天子及其始祖之所自出。』此始祖、太祖明文也。馬融云：『諸言祖，遠言始祖、近言太祖是也。』韋昭曰：『商家祖契，周初亦祖后稷而宗文王。至武王，雖成文王之業，而有伐紂定天下之功，其廟不可毁，而後更祖文王，宗武王。』此說近之矣。孔子稱之曰：『孝莫大於嚴父，嚴父莫大於配天，周公其人也。』昔者周公郊祀后稷以配天，宗祀文王於明堂以配上帝，以爲周公其人，言非周公不足以及此，明非夏、商之舊也。周變夏、商，非特此也。追王至於三代，前此未有也。繫姓至於百世，前此未有也。推其所自出，至於帝嚳，又前此未有也。商人禘舜，至周禘嚳，世數益遠，是謂仁之至、義之盡也。漢、魏以來，諸儒考經不詳，或得或失，王、鄭二家，互相詆毁，要不足深信，此其所以專經爲斷，以贊廟議之決。洪惟本朝，世次弗彰，今當以太祖之所推尊爲定，以僖祖爲始祖之廟，與太祖之廟，皆世世享祀，推廣孝思，崇長恩厚，則群臣之議，不相抵牾，而大典可就矣。」

蕙田案：傅良尚主調停之説，非實見太祖之當配天而不可易也。

理宗本紀：寶慶元年四月辛卯朔，寧宗祔廟。

王圻續通考：御史臺言：「大行皇帝係是十世，當行議祧。切謂商以契爲始祖，以湯、太戊、武丁爲不毀之廟，不在三昭三穆之數。魯公之廟，文世室也。武公之廟，武世室也。公羊子曰：『世室，世世不毀。』仰惟國朝太祖皇帝爲帝者，太祖之廟。太宗皇帝祔於太祖，爲一世之廟。真宗、仁宗、神宗、高宗各有制書不祧。此與商、周不毀廟，魯公、武公之世室，名異實同，世室之祧，既不在三昭三穆之中，則固不在九廟之數。自太祖以至光宗實爲五廟，今大行皇帝始爲六廟，合增展一室，以祔大行皇帝，於禮爲合，於義爲安。」詔從之。

宋史理宗本紀：紹定四年九月丙戌夜，臨安火，延及太廟。十月戊午，太常少卿度正、國史院編修官李心傳各疏言：宗廟之制，未合於古，玆緣災異，宜舉行之。詔兩省、侍從、臺諫集議以聞。

禮志：紹定四年九月丙戌，京師大火，延及太廟。太常少卿度正言：「伏見近世大儒侍講朱熹詳考古禮，尚論宗廟之制，畫而爲圖，其說甚備。然其爲制，務倣於古而頗更本朝之制，故學士大夫皆有異論，遂不能行。今天降災異，火發民家，延及宗廟，舉而行之，莫此時爲宜。臣於向來備聞其說，今備員禮寺，適當此變，若遂隱默，則爲有負，謹爲二説以獻。其一，純用朱熹之説，謂本朝廟制未合於古，因畫爲圖，謂僖祖如周后稷當爲本朝始祖。夫尊僖以爲始祖，是乃順太祖皇帝之孝心也。始祖之廟居於中，左昭右穆各爲一廟，門皆南向，位皆東向。祧廟之主藏於始祖之廟夾室，昭常爲昭，穆常爲穆，自不相亂。三年合食，則併出祧廟之主，合享於始祖之廟。始祖東向，群昭之主皆位北而南向，群穆之主皆位南而北向。昭穆既分，尊卑以定，其説合於古而宜於今，盡美盡善，舉而行之，祖宗在天之靈必歆享於此，而垂祐於無窮也。其一説，則因本朝之制，而參以朱熹之説。蓋本朝廟制，神宗嘗命禮官陸佃討論，欲復古制，未及施行。渡江以來，稽古禮文之事，多所未暇。今欲驟行更革，恐未足以成其事，而徒爲紛紛。或且仍遵本朝之制，自西徂東並爲一列，惟於每堂之後，量展一間，以藏祧廟之主。每室之前，量展二間，遇三年祫享，則以帷幄幕之，通爲一室，盡出諸廟主及祧廟主並爲一列，合食其上。前乎此廟爲一室，凡遇祫享，合祭於其室，名爲祫享，而實未嘗合。今量展此三間，後有藏祧主之所，前有祖宗合食之地，於本朝之制，初無大段更革，而頗已得三年大祫之義。今來朝廷若能舉行朱熹前議，固無以加；如其不然，姑從後説，亦爲允當，不失禮意。然宗廟之禮，儻無其故，何敢安議。今因大火之後，若加損益，亦惟其時，乞賜詳議。」有旨，令侍從〔一〕、禮部、太常集議，後竟不行。

蕙田案：度正兩議，都無一是。

理宗本紀：五年壬寅，新作太廟成。

王圻續通考：景定五年八月，都省言：知嘉定府洪濤迎奉新繁縣太祖以下六朝御容于本府天慶觀，一時權宜，于禮未備。詔令守臣選差武臣一員，擇日迎奉，赴行在所奉安，合行典禮，令有司條具上于尚書省。

右宋廟制下

遼廟制

遼史聖宗本紀：統和十三年九月丁卯，奉安景宗及皇太后石像于延芳淀。十四年十一月乙酉，奉安景宗及皇太后石像於乾州。

〔一〕「侍從」，原作「從祀」，據光緒本、宋史禮志十改。

開泰元年十二月丙寅，奉遷南京諸帝石像于中京觀德殿，景宗及宣獻皇后於上京五鸞殿。

八年正月壬戌，建景宗廟於中京。

九年十二月戊子〔一〕，詔中京建太祖廟，制度、祭器皆從古制。

道宗本紀：太康三年九月壬申，修乾陵廟。

續文獻通考：遼諸帝各有廟，又有原廟，如凝神殿之類。其儀制俱未詳，大抵簡樸，有太古之風。

蕙田案：遼廟制雖不詳，然史云中京建廟，制度、祭器皆從古制，則亦斐然有文矣。第所謂古制者，三代以來之古制歟？抑本國之古制歟？要皆不失禮意，勝于宋多矣。

右遼廟制

〔一〕「戊子」，原作「戊辰」，據光緒本、遼史聖宗本紀改。

金廟制

金史禮志：金初無宗廟。天輔七年八月，太祖葬上京宮室之西南，建寧神殿于陵上，以時薦享。自是諸京皆立廟，惟在京師者則曰太廟。

太宗天會二年，立大聖皇帝廟于西京。

太宗本紀：天會三年八月癸卯，斡魯以遼主至京師。甲辰，告于太祖廟〔一〕。十月，詔建太祖廟于西京。

熙宗本紀：天會十四年八月丙辰，追尊九代以下曰皇帝、皇后，定始祖、景祖、世祖、太祖、太宗廟，皆不祧。

蕙田案：是時熙宗立二年矣，仍用太宗年號，故稱天會十四年。

天眷二年九月丙申，立太祖原廟于慶元宮。

皇統三年五月甲申，初立太廟。四年七月庚午，建原廟於東京。

禮志：皇統七年，有司奏：「慶元宮門舊曰景暉，殿曰辰居，似非廟中之名，今宜

〔一〕「太祖廟」，原脱「祖」字，據光緒本、金史熙宗本紀補。

改殿名曰世德。」是歲，東京御容殿成。

熙宗本紀：皇統八年閏八月丙寅，太廟成。

禮志：皇統三年，初立太廟。八年，太廟成，則上京之廟也。

海陵本紀：天德四年十月壬戌朔，使使奉遷太廟神主。

禮志：天德四年，有司言：「燕京興建太廟，復立原廟。三代以前無原廟制，至漢惠帝始置廟于長安渭北，薦以時果。其後又置于豐、沛，不聞享薦之禮。今兩都告享宜止于燕京所建原廟行事。」于是名其宮曰衍慶，殿曰聖武，門曰崇聖。

蕙田案：金天德四年，宋紹興二十二年也。時宋方廣建神御殿，而金之有司奏稱三代以前無原廟制，何其正也！使宋臣而知此，亦何至是哉！

海陵本紀：貞元三年十月戊寅，權奉安太廟神主于延聖寺。十一月丁卯，奉安神主于太廟。

禮志：貞元初，海陵遷燕，乃增廣舊廟，奉遷祖宗神主于新都。三年十一月丁卯，奉安于太廟。

正隆中，營建南京宮室，復立宗廟，南渡因之。其廟制，史不載，傳志雜記或可概見，今附之。汴京之廟，在宮南馳道之東。殿規，一屋四注〔一〕，限其北爲神室，其前爲通廊。東西二十六楹，爲間二十有五，每間爲一室。廟端各虚一間爲夾室，中二十三間爲十一室。從西三間爲一室，爲始祖廟，祔德帝、安帝、獻祖、昭祖、景祖祧主五，餘皆兩間爲一室。世祖室祔肅宗，穆宗室祔康宗，餘皆無祔。每室門一、牖一，門在左，牖在右，皆南向。石室之龜于各室之西壁，東向。其始祖之龜六〔二〕，南向者五、東向者一，其二其三俱二龜，餘皆一室一龜，總十六龜。祭日出主于北墉下，南向。禘祫則並出主，始祖東向，群主依昭穆南北相向，東西序列。室户外之通廊，殿階二級，列陛三，前井亭二。外作重垣四繚，南東西皆有門。内垣之隅有樓，南門五闔，餘皆三。中垣之外東北，册寶殿也。太常官一人季視其封緘，謂之點寶。内垣之南曰大次，東南爲神庖。廟門翼兩廡，各二十有五楹，爲齋郎執事之次。西南垣外，則廟署也。神門列戟各二十有四，植以木錡。戟下以板爲掌形，畫二青龍，下垂五色帶長五尺，享

〔一〕「注」，諸本作「間」，據金史禮志三改。
〔二〕「始祖」，諸本作「世祖」，據金史禮志三改。

前一日則懸戟上，祭畢藏之。

世宗大定二年十二月，詔以「會寧府國家興王之地，宜就慶元宫址建正殿九間，仍其舊號，以時薦享」。以睿宗御容奉還衍慶宫。

有司擬奏閔宗無嗣，合别立廟，有司以時祭享，不稱宗，以武靈爲廟號。又奏：「唐立别廟，不必專在太廟垣内。今武靈皇帝既不稱宗，又不與祫享，其廟擬于太廟東墉外隙地建立。」從之。

王圻續通考：大定四年，廟成，以武靈後謚孝成，又謂之孝成廟。三月，奉安武靈皇帝及悼皇后。

金史禮志：大定五年，會寧府太祖廟成，有司言宜以御容安置。先是，衍慶宫藏太祖御容十有二：法服一、立容一、戎衣一、佩弓矢一、坐容二、巾服一，舊在會寧府安置；半身容二、春衣容一、巾而衣紅者二，舊在中都御容殿安置，今皆在此。詔以便服容一，遣官奉安，擇日啓行。前一日，夙興，告廟，用酒饌，差奏告官一員，以所差使充，進請御署祝版。其日質明，有司設龍車于衍慶宫門外少西，東向。宰執率百官公服詣本宫殿下，班立，再拜。班首升殿，跪上香、奠酒，教坊樂作，少退，再拜。班首降階復位，陪位官皆再拜。奉送使副率太祝捧御容匣出，宰執以下分左右前導，出衍慶宫門外，俟御容匣升車，百官上馬後從，旗幟甲馬錦衣人等分左右導，香輿扇等前行。至都門郊外，俟御容車少駐，導從官下馬，車前立班，再拜。奉送使副側侍不拜。班首詣香輿，跪上香，俛伏，興，還班，再拜辭訖，退。使副遂行。每程到館或廨舍内安駐。其道路儀衛，紅羅傘一，龍車一，其制以青布爲亭子狀，安車上，駕以牛。又用馳五，旗鼓共五十，舁香輿一十人，導從六十人，執扇八人，兵士百人，護衛二十人以宗室明安穆昆子孫充。所過州縣，官屬公服出郭香果奉迎，再拜，班首上香奠酒，又再拜。送至郊外，再拜乃退。至會寧府，官屬備香輿奉迎如上儀，乘馬從至廟門外下馬，分左右導引。使副率太祝四員，捧御容入廟，于中門外東壁幄次内奉置定，再拜訖，退，擇日奉安。至日質明，差去官與本府官及建廟官等並公服，詣幄次前排立，先再拜，跪上香，樂作，奠酒訖，又再拜。太祝捧御容，衆官前導引，至殿下排立。御容升殿奉安訖，再拜，班首升殿，跪上香，讀祝，奠酒，樂作，少退再拜訖，班首降階復位。下闕三百五十二字。于殿上又設親王宰執以下百官拜位于殿庭。又設盥洗位于東階下，執罍篚者位于其後。又于神位前各設北向拜褥位，并各設香案香爐匙合香酒花果器皿物等，依前來例。又於聖武殿上設香案爐匙合香等，又于殿下各設腰輿一、舁士一十六人、傘子各二人、執扇各十二人、導從弩手各三十人。前一日，清齋，親王于本府，百官于其第。行禮官執事人等習儀，就祠所清齋。其日質明，禮官率太廟署官等詣崇聖閣奉世祖御容，每匣用内侍二人、太祝一員，禮官、署官前導，置于聖武殿神座。禮直官引親王宰執百官公服于殿庭班立，七品以下班于殿門之外，贊者曰「拜」，在位者皆再拜。禮直官引班首詣罍洗，盥手訖，升殿，詣神座前跪上香訖，少退，再拜。禮直官引班首降殿復位，贊者曰「拜」，在位官皆再拜訖，禮直官導世祖御容升腰輿〔一〕，儀衛依次序導從，至廣德殿，百官從後，至庭下班位立。禮官率太廟署官就腰輿内捧御容，于殿上正面奉安訖，百官于階下、六品以下官于殿門外，立班。贊者曰「再拜」，在位官皆再拜。禮直官引班首詣盥洗，盥手訖，升殿，執事官等從升，詣御容前，跪上香，奠酒，教坊樂作，少退，再拜訖，樂止。禮直官引班首降殿復位，贊者曰「拜」，在位官皆再拜。禮官率太廟署官詣崇聖閣。太祝内侍捧太宗御容，禮官導太

〔一〕「直」，諸本脱，據金史禮志六校勘記補。

宗御容于聖武殿，行禮畢，以次奉安于丕承殿，行禮並如上儀。次睿宗御容奉安于天慶殿，禮亦如之。俟奉安禮畢，百官退。

世宗本紀：大定十年十一月辛巳，制盜太廟物者與盜宮中物論同。

禮志：大定十二年，議建閔宗別廟，禮官援晉惠、懷、唐中宗、後唐莊宗升祔故事，若依此典，武靈皇帝無嗣亦合升祔。然中宗之祔，始則爲虛室，終則增至九室。惠、懷之祔乃遷豫章、潁川二廟，莊宗之祔乃祧懿祖一室。今太廟之制，除祧廟外，爲七世十一室，如當升祔武靈，即須別祧一廟。荀子曰「有天下者事七世」，若旁容兄弟，上毀祖考，則天子有不得事七世者矣。伏覩宗廟世次，自睿宗上至始祖，凡七世，別無可祧之廟。晉史云：「廟以容主爲限，無拘常數。」東晉與唐皆用此制，遂增至十一室。康帝承統，以兄弟爲一室，故不遷遠廟而祔成帝。唐以敬、文、武三宗同爲一代，于太廟東間增置兩室，定爲九代十一室。今太廟已滿此數，如用不拘常數之說，增至十二室，可也。然廟制已定，復議增展，其事甚重，又與睿宗皇帝祏室昭穆亦恐更改。春秋之義不以親親害尊尊，漢志云：「父子不並坐，而孫可從王父。」若武靈升祔，太廟增作十二室。依春秋尊尊之典，武靈當在十一室，禘祫合食。依孫從王父之典，當在太宗之下，而居昭位，又當稱宗。然前升祔睿宗已在第十一室，累遇祫享，睿宗在穆位，與太宗昭位相對，若更改祏室及昭穆序，非有司所敢輕議，宜取聖裁。

世宗本紀：大定十三年四月辛巳，更定盜宗廟祭物法。

禮志：大定十六年四月十九日，奉安世祖御容，行朝謁之禮。皇帝前一日齋于內殿，皇太子齋于本宮，親王齋于本府，百官齋于其第。太廟令率其屬，于衍慶宮內外掃除，設親王百官拜位於殿庭，又設皇太子拜褥于親王百官位前。宣徽院率其屬，于聖武門外之東設西向御幄，靈星門東設皇太子幄次。其日，有司列仗衛于應天門，俟奉安御容訖，有司于殿上并神御前設北向拜褥位，安置香爐香案并香酒器物等。皇太子比至車駕進發已前，公服乘馬，本宮官屬導從〔一〕，至衍慶宮門西下馬，步入幄次。親王百官于衍慶宮門外西向立班。俟車駕將至，典贊儀引皇太子出幄次，于親王百官班前奉迎。導駕官，五品六品七品職官內差四十員于應天門外道南立班以俟。皇帝服靴袍乘輦，從官繖扇侍衛如常儀。敕旨用大安輦、儀仗一千人。出應天門，閤門

〔一〕「宮」，諸本脱，據金史禮志六校勘記補。

通喝「導駕官再拜」，訖，閤門傳敕「導駕官上馬」，分左右前導，至廟門外西偏下馬。車駕至衍慶宫門外稍西降輦。左右宣徽使前導，皇帝步入御幄，簾降。閤門先引親王、宰執、四品以上執事官，由東西偏門入，至殿庭分東西班相向立。典贊儀引皇太子入，立于褥位之西，東向。進香進酒等執事官并升階，于殿上分東西向以次立。宣徽使跪奏「請皇帝行朝謁之禮」。簾捲，皇帝出幄。宣徽使前導，至殿上褥位，北向立。典贊儀引皇太子就褥位，閤門引親王宰執四品已上執事官回班，並北向立。令中間歇空，不礙奏樂。五品以下聖武門外、八品以下宫門外陪拜。宣徽使跪奏請皇帝再拜，教坊樂作。皇太子以下群官皆再拜。請皇帝詣神御前褥位，北向立，又請皇帝再拜，皇太子以下群官皆再拜。請皇帝跪，三上香，三奠酒，俛伏，興。又請皇帝再拜，皇太子以下群官皆再拜，訖，皇帝復位。又請皇帝再拜，皇太子以下群官皆再拜。宣徽使奏「禮畢」。以上擬八拜，宣徽院奏過，依舊例十二拜。典贊儀引皇太子復立于褥位之西，東向。閤門引親王宰執以下群官，東西相向立。先引五品以下官出。宣徽使前導，皇帝還御幄，簾降。典贊儀引皇太子，閤門分引殿庭百官，以次出。宣徽使跪奏，「請皇帝還宫」。簾捲，步出廟門外，升輦還宫，如來儀。

世宗本紀：大定十七年正月戊申，詔於衍慶宮聖武殿西建世祖神御殿〔一〕，東建太宗、睿宗神御殿。

禮志：大定十九年四月，禘祔閔宗，遂增展太廟爲十二室。

世宗本紀：大定二十一年四月庚戌，奉安昭祖以下三祖三宗御容于衍慶宮，行親祀禮。

禮志：大定二十一年閏三月，奉旨昭祖、景祖奉安燕昌閣上，肅宗、穆宗、康宗奉安閣下，明肅皇帝奉安崇聖閣下。每位設黄羅幕一、黄羅明金柱衣二、紫羅地褥一、龍牀一、踏牀二、衣全。前期奏告。四月一日奉安，五日親祀。是年五月，遷聖安寺睿宗皇帝御容于衍慶宮，皇太子親王宰執奉迎安置。

世宗本紀：大定二十九年正月癸巳，上崩。三月辛卯朔，上尊謚，廟號世宗。

禮志：大定二十九年，世宗將祔廟，有司言：「太廟十二室，自始祖至熙宗雖係八世，然世祖與熙宗爲兄弟，不相爲後，用晉成帝故事，止係七世，若特升世宗、顯宗即

〔一〕「於」，原作「以」，據光緒本、金史世宗本紀改。

係九世。」於是五月遂祧獻祖、昭祖，升祔世宗、明德皇后、顯宗于廟。

宣宗本紀：貞祐三年七月丁丑，肅宗神主至自中都，奉安于明俊殿。己卯，明德皇后神主至自中都。八月，太祖御容至自西京，奉安于啓慶宫。九月癸酉，朝謁世祖、太祖御容于啓慶宫，行獻享禮，始用樂。甲戌，朝謁太宗、熙宗、睿宗御容，行獻享禮。

四年二月甲辰，命參知政事李革爲修奉太廟使，權祔肅宗神主于世祖室，奉世祖以下神主于隨室〔一〕，祭器以瓦代銅，獻官以公服行事，供帳等物並從儉約。三月乙卯，以將修太廟，遣李革奏告祖宗神主于明俊殿。五月癸丑朔，禮官言：「太廟既成，行都禮雖簡約，惟以親行祔享爲敬，請權不用鹵簿儀仗及宫懸樂舞。」從之。八月甲寅，太子少保兼禮部尚書張行信定祔享親祀之儀以進，上嘉納之。十月己未，親王、百官奉迎祖宗神主于太廟。辛酉，上親行祔享禮。甲子，祔享禮成。

禮志：貞祐二年，宣宗南遷，廟社諸祀並委中都，自穆延盡忠棄城南奔，時謂之禮

〔一〕「世祖」，金史宣宗本紀作「始祖」。

盡廢。四年，禮官言：「廟社國之大事，今主上駐蹕陪京，列聖神主已遷於此，宜重修太廟社稷，以奉歲時之祭。案中都廟制，自始祖至章宗凡十二室，而今廟室止十一，若增建恐難卒成。況時方多故，禮宜從變，今擬權祔肅宗主世祖室，始祖以下諸神主于隨室奉安。」主用栗，依唐制，皇統九年所定也。祏室，旁及上下皆石，門東向，以木爲闔，髹以朱。室中有褥。奠主訖，帝主居左，覆以黄羅帕；后主居右，覆以紅羅帕。黼扆以紙，木爲筐，兩足如立屏狀。覆以紅羅三幅，繡金斧五十四，裏以紅絹，覆於屏上，其半無文者垂于其後。置北墉下，南向，前設几筵以坐神主。五席，各長五尺五寸，闊二尺五寸。莞筵，粉純。以藺爲席，緣以紅羅，以白繡蕙文及雲氣之狀，復以紅絹裏之。每位二。繅席，畫純。以五色絨織青蒲爲之，緣以紅羅，畫藻文及雲氣狀，亦以紅絹裏之。每位二，在莞上。次席，黼純。以輕筠爲之，亦曰桃枝席，緣以紅綃，繡鐵色斧，裏以紅絹。每位二，在繅席上。虎席二，大者長同，惟闊增一尺。以虎皮爲褥，有緼，以紅羅繡金色斧緣之。又有小虎皮褥，制同三席。時暄則用桃枝次席，時寒則去桃枝加虎皮褥。夏、秋享，則用桃枝次席。冬則去桃枝加小虎皮褥于繅席上。臘冬則又添大虎皮褥二于繅席上〔一〕，遷小虎皮褥二在大褥之上。曲几三足，直几二足，各長尺五寸，以丹漆之。帝主前設曲几，后設直几。

哀宗本紀：正大元年三月戊申，奉安宣宗御容于孝嚴寺。四月癸酉，宣宗祔廟。

蕙田案：金太廟、原廟、神御殿略如宋制，然簡約多矣。

右金廟制

〔一〕「席」，諸本脱，據金史禮志三補。

五禮通考卷八十三

吉禮八十三

宗廟制度

元廟制

元史世祖本紀：中統二年九月庚申朔，詔以呼圖克哈齋爲中書省署。奉遷祖宗神主於聖安寺。

祭祀志：辛巳，藏於瑞像殿。

世祖本紀：中統四年三月癸卯，初建太廟。

祭祀志：至元元年冬十月，奉安神主于太廟，初定太廟七室之制。皇祖、皇妣第一室，皇伯考、伯妣第二室，皇考、皇妣第三室，皇伯考、伯妣第四室，皇伯考、伯妣第五室，皇兄、皇后第六室，皇兄、皇后第七室。凡室以西爲上，以次而東。

蕙田案：是年世祖入都於燕。

世祖本紀：至元三年十月，太廟成，丞相安圖、巴延言：「祖宗世數、尊謚廟號、增祀四世、各廟神主、配享功臣、法服祭器等事，皆宜定議。」命平章政事趙璧等集群臣議，定爲八室。

祭祀志：至元三年秋九月，始作八室神主，設祏室。冬十月，太廟成。趙璧等集議，製尊謚廟號，定爲八室。烈祖神元皇帝、皇曾祖妣宣懿皇后第一室，太祖聖武皇帝、皇祖妣光獻皇后第二室，太宗英文皇帝、皇伯妣昭慈皇后第三室，皇伯考珠徹〔一〕、皇伯妣布屯綽克默色第四室，皇伯考察哈岱、皇伯妣伊蘇婁第五室，皇考睿宗景襄皇帝、皇妣莊聖皇后第六室，定宗簡平皇帝、欽淑皇后第七室，憲宗桓肅皇帝、貞節皇后

〔一〕「考」，原脱，據光緒本、元史祭祀志三補。

第八室。十一月戊申，奉安神主於祏室，歲用冬祀，如初禮。　神主：至元三年，始命太保劉秉忠考古制爲之〔一〕。高一尺二寸，上頂圓徑二寸八分，四廂合剡一寸一分。上下四方穿，中央通孔，徑九分，以光漆題尊謚於背上。匱趺底蓋俱方。底自下而上，蓋從上而下。底齊趺，方一尺厚三寸，皆準元祐古尺圖。主及匱趺皆用栗木，匱趺並用玄漆，設祏室以安奉。帝主用曲几，黄羅帕覆之。后主用直几，紅羅帕覆之。祏室，每室紅錦厚褥一，紫錦薄褥一，黄羅覆帳一，龜背紅簾一，緣以黄羅帶飾。祝有二：祝册，親祀用之。製以竹，每副二十有四簡，貫以紅絨絛。面用膠粉塗飾，背飾以絳金綺。藏以楠木縷金雲龍匣。塗金鎖鑰，韜以紅錦囊，蒙以銷金雲龍絳羅複。擬撰祝文、書祝、讀祝，皆翰林詞臣掌之。祝版，攝事用之，制以楸木，長二尺四寸，廣一尺二寸，厚一分。其面背飾以精潔楮紙。祝文，至元時，享於太祖室，稱孝孫嗣皇帝臣某；睿宗室，稱孝子嗣皇帝臣某。幣：以白繒爲之，每段長一丈八尺。牲齋庶品：大祀，馬一，用色純者，有副；牛一，其角握，其色赤，有副；羊，其色白；豕，其色黑；

〔一〕「劉秉忠」，諸本作「劉秉中」，據元史祭祀志三改。

鹿。凡馬、牛、羊、鹿牲體，每室七盤，單室五盤。太羹，每室三登；和羹，每室三鉶。籩之實，每室十有二品；豆之實，每室十有二品。凡祀，先期命貴臣率獵師取鮮獐鹿兔，以供脯臡醓醢。稻粱爲飯，每室二簠；黍稷爲飯，每室二簋。彝尊之實，每室十有一。明水玄酒，用陰鑑取水於月。鬯用鬱金爲之。五齊三酒，醞於光禄寺。天鵝、野馬、塔爾巴噶、其狀如獾。野雞、鶬、黃羊、呼濟爾、其狀如鳩。湩乳〔一〕、葡萄酒，以國禮割奠，皆列室用之。羊一，豕一，籩之實二栗、鹿脯，豆之實二菁菹、鹿臡，簠之實黍，簋之實稷，爵尊之實酒，皆七祀位各用之。祭器：籩十有二，冪以青巾，巾繪綵雲〔二〕。豆十有四，一實毛血，一實膟膋。登三，鉶三，有柶。簠二，簋二，有匕箸。俎七，以載牲體，皆有鼎。後以盤貯牲體，盤置俎上，鼎不用。香案一，銷金絳羅衣。銀香鼎一，銀香奩一，茅苴盤一，實以沙。已上並陳室內。燎爐一，實以炭。篚一，實以蕭蒿黍稷。祝案一，紫羅衣，置祝文于上，銷金絳羅覆之。雞彝一，有舟；鳥彝一，有舟；加勺，春

〔一〕「湩」，原作「潼」，據光緒本、元史祭祀志三改。

〔二〕「繪」，原作「繒」，據光緒本、元史祭祀志三改。

夏用之。斝彝一，有舟；黄彝一，有舟；加勺，秋冬用之。虎彝一，有舟；蜼彝一，有舟；加勺，特祭用之。凡雞彝、斝彝、虎彝以實明水，鳥彝、黄彝、蜼彝以實鬯。犧尊二，象尊二，春夏用之。著尊二，壺尊二，秋冬用之。太尊二，山尊二，特祭用之。尊皆有坫勺，冪以白布巾，巾繪黼文〔一〕。著尊二，山罍二，皆有坫，加冪。已上並陳室外。壺尊二，太尊二，山罍四，皆有坫加冪，藉以莞席，並陳殿下，北向西上，設而不酌，每室皆同。通廊御香案一，銷金黄羅衣，銀香奩一，貯御祝香，銷金帕覆之，並陳殿中央。罍洗所罍二，洗二，一以供爵滌，一以供盥潔。篚二，實以璋瓚巾、塗金銀爵。七祀神位，籩二，豆二，簠一，簋一，俎一，爵一有坫，香案一，沙池一，壺尊二有坫加冪，七祀皆同。罍一，洗一，篚一。

禮樂志：至元三年，初用宫縣、登歌樂、文武二舞於太廟。先是東平萬户嚴光範奏：「太常登歌樂器樂工已完，宫縣樂、文武二舞未備，凡用人四百一十二，請以東平漏籍户充之，合用樂器，官爲置備。」制可。命中書省臣議行。于是中書命左三部、太

〔一〕「繪」，原作「繒」，據光緒本、元史祭祀志三改。

常寺、少府監，於興禪寺置局，委官楊天祐、太祝郭敏董其事。省臣言：「太廟殿室向成，宮縣樂器咸備，請徵東平樂工，赴京師肄習，以俟享廟。」制可。冬十有一月，有事於太廟，宮縣、登歌樂、文武二舞咸備。其迎送神曲曰來成，烈祖曰開成，太宗曰文成，皇伯考珠齊曰弼成，皇伯考察哈岱曰協成，睿宗曰明成，定宗曰熙成，憲宗曰威成。初獻、升降曰肅成，司徒奉俎曰嘉成，文舞退、武舞進曰和成，亞終獻、酌獻曰順成，徹豆曰豐成。文舞曰武定文綏之舞，武舞曰内平外成之舞。

世祖本紀：至元八年二月庚申，奉御玖珠舊以梳櫛奉太祖，奉所落鬚髮束上，詔櫝之，藏于太廟夾室。九月，太廟殿柱朽壞，監察御史劾都水劉晸監造不敬，晸以憂死。張易請先期告廟，然後完葺，從之。

祭祀志：八年八月，太廟柱朽。從張易言，告於列室而後修，奉遷栗主金牌位與舊神主于饌幕殿，工畢奉安。自是脩廟皆如之。

十二年五月，檢討張謙呈：「昔者因修太廟，奉遷金牌位于饌幕殿，設以金椅，其栗主却與舊主牌位各貯廂内，安置金椅下，禮有非宜。今擬合以金牌位遷于八室内，其祏室栗主宜用綵輿遷納，舊主并牌位安置于箱爲宜。」九月丁丑，敕太廟牲復用牛。

十月己未，遷金牌位于八室内。太祝兼奉禮郎申屠致遠言：「竊見木主既成，又有金牌位，其日月山神主及中統初中書設祭神主，安奉無所。」博士議曰：「合存祏室栗主，舊置神主牌位，俱可隨時埋瘞，不致神有二歸。」太常少卿以聞，制曰：「其與張仲謙諸老臣議行之。」

十四年八月乙丑，詔建太廟于大都。博士言：「古者廟制率都宮别殿，西漢亦各立廟，東都以中興崇儉，故七室同堂，後世遂不能革。」

王圻續通考：十四年，東平趙天麟策略曰：「天子立七廟，在都内之東南。太祖中位乎北，三昭在東，三穆在西，廟皆南向，主皆東向。都宫周于外以合之，牆宇建于内以别之。門堂室寢一一分方，庭砌堂除區區異地。山節藻棁以示崇高，重檐列楹以示嚴肅，斵礱其角以示麗而不奢，覆之用茅以示儉而有節。此蓋廟之制度也。祖功宗德，百世不易，親盡之廟，因親而祧。祧舊主于太祖之夾室，祔新主于南廟之中室。昭以取其向明，而自班乎昭焉。穆以取其深遠，而常從其穆焉。穆祔而昭不動，昭祔而穆不遷。二世祧則四遷於二世，而六世遷于四世，以八世祔昭之南廟矣。三世祧則五世遷于三世，而七世遷于五世，以九世祔穆之南廟矣。孫以子祔于祖父，孫可以爲王父尸，由其昭穆之同，非有尊卑之辨。故祧主既藏，祫則出，餘則否；祔廟貴新，易其檐，改其塗，此蓋廟之祧祔也。散齋七日，致齋三日，牲牷肥腯，旨酒嘉栗，粢盛豐潔，器皿具備，衣服既鮮，水火又明。祠宜羔豚膳膏薌，禴宜腒鱐膳膏臊，嘗宜犢麛膳膏腥，烝宜鱻羽膳膏羶。設守祧所掌之遺衣，陳奕世遞傳之宗器。王后及賓禮成九獻，辟公卿士奔，執豆籩，此蓋廟之時祭也。太祖廟主循常東面，移昭南穆北而合食，就已毁未毁而制禮四時，但陳未毁而祭之，五年兼其已毁而祭之。此蓋廟之祫祭也。三年大祭，祭祖之所出，以始祖配之，此蓋廟之禘祭也。伏望陛下斷出天衷，力行古道，一新太廟之儀章，嚴接春秋之祭祀，則上下和悦，朝野無虞，尚有干名犯分，故投寬網之民哉？」

蕙田案：天麟詞約而義賅，可謂精於考禮者矣。惟五年一祫、三年一禘，尚仍舊説。

元史祭祀志：十五年五月九日，太常卿還自上都，爲議廟制，據博士言同堂異室非禮，以古今廟制畫圖貼説，令博士李天麟齎往上都，分議可否以聞。一曰都宮别殿，七廟、九廟之制。祭法云：「天子立七廟，三昭三穆，與太祖之廟而七，諸侯、大夫、士降殺以兩。」晉博士孫毓以謂外爲都宮，内各有寢廟，别有門垣。太祖在北，左昭右穆，以次而南是也。前廟後寢者，以象人君之居，前有朝而後有寢也。廟以藏主，以四時祭，寢有衣冠几杖象生之具，以薦新物。天子太祖百世不遷，宗亦百世不遷，高祖以上，親盡則遞遷。昭常爲昭，穆常爲穆，同爲都宮，則昭常在左，穆常在右，而外有以不失其序。一世自爲一廟，則昭不見穆，穆不見昭，而内有以各全其尊，必祫享而會於太祖之廟，然後序其尊卑之次。蓋父子異宮，祖禰異廟，所以盡事亡如事存之義。然漢儒論七廟、九廟之數，其説有二。韋玄成等以謂周之所以七廟者，以后稷始封，文王、武王受命而王，是以三廟不毁，與親廟四而七也。如劉歆之説，則周自武王克商，以后稷爲太祖，即增立高圉、亞圉二廟于公叔、太王、王季、文王二昭二穆之上，已爲七廟矣。至懿王時始立文世室于三穆之上，至孝王時始立武世室于三昭之上，是爲九廟矣。然先儒多是劉歆之説。二曰同堂異室之制。後漢明帝遵儉自抑，遺詔無起寢廟，但藏其主於光武廟中更衣别室。其後章帝又復如之，後世遂不敢加。而公私之廟，皆用同堂異室之制。先儒朱熹以謂至使太祖之位，下同孫子，而更僻處於一隅，無以見爲七廟之尊；群廟之神，則又上厭祖考，不得自爲一廟之主。以人情論祭祀志：二十一年九月，廟室挂鐵綱釘槧籠門告成。

世祖本紀：至元二十二年十二月己未，丹太廟楹。

二十三年九月乙丑，以太廟雨壞，遣鴻吉喇岱致告，奉安神主別殿。

禮樂志：二十三年，呼圖克伊蘇又奏：「太廟樂器，編鐘、笙匏，歲久就壞，音律不協。」遂補鑄編鐘八十有一，合律者五十，造笙匏三十有四。

祭祀志：二十四年二月，翰林院言舊院屋敝，新院屋纔六間，三朝御容宜于太常寺安奉，後仍遷新院。

世祖本紀：二十五年五月丁未，奉安神主于太廟。

三十一年四月，皇孫至上都。甲午，即皇帝位。五月戊午，遣攝太尉鄂都岱奉册上尊謚曰聖德神功文武皇帝，廟號世祖。

禮樂志：三十一年，世祖、裕宗祔廟，命大樂署編運曲譜舞節，翰林定譔樂章。世祖室曰混成之曲，裕宗室曰昭成之曲。

祭祀志：三十一年，成宗即位，追尊皇考爲皇帝，廟號裕宗。

成宗本紀：大德六年五月戊申，太廟寢殿災。

武宗本紀：大德十一年五月，即位于上都。六月丁酉，中書右丞相哈喇哈遜達爾罕、左丞相塔喇海言：「臣等與翰林、集賢、太常老臣集議：皇帝嗣登寶位，詔追尊皇考爲皇帝，皇考大行皇帝同母兄也，大行皇帝祔廟之禮尚未舉行，二帝神主依兄弟次序祔廟爲宜。今擬請謚皇考昭聖衍孝皇帝〔一〕，廟號順宗；大行皇帝曰欽明廣孝皇帝，廟號成宗。太祖之室居中，睿宗西第一室，世祖西第二室，裕宗西第三室，順宗東第一室，成宗東第二室。先元妃鴻吉哩氏實哩達喇宜謚曰真慈靜懿皇后，祔成宗廟室。」制曰：「可。」九月壬申，命塔喇海奉玉册、玉寶，上皇考及大行皇帝尊謚、廟號；又上先元妃鴻吉哩氏尊謚，祔于成宗廟室。

禮樂志：大德十一年，武宗即位。九月，順宗、成宗二室祔廟，下大樂署編運曲譜舞節，翰林譔樂章。順宗室曰慶成之曲，成宗室曰守成之曲。

胡氏粹中曰：睿宗、裕宗、順宗皆未嘗居天子位，但當祔食于所出之帝，而各爲立廟，已非禮矣。況成宗爲君時，順宗爲臣，豈有依次陞祔，而躋順宗於成宗之上

〔一〕「擬」，原作「宜」，據光緒本、元史武宗本紀改。

者乎？失禮之中又失禮焉。哈喇哈遜、何偉諸臣，何能逃其責乎？

武宗本紀：至大二年十月，立太廟廩犧署，設令丞各一員。十二月，上太祖聖武皇帝尊謚、廟號及光獻皇后尊謚，又上睿宗景襄皇帝尊謚、廟號及莊聖皇后尊謚，執事者人陞散階一等，賜太廟禮樂户鈔帛有差。

祭祀志：武宗至大二年十月，以將加謚太祖、睿宗，擇日請太祖、睿宗尊謚于天，擇日請光獻皇后、莊聖皇后尊謚于廟，改製金表神主，題寫尊謚、廟號。十二月乙卯，奉玉册、玉寶。加上太祖聖武皇帝尊謚曰法天啓運，廟號太祖；光獻皇后曰翼聖。加上睿宗景襄皇帝曰仁聖，廟號睿宗；莊聖皇后曰顯懿。其舊制金表神主，以櫝貯兩旁，自是主皆範金作之，如金表之製。

蕙田案：元初，考定神主用木，最爲得禮。武宗改用範金，自是竊盗之患作矣。

武宗本紀：至大四年春正月庚辰，帝崩于玉德殿。夏五月乙未，文武百官額森特穆爾等上尊謚曰仁惠宣孝皇帝，廟號武宗。閏七月丙午，祔于太廟。

禮樂志：四年夏六月，武宗祔廟，命樂正謝世寧等編曲譜舞節，翰林侍講學士張士觀譔樂章〔一〕，曲名威成之曲。

仁宗本紀：延祐五年十一月，敕大永福寺創殿，安奉順宗皇帝御容。

禮樂志：延祐七年，仁宗祔廟，命樂正劉瓊等編運酌獻樂譜舞節，翰林譔樂章曲名曰歆成之曲。

祭祀志：延祐七年，仁宗升祔，增置廟室。太常禮儀院下博士檢討歷代典故，移書禮部、中書集議曰：「古者天子祭七代，兄弟同爲一代，廟室皆有神主，增置廟室。」又議：「大行皇帝升祔太廟，七室皆有神主，增室不及。依前代典故，權于廟内止設幄座，面南安奉。今相視得七廟近南對室地位，東西一丈五尺，除設幄座外，餘五尺，不妨行禮。」乃結綵爲殿，置武宗室南，權奉神主。

英宗本紀：至治元年二月己酉，作仁宗神御殿于普慶寺。五月辛丑，太常禮儀院進太廟制圖。

祭祀志：元年正月乙酉，始命于太廟垣西北建大次殿。五月，中書省臣言：「以

〔一〕「講」，原脱，據光緒本、元史禮樂志二補。

廟制事，集御史臺、翰林院、太常院臣議。謹案前代廟室，多寡不同。晉則兄弟同爲一室，正室增爲十四間，東西各一間。唐九廟，後增爲十一室〔一〕。宋增室至十八，東西夾室各一間，以藏祧主。今太廟雖分八室，然兄弟爲世，止六世而已。世祖所建前廟後寢，往歲寢殿災。請以今殿爲寢，別作前廟十五間，中三間通爲一室，以奉太祖神主，餘以次爲室，庶幾情文得宜。謹上太常廟制。」制曰：「善，期以來歲營之。」

曹元用傳：延祐六年，授太常禮儀院經歷，屬英宗躬修祀事，鋭意禮樂，其親祀儀注、鹵簿輿服之制，率所裁定。初，太廟九室，合享于一殿，仁宗崩，無室可祔，乃于武宗室前，結綵爲次。英宗在上京，召禮官集議，元用言：「古者宗廟有寢有室，宜以今室爲寢，當更營大殿於前，爲十五室。」帝嘉其議，授翰林待制，陞直學士。

英宗本紀：至治二年正月庚午，廣太廟。

泰定帝本紀：至治三年十二月，時泰定帝已立。盜入太廟，竊仁宗及莊懿慈聖皇后金主。壬申，作仁宗主。

〔一〕「室」，原脱，據光緒本、元史祭祀志三補。

祭祀志：三年春三月戊申，祔昭獻元聖皇后于順宗室。夏四月六日，上都分省參議蘇蘇，以都堂旨，太廟夾室未有制度，再約臺院等官議定。博士議曰：「案爾雅曰『室有東西廂曰廟』，注『夾室前堂』。周書曰『西夾南向』，注曰『西廂夾室』。此東西夾室之正文也。賈公彦曰室有東西廂曰廟，其夾皆在序。是則夾者，猶今耳房之類也。然其制度，則未之聞。東晉太廟正室一十六間，東西儲各一間，共十有八。所謂儲者，非夾室與？唐貞觀故事，遷廟之主，藏于夾室西壁，南北三間。又宋哲宗亦嘗于東夾室奉安，後雖增建一室，其夾室仍舊。是唐、宋夾室，與諸室制度無大異也。五帝不相沿樂，三王不相襲禮。今廟制皆不合古，權宜一時。宜取今廟一十五間，南北六間，東西兩頭二間，準唐南北三間之制，壘至棟爲三間，壁以紅泥，以準東西序，南向爲門，如今室户之制，虛前以準廂，所謂夾室前堂也。雖未盡合于古，于今事爲宜。」六月，上都中書省以聞，制若曰「可」。壬申，敕以太廟前殿十有五間，東西二間爲夾室，南向。秋七月辛卯，太廟落成。俄，國有大故，晉王即皇帝位。十二月戊辰，追尊皇考晉王爲皇帝，廟號顯宗，皇妣晉王妃爲皇后。庚午，盜入太廟，失仁宗及慈聖皇后神主。壬申，重作仁廟二金主。丙午，御史趙成慶言：「太廟失神主，乃古今莫大之變。太常禮官不恭厥職，宜正其罪，以謝宗廟，以安神靈。」制命中書定罪。

廟制：至治三年，別建大殿一十五間于今廟前，用今廟爲寢殿，中三間通爲一室，餘十間各爲一室，東西兩旁際牆各留一間，以爲夾室。室皆東西橫闊二丈，南北入深六間，每間二丈。宮城南展後，鑿新井二于殿南，作亭。東南隅、西南隅角樓，南神門、東西神門，饌幕殿、省饌殿、獻官百執事齋室，中南門、齊班廳、雅樂庫、神廚、祠祭等局，皆南徙。建大次殿三間于宮城之西北，東西櫺星亦南徙。東西櫺星門之内，鹵簿房四所，通五十間。

吴澄傳：至治末，詔作太廟，議者習見同堂異室之制，乃作十三室。未及遷奉，而國有大故，有司疑于昭穆之次，命集議之。澄議曰：「世祖混一天下，悉考古制而行之。古者天子七廟，廟各爲宮，太祖居中，左三廟爲昭，右三廟爲穆，昭穆神主，各以次遞遷。其廟之宮，頗如今之中書六部。夫省部之設，亦倣金、宋，豈以宗廟敘次，而不考古乎？」有司急于行事，竟如舊次云。

泰定帝本紀：泰定元年二月丁巳朔，作顯宗影堂。丁丑，監察御史宋本、趙成慶、李嘉賓言：「盜竊太廟神主，由太常守衛不謹，請罪之。」不報。四月癸亥，以國言上英宗廟號曰格堅皇帝。辛巳，太廟新殿成。五月戊戌，遷列聖神主于太廟新殿。

祭祀志：泰定元年春正月甲午，奉安仁宗及慈聖皇后二神主。先是，博士劉致建議曰：「竊以禮莫大于宗廟。宗廟者，天下國家之本，禮樂刑政之所自出也。唐、虞、三代而下，靡不由之。聖元龍興朔陲，積德累功，百有餘年，而宗廟未有一定之制。方聖天子繼統之初，定一代不刊之典，爲萬世法程，正在今日。周制，天子七廟，三昭三穆，昭處於東，穆處於西，所以別父子親疏之序，而使不亂也。聖朝取唐、宋之制，定爲九世，遂以舊廟八室而爲六世，昭穆不分，父子並坐，不合禮經。新廟之制，一十五間，東西二間爲夾室，太祖室既居中，則唐、宋之制不可依，惟當以昭穆列之。父爲昭，子爲穆，則睿宗當居太祖之東，爲昭之第一世；世祖居西，爲穆之第一世。裕宗居東，爲昭之第二世。兄弟共爲一世，則成宗、順宗、顯宗三室皆當居西，爲穆之第二世。武宗、仁宗二室皆當居東，爲昭之第三世。昭之后居左，穆之后居右，西以左爲上，東以右爲上也。苟或如此，則昭穆分明，秩然有序，不違禮經，可爲萬世法。若以累朝定制，依室次于新廟遷安，則顯宗躋順宗之上，順宗躋成宗之上。以禮言之，春秋閔公無子，庶兄僖公代立，其子文公遂躋僖公于閔公之上，史稱逆祀。及定公正其序，書曰『從祀先公』。然僖公猶是有位之君，尚不可居故君之上，況未嘗正位者乎？國家雖曰以右爲尊，然古人所尚，或左或右，初無定制。古人右社稷而左宗廟，國家宗廟亦居東方。豈有建宗廟之方位既依禮經，而宗廟之昭穆反不依禮經乎？且如今朝賀或祭祀，宰相獻官分班而立，居西則尚左，居東則尚右。及行禮就位，則西者復尚右，東者復尚左矣。致職居博士，宗廟之事所宜建明，然事大體重，宜從使院移書集議取旨。」四月辛巳，中書省臣言：「世祖皇帝始建太廟。太祖皇帝居中南向，睿宗、世祖、裕宗神主以次祔西室，順宗、成宗、仁宗以次祔東室。邇者集賢、翰林、太常諸臣言，國朝建太廟遵古制。古尚左，今尊者居右爲少屈，非所以示後世。太祖皇帝居中南向，宜奉睿宗皇帝神主祔左一室，世祖祔右一室，裕宗祔睿宗室之左。顯宗、順宗、成宗兄弟也，以次祔世祖室之右，武宗、仁宗亦兄弟也，以祔裕宗室之左，英宗祔成宗室之右。臣等以其議近是，謹繪室次爲圖以獻，惟陛下裁擇。」從之。五月戊戌，祔顯宗、英宗凡十室。

胡氏粹中曰：支庶有天下者始得立廟。漢宣帝繼昭帝而立，終不列戾、悼二園于昭穆，以其未嘗繼體正位也。元之諸君，各顧其私親而尊其所親，廟制紛紜，昭穆混淆，瀆禮不經甚矣。彼劉致者，徒知兄弟當合爲一世，而不知顯、順二君不當稱宗；徒知父子各自爲一世，而不知睿、裕二宗亦不當立廟。況即天子位者爲之君，其未嘗即位者皆臣也。致徒知父子列坐不合禮經，而不知君臣同食，其不合禮經多矣。若欲合禮，則太祖居中，太宗居西夾室，定宗居昭第一，憲宗居穆第一，世祖居東夾室，成宗居昭第二，武宗居穆第二，仁宗居昭第三，英宗居穆第三。親盡則祧，各藏于夾室，而睿、裕、順、顯各祔食於禰廟，則情皆稱而於禮不悖矣。末哉！劉致之爲議也。

泰定帝本紀：泰定二年正月甲辰，奉安顯宗像于永福寺，給祭田百頃。

三年丙申，建顯宗神御殿于盧師寺，賜額曰大天源延聖寺。十月，奉安顯宗御容于大天源延聖寺。

四年四月辛未，盜入太廟，竊武宗金主及祭器。壬申，作武宗主。五月乙巳，作成宗神御殿于天壽萬寧寺。甲子，以典守宗廟不嚴，罷太常禮儀院官。八月癸巳，謚武宗皇后、英宗皇后，升祔太廟。

蕙田案：致和元年秋七月，泰定帝崩于上都。八月，皇太子阿蘇津巴即位，改元天順。武宗次子懷王圖克特穆爾入京師，九月即帝位，是爲文宗，改元天曆。二年正月，武宗長子周王和實碩稱帝于和寧之北，是爲明宗，立文宗爲太子。八月，明宗崩，未改元，文宗復即位于上都。

文宗本紀：天曆元年九月乙亥〔一〕，立太禧院，以奉祖宗神御殿祠祭，秩正二品。十月丁巳，毁顯宗室，升順宗祔右穆第二室，成宗祔右穆第三室，武宗祔左昭第三室，仁宗祔左昭第四室，英宗祔右穆第四室。

胡氏粹中曰：顯、順二君皆裕宗庶孽，未嘗一日君臨天下，特以武宗繼統而追王順宗，泰定入立而推尊顯廟，稽諸禮典，則二廟皆不當立。揆之人情，順宗之廟若不可廢，則顯宗之廟亦不當毁矣。又况泰定得國于英宗，未嘗干武宗之統也，文宗何爲而深讐之乎？他日順帝撤文宗廟主，所謂出乎爾者必反乎爾者歟？

祭祀志：神御殿，舊稱影堂。所奉祖宗御容，皆紋綺局織錦爲之。影堂所在：世祖帝后大聖壽萬安寺，裕宗帝后亦在焉；順宗帝后大普慶寺，仁宗帝后亦在焉；成宗

〔一〕「乙亥」，原作「乙丑」，據光緒本、元史文宗本紀改。

帝后大天壽萬寧寺，武宗及二后大崇恩福元寺，爲東西二殿；明宗帝后大天源延聖寺；英宗帝后大永福寺，葉赫皇后大護國仁王寺。世祖、武宗影堂，皆藏玉册十有二牒，玉寶一鈕。仁宗影堂，藏皇太子玉册十有二牒，皇后玉册十有二牒，玉寶一鈕。英宗影堂，藏皇帝玉册十有二牒，玉寶一鈕，皇太子玉册十有二牒。凡帝后册寶，以匣匱金鎖鑰藏于太廟，此其分置者。其祭器，則黄金缾斝盤盂之屬以十數，黄金塗銀香合椀楪之屬以百數，銀壺釜杯匜之屬稱是。玉器、水晶、瑪瑙之器爲數不同，有玻瓈瓶、琥珀勺。世祖影堂有真珠簾，又皆有珊瑚樹、碧甸子山之屬。其祭之日，常祭每月初一日、初八日、十五日、二十三日，節祭元日、清明、蕤賓、重陽、冬至、忌辰。其祭物，常祭用蔬果，節祭忌辰用牲。祭官便服，行三獻禮。加薦用羊羔、炙魚、饅頭、餵子、西域湯餅、圓米粥、砂糖飯羹。泰定二年，亦作顯宗影堂于大天源延聖寺，天曆元年廢。舊有崇福、殊祥二院，奉影堂祀事，乃改爲泰禧院。

禮樂志：天曆二年春三月，明宗祔廟，下大樂署編運樂譜舞節，翰林定譔樂章，曲曰永成之曲。

文宗本紀：至順元年三月己巳，議明宗陞祔，序於英宗之上，視順宗、成宗廟遷之例。壬申，奉玉册、玉寶祔明宗神主於太廟。

二年三月癸巳，詔累朝神御殿之在諸寺者，各製名以冠之：世祖曰元壽，昭睿順聖皇后曰睿壽，諾爾布皇后曰懿壽，裕宗曰明壽，成宗曰廣壽，順宗曰衍壽，武宗曰仁壽，文獻昭聖皇后曰昭壽，仁宗曰文壽，英宗曰宣壽，明宗曰景壽。

三年二月己巳，命雅克特穆爾集翰林、集賢、太禧宗禋院，議立太祖神御殿。

寧宗本紀：至順三年八月己酉，文宗崩。十月庚子，帝即位於大明殿。十一月己巳，詔翰林國史、集賢院、奎章閣學士院集議先皇帝廟號、神主、升祔武宗皇后及改元事。

蕙田案：明宗第二子鄜王額琳沁巴勒立，是爲寧宗。十一月崩，未改元，明宗長子托歡特穆爾即位于上都，是爲順帝，改元爲元統元年。

順帝本紀：元統元年十月庚辰，奉文宗皇帝及太皇太后御容於大承天護聖寺。

文宗本紀：元統二年正月己酉，太師右丞相巴延率文武百官等議，上尊謚曰聖明元孝皇帝，廟號文宗，國言謚號曰濟雅圖皇帝。十月丙申，命參知政事納琳監繪明宗皇帝御容。十二月，詔省、院、臺、翰林、集賢、奎章閣、太常禮儀院、禮部官定議寧宗皇帝尊謚、廟號[一]。

三年正月辛亥，升祔懿璘沁巴敕皇帝于廟，謚沖聖嗣孝皇帝，廟號寧宗。八月壬午，京師地大震，太廟梁柱裂，各室牆壁皆壞，壓損儀物，文宗神主及御牀盡碎，西湖寺神御殿壁仆，壓損祭器。九月己酉，文宗新主、玉册及一切神御之物皆成。

四年十一月丙寅，改英宗殿名昭融。

六年正月甲戌，立司禋監，奉太祖、太宗、睿宗三朝御容于石佛寺。二月丁未，立延徽寺，以奉寧宗祀事。罷司禋監。六月丙申，撤文宗廟主。十月甲申，奉玉册、玉寶尊皇考爲順天立道睿文智武大聖孝皇帝。

至正三年九月甲申，修理太廟，奉遷神主于後殿。十月丁酉，奉安神主。戊戌，帝將祀南郊，告祭太廟。至寧宗室，問曰：「朕，寧宗兄也，當拜否？」太常博士劉聞對曰：「寧宗雖弟，其爲帝時，陛下爲之臣。春秋時，魯閔公弟也，僖公兄也，閔公先爲君，宗廟之祭，未聞僖公不拜。陛下當拜。」帝乃拜。

[一]「十月丙申」至「廟號」，出順帝本紀，秦氏誤置。

六年五月丁亥，盜竊太廟神主。

十二年六月，修太廟西神門。

王圻續通考：至正十四年，立寧宗影堂。

陳祖仁傳：大明兵進壓近郊，有旨命祖仁及同僉太常禮儀院事王遜志等載太廟神主，從皇太子北行。祖仁等奏曰：「天子有大事，出則載主以行，從太子，非禮也。」帝然之，還守太廟以俟命。

元史紀事本末：張氏溥曰：元之顯、順二君不當稱宗，睿、裕二宗不當立廟，武宗繼體而追王順宗，泰定入立而推尊顯廟，則違支子之禮。成宗，君也；順宗，臣也。以次升祔，而反躋其上，則蹈逆祀之譏，厚私親而干大分，如此不如其無祭也。

蕙田案：元佛寺影堂最爲瀆褻，然其端自唐、宋啓之，又何異焉？

右元廟制